Iris est une revue de théorie de l'image et du son, bilingue français-anglais, qui paraît deux fois l'an. Depuis 1983, *Iris* consacre chaque numéro à un sujet particulier de la théorie et de l'histoire du cinéma. *Iris* depuis 1989 paraît au printemps aux États-Unis et à l'automne en France.

Iris is a biannual publication that presents current scholarship in film theory and the relation of image to sound. Begun in 1983, *Iris* devotes each issue to a different aspect of film theory or history. Since 1989, the Spring issue is published in the United States, the Fall issue in France.

Fondateurs/Founders : Jacques Aumont, Jean-Paul Simon, Marc Vernet.

Comité de direction/Editors : Michèle Lagny, Jean-Paul Simon, Marc Vernet (France), Rick Altman, Dudley Andrew, Lauren Rabinovitz (USA).

Comité de rédaction/Editorial Board : Jacques Aumont (Université de Paris III), Raymond Bellour (CNRS), Janet Bergstrom (UCLA), Francesco Casetti (Università Cattolica di Milano), Donald Crafton (University of Wisconsin at Madison), André Gaudreault (Université Laval), Miriam Hansen (Rutgers University), Susan Hayward (Birmingham University), Frank Kessler (Katholieke Universiteit Nijmegen), Christian Metz (EHESS), Dana Polan (University of Pittsburgh), Maureen Turim (State University of New York at Binghamton).

Secrétaires de rédaction/Editorial Associates : Dominique Blüher (Paris), Heidi Kenaga (Iowa City).

Adresse/address :

France : *IRIS*. c/o Marc Vernet, 80-82, rue de l'Égalité. 93260 Les Lilas.

USA : *IRIS*. Institute for Cinema and Culture. 162 Communication Studies Bldg. University of Iowa. Iowa City, IA 52242. 319/335-1348.

NUMÉROS PARUS/PAST ISSUES :

— État de la théorie 1 et 2/State of theory 1 & 2 (mars 1983 n° 1, octobre 1983, n° 2).

— *Archives, document, fiction* : le cinéma avant 1907/Archives, document, fiction : the cinema before 1907 (mars 1984, n° 3).

— *Pour une théorie de l'histoire du cinéma/For a theory of the history of cinema* (octobre 1984, n° 4).

— *La parole au cinéma/The Voice in cinema* (mars 1985, n° 5).

— *L'Effet Koulechov/The Kuleshov effect* (mars 1986, n° 6).

— *Cinéma & narration 1* (octobre 1986, n° 7).

— *Cinéma & narration 2* (mars 1988, n° 8).

— *Cinéma and Cognitive Psychology/Cinéma et psychologie cognitive* (mars 1989, n° 9).

A PARAÎTRE :

— *N° 11* : *Early cinema audiences/Les spectateurs du cinéma des premiers temps*, sous la direction de Donald Crafton (mars 1990).

— *N° 12* : *Cinéma & Architecture/Cinéma & Architecture*, sous la direction de Paolo Cherchi Usai (novembre 1990).

Le n° 10 est publié avec le concours du Centre National des Lettres et de l'Université de Paris III.

CHRISTIAN METZ ET LA THÉORIE DU CINEMA

CHRISTIAN METZ & FILM THEORY

Centre Culturel International de Cerisy-la-Salle

CHRISTIAN METZ ET LA THÉORIE DU CINÉMA

CHRISTIAN METZ & FILM THEORY

Colloque sous la direction
de Michel Marie

Actes sous la direction
de Michel Marie et de Marc Vernet

*Ouvrage publié avec le concours
du Centre National des Lettres,
du Centre National de la Cinématographie
et de l'Université Paris III.*

MERIDIENS KLINCKSIECK

PARIS 1990

CENTRE CULTUREL INTERNATIONAL DE CERISY

• Le Centre Culturel de Cerisy, créé par Anne Heurgon-Desjardins, prolonge, depuis 1952, les Décades de Pontigny qui avaient réuni à l'initiative de Paul Desjardins, de 1910 à 1939, autour de thèmes artistiques, littéraires, philosophiques, politiques, sociaux, de nombreuses personnalités qui marquèrent leur époque. Entre autres : Bachelard, Copeau, Curtius, Gide, Groethuysen, Koyré, Malraux, Martin du Gard, Mauriac, Maurois, Saint-Exupéry, Valéry, Wells.

• Il dépend de l'Association des Amis de Pontigny-Cerisy, sans but lucratif, reconnue d'utilité publique en 1972, présidée actuellement par Maurice de Gandillac, et ayant pour but de favoriser les échanges entre artistes, intellectuels et savants de tous pays.

• Dirigé aujourd'hui par Édith Heurgon et Catherine Peyrou, il accueille chaque année, au château de Cerisy la Salle, monument historique, dans la Manche, une douzaine de colloques, rencontres et ateliers. De 1952 à nos jours, ont ainsi été organisés près de deux cents colloques, prolongés par de nombreuses publications.

• Les colloques de Cerisy abordent des domaines et des points de vue d'une grande diversité. Ils étudient aussi bien la culture du passé (ainsi *La Renaissance du XIIᵉ siècle* et *Le Grand Siècle Russe*) que les mouvements de pensée et les pratiques artistiques contemporains (par exemple *Les chemins actuels de la critique* et *Le Nouveau Roman*). En outre, ils ont introduit une formule neuve de réunions organisées autour et en présence de personnalités parmi lesquelles Martin Heidegger, Arnold Toynbee et, plus récemment, Henri Atlan, Roland Barthes, Yves Bonnefoy, Michel Butor, Georges E. Clancier, Jacques Derrida, André Frénaud, René Girard, Algirdas Greimas, Eugène Guillevic, Eugène Ionesco, Edmond Jabès, Emmanuel Lévinas, Jean-François Lyotard, Gabriel Marcel, Edgar Morin, Francis Ponge, Ilya Prigogine, Alain Robbe-Grillet, Léopold Senghor, Claude Simon, Jean Tardieu, René Thom.

• Le public de Cerisy est composé en grande partie d'artistes, de chercheurs, d'enseignants, d'étudiants, mais aussi de toutes personnes désireuses de participer ou simplement d'assister à de libres confrontations où plus d'un aspect de la pensée d'aujourd'hui s'élabore. Il compte une forte proportion d'étrangers attirés par la culture française.

• Pour tous renseignements sur les colloques de Cerisy, écrire au CCIC, 27, rue de Boulainvilliers, F-75016 PARIS, France.

CINÉMA ET LITTÉRATURE A CERISY

PRINCIPALES PUBLICATIONS

• **Cinémas de la modernité** (Klincksieck) • **Histoire du cinéma, nouvelles approches** (Pub. de la Sorbonne) • **Méliès et la naissance du spectacle cinématographique** (Klincsieck).

• **Artaud** (10/18) • **Audiberti le trouble fête** (J.M. Place) • **Balzac, l'invention du roman** (Belfond) • **Barbey d'Aurevilly : autour de l'Ensorcelée** (Revue de la Manche) • **Barbey d'Aurevilly : Ce qui ne meurt pas** (ODAC) • **Prétexte : Roland Barthes** (10/18) • **Bataille** (10/18) • **Georges Bernanos** (Plon) • **Yves Bonnefoy** (SUD) • **Borges, l'autre** (Bedou-Antigramme) • **Bousquet, Jouve, Reverdy** (SUD) • **Butor** (10/18) • **Albert Camus, œuvre fermée, œuvre ouverte ?** (Gallimard) • **Contre-jour, études sur Paul Celan** (Cerf) • **Clancier, Guillevic, Tortel** (SUD) • **Frénaud, Tardieu** (SUD) • **André Gide** (Mouton) • **Le grand siècle russe** (Plon) • **Louis Guilloux** (Calligrammes) • **Hugo le fabuleux** (Seghers) • **Ionesco** (Belfond) • **Jabès** (Champ Vallon) • **Jarry** (Belfond) • **Littérature latino-américaine** (10/18) • **Larbaud, Suarès** (Aux Amateurs du livre) • **Maupassant, miroir de la nouvelle** (PUV) • **La mort dans le texte** (PUL) • **Le Naturalisme** (10/18) • **Paulhan le souterrain** (10/18) • **Georges Perec** (POL) • **Ponge** (10/18) • **Le récit amoureux** (Champ Vallon) • **Rimbaud multiple** (Bedou-Touzot) • **Robbe-Grillet** (10/18) • **George Sand** (SEDES-CDU) • **Sartre** (Cahiers de Sémiotique Textuelle) • **Lire Claude Simon** (Les Impressions Nouvelles) • **Stendhal** (Aux Amateurs du Livre) • **Paul Valéry** (Mouton) • **Jules Verne** (10/18) • **Boris Vian** (10/18) • **Virginia Woolf** (10/18).

PROCHAINS COLLOQUES

• **Frères, sœurs : Eros philadelphe,** dir. W. Bannour, Ph. Berthier (du 12 au 19/7/90) • **La textique (II) : recyclage, éclairage,** dir. J. Ricardou (du 12 au 19/7/90) • **Le biographique,** dir. A. Buisine, N. Dodille (du 2 au 9/8/90) • **Autour de Michel Tournier,** dir. A. Bouloumié, M. de Gandillac (du 21 au 28/8/90) • **La revue Po&sie et la poésie** (1991), **La problématique du merveilleux** (1991) • **Jean Grenier** (1991) • **Julien Gracq** (1991).

Photo de couverture : Christian Metz (par Sylvie Pliskin).

Michel Marie

Avant-propos

Il est dans la tradition des « Rencontres des Amis de Pontigny-Cerisy » d'organiser autour d'une personnalité du monde des lettres, dont le rayonnement est international, en sa présence, un colloque consacré à ses travaux.

Jusqu'ici, seuls des romanciers, des théoriciens de la littérature, des scientifiques, avaient eu l'occasion de discuter avec leurs lecteurs et amis dans le cadre du château de Cerisy. Les quelques décades antérieures portant sur le cinéma n'avaient pas eu l'audace d'opter pour cette formule (« Cinémas de la modernité » en 1977, « Georges Méliès et la naissance du spectacle cinématographique », en 1981, et « Nouvelles approches de l'histoire du cinéma » en 1985). C'est que la recherche théorique sur le cinéma était encore un peu jeune, que sa reconnaissance institutionnelle était beaucoup plus timide que ne l'est l'aura médiatique du spectacle cinématographique et de ses créateurs.

La réputation internationale des travaux de Christian Metz, traduits en plus de 20 langues, justifiait l'hommage qui est ainsi rendu au fondateur d'une discipline : la sémiologie du cinéma. Celle-ci est à l'origine directe de l'extraordinaire richesse et de la vivacité des recherches théoriques sur le cinéma dans la plupart des universités du monde, qu'elles soient influencées par l'inspiration sémiologique initiale ou qu'elles cherchent au contraire à s'en démarquer.

Le colloque de Cerisy a offert une bonne photographie de ce rayonnement international puisque, malgré des moyens financiers très modestes, plusieurs continents étaient représentés : l'Europe, bien sûr avec l'Italie, les Pays-Bas, le Danemark et la France ; l'Amérique du Nord (U.S.A., Canada) et du Sud (Uruguay) ; mais aussi l'Asie avec le Japon et la Chine.

L'intérêt profond du colloque est de ne s'être pas limité au territoire étroit de la sémiologie, au sens de science des signes et de la signification. Au contraire, à partir d'un certain nombre de questions suscitées par cette discipline, c'est un large panorama de sciences humaines et sociales susceptibles d'éclairer le territoire cinématographique qui a été parcouru. Chacun des intervenants a présenté l'état le plus actuel de ses recherches en décrivant le paysage intellectuel de son pays d'origine, en évitant l'hyperspécialisation et le jargon trop arrogant. C'est dans une grande liberté d'esprit et de spontanéité intellectuelle que la plupart des débats prolongèrent les conférences. Il n'a malheureusement pas été possible de retranscrire ces discussions mais les intervenants ont enrichi la première version de leur texte des questions discutées tout au long du colloque. Nous n'avons pu également retranscrire l'entretien avec Alain Bergala venu présenter l'un de ses derniers films inédits, *Incognito*, et qui avait très amicalement accepté de répondre aux questions des participants au colloque, lors d'un débat très libre après la projection.

Les conférences ont été rassemblées logiquement en quatre chapitres :

Dans le premier chapitre, « Esthétiques », sont regroupés les textes consacrés aux questions générales de l'image à travers la notion d'analogie, d'image filmique considérée comme « texte esthétique ». L'image en séquence est aussi confrontée à l'image fixe, elle-même sérialisée.

Le second chapitre, « Discours », revient frontalement sur l'héritage linguistique de la sémiologie du cinéma et, dialectiquement sur les effets rétroactifs de celle-ci sur sa tutrice linguistique. Le film permet par exemple de déplacer la problématique de l'énonciation, d'y voir une instance « impersonnelle », de s'interroger sur ses modèles.

Le troisième chapitre, « Savoirs », présente un double volet, l'un explicitement épistémologique, où les théories du cinéma sont interrogées dans leur fondement même, l'autre interdisciplinaire, traçant les frontières et les interpénétrations entre sémiologie, didactique et histoire du cinéma. Le rapport entre sémiologie et histoire est en effet constamment revenu dans les débats des participants.

Le quatrième chapitre, « Imaginaires », en relation directe avec la « seconde phase » de la sémiologie, celle où l'inspiration freudo-lacanienne est la plus marquée, aborde des questions aussi centrales et diverses que le récit de rêve, le système des figures dans un film classique, le fonctionnement de l'anaphore visuelle. Les deux derniers textes prolongent directement, à propos de la notion de fantasme inconscient et d'état régressif du spectateur, certains développements du *Signifiant Imaginaire*, œuvre maîtresse de Christian Metz, avant la publication prochaine de son livre sur l'énonciation cinématographique.

*
* *

Était-il opportun d'organiser un tel colloque en 1989 ?

L'année est sous le signe d'une tout autre commémoration. Le moment du bilan est-il prématuré ?

Il est vrai que pendant les années 80 l'entreprise metzienne n'a pas bénéficié, comme pendant la décennie précédente, des faveurs de la mode, qui, par définition est éphémère. C'est d'ailleurs un point positif et cela permet d'envisager les vraies questions théoriques loin de la fausse urgence de l'actualité.

L'œuvre de Metz se développe depuis 1964 et couvre maintenant un quart de siècle. Mais le projet du colloque était, plutôt que de dresser un bilan, de démontrer la vivacité de cette recherche, sa profonde actualité, par-delà les engouements éphémères du moment.

En ce sens, les conférenciers de Cerisy ont, chacun à leur manière, revisité toutes les phases de la recherche metzienne. Peu d'œuvres ont été laissées dans l'ombre de l'oubli : des *Essais sur la signification au cinéma*, revisités pour les notions d'analogie et de narrativité, de *Langage et cinéma*, pour son apport à la théorie linguistique, du *Signifiant imaginaire*, commenté pour ses conceptions de la rhétorique filmique et ses avancées dans la théorie freudienne du fantasme et de la régression, jusqu'aux thèses les plus récentes sur l'énonciation « impersonnelle », définie comme « le site du film ».

Il ne s'agissait donc pas par ce colloque de faire circuler à nouveau un nom propre dans la rumeur des médias ; mais au contraire d'affirmer la pertinence d'un type de discours, sa fécondité, d'en expliciter les acquis.

Je reviendrai un instant, pour finir, sur le moment de ma découverte de l'écriture metzienne et tenterai, en quelques phrases, d'en caractériser l'originalité.

Ma formation est, à l'origine, littéraire. J'ai étudié l'histoire et l'esthétique du cinéma dans le cadre de la classe préparatoire au concours de l'I.D.H.E.C., au lycée Voltaire, avec Henri Agel et Georges Albert Astre, en lisant, crayon en main, les deux tomes d'*Esthétique et psychologie du cinéma* de Jean Mitry qui venaient alors de paraître.

Mais, c'était en 1965 et la théorie du cinéma existait à peine, malgré le remarquable effort de Jean Mitry.

Certes, il existait une tradition, des livres et la lecture des *Essais* de Metz nous a permis d'en découvrir la richesse et la diversité. Mais cette tradition était, en France, marginale, parfois ésotérique. Je lisais à l'époque des essais de théorie littéraire et des biographies ; beaucoup de critiques de cinéma. Je pouvais tous les jours éprouver le gouffre qui séparait le niveau de l'essai littéraire moyen de l'essai cinématographique, d'une extraordinaire naïveté et souvent sans culture autre que l'étroite cinéphilie.

L'écriture metzienne a amené la clarté, la rigueur, l'érudition, mais aussi l'intelligence, l'obsession de la précision et du mot juste dans un paysage alors dominé par l'impressionniste ou la glose superficielle, le style convenu, la répétition terne et affaibli des travaux antérieurs. De ce point de vue, le niveau moyen du livre de cinéma n'a guère progressé depuis les années 60 et le genre monographique qui connaît un second souffle ces derniers temps ne semble pas avoir retenu les leçons offertes par le développement assez remarquable des recherches théoriques des deux dernières décennies, à quelques rares exceptions près.

J'ai lu le numéro 4 de *Communications* dès sa parution en novembre 1964, au moment où j'étudiais le premier tome de l'ouvrage de Jean Mitry : quel choc intellectuel lorsqu'on a l'habitude de lire les critiques de *Cinéma 64*, d'*Image et son*, Henri Agel ou les dissertations idéalistes des *Cahiers* du début des années 60 !

La rencontre entre un style d'écriture, un mode de pensée et une génération de lecteurs fut décisive : enfin un discours précis, loin des approximations métaphysiques de nos littérateurs alors en vogue, une écriture fondée sur l'exclusion de tout boniment littéraire (le mot juste serait celui de « baratin »).

Je prendrai un seul exemple, le premier article « Le Cinéma, langue ou langage », précisément publié dans *Communications* 4.

Ce qui frappe encore aujourd'hui, c'est un ensemble de caractères : c'est un article très informé, non polémique, qui expose avec nuance et précision les thèses de Rossellini et celles de « l'école soviétique » sur les théories du montage. L'article développe une thèse générale posée par la question du titre. Dans quel sens peut-on parler, comme de nombreux ouvrages antérieurs le font (ceux de Roger Spottiswoode, Marcel Martin, François Chevassu, etc.) de « langage cinématographique » ?

L'article est simultanément une excellente introduction à la linguistique structurale et on retrouvera constamment cette perspective didactique dans tous les écrits postérieurs de l'auteur. Ce sont d'extraordinaires stimulateurs de curiosité intellectuelle et l'étudiant d'aujourd'hui peut s'y familiariser avec la linguistique structurale, les livres de Saussure et Benveniste, mais aussi avec Freud et un auteur aussi difficile que Jacques Lacan.

C'est une autre caractéristique de l'écriture metzienne : la clarté didactique. Certes, il y a des passages qu'il faut relire attentivement lorsque l'auteur commente techniquement des notions complexes chez Louis Hjelmslev, ou les différentes conceptions de la topique freudienne revue par Lacan, ou bien lorsqu'il tente de mettre en relation, comme dans « Métaphore/Métonymie, ou le référent imaginaire », la linguistique, la rhétorique et la théorie psychanalytique à propos des notions de métaphore et métonymie.

Mais le mode d'exposition propre à Metz n'est jamais délibérément élitiste ou obscur. C'est cette obsession de la clarté, cette véritable passion didactique qu'avait déjà soulignées Roland Barthes dans son bref et si pénétrant article « Apprendre et enseigner », paru dans le numéro spécial de *Ça/Cinéma* consacré à l'auteur dès 1975.

Christian Metz aime à répéter qu'« on ne raccorde ni n'applique jamais rien » ; par contre, il prouve en écrivant que l'on peut beaucoup expliquer, élucider, éclairer.

Ceux qui ont eu le privilège d'assister à son séminaire de l'E.H.E.S.S. ont pu vérifier sa morale pédagogique, mais celle-ci se retrouve constamment au fil de sa plume. Christian Metz donne constamment au lecteur l'impression de lui faire partager son intelligence et n'essaie jamais de l'écraser par le poids de sa position d'auteur, de propriétaire du savoir. En cela, il reste proche de son seul maître revendiqué comme tel, Roland Barthes : la syntaxe, comme le travelling, est une affaire de morale.

Enfin, avec Marc Vernet, j'ai à nouveau rencontré Christian Metz trois mois après le colloque. Ensemble, nous en avons dressé un premier bilan en revenant sur des questions abordées en juin dernier que nous souhaitions approfondir. Cet entretien figure en conclusion de ce volume et il est suivi d'une bio-bibliographie exhaustive établie par l'auteur.

La publication des actes de ce colloque intervient dans un délai assez rapide ; j'en remercie les éditions Méridiens-Klincksieck et la revue *Iris*, et plus particulièrement Dominique Blüher et Marc Vernet dont la remarquable efficacité rédactionnelle a permis aux textes de ce volume de rencontrer au plus vite leurs lecteurs. Je remercie également Tama Carroll qui a aidé à élaborer la version anglaise des résumés qui suivent les textes.

Novembre 1989

I. ESTHÉTIQUES

Raymond Bellour

Le cinéma et...

Je voudrais d'abord dédier quelques secondes virtuelles à l'amitié. Il n'est jamais simple de marquer sa place réelle dans un contexte de travail. Ce sera donc pour témoigner qu'elle reste ici (pour moi, comme certainement pour beaucoup d'autres), à travers les enjeux de savoir, mais surtout au-delà, l'essentiel.

J'avais donc, il y a quelques mois donné un titre. J'avais dit : « Le perçu et le nommé » : les mots et les images. Cela supposait de prendre appui sur un texte. Un texte largement hors-cinéma, mais non pas hors-image, attaquant au contraire de front la relation entre mots et images selon un axe à la fois très large et bien délimité. Je voulais essayer de mieux cerner des préoccupations qui se sont focalisées, ces dernières années, au fur et à mesure de mes approches de la vidéo, autour du terme d'*écriture*. J'entends par là, à un extrême, des postures d'énonciation, à l'autre des effets singuliers de contamination entre mots et images, en particulier par la figuration du mot dans l'image et comme image. Puisque je pars toujours d'exemples, cela passe aussi bien par un recours aux dessins de la *Vie d'Henry Brulard* pour baliser le terrain de l'autoportrait en vidéo, des interventions sur l'œuvre (à mes yeux fondamentale) du vidéaste américain Gary Hill, ou simplement, comme tout un chacun, par des incursions dans le travail de Godard, qui est au centre de cette question (il est le seul à épuiser de façon virtuellement exhaustive l'alliage entre cinéma et vidéo).

Rêvant, ainsi, sur « Le perçu et le nommé », il me revenait que j'avais intitulé mon projet de recherche pour entrer au C.N.R.S., en 1964 : « Le mot et l'image », de façon imprécise, un peu pompeuse, mais significative. C'était pour pouvoir travailler à la fois sur le cinéma et la littérature, bien sûr, mais aussi pour désigner quelque chose de plus secret et de plus essentiel dont l'idée ne m'était alors pas même perceptible, mais que ces mots essayaient pourtant de toucher. C'est aussi l'année où j'ai connu Christian, l'année de « Le cinéma : langue ou langage ». Si bien qu'à travers ce texte et ces mots, « Le perçu et le nommé », je revenais à l'origine de notre rapport, à ce qui nous a rendu proches en étant si fondamentalement différents.

Ce n'est pourtant pas de ce texte et des problèmes qu'il soulève que je vous parlerai, même si j'y arriverai, à la fin d'un parcours qui voudrait plutôt essayer de cerner *ce que c'est que cette œuvre qui a nom Christian Metz*. Puisque Michel Marie a eu la gentillesse de me demander d'ouvrir ces jour-

nées, il m'a semblé plus vrai de prendre la question de front, au lieu d'interroger cette œuvre selon tel ou tel axe, et de développer à cette occasion un
aspect de mon propre travail. Je le ferai aussi, parce qu'il est difficile de
ne pas se soucier de soi, mais en essayant vraiment de chercher ce qu'est
cette œuvre en elle-même, grâce aux effets qu'elle produit, aux gestes qu'elle
permet. Il est moins évident qu'on le croit de savoir ce qu'est une œuvre,
et surtout quel est son usage, si on essaye de la débarrasser de certaines images
qui la masquent. Ce sera, je l'espère, mieux comprendre, du même coup,
l'énoncé de ce colloque : Christian Metz *et* la théorie du cinéma (l'essentiel,
vous l'avez deviné, tenant dans ce tout petit mot).

1. « *Fondateur de discursivité* »

Le 22 février 1969, Michel Foucault prononçait devant la Société française de philosophie une conférence intitulée : « Qu'est-ce qu'un auteur ? ».
Il s'agit d'un texte important, trop peu connu. En cherchant à situer des
modes de discours, Foucault s'interrogeait en fait, aussi, avec une sorte
d'anxiété, sur la nature de son propre discours. On peut ainsi élargir la formule que Foucault a laissée ouverte, quand il essaye de cerner, dans la dernière partie de son texte, le problème de ce qu'il appelle les instaurateurs
ou « fondateurs de discursivité »[1]. Et pas plus qu'il ne s'agit par là d'accabler Foucault sous la référence très lourde des exemples qu'il donne, Marx
et Freud, dont il dit qu'ils sont « à la fois les premiers et les plus importants » des fondateurs de discursivité, il ne s'agit ici d'accabler Christian Metz
en l'inscrivant après Foucault dans cette même lignée. Il me semble révélateur de voir son œuvre, pour la cerner dans son fond, sous l'angle ouvert
par Foucault quand il introduit cette catégorie. Rappelons-nous, pourtant,
qu'il est sans doute encore un peu tôt, au plan purement historique, pour
comprendre vraiment ce qu'une telle affirmation implique ; elle oblige, par
une sorte d'anticipation, à tordre le cou pour tenter de se voir, en voyant
l'autre, quand il est encore si proche de soi.

Que nous dit donc Foucault, avec des flottements subtils qui montrent
la difficulté pour la pensée à se saisir de ce problème, à propos de ces auteurs
qu'il cherche à distinguer d'autres auteurs ? « Ces auteurs ont ceci de particulier qu'ils ne sont pas seulement les auteurs de leurs œuvres, de leurs livres.
Ils ont produit quelque chose de plus ; la possibilité et la règle de formation
d'autres textes (...) ils ont établi une possibilité indéfinie de discours ». En
cela, contrairement au romancier qui rend possible après lui des analogies,
les fondateurs de discursivité, Marx et Freud par exemple, « n'ont pas rendu
simplement possible un certain nombre d'analogies, ils ont rendu possible (et
tout autant) un certain nombre de différences ». Mais, d'un autre côté, contrairement à l'acte de fondation d'une science, ou d'une scientificité, qui
« peut toujours être reproduit à l'intérieur de la machinerie des transformations qui en dérivent (...), l'instauration discursive est hétérogène à ses trans-

formations ultérieures ». Elle reste en retrait, ou en surplomb. C'est pourquoi, ajoute Foucault, on peut « faire retour » à ces héros d'un nouveau
genre (il oppose ainsi « retour » à « redécouverte » et à « réactualisation ») :
« le verrou de l'oubli » est incorporé à leur œuvre. « L'acte d'instauration,
en effet, est tel, en son essence même, qu'il ne peut pas ne pas être oublié.
Ce qui le manifeste, ce qui en dérive, c'est, en même temps, ce qui établit
l'écart et qui le travestit. Il faut que cet oubli non accidentel soit investi dans
des opérations précises, qu'on peut situer, analyser et réduire par le retour
même à cet acte instaurateur. Le verrou de l'oubli n'a pas été surajouté de
l'extérieur, il fait partie de la discursivité en question, c'est celle-ci qui lui
donne sa loi ; l'instauration discursive ainsi oubliée est à la fois la raison
d'être du verrou et la clé qui permet de l'ouvrir, de telle sorte que l'oubli
et l'empêchement du retour lui-même ne peuvent être levés que par le
retour. » Ce retour se fait donc, c'est là le dernier caractère que Foucault
prête à ces discours, « vers une sorte de couture énigmatique de l'auteur et
de l'œuvre. En effet, c'est bien en tant qu'il est texte de l'auteur et de cet
auteur-ci que le texte a valeur instauratrice et c'est pour cela, parce qu'il
est texte de cet auteur, qu'il faut revenir vers lui ».

Quelle serait donc la discursivité propre instaurée par Metz, l'équivalent
de son « marxisme », de sa « psychanalyse », de son « archéologie », et surtout de ce qui en eux implique la force un peu diabolique de l'effet singulier
que Foucault cherche à ressaisir ? Ce ne serait, je crois, ni la sémiologie du
cinéma, ni la relation postulée entre psychanalyse et le cinéma, ni la somme
des deux, ou l'une modifiée et enrichie par l'autre. Mais, de façon plus simple et plus secrète, un mouvement qui, en deçà comme au-delà de ces mises
en rapport, consiste, semble-t-il dans la mise en rapport elle-même, le *et*.
C'est la force, tout à la fois simple et imprévue, qui consiste à dire : *le cinéma
et...*, et à en assumer toutes les conséquences. D'où la grande justesse, je
tiens à le redire, de l'énoncé de ce colloque. Car, outre la modestie qu'il
préserve, il fait résonner le *et* du *cinéma et...*, qui circonscrit l'acte d'instauration propre à l'œuvre de Metz, définit ce qu'elle est et oriente le rapport,
moins clair qu'on ne le croit, que chacun peut nouer avec elle.

Essayons un instant, pour préciser les choses, de penser à Bazin, dans
la mesure où son œuvre constitue le premier corps global, moderne, de théo-
risation du cinéma (cela vaudrait, avec de solides variantes, pour Mitry, et
quelques auteurs moins déterminants). Quand Bazin, par exemple, ouvre le
champ : « le cinéma *et* les autres arts » (c'est le titre donné, après-coup, au
second volume de *Qu'est-ce que le cinéma ?*), on voit bien qu'il ne cesse
jamais de se situer à l'intérieur du cinéma, et que la théorie n'a d'autre sens
que de l'accompagner, dans une intimité fondamentale. Il s'autorise, pour
parler et penser, du cinéma sûr de sa force, de son développement en tant
qu'art. D'où les enjeux critiques de Bazin, ses choix, qui se développent de
pair avec des propositions de nature plus générale, et plus fondamentale, mais
dont la possibilité même est ainsi liée au combat moral et critique, à la confiance qu'il implique (on trouve un exemple remarquable de cet alliage dans

ses interventions sur Rossellini). Alors que le geste de Metz est lié à un effondrement — même si ce n'était alors pas vraiment perceptible, et donc possible à formuler ainsi. Ce geste suppose en lui-même une fin du cinéma sans « et ». C'est-à-dire un effondrement de la souveraineté du dispositif-cinéma qui libère en lui-même la possibilité de constituer celui-ci en tant que tel, comme regard et objet d'une histoire.

Pensez, ainsi, à ce qu'on a parfois appelé la « collusion objective » (le mot n'était pas laudatif) de la sémiologie et de la réflexion psychanalytique sur le cinéma, avec le cinéma dominant, narratif, représentatif, classique, américain, etc. On supposait par là, d'un côté, que la théorie ne pouvait s'appliquer vraiment qu'à cet objet, de l'autre, plus insidieusement, qu'elle volait ainsi au secours de l'objet, contribuait à le conforter. Le premier présupposé est déjà peu exact ; mais le second est aberrant, même si c'est un contresens qu'on peut comprendre, en regard des passions que suscite le geste effectué. Il est bien évident que ce geste en lui-même instaure une rupture, propre à l'effectuation de l'acte de théorie se détachant de son objet. Il est tout aussi évident que le geste a été possible parce que l'objet, le cinéma, se trouvait déjà prêt à se détacher de lui-même, menacé par un ensemble de scissions à la fois internes et externes ; sans quoi une telle vision, ce que j'appelle « le cinéma et… », aurait été formulée bien plus tôt. On se trouve ainsi devant une datation, qui suppose une sorte de fin du dispositif-cinéma (plus ou moins) coïncidant avec lui-même. Désormais saisi dans la réalité de son autonomie, il devient par là même autonome au passé, parce qu'il a été nommable, et connaissable. Voilà comment on pourrait, par exemple, qualifier historiquement l'entreprise « cinéma et psychanalyse », dans l'acte de la distinction qu'elle introduit.

Toute l'entreprise de Metz se situe ainsi, d'emblée, dans l'ordre d'une distance proclamée, à la fois victorieuse et douloureuse, un peu énigmatique, mais en tout cas clairement consentie avec le corps du cinéma et les films qui le constituent. Elle aboutit, dans *Langage et cinéma*, à la séparation entre cinéma et film (plus précisément à la tripartition cinéma/film/cinéma). C'est là le geste inaugural, et unique, pour peu qu'on y prête attention, qui ouvre un discours autre, dans lequel le discours des autres trouve, trouvera (mais toujours partiellement) à se loger. Ce que j'appelle ici effondrement du cinéma par rapport à lui-même tient à une façon singulière, jusque là peu concevable, de se rapporter au cinéma. Elle a paru à plus d'un monstrueuse, au point de laisser croire que Christian Metz n'aimait pas le cinéma — j'ai souvent eu à en débattre, au cours de dialogues avant tout étranges, avec tel ou tel, dans la mesure où semblait inacceptable (parce que mal saisissable) l'idée pourtant chargée d'affect qui se résume de façon si heureuse dans la formulation qui en est donnée à la fin du « Signifiant imaginaire » : « J'ai aimé le cinéma. Je ne l'aime plus. Je l'aime encore. » Metz ajoute : « Ce que j'ai voulu faire en ces pages, c'est tenir à distance (…) ce qui en moi *peut* l'aimer[2] ».

Cet effondrement, il est essentiel de pouvoir lui donner d'autres noms, puisqu'il est avant tout multiple, comme l'est la raison historique elle-même : par exemple, cinéma *et* télévision, cinéma *et* vidéo. Par une sorte de hasard, mais auquel on peut croire (du même genre que celui qui fait dire : 1895, naissance de la psychanalyse, et naissance du cinéma), la parution, en 1964, de « Cinéma : langue ou langage ? », est contemporaine du geste de Nam June Paik inventant la même année l'art vidéo face à la télévision, décuplant ainsi la série des postures par lequel l'art des images se trouve inscrit désormais selon des modes variables dans l'espace historique. Il y a là une constellation dont la logique paraîtra un jour avec évidence. On y devine par exemple comment les *Cahiers du cinéma* ont été, sur un point essentiel, à la fois prémonitoires et (heureusement) timides : jusqu'à leur n° 48, soit d'avril 1951 à juin 1955, ils portent en sous-titre : « Revue du cinéma et de la télévision », mais finissent par faire sauter le second terme et le « et » qui l'annonce. C'est souligner, comme je l'indiquais à propos de Bazin, qu'il s'est agi, pour les *Cahiers*, de chercher, en deçà de tout « et », à travers la visée critique elle-même, à constituer le cinéma dans son essence, selon une vision purement intérieure, dans l'autonomie de son affirmation, à la fois affective et artistique. Ce sera tout le paradoxe, magnifique, de la Nouvelle Vague : elle aura été le premier et dernier acte d'une certaine idée du cinéma qui se survit encore parce que le mouvement dont la Nouvelle Vague a été porteuse n'a cessé de reconstruire, avec amour, son objet, le cinéma, qu'elle avait réussi à autonomiser, au bord de la fissure qu'elle a par là même permis d'entrevoir. Exception, à cet égard, de Godard, dépassant, déplaçant, presque en même temps, cette autonomie si précieuse, mais d'emblée si précaire.

Car la question est bien celle du cinéma et... autre chose. Que ce soit une autre technologie qui le double, la télévision et la vidéo, ouvrant la voie à toutes celles qui de plus en plus le dédoublent sur lui-même, comme cela arrive aujourd'hui. Ou que ce soit, chez Christian Metz, une théorie qui le découpe en plusieurs propositions, ouvrant ainsi la voie à beaucoup d'autres. C'est là, il faut le souligner, ce qui avait été esquissé par la *Revue internationale de filmologie* : elle a été (au moins en France, et avec le travail d'Edgar Morin) le seul espace réellement pré-fondateur de la position d'écart plus tard prise par Metz (les collaborateurs de la revue sont en effet tous des gens qui parlent au nom du « cinéma et... » : psychologues, sociologues, etc., tous extérieurs au monde du cinéma même). C'est bien un tel programme, encore très flottant, et fragmentaire, que Metz accomplira, lui, systématiquement, aussi bien par le menu qu'en se vouant (au moins en apparence) à cet unique objet. Mais c'est surtout que Metz se trouve seul faire coïncider deux conditions jusque là impensées dans leur corrélation : une passion sans réserve pour les savoirs (linguistique, psychanalyse) qui serviront à faire ainsi passer le cinéma hors de lui-même, et une passion tout aussi vive et fondamentale pour le cinéma. Passion qui présente ainsi ce paradoxe d'être à la fois fracturée et entière. C'est là ce qui soutient sa position d'instaurateur de discursivité, et rend son œuvre porteuse d'un tel mouvement. Cette position d'extériorité assumée, unique (et pour toujours unique, en un sens, puisque depuis, en partie grâce à elle, quelque chose a changé), détermine ainsi la façon dont on a pu, dont on peut, dont on pourra se rapporter à cette œuvre. D'un côté, on ne peut que l'oublier, dans sa réelle vérité, car une telle position est intenable, pour tout autre que le sujet singulier qui l'occupe et ne peut, lui, en tenir aucune autre (intenable comme a pu l'être l'auto-analyse de Freud, le déplacement affectif et mental qu'elle suppose). Mais c'est pour cela, aussi bien (et presque dans le même temps), qu'après avoir dû oublier cette œuvre, on ne peut qu'y faire retour, pour s'en servir, chacun selon son mode propre, en effectuant une part du programme, largement virtuel, impliqué par son geste fondateur, sa torsion d'origine. Mais avant de montrer comment j'ai pu, par exemple, travailler avec cette œuvre, c'est-à-dire évaluer un tel rapport, on doit se poser la question du style : il manifeste en effet l'écart que l'œuvre désigne. Le style, au sens de ces mots de Buffon, que Lacan aimait à citer.

2. « *Le style, c'est l'homme* »

Si j'ai envie de recourir à une distinction de Barthes pour cerner cette dimension du style, c'est que Barthes, sans du reste alors y recourir, a fait les remarques les plus justes et les plus émouvantes sur ce qu'il appelle « le propre » de la voix du sujet, du sujet Christian Metz. Et il est seul, je crois, à l'avoir fait[3].

Cette distinction devenue fameuse est celle de l'écriture et du style, formulée dès son premier livre. Écriture : « acte de solidarité historique (...), morale de la forme, (...) choix de l'aire sociale au sein de laquelle l'écrivain décide de situer la nature de son langage ». Style : « forme sans destination (...), produit d'une poussée (...), hypophysique de la parole ». Le style vient du corps, d'une biologie, d'un passé. « Le style est proprement un phénomène d'ordre germinatif, il est la transmutation d'une Humeur »[4]. Ce que Barthes décrit, dans son texte sur Metz, c'est bien le style s'emparant de l'écriture — le code de communication et de savoir dans lequel Metz situe son travail —, et opérant sur elle un forçage, une surenchère pour en modifier la stratégie et le point d'application, et finir par passer, dit Barthes, de l'idéologie de l'échange à l'éthique du don. Rappelez-vous, ainsi, comment Barthes commente les « précisions numériques » qui ouvrent le second volume des *Essais sur la signification au cinéma* : « ... qui ne sent qu'ici, dans ce mélange d'insistance et d'élégance qui en marque l'énoncé, il y a quelque chose *en plus* ? Quoi ? précisément la voix même du sujet. Face à n'importe quel message, Metz, si l'on peut dire, *en rajoute* ; mais ce qu'il rajoute n'est ni oiseux, ni vague, ni digressif, ni verbeux : c'est un supplément mat, l'entêtement de l'idée à se dire complétement. » Ainsi travaille, par un renversement de la doxa, un paradoxe : « d'une exigence radicale de précision et de clarté, naît un ton libre, comme rêveur, et je dirais presque : drogué (...) : là règne une exactitude *enragée* ».

Voilà pourquoi, plus que d'autres auteurs, il est ennuyeux et presque impossible de lire Metz en surface, pour en saisir « les grandes idées ». Car seul l'excès de clarté l'intéresse. De cet excès naît l'œuvre, réalité de style, espace fondateur. Une grande idée, en effet, n'est jamais claire que de façon excessive ; et elle ne le devient qu'en suivant son cours, en se démultipliant en autant de raisons et de micro-raisons à travers lesquelles, sans perdre son statut d'idée, elle perd en revanche son arrogance d'idée générale. L'idée devient ainsi tout simplement un fil qu'on suit pour voir où il conduit, jusqu'à ce qu'on puisse, s'il le faut, accepter de se perdre, même si on se sent toujours, aussi, très solidement maintenu : le style de Metz tient à la façon très particulière dont le lecteur peut, dans ses textes, à la fois se perdre et se retrouver.

Metz s'est pour une part expliqué là-dessus, apportant sous un angle singulier des arguments à ce qu'on appelle ici à la suite de Foucault l'oubli constitutif de l'œuvre. Il évoque très bien la déperdition inéluctablement liée à la transmission du savoir : on pourrait, dit-il, réduire à trente pages idéales les acquis essentiels de *Langage et Cinéma*, mais il a en fallu trois cents pour pouvoir même en suggérer l'idée, et construire ce livre qu'il nomme « un objet de désir complet, qui épuise quelque chose »[5]. Il nous indique ainsi, avec sa discrétion habituelle, qu'il y a deux façons de le lire. On peut chercher à le tirer du côté de quelques grandes idées simples, mais toujours faussement simples ; des idées auxquelles Metz tient, du reste, comme à la part visible, transmissible, sans laquelle la complexité n'aurait pas lieu d'être ; des idées auxquelles il pourrait donner même (dans ce passage) l'impression de tenir un peu trop — si ce n'était qu'il anticipe ainsi ce à quoi peut se raccrocher son lecteur (il faut toujours penser chez Metz à la capacité d'imagination de l'autre, qui est la seule vraie façon de donner). Ou bien on peut le lire, en adoptant une posture qui me paraît la seule concevable, en goûtant cette complexité pour elle-même, afin d'éprouver ces idées, le plus littéralement possible, dans leurs conséquences mentales et leurs corps. Il me revient à ce propos une phrase de Truffaut — j'aime le trouble qu'elle introduit ici par détour entre œuvre de pensée et œuvre de fiction, littérature et cinéma, théorie du cinéma et analyse de film —, Truffaut affirmant, à propos d'Hitchcock : « l'hommage tout naturel qu'on puisse rendre à un auteur ou à un cinéaste, c'est d'essayer de connaître son livre ou son film aussi bien que lui »[6].

Qu'est-ce, en effet, que cet objet de « désir complet » (et il faut essayer de prendre ces mots à la lettre) dont Metz nous parle, sinon ce qui se constitue comme corps propre, capable de porter la question du « cinéma et... » en donnant à ce « et » toute sa chance, c'est-à-dire la force d'un obstacle matériel — le livre lui-même — qui empêche de rejoindre trop simplement ce dont on a voulu ou dû se séparer : le cinéma. On pourrait, peut-être quelque passionné s'y risquera un jour, montrer dans leur détail les modes par lesquels Metz passe ainsi sans cesse du simple au complexe pour revenir au simple et ouvrir sur une complexité seconde (une telle étude aurait pu cons-

tituer un morceau de choix du grand projet malheureusement avorté de Barthes sur les écritures « scientifiques » ; on comprend qu'il ait été si sensible
à ce conflit dans le travail de Metz). Je voudrais seulement insister ici sur
la tension propre qui naît de cette exactitude « enragée ». Elle suppose que
chaque énoncé tente d'être parfaitement transparent à lui-même, dénué de
toute métaphore, au ras de la dénotation. Il se crée ainsi une sorte d'illusion
constitutive, qu'il faut, je crois, concevoir comme une forme de pari, déterminé lui-même par la singularité d'un mode de rapport à la vie. L'effet est
radical. La clarté de la définition entraîne par nature celle de la distinction
qui en découle : si ceci est cela, ceci est aussi d'autant moins cela que chacun des deux termes est précisément circonscrit et que la définition, continuellement prescriptive dans sa forme, ne peut l'être dans le contenu qu'elle
recouvre, qui est, lui, par nature, discontinu, polyvalent, et dont la possibilité même dépend de l'exigence de forme qui le constitue. Ce mouvement,
qui risque de paraître abstrait à être ainsi désigné, mais dans lequel chaque
lecteur un tant soit peu attentif de Metz reconnaîtra son expérience, on pourrait l'appeler : *affolement de la clarté*. On n'est pas si loin, du reste, de l'effet
que Barthes, tout autrement, produit par ses phrases courtes, elliptiquement
juxtaposées sous un air insistant de déduction. Martin Melkonian écrivait
ainsi, tout récemment, que « Roland Barthes se contente de moments de
vérité »[7] ; je dirais volontiers que Metz, lui, se contente de *phases de vérité*,
par un contrat plus poussé, moins fragmentaire et moins séducteur, engagé
envers son lecteur.

Il faut, à cet égard, d'autant plus situer le temps de ce travail de théorie : son présent. Barthes (on dit décidément beaucoup en quelques pages)
soulignait ainsi : « (Metz) manifeste toujours, par la perfection didactique
de l'énoncé, qu'*il s'enseigne à lui-même* ce qu'il est censé communiquer aux
autres. Son discours — c'est là son propre, sa vertu idiolectale — parvient
à confondre deux temps : celui de l'assimilation et celui de l'exposition. On
comprend alors comment il se fait que la transparence de ce discours n'est
pas réductrice : la substance (hétéroclite) du savoir s'éclaircit sous nos yeux ;
ce qui reste n'est ni un schéma ni un type, mais plutôt une "solution" du
problème, suspendue un instant sous nos yeux à seule fin que nous puis-
sions la traverser et l'habiter nous-mêmes. » En ce sens, on peut dire que
le texte de Metz produit bien une suppression d'angoisse : le lecteur sait toujours où il en est sur le moment même, c'est-à-dire où est Metz cherchant
lui-même à le savoir. On peut voir là un désir modeste de maîtrise, ou plutôt une tentative de « gouvernement de soi », comme dit Foucault dans ses
livres d'éthique subjective. C'est là, aussi, une attitude d'ordre « psychanalytique », curative, qui permet selon son mode propre une décharge proche
de celle de l'humour, même si rien de ce qu'écrit Metz n'est « drôle » (d'où
son intérêt profond pour le mot d'esprit, une rare capacité d'écoute qui
s'étend de soi aux autres, et aurait fait de lui un très bon analyste — je
l'ai souvent entendu dire qu'il aurait aimé être médecin, parmi les multiples
vies que chacun se prête). Mais une angoisse peut naître, aussi bien, de la

circulation taxinomique que produisent ces solutions « suspendues », si on cherche à se situer plus du côté de la vérité que dans le mouvement de la pensée, donc si on n'est peu prêt à accepter le jeu d'une production en direct de la vie par le texte et à travers le texte. Prenons-en pour exemple la notion de *code*. On voit bien (ne serait-ce que dans l'entretien auquel je me suis déjà référé) comment l'usage de cette notion a pu, affinée au point où elle l'est dans *Langage et Cinéma*, sembler troublante, du fait de sa polyvalence, de sa précise imprécision, de sa capacité de mutation et de circulation, jusqu'à paraître peu « utilisable »[8]. Pour saisir la nature de cet affolement autour de la notion de code, il faut l'approcher, je crois, de façon restrictive *et* extensive. Il s'agit en effet, pour Metz, de montrer comment on peut (et non pas forcément : on doit) s'appuyer sur des codes pour penser à écrire, mais aussi bien pour être, vivre (c'est une des façons dont style et écriture se rejoignent). Cette expérience du rapport au code touche ainsi, tout bêtement et préalablement, la vie en général. Vous avez peut-être remarqué la façon dont beaucoup de phrases, dans les textes de Metz, concernent très directement la vie comme champ d'expérience : sous ses divers aspects, psychique, affective, matérielle, morale. C'est que cette œuvre en un sens très étroite, consacrée pour l'essentiel à l'étude du cinéma, restreinte même à quelques grands effets spécifiés du « cinéma et... », s'étend aussi, à partir de sa focalisation même, à la vie entière. Cette œuvre si discrète ne craint pas, à l'occasion, et de plus en plus, d'impliquer vivement le sujet qui écrit (que ce soit dans la belle fin du « Signifiant imaginaire », à propos du désir d'écrire et de savoir, ou dans le fragment d'auto-analyse, à la fois surprenant et si naturel, du « Référent imaginaire »)[9]. Cette œuvre qui se donne, plus que d'autres, un statut « scientifique », est ainsi plus que beaucoup d'autres une œuvre vivante, dans sa vraie singularité ; et c'est ainsi qu'elle concerne (ou devrait concerner) chacun de ses lecteurs.

Permettez-moi, sur ces jeux de la vie et du code, une petite anecdote (tous ceux qui connaissent Christian Metz en ont vécu d'analogues). Voilà quelques semaines, je téléphone à Christian, à propos d'un détail relatif à l'organisation de ce colloque. J'entends une voix qui m'énonce une proposition, qui s'entend à la fois dans le son et le sens : « Je suis en train de manger ». Je lui propose de me rappeler, puisque lui seul peut savoir quand il aura terminé de manger. Il précise : « Cela me prendra entre 3 à 5 minutes. Si je mange une pomme, ça en prendra 7 ». Quand il a rappelé, un peu plus tard, je lui ai demandé en riant : « Cela fait 7 minutes ? » Lui : « J'en sais rien. » A quoi je n'ai pu que conclure : « De toute façon, la seule chose qui t'importe est de l'avoir énoncé. »

Vous verrez tout à l'heure pourquoi cela m'amuse que la scène se passe au téléphone. Ce que je veux y lire, c'est le déplacement qui s'opère chez Metz d'un énoncé (ou d'une masse d'énoncés) vers une énonciation, d'une apparence de vérité vers la mise en jeu de son fonctionnement. Ce sera l'occasion de souligner, sur un mode léger, une ou deux choses. Sur la sémiologie, d'abord — ou au moins cette sémiologie-là. Rappelez-vous ce qu'en dit

Barthes à la fin de ce même texte — et je suis frappé qu'il ait profité de
cette évocation du travail de Metz pour y revenir aussi nettement : « Metz
nous fait entendre que la sémiologie n'est pas une science comme les autres
(...), et qu'elle ne veut nullement se substituer aux grandes *épistémés* qui sont
comme la vérité historique de notre siècle, mais plutôt qu'elle en est la servante : servante vigilante qui, par la représentation des pièges du Signe, les
garde de tomber dans ce que ces grands savoirs nouveaux prétendent dénoncer : le dogmatisme, l'arrogance, la théologie, bref, ce monstre : le Dernier
Signifié. » De même, pour préciser encore un peu son point d'application,
il me paraît riche de situer l'œuvre de Metz dans le cercle d'une notion développée récemment par Paul Veyne dans son beau livre, *Les Grecs ont-ils cru
à leurs mythes ?*[10]. L'idée de « programme de vérité » semble en effet correspondre au plus près au forçage de l'écriture par le style. Veyne essaie de
substituer à une analytique de la vérité une vision dans laquelle la vérité tient
à la variation historique d'une succession de programmes, permettant ainsi
à celui qui adopte une telle vision d'arguer pour sa défense qu'il peut « prononcer sans se contredire la phrase que voici : "la vérité est que la vérité
varie". Les programmes de vérité sont ainsi conçus, par delà les fausses antinomies entre science et idéologie, comme des éléments de "l'imagination cons-
tituante", dans une perspective où l'exactitude s'oppose à la vérité, ou plutôt en devient une condition relative, absolue dans sa relativité (le programme
est d'autant plus « vrai » qu'il devient plus exact), et fondée en dernier
recours sur la proposition suivante : « Entre la culture et la croyance en une
vérité, il faut choisir[11]. »

Ce qu'on peut admirer, aimer, chez Metz, ce sera donc une façon de tenir
son programme, de s'y tenir, mais avec le jeu nécessaire pour ne pas y tenir
les autres, et leur permettre d'en jouer à leur tour pour supposer le leur.
Ce programme, il peut s'énoncer, au départ, de façon simple : c'est un stéréotype : « le cinéma est un langage », qu'il faut secouer, dit Barthes, en
le situant « dans la lumière implacable de la Lettre ». Mais, s'il faut dire
ce que devient ce programme dans l'œuvre où il prend forme, je le vois plus
profondément comme un pari tenu par rapport à la vie (et bien sûr à sa
propre vie), la vie conçue comme espace de codes. Un pari, donc, concentré
sur le cinéma comme passion et objet possible d'une recherche encore vierge,
mais revenant toujours du cinéma vers l'esprit comme lieu d'expérience des
codes. Le programme de Metz, en son sens le plus large, me semble ainsi
concerner l'expérience subjective comme lieu de passage, de transformation
et de confrontation des codes (avec une reconnaissance aigüe, bien qu'indirecte, de leur caractère historique). Cela (m')explique aussi bien cet excès de
clarté, qui s'applique à tout ce qu'il touche, que l'important travail (à ce
jour encore inédit) sur le mot d'esprit, que le flottement systématique entre-
tenu avec une perversion amoureuse, dans tout le travail de Metz, autour
de la notion-mana : le code.

3. Alterner

De là, on ne sera sans doute pas surpris que voulant montrer maintenant comment on peut se servir de cette œuvre, jouer de son ou ses programme(s) pour en concevoir d'autres, je parte de la formule centrale qui apparaît en intertitre dans ce même entretien (« Sur mon travail ») : « On n'applique jamais rien »[12]. Dans cette affirmation, on entendra :

— on n'applique pas cette œuvre dans l'élaboration de son propre travail ;

— chaque œuvre implique donc, qu'elle le sache ou non, la recherche de son programme propre : elle sera donc singulière, irréductible à la comparaison, c'est là ce qui la définit (éventuellement) comme œuvre ;

— Metz lui-même n'applique pas la linguistique ni la psychanalyse, mais les fait fonctionner comme espaces de références, « programmes de vérité » historiquement déterminés, pour élaborer son propre programme.

En ce sens, je ne serais qu'à demi d'accord avec une distinction que fait Metz (toujours dans ce même entretien) entre l'influence globale que peut exercer une œuvre (ici, la sienne) et la déperdition des analyses particulières. Il y a bien sûr, toujours une déperdition, plus ou moins grande ; mais elle me paraît être elle-même globale, de sorte que le double mouvement d'oubli et de retour tienne précisément à une imbrication entre *idées générales* et *affirmations locales*. D'où l'importance, dans cette œuvre, des *matrices*, qui condensent inspiration d'ensemble et visions-catalogues de détail. Premier exemple de matrices : les quatre cas de figures du « Référent Imaginaire » (qui assurent le reclassement rhétorique de la métonymie et de la métaphore sur les deux axes du paradigme et du syntagme)[13] — elles ont par exemple inspiré Marc Vernet, pour ses *Figures de l'absence*[14]. Second exemple : la « grande syntagmatique » (de la bande-images) qui est peut-être le plus bel objet intellectuel conçu par Metz, celui qui affiche le plus clairement sa valeur de modèle, de code, de programme, et de vérité suspensive. Son insuffisance presque affichée en tant qu'objet d'application, ses diverses versions, réalisées ou non, les commentaires qui l'accompagnent et la problématisent, tout cela m'a aidé à travailler, au fil du temps, une question qui me paraît fondamentale : la question de *l'alternance* comme forme fondamentale du film et du cinéma. Je l'ai ainsi développée, des *Oiseaux* à *North by Northwest* et à *Gigi*, à partir de la possibilité même de constitution des unités segmentales, à différents niveaux, puis à travers *The Lonedale Operator* de Griffith (« Alterner/Raconter »), en essayant d'en suivre, sur un exemple simple, la modulation. Brièvement (dans « Ciné-Répétitions »), j'en ai indiqué les divers niveaux d'articulation, en particulier le branchement entre l'alternance du champ/contrechamp et celle du dispositif même (l'alternance spectateur/écran, formalisée par Metz dans « Le signifiant imaginaire »)[15].

La question a été clairement nouée, pour appuyer l'idée de système textuel, par la schématisation structurale d'*Intolérance* proposée dans *Langage et Cinéma* (les quatre niveaux d'alternance constitués par les montages parallèles des divers moments historiques, eux-mêmes mis en parallèle avec le plan unique de Lillian Gish berçant son enfant) ; mais elle a surtout surgi dans toute sa positivité contradictoire dans les nombreuses notes de l'analyse syntagmatique d'*Adieu Philippine*, et en particulier dans la note 9, à propos d'une séquence de téléphone, qui fait obstacle à la rationalisation de la découpe, comme presque toutes les séquences de téléphone. Voici cette note, que je trouve exemplaire du souci d'exactitude de Metz, mais surtout, par là même, de sa création de virtualité : cette mise à plat de problèmes de volumes permet, à celui dont c'est le souci, de les reconnaître comme tels, dans leur volume même, au travail dans les films, à partir d'une « solution » impossible dans la théorie, cette théorie-là, qui sait les faire vivre comme « film dans la tête », produire un espace mental visible des problèmes.

« On se souvient que nous avions jugé possible, à un moment donné, de définir un type syntagmatique (que nous appelions "syntagme alternant") *sur la seule base de l'alternance des images par séries* — et que nous avions ensuite rejeté cette solution pour différentes raisons (...). Mais la prise en compte de ces inconvénients — et l'*isolement* qui en est le corollaire, de deux types alternants particulièrement nets (syntagme parallèle et syntagme alterné) — ne résout pas pour autant l'ensemble des problèmes posés par le fait de l'alternance. Ce dernier subsiste, et nous ne sommes pas arrivés pour l'heure à en rendre compte d'une façon qui nous satisfasse. La solution supposerait peut-être qu'une théorie sémiotiquement rigoureuse soit mise sur pied pour rendre compte de *deux faits* qui l'un et l'autre sont très "sensibles" dans les films, mais encore mal élucidés : 1) le phénomène de ce qu'on pourrait appeler la *transformation de l'insert* : un segment autonome avec un insert unique peut aisément être "transformé" en un segment autonome à inserts multiples, et de là en un *type alternant* ; dans *Adieu Philippine*, voir par exemple les segments n° 12, 20, 22, 24, 30-31. 2) La distinction entre les *alternances vraies* (c'est-à-dire celles qui installent dans le film une bifidation narrative) et les *pseudo-alternances* qui se réduisent à un va-et-vient visuel au sein d'un espace unitaire ou bien qui tiennent simplement à ce que le *sujet filmé* présente par lui-même un aspect vaguement "alternant" sous tel ou tel rapport. Cette distinction n'est pas encore au point, mais le seul exemple des segments autonomes n° 2, 3, 16 et 68, d'*Adieu Philippine* montre qu'il y a là un problème qui se pose.

Ces "préalables" (et peut-être d'autres qui nous échappent actuellement) permettront, lorsqu'ils seront résolus, de mieux intégrer dans notre "deuxième version" de la grande syntagmatique l'héritage de l'ex syntagme alternant, qui pose des problèmes actuellement en suspens »[16].

Voilà donc la question, évidemment sans solution réelle, que je voudrais faire miroiter à travers un nouvel exemple pour montrer comment elle se poursuit, identique jusque dans la relativisation-négation de ses termes, mais grâce à eux et à travers eux. Il s'agit de *Puissance de la parole*, de Godard (25', 1988).

Cette bande, produite par les Télecom, met en scène, d'abord, un couple, au téléphone. Empruntée, à la lettre, et retravaillée, c'est la situation du *Facteur sonne toujours deux fois* de James Cain (et des films qui en ont dérivé). Une alternance est ainsi installée, d'emblée, entre l'homme et la femme. Un second couple est ensuite introduit. Les séquences qui lui sont consacrées alternent (presque jusqu'à la fin du film) avec celles qui montrent le premier couple. Ainsi se met en place une articulation entre deux systèmes alternants différents en extension et en nature : l'un, limité au premier couple, est plutôt diégétique (alternant au sens strict) ; l'autre s'étend au film entier, et tient à la mise en relation entre le couple déchiré par la scène d'amour (la scène de ménage, qui se poursuit à travers de multiples « scènes ») et le deuxième couple engagé dans un dialogue sur le fonctionnement de l'univers (c'est la situation classique du montage parallèle-extension de ce que désigne chez Metz, dans la G.S., le syntagme parallèle).

Tout l'intérêt, ici, tient à l'affolement de l'alternance, à la confusion (donc au dépassement) qui s'opère à partir d'unités pourtant parfaitement différentielles dans une vue classique. On le sent dès le bref prologue qui précède la mise en place de l'échange téléphonique. Godard se saisit de quelques images (un tableau de Ernst, des nuages, un tableau de Bacon, etc.), et les fait alterner, selon des tressages variés, de façon très rapide. Ainsi se trouve relativisé d'emblée (ici grâce au montage numérique) l'écart entre alternance et surimpression de deux plans, puisque la vitesse de l'alternance rend possible la vision simultanée de deux images (il suffit, en vidéo, de monter au niveau de la demi-trame pour avoir physiquement les deux images en même temps pendant le temps très bref de la confusion des deux trames qui composent une image). D'autre part, cette alternance entre des plans qui tendent à se confondre met souvent en jeu des images déjà elles-mêmes constituées par deux ou plusieurs images surimpressionnées. Ainsi s'accumulent des alternances de différents niveaux et d'intensités variables. C'est là ce qui se produit dès le premier coup de téléphone, d'abord de façon douce, puis plus violemment. Ainsi s'opèrent entre les deux amants des confusions d'images, sitôt que le film cherche à matérialiser le trajet de leurs voix, et nous donne à saisir le *transport* de la communication téléphonique, son intensité comme son parcours (figuré). Les trajets fictivement parcourus d'une maison à l'autre (et sur la terre comme aux cieux), les modalités de transport (les satellites) alternent constamment avec les corps : ils vont du corps émetteur au corps récepteur (de l'homme à la femme, dont l'échange repart). Les corps alternent par là (aussi) l'un avec l'autre dans la mesure où ils alternent avec les images que leurs corps traversent et se mêlent à elles.

Cette forme matricielle complexe, étagée, démultiplie ainsi la fonction d'alternance jusqu'à rendre douteuses les unités qui la distinguent et la rendent sensible. Mais en même temps l'alternance semble suffisamment constituée comme fondement de l'expression cinématographique pour continuer visiblement, presque programmatiquement, à être pour Godard cette forme première qui rend sensible les conflits du couple, permet la confrontation théorique des deux couples, et rapporte les unes aux autres les matières-actions.

Ce débordement-dépassement du même est d'autre part donné ici comme lieu de passage du cinéma à la vidéo. Il est annoncé dès les premiers mots, presque dès les premières images. « *Dans les entrailles de la planète morte, un antique mécanisme fatigué, frémit* » (de la pellicule va et vient dans les tambours de la table de montage). « *Des tubes émettant une lueur pâle et vacillante se réveillèrent* » (il s'agit évidemment de la vidéo). « *Lentement, comme à contrecœur, un commutateur, au point mort, changea de position* » (le passage difficile du cinéma à la vidéo est ce qui permet de gagner de nouvelles positions).

Il est d'autre part frappant que cette alternance soit aussi organiquement fondée sur *la différence des sexes*, qui en forme l'affect. D'un côté une scène de ménage, de rupture, d'amour, au téléphone, constitue la matière narrative du film ; de l'autre, cette matière est dotée d'un sens second par le dialogue entre Mlle Oinos et M. Agathon, les deux anges que Godard emprunte (avec leur dialogue) à la nouvelle d'Edgar Poe qui donne son titre à la bande. Étonnamment, chez Poe, les deux anges sont masculins. Godard réintroduit ainsi, par un très beau renversement, la différence sexuelle qui fonde la généalogie romantique (entre autres chez Poe), dans laquelle il se situe ainsi, à son tour, pour en subir les effets qu'il porte à leur comble, au gré d'une dilatation cosmique impliquée par le dialogue des anges, et les images qui s'ensuivent. Comme s'il voulait à la fois étendre cet écart de sexe et le briser, et dé-symboliser en sur-symbolisant, grâce à l'appui qu'il prend sur cette forme qu'il emporte comme à l'infini : l'alternance, celle-là même sur laquelle se construit le cinéma classique, au croisement des jeux du couple et des technologies de la vitesse et de la vision qui prolongent, redoublent, métaphorisent le dispositif-cinéma, de Griffith à Lang, par exemple. (Je dis : Griffith, Lang, pour clairement garder la relation entre la force narrative et la volonté de désir sexualisé, si essentielle chez Godard à la formation même des images. Mais ce serait aussi bien, à l'égard des tressages de représentations, de machines et/ou de corps, Vertov et *L'Homme à la caméra*, Brakhage et *Dog Star Man*.)

La différence sexuelle portée par l'alternance est ainsi mise en jeu en terme de machine, la généalogie cinéma-vidéo impliquée par l'usage du téléphone-satellite inscrite dans une généalogie de machines. Si on peut être à ce point fasciné par l'alternance des trains qui porte à son maximum d'intensité la modulation du texte filmique, dans *The Lonedale Operator*, ou chez Lang dans *Spione*, c'est que le train, métaphore du dispositif-cinéma, a été ainsi utilisé pour inscrire ce dispositif dans le texte du film, et mettre en jeu la différence sexuelle elle-même comme condition et déploiement du dispositif (pensez à la magnifique progression des deux trains à la fin de *Spione*, à la façon dont leur rencontre et l'accident qu'elle provoque, mettant un terme à l'alternance, toutes les alternances empilées jusque là, consacre le rapport de couple). C'est bien ce même rôle de médiateur technologique qu'assure ici le téléphone-satellite entre les jeux du sexe et la figuration de l'univers. A deux écarts essentiels près. Le premier, c'est que passant avec cette netteté d'une technologie de la vitesse visible (le train) à une technologie de la vitesse invisible (le téléphone), le cinéma fait d'autant plus corps avec la vidéo qui le double et l'accompagne. Ainsi s'esquissent quelques traits d'une généalogie techno-sociale dans laquelle le cinéma se trouve ressaisi, à la fois en deçà et au-delà de ce qu'il est en propre, et dont cette phrase de Bill Viola, par exemple, fait miroiter la perspective : « la technologie de la vidéo a beaucoup emprunté à celle de la musique électronique, qui vient du téléphone. En fait les médias doivent beaucoup au téléphone, qui ramène tout à la communication »[17]. Le second écart est que par là même le cinéma entre aussi dans l'ère du cinéma définitivement sonore et parlant, en ce sens que l'image et le son y sont désormais conçus techniquement (au moins pour une part et virtuellement) comme formés d'une même matière, à partir d'un même signal, avec les conséquences que cela implique, esthétiquement, philosophiquement.

C'est ainsi que cette bande invite enfin à se saisir, aussi, de la question annoncée-délaissée du perçu et du nommé, des mots et des images, et à montrer encore comment on peut, comment j'ai pu travailler avec l'œuvre de Metz.

4. Les mots et les images

La thèse centrale du « Perçu et le nommé » tient en une phrase. « Il y a bien une fonction de la langue (parmi d'autres) qui est de nommer les unités que découpe la vue (mais aussi de l'aider à les découper), et une fonction de la vue (parmi d'autres) qui est d'inspirer les configurations sémantiques de la langue (mais aussi de s'en inspirer) »[18]. Cette mise en rapport entre nomination et visualisation s'articule autour de la notion de « traits pertinents de l'identification perceptive », elle-même fondée sur le principe du schématisme (c'est-à-dire le fait qu'on reconnaisse un objet à partir d'un nombre minimal de traits). Il y a ainsi deux niveaux de relation entre la langue et la perception. Le premier, intercodique, assure une correspondance de surface entre unités globales, à travers deux codes situés sur le même palier : « le transit par les signifiés » unit d'un côté les sémèmes du signifié linguistique (le sémème est le sens d'un mot dans une seule de ses acceptions), de l'autre les objets optiquement identifiables. Mais il y a, à un second niveau, et c'est là tout l'intérêt de l'hypothèse, une correspondance plus profonde entre les traits pertinents du signifiant visuel (formes, contours, etc.) et les traits pertinents du signifié linguistique (ou sèmes. Le sème est un trait de reconnaissance, comme le rouge pour le sang). Il s'agit donc cette fois d'une relation métacodique entre la langue (le métacode par excellence) et son code-objet, puisque le signifié de la langue se trouve répondre à la fois du signifié et du signifiant de l'objet. (Metz s'appuie là sur une analyse de Greimas qui montre comment les traits pertinents du signifiant iconique (= traits de reconnaissance visuelle chez Eco) coïncident pour une part avec ceux du signifié linguistique, avec les sèmes du sémème). Cette « articulation entre les taxinomies de la vision et la partie visuelle du lexique » se situe, précise bien Metz, « au plan de la représentation, le seul envisagé tout au long de cette étude »[19].

Il est difficile pour moi de m'en tenir à cette vision. Intuitivement, j'ai du mal à croire au schématisme, à cette idée d'une adéquation supposée entre des formes relevant par exemple du dessin animé et d'autres provenant de l'enregistrement analogique. Cela vient sans doute d'une difficulté à isoler en tant que tel le plan de la représentation, donc d'un attachement à la phénoménalité propre des objets et à la logique de flux concrets liés à cette phénoménalité. Le schématisme m'apparaît plutôt comme un cas de figure parmi d'autres que comme fondement d'une relation unique et privilégiée — sans doute parce que mon programme n'est pas celui de la reconnaissance et de la nomination, mais plus celui de la force expressive (d'œuvres). J'éprouve donc, face à cette articulation ainsi délimitée, le sentiment d'une double chute : d'un côté tout ce qui dans le signifiant iconique ne peut être réduit à des traits pertinents de reconnaissance visuelle, et relève en ce sens de « l'incodable » (qui n'est pas pour autant l'ineffable) ; d'un autre côté, il y a complète mise hors-jeu du signifiant phonique, au niveau de ses traits pertinents propres, ses valeurs expressives, musicales.

Mais ne m'intéresse pas tant mon sentiment abstrait face à ces formulations que leur valeur productive par rapport à ce film de Godard qui me travaille. Il se trouve en effet localiser et mettre explicitement en échec l'effet de double chute dont je viens de parler, en déjouant comme par avance, par la force de sa logique propre, la possibilité de s'en tenir, face à lui — mais de là, en un sens, face à toute œuvre —, au seul plan de la représentation.

Je vous ai dit tout à l'heure : quand Frank et Velma se parlent au téléphone, des images transportent leurs mots. Des mots sont énoncés, portés par leurs équivalents-images. A travers l'espace, qui conduit virtuellement du garage de l'homme à l'appartement de la femme, à ces mots sont associés des images, des passages d'images. Le transport amoureux, attesté aussi dans la physique des mots, prend corps dans la physicalité de l'image. D'autre part les mots (au moins certains d'entre eux) sont saisis dans un effet de vibration, d'écho — le premier « allo » de Frank, par exemple, est répété huit fois, avec un écho sourd qui sort ainsi du mixte voix humaine-machine inhumaine. Dans ce transport-écho, les images convoyées à travers l'espace, s'inscrivant sur le ciel et le corps de la terre, deviennent ainsi comme l'analogue des mots qui se prolongent en vibrations sonores. On pourrait dire : ils s'entretraduisent, mais plus que par le sens (les sens) de ce qu'ils disent et montrent, par la msie en rapport de leurs intensités respectives. Ce processus d'incarnation des mots dans des images est précisément ce dont le texte de Poe, dans les dialogues entre les deux anges, remontés par Godard, réaffirme l'existence et la force. « N'avez-vous pas senti votre esprit traversé par quelques pensées relatives à la puissance matérielle des paroles ? Chaque parole n'est-elle pas un mouvement créé dans l'air ? » C'est-à-dire : aussi, et en même temps, une image.

Devant cette insistance sur « la puissance de la parole », on reconnaîtra aisément (et à grands traits) une évolution de Godard. Son œuvre, on le sait, s'établit sur un divorce (apparent, au moins) entre « les mots et les choses », les mots et les images ; elle cherche à se fonder sur un privilège quasi-aveugle de l'image, qui ne cesse d'être compulsivement réaffirmé, sur-parlé, dans tant de ses films (parmi d'innombrables déclarations, retenons, pour l'exemple, le passage fameux de *La Chinoise* sur ceux qui font « l'éloge des livres qui confondent les mots et les choses », et les phrases, déjà moins tranchantes, troublées, peu après le début de *Scénario du film Passion* : « J'ai pas voulu écrire le scénario, j'ai voulu le voir. C'est une histoire, finalement, assez terrible, parce que ça remonte à la Bible. Est-ce qu'on peut voir la loi, ou est-ce que la Loi a d'abord été vue, et puis ensuite Moïse l'a écrite sur sa table. Moi, je pense qu'on voit d'abord le monde et on l'écrit ensuite. Et le monde que décrit *Passion*, il fallait d'abord le voir, voir s'il existait pour pouvoir le filmer. » Puis, assez récemment, on a vu se cristalliser chez Godard une réflexion sur les médiations du langage, une reconnaissance de la langue comme universel de la loi, dictant sa loi à la présence de l'image, dominant le rapport du sujet avec l'image (pensons, à cet égard, à ce qu'Alain Bergala a si bien articulé à propos de *Je vous salue Marie*)[20]. Mais on a trop peu dit, me semble-t-il, à quel point cette problématique, en fait bien antérieure dans certaines de ses formes, a commencé à se formuler, pour Godard, à partir du moment où le mot peut faire image, s'incarner visuellement dans l'image elle-même, être travaillé comme image, donc surtout dès l'apparition de la vidéo, à partir de 1974-1975, avec *Ici et ailleurs* et *Numéro deux*. C'est évidemment ce que le transport téléphonique matérialise dans *Puissance de la parole* de façon littérale — indissolublement transport matériel des mots convertis en images et passion des amants. Il y a ainsi un moment tout à fait extraordinaire, lors du premier échange. Dans le mouvement d'alternance qui conduit de l'homme vers la femme, on aperçoit dans le jardin qui borde vraisemblablement l'immeuble de Velma, une forme au premier abord indécidable (en tout cas elle l'a été pour moi) entre un arbre et un oiseau ; et on a l'impression qu'au gré du battement de l'alternance cette figure pénètre le corps de la femme. Comme si, au-delà de la figuration par la peinture, de sa reprise et de sa scénarisation, on se trouvait là directement devant le mystère renouvelé d'une Annonciation, explicitement portée par les mots d'amour et incarnée dans la matière même du cinéma, au gré de la façon dont le mot-image pénètre le corps.

J'éprouve ainsi une difficulté à détacher l'affect de la représentation. Un désir de rester en vue de la poussée et de la force, comme cette bande de Godard y convie, dans les mots comme dans les images, avant tout dans ce qui les lie. D'où une envie de compliquer, sur ses deux bords, ce qui ressort si nettement du « perçu et le nommé », et par là de réintroduire, ensemble, la part du signifiant soustraite à l'image parce qu'elle y serait incodable, et le signifiant phonique, donc *tout* le signifiant du code objet et le signifiant du métacode (les traits pertinents des mots de la langue). Les deux liés à l'énergétique de l'alternance comme battement, sous les deux grandes formes déjà évoquées. C'est là une vision, ou une intuition vouée à rester largement métaphorique ; mais c'est pourtant bien là ce que je sens travailler au niveau même de la poussée dans la bande de Godard, ces bords extrêmes de la langue et de l'image qui se poussent l'un l'autre. C'est la seule façon dont on peut ici pleinement faire justice à cet extraordinaire alliage : à la fois scène de désir des corps, et scénographie de la matière cosmique.

Ainsi, ce que je découvre et voudrais pouvoir accentuer dans la bande de Godard n'est pas ce dont Metz parle, mais c'est grâce à lui que j'y pense avec cette insistance et surtout cette précision. Je me rappelle aussi que dans un autre texte, « Le référent imaginaire », d'un autre point de vue, dans un autre programme, les phénomènes de la force sont mis par Metz au premier plan, entre autres pour élaborer l'idée remarquable de « degrés de secondarisation » (et déjouer l'opposition trop simple entre primaire et secondaire : « Le dynamique et le symbolique, la poussée et le sens sont bien loin de s'exclure, ils sont [dans leur fond] identiques »)[21]. Je me rappelle, aussi, que bien des configurations de cette bande de Godard pourraient être approchées (au moins pour l'image) dans les termes des listes, à la fois ouvertes et fermées, qui cernent, dans ce même texte, « Le référent imaginaire », de multiples niveaux de figure, ou de figurabilité : il y a ainsi la liste des quatre grandes opérations, dont j'ai déjà parlé à propos des matrices (au croisement de la métaphore et de la métonymie, de la condensation et du déplacement) ; les précisions qui en découlent sur le gros plan, dans ses rapports avec le montage et la surimpression ; le recensement des modalités du fondu-enchaîné[22]. Je n'aurais pas, je crois, de meilleurs instruments pour nommer des alliances d'images ici à l'œuvre que ces scrupuleux relevés d'opérations ; de la même façon que la Grande Syntagmatique et ses entours rendent formellement sensibles à la pression de l'alternance. Cela revient à dire, aussi bien, que je ne crois pas, en dernière instance, à cette saisie, parce que jamais le code ne peut nommer le texte ; mais il peut néanmoins aider à le faire surgir, en programmer une version virtuelle, comme chiffrée, à partir de sa propre logique. Ainsi, ce qui serait en reste, dans la saisie ou même l'évaluation de ce que cette œuvre de Godard ici prise comme prétexte me transmet, tient, plus qu'à des différences de pensée, à l'écart entre deux pratiques, deux programmes de travail : l'un se maintient à l'extérieur des œuvres, pour penser selon un ordre au-delà d'elles ; l'autre cherche à les pénétrer pour en recueillir l'expérience, aussi bien comme objets singuliers irréductibles que comme objets ouvrant à l'intellection d'une histoire.

Ainsi, me voilà presque en train de commencer (à nouveau) une analyse de film, une analyse du film qui me préoccupe le plus au moment où je me trouve intervenir sur le travail de Christian Metz, et essayer de témoigner de ce qu'il est. Une de ces analyses de films qui font peur et envie à Metz, ou qui ne l'intéressent pas (on peut, aux deux extrêmes, dire l'un ou l'autre), mais dont à coup sûr il se maintient à distance[23]. Et pour le faire je m'appuie implicitement, comme naturellement, en marquant cette division qui a toujours été la nôtre, sur une opposition qu'il m'est arrivé de ressentir comme trop fermée, un peu artificielle, artificieuse même, mais sans laquelle je ne pourrais sans doute pas me poser pour tenter de la conjurer : cette opposition qui constitue fondamentalement le programme de l'œuvre de Metz, condense son désir de code et sous-tend la production de ses effets : l'opposition *film/cinéma*.

Il y a eu, pour moi (pour d'autres il en est allé autrement), deux façons de la conjurer :

— *en aval*, en demeurant lié directement au corps du film, jusque dans l'effectuation la plus abstraite du dispositif qui opère en lui à travers la ressortie du dispositif dans le film. C'est ce que Marc Vernet a bien nommé : la « diégétisation du dispositif »[24], d'une formule qui a consacré tout un travail effectué d'emblée par les analyses de films, quand elles étaient créatrices — je pense en particulier aux exemples irremplaçables qu'en a donné Thierry Kuntzel ;

— *en amont*, en essayant d'inscrire cette emprise du dispositif-cinéma dans une histoire. C'est là ce que je suppose, pour une part, quand je parle du cinéma comme hypnose, en cherchant à prendre du recul par rapport à la relation entre cinéma et psychanalyse, pour la comprendre elle-même comme le produit d'une histoire. L'autre côté de l'hypothèse, au contraire, revenant vers le film même, de nouveau vers l'aval, pour ancrer l'hypnose-cinéma dans l'hypnose-film, ce qui n'est jamais qu'une autre façon d'essayer de nommer les effets plus ou moins cernés par l'analyse des films. Par exemple, les effets de l'alternance en tant que rythme et rime, modulation du film, hypnose — n'est-ce pas là un des noms possibles pour tenter de conjoindre affect et représentation ?

Vous voyez comment, m'arrêtant un peu longuement sur le travail de Christian Metz, je me trouve glisser par une pente naturelle vers le mien, sans pourtant jamais oublier ce que cette œuvre me suggère. C'est sans doute cela, concrètement, l'effet d'une œuvre qui fonde une discursivité, ouvre la possibilité d'une succession de discours.

---

1. Michel Foucault, « Qu'est-ce qu'un auteur ? », *Bulletin de la société française de Philosophie*, t. LXIV, 1969. J'ai soulevé ce point, quant à Foucault lui-même, en fin de mon intervention (« Vers la fiction »), en janvier 1988, au colloque « Michel Foucault, philosophe », (Seuil, 1989).

2. Il ajoute encore : « Les objets perdus sont les seuls qu'on ait peur de perdre ». « Le Signifiant imaginaire », in *Psychanalyse et cinéma, Communications*, n° 23, 1975, p. 55.

3. Roland Barthes, « Apprendre, enseigner », numéro spécial Christian Metz (sous la direction de Marc Vernet), *Ça cinéma*, n° 7/8, 1975 (p. 5-7).

4. Roland Barthes, *Le Degré zéro de l'écriture*, Seuil, 1954, p. 19-26.

5. « Sur mon travail », entretien avec Marc Vernet et Daniel Percheron (d'abord paru dans *Ça cinéma, op. cit.*, in *Essais sémiotiques*, Klincksieck, 1977, p. 195. Le passage en question se trouve p. 194-195.

6. François Truffaut, « Un trousseau de fausses clefs », *Cahiers du cinéma*, n° 39, octobre 1954, p. 51.

7. Martin Melkonian, *Le Corps couché de Roland Barthes*, Librairie Séguier, 1989, p. 41.

8. *Op. cit.*, p. 192, 193.

9. « Le référent imaginaire », dans *Le Signifiant imaginaire*, Christian Bourgois, rééd. 1984, p. 192-193.

10. Paul Veyne, *Les Grecs ont-ils cru à leurs mythes ?* Seuil, 1983. Les citations qui suivent sont p. 126, 127.

11. A cela, il faut ajouter ce que la lecture de Veyne permet aussi de mieux comprendre, et qui me paraît finement répondre de variations plus ou moins vives dans la stratégie d'approche de Metz : chacun porte toujours plusieurs programmes en soi, et on n'applique pas toujours le même. « Il n'y a pas de vérités contradictoires en un même cerveau, mais seulement des programmes différents, qui enserrent chacun des vérités et des intérêts, même si ces vérités portent le même nom » (p. 96). On pourrait ainsi mieux saisir, par exemple, comment des textes apparemment complémentaires ne le sont que si on admet aussi qu'ils correspondent à deux programmes (ou deux sous-programmes, comme ne cesse de varier chez Metz le rapport entre code et sous-code). Ainsi, la césure (profonde) qui existe entre les deux textes qui ont permis à Metz d'introduire le programme « Psychanalyse et cinéma » : « Le Signifiant imaginaire » et « Le Film de fiction et son spectateur ». Si ces textes sont mal superposables l'un à l'autre dans une configuration d'ensemble qui en répondrait, et qui serait leur « vérité », c'est qu'ils correspondent à deux sous-programmes (conceptuels et empiriques) du programme d'ensemble « Psychanalyse et cinéma ».

12. Elle est aussitôt renforcée par une phrase qui suit : « Je crois qu'on ne peut jamais appliquer quoi que ce soit ». *Essais sémiotiques, op. cit.*, p. 193-194.

13. *Op. cit.*, p. 227-229.

14. Marc Vernet, *Figures de l'absence*, Cahiers du cinéma, 1988.

15. Les premiers dans *L'Analyse du film*, Albatros, 1979 ; ensuite dans *Le Cinéma américain*, vol. I, Flammarion, 1980 ; enfin dans *Création et répétition, Recherches Poétiques III*, Clancier-Guénaud, 1982.

16. Christian Metz, *Essais sur la signification au cinéma*, Klincksieck, 1968, p. 164.

17. « La sculpture du temps, entretien avec Bill Viola par Raymond Bellour », *Cahiers du cinéma*, n° 379, janvier 1986, p. 37.

18. Christian Metz, « Le perçu et le nommé », in : *Essais sémiotiques*, op. cit., p. 132.

19. Id., p. 131, 149.

20. Alain Bergala, « La passion du plan selon Godard », *Jean-Luc Godard, le cinéma, Revue belge du cinéma*, n° 22-23, 1988.

21. On se trouve là, en un sens, devant un problème très largement balisé. Pensons au classique *Discours/figure* de Jean-François Lyotard (Klincksieck, 1971), à plusieurs textes éclairants de Julia Kristeva, dans *Polylogue* (Seuil, 1977, en particulier « Ellipse sur la frayeur et la séduction spéculaire »), ou tout récemment au texte de

Réda Bensmaïa sur *La Jetée* de Chris Marker, « Du photogramme au pictogramme » (*Iris*, n° 8, 1988), à partir des travaux de Piera Aulagnier. La difficulté n'en reste pas moins grande de concevoir, par exemple à partir de cette bande de Godard, images et mots *ensemble*, à la fois différents en nature et cependant produits d'une même poussée.

22. Respectivement, *op. cit.*, p. 227-229 ; p. 232-235 ; p. 341-348.

23. J. Aumont et J.-L. Leutrat éd., cf. la section « L'envie et la peur des analyses textuelles », dans l'entretien déjà cité, *Essais sémiotiques, op. cit.*, p. 174-176.

24. Marc Vernet, « Clignotements du noir et blanc », in : *Théorie du cinéma*, Éditions Albatros, 1980, p. 226.

Is Christian Metz a « founder of discursivity » (Foucault), and not simply the initiator of a field of knowledge which would be called semiology or semio-psychoanalysis of film ? Because he forges the way, rather than to discourses he would duplicate, to discourses which are different from, and yet unable to ignore (explicitly or implicitly), his own discourse. And this, because he was the first to grasp film in the clutch of a double approach : exterior, through the methods in play ; interior, thanks to an intimacy maintained paradoxically with his love object. Such a position is of course inseparable from a « style » : a way of playing to the extreme limit the bet on the code, and thus transforming it into an existential strategy for a « truth program » (Veyne) which is at the same time open and compelling. This is what the author of « Film and... » has experienced, in a long standing intimacy with this work, of which he gives two examples (alternation, relations between words and images) in a video of Jean-Luc Godard (Puissance de la parole).

Keiji Asanuma

La qualité esthétique du texte cinématographique

I. Deux types d'agencement des plans

Le texte cinématographique est fait de l'agencement des plans, découpés du monde profilmique. Et, parce que le monde profilmique est lui-même regardé comme texte tissé de divers textes, le plan est, lui aussi, comme fragment d'un texte, un texte[1]. Ainsi on peut supposer deux sortes de relations intertextuelles : celle entre les plans et le monde comme texte et celle entre les plans eux-mêmes. Celle-ci présuppose celle-là et la formation arbitraire de celle-ci doit rester dans le cadre de celle-là.

Bien que composé des fragments découpés du texte déjà existant, un texte cinématographique peut être original, parce que le contexte est bien différent entre ces deux textes[2]. La relation entre plans est, par rapport au contexte du monde comme texte, toujours discontinue et négative. Mais dans ce cadre, il serait possible de supposer deux sortes opposées de relations. Pour faire un contexte nouveau, on fragmente un texte, et on agence des fragments suivant leur situation dans le texte ou indépendamment de la relation contextuelle du texte. Même dans le premier cas, parce qu'on n'agence pas des fragments pour reproduire le texte, mais pour faire un contexte nouveau, la relation entre plans reste encore discontinue.

II. Texte comme pseudo-œuvre

Dans le monde comme texte, tous les objets sont traversés par le jeu infini du signifiant et deviennent polysémiques. La polysémie ou l'équivoque est la caractéristique de ce monde. Mais nous ne pouvons pas vivre pratiquement dans la situation équivoque. Nous ne pouvons pas faire des actes pluriels en même temps, parce que, si un objet a plusieurs sens et si ces sens sont tous équivalents, nous devons rester inactifs en face de cet objet. En choisissant un seul d'entre les divers sens d'un objet et en le réduisant à ce seul sens, nous établissons un rapport pratique avec cet objet. En un mot, pour vivre, il nous faut faire apparaître ce monde polysémique comme mono-sémique pour nous-mêmes. Parce que nous ne pouvons pas choisir arbitrai-rement notre situation dans ce monde, que notre lieu de vie est fixé par beau-coup de contraintes, nous ne pouvons saisir le monde que par un seul point de vue. Le monde ne nous montre que son seul aspect et sa polysémie essen-tielle nous est cachée à la vue. Le monde où nous vivons ordinairement, c'est ce monde unifié, apparu pour un sujet fixé à un seul point de vue. Certes, cette unité n'est qu'apparente, mais pour ce sujet, elle est l'essence de ce monde, comme le monde de l'ombre est le monde unique et vrai pour ce qui vit dans la caverne platonicienne.

Le monde apparu pour un sujet n'est pas le monde en lui-même, mais le monde-image *(Welt-bild)*[3]. Cette image n'est pas le produit d'une activité personnelle du sujet, mais plutôt l'ensemble des représentations ou des ima-ges existant dans une société. Nous vivons dans ce monde-image, qui fonc-tionne comme contrainte pour notre conscience imageante : le monde-image idéologique.

Le plan est le résultat du découpage par une caméra, fixée à un point dans ce monde. Il va sans dire que la caméra n'est pas dans le monde-image, mais elle est posée à un point par un sujet qui y vit. Nous pouvons suppo-ser le regard d'un sujet à un moment donné dans ce monde. Certes, il ne faut pas confondre ce sujet avec un être concret, par exemple, un cinéaste ou un caméraman. Ce sujet est posé en idée, ou plutôt imaginairement, par un cinéaste comme témoin oculaire : un sujet cinématographique. Et ce sujet, nous semble-t-il, correspond au narrateur idéal posé par le romancier : le témoin omniprésent dans le monde diégétique, qui observe, à l'insu des per-sonnages, des événements et les raconte par sa propre parole. Le sujet ciné-matographique, aussi bien qu'un cinéaste, vit dans le monde-image et voit des objets et des événements de sa propre position. Le monde — des objets et des événements — fait apparaître son aspect correspondant à la position du sujet. Ce qui est pris par la caméra, ce n'est pas l'objet ou l'événement en soi, mais son aspect apparu à un sujet, c'est-à-dire, l'aspect *(die Ansicht)* au sens de Roman Ingarden[4]. Un plan est ainsi la reproduction d'un aspect du monde.

Pourtant un plan isolé n'est que la reproduction mécanique et fragmen-taire du monde, parce que l'arbitraire du découpage, c'est-à-dire la prise de position d'un sujet sur le monde, y demeure à l'état latent. C'est par la mise en relation différentielle des plans que l'arbitraire du découpage se manifeste. Ainsi la chaîne des plans peut correspondre à une série des aspects parus pour un sujet cinématographique et, en même temps, elle fait apparaître le changement continu de la position de ce sujet dans le monde. Le sujet ciné-matographique est, ainsi que le narrateur romanesque, omniprésent et tout-percevant — la seule différence entre eux est que celui-là est contraint par la condition physique de la caméra, à laquelle il est attaché fatalement —.

Pourtant, il n'est pas le démiurge tout-puissant, parce que, étant créé lui-même par un être personnel (un cinéaste ou un auteur), il est aussi l'être personnel. Il peut changer sa position dans le monde tout librement, mais cette liberté doit être surveillée par l'idée personnelle (la personnalité) du cinéaste. Si un texte cinématographique, fait par l'agencement arbitraire des plans découpés aussi arbitrairement du monde, peut être unifié, c'est parce que ces activités arbitraires demeurent toujours dans le cadre de l'identité personnelle du sujet cinématographique. Dans ce cas, on peut supposer deux principes différents de l'agencement des plans : le principe personnel du sujet cinématographique et le principe idéologique du monde-image. Ainsi le texte cinématographique n'est pas la reproduction du monde-image, mais celle de l'image personnelle de ce monde. Dans le monde de tous les jours, les aspects changent continuellement — entre deux aspects, il y a une relation continuelle —, mais dans le cas du cinéma, parce que le processus du changement d'une position à l'autre est omis par le truquage — le truquage fondamental au cinéma, découvert par Méliès —, la relation entre les plans est, bien que subordonnée à l'ordre contextuel du monde, différentielle et discontinue. De ce point de vue, le texte cinématographique est la représentation personnelle et condensée du monde-image. En tout cas, il est l'image de l'image, la représentation de la représentation et, du point de vue idéaliste ou métaphysique, il manque doublement de base.

Nous saisissons l'être d'un objet par la perception successive de ses aspects et par l'intermédiaire des aspects schématisés *(die schematisierte Ansichten)*[5]. Nous voyons sur l'écran une qualité visuelle quelconque et, aussi par l'intermédiaire des aspects schématisés, nous reconnaissons un aspect d'un objet. Mais, parce qu'il est impossible de percevoir successivement des aspects (ou de faire l'observation) de cet objet, nous ne pouvons pas saisir l'objet en son être concret[6]. L'aspect reproduit ne renvoie à rien et reste ainsi un aspect. La chaîne des plans ne renvoie pas au monde concret, mais à un aspect du monde, saisi du point de vue d'un sujet, c'est-à-dire à l'image personnelle du monde. Et ce à quoi renvoie cette image personnelle, c'est le monde-image. Et le monde-image ne renvoie à rien, parce qu'il n'est pas l'image d'un monde, mais le monde lui-même pour ceux qui vivent dans ce monde.

Ainsi dans le cas du texte cinématographique, une image ne renvoie ni à un être concret ni à un être idéel, mais toujours à une autre image. Il n'y a que le jeu infini du reflet. Le texte cinématographique n'est pas ainsi l'image de quelque chose, mais ce qui n'est qu'une image, ce qui est simplement l'image. Ce n'est pas l'*eikôn*, mais le *phantasma*, c'est-à-dire selon Platon, l'imitation qui modifie arbitrairement le caractère des choses pour les faire apparaître plus belles[7]. Le *phantasma* n'a aucun rapport ni avec le caractère propre à l'être concret, ni avec celui de l'être idéel. Il est esthétique au sens de Kant, parce qu'il n'a d'autre base que soi-même et est purement arbitraire (subjectif)[8]. Le texte cinématographique est, par sa nature même, esthétique. Si l'on regarde ce texte comme orthodoxe, cela signifierait peut-être la négation du monde construit sur la base de l'être idéel ou la confirmation de la disparition de l'idéel dans le monde. Au contraire, pour ceux qui croient au principe idéel du monde, ce texte apparaîtrait comme envahisseur. Konrad Lange, l'esthéticien allemand, a chassé le cinéma du domaine sacré de l'Art[9], et cela n'est pas, comme on dit souvent, pour la raison que le cinéma est trop ressemblant au monde réel, mais qu'il n'est ressemblant à rien.

Nous vivons dans le monde-image idéologique, qui nous cache la textualité du monde. La contrainte de ce monde est si forte et si fondamentale que, surtout au niveau de la vie de tous les jours, nous ne pouvons pas la reconnaître. Le double oubli du monde : celui du monde polysémique et celui du monde-image. Occupés à résoudre des problèmes quotidiens sans importance, contraints par des codes souvent contradictoires de diverses institutions, nous ne pouvons pas faire l'image unitaire et totalitaire de ce monde. L'ironie veut que, bien que notre conscience soit contrainte par le monde-image idéologique, nous ne pouvons pas posséder l'image unitaire de ce monde. Cette ironie nous causerait peut-être une certaine inquiétude et pour y échapper, nous chercherions le moyen pour faire apparaître ce monde comme unitaire pour nous.

Comme représentation condensée du monde-image par un point de vue personnel, le texte cinématographique a une unité apparente et la conformité à la connaissance (l'euscopie). Pour faire ce texte, il faut une aptitude au-dessus de la commune mesure, mais elle ne doit pas être le génie, parce que, pour faire l'image d'un monde, où nous vivons et qui est lui-même le dépôt de diverses activités humaines, il ne faut pas d'aptitude superhumaine, donnée par la grâce d'un être transcendant ou d'une nature plus haute. Ce qu'il faut, ce serait le talent au sens de Hegel[10]. Par l'intermédiaire de ce texte, nous pouvons concevoir l'image unitaire du monde ou, en sortant du petit monde quotidien, nous pouvons entrer dans un monde plus vaste et plus unifié. Certes, ce n'est pas l'expérience de transcendance d'ici-bas au monde idéel, mais encore une expérience de certitude et d'extase : transcendance horizontale du monde privé au monde-image. Du fait qu'il est produit par un talent et qu'il produit une expérience d'extase horizontale, le texte cinématographique ressemble un peu à l'œuvre d'art, qui est créée par un génie et cause une expérience de transcendance verticale. Plutôt il faudrait dire qu'il est une pseudo-œuvre, quasi artistique. Dans un monde où règne le principe idéel et où la création de l'œuvre est possible, la pseudo-œuvre ne serait appréciée que négativement, mais dans un monde d'où est disparue l'idée transcendante et où le génie n'existe plus, on regarderait la pseudo-œuvre comme ayant sa propre valeur. Le texte cinématographique, en faisant apparaître l'image unifiée du monde, cache la textualité ou la polysémie du monde. De ce point de vue, ce texte devrait être regardé aussi comme pseudo-texte.

Le texte cinématographique est, par sa nature, esthétique et ne renvoie à rien. Mais dans le cas mentionné ci-dessus, il renvoie, par l'intermédiaire de l'image personnelle condensée, au monde-image. Et, parce que ce monde apparaît, bien qu'il soit lui-même une image, comme monde en soi pour ceux qui vivent anxieusement dans le petit monde quotidien, on peut supposer qu'il y ait un rapport de renvoi quasi symbolique : la chaine des plans → l'image personnelle et condensée → le monde en soi. Entre chaque plan et le monde, il y a un lien naturel, parce que celui-là est la reproduction d'un aspect de celui-ci apparu à un sujet cinématographique. Mais ce rapport n'est pas tautologique, parce que ce monde n'apparaît pas à la conscience quotidienne et qu'il est, en ce sens, transcendant. Il va sans dire que chaque plan est la reproduction du monde ou plutôt le monde réduit à un seul aspect et reste esthétique aussi dans ce cas. Mais, cette fois, la qualité esthétique du texte fonctionne comme signifiant et devient transparent pour le signifié, c'est-à-dire pour le monde caché. Pour parler plus exactement, le rapport entre la chaîne des plans et l'image personnelle du monde est quasi tautologique, parce que, comme nous l'avons indiqué déjà, chaque plan est la reproduction mécanique d'un aspect du monde apparu à un sujet et agencé suivant l'ordre de son apparition à ce sujet, c'est-à-dire du changement de points de vue. Mais entre l'image personnelle et le monde-image, se trouve une différence et une distance, parce que ce monde est toujours caché et ne fait apparaître son image unitaire que pour un sujet qui a un talent spécifique. La qualité esthétique du plan est ainsi toute transparente pour un aspect du monde et le spectateur voit quasi immédiatement un aspect du monde sur l'écran.

S'il en est ainsi, il serait possible de dire que le texte cinématographique devient artistique ou symbolique en dissimulant sa nature esthétique. Chose très curieuse, parce que, selon l'idée courante, l'esthétique et l'artistique sont inséparablement unis. Dans la pensée dualiste platonicienne, l'esthétique (au sens étymologique, *aisthèton*), en soi est regardé comme pure négativité et opposé à l'Idée. Entre les deux, il y a une distance infinie et une différence absolue. Alors, ce qui dissout cette dualité indissoluble, c'est le symbole[11]. Ou, suivant la tradition de l'esthétique idéaliste, nous pourrions dire comme suit : lorsque l'Idée, en surmontant la distance infinie et la différence absolue, apparaît au sensible, il y a la beauté — Hegel a défini la beauté comme apparence sensible de l'Idée *(das sinnlich Scheinen der Idee)* — [12]. Ce qui est l'élément indispensable à l'art, ce n'est pas l'esthétique, mais la beauté. L'art au sens moderne est l'unité de la beauté et de l'activité productrice humaine *(téchnè)* — selon Hegel, l'art est la forme *(Gestalt)* que forme l'esprit absolu pour y apparaître. Ainsi, dans la pensée idéaliste ou métaphysique européenne, on n'admet l'être de l'esthétique que dans le cas où, réglé selon une hiérarchie de valeurs, au sommet duquel est l'Idée, et devenu semblable à elle, il peut renvoyer la conscience à l'Idée. C'est pourquoi le texte cinématographique doit dissimuler sa nature esthétique ou sa nature comme *phantasma* pour devenir artistique et pour obtenir sa propre position dans le système culturel moderne.

III. Texte comme négativité pure

Jusqu'ici, nous avons parlé du texte cinématographique comme pseudo-œuvre, dont les plans sont agencés, comme nous l'avons indiqué ci-dessus, selon deux principes : l'un personnel, l'autre idéologique. Celui-là est la base de l'unité du texte et celui-ci est celle de la compréhensibilité du texte. Le monde-image, qui est regardé comme dépôt ou ensemble des représentations d'une société, c'est-à-dire comme institution de la représentation, préexiste à toutes les consciences individuelles et les contraint.

Nous devons parler maintenant du texte cinématographique d'un autre type, dont les plans sont agencés indépendamment de la relation contextuelle du monde-image. Parce que la caractéristique du plan est la négativité ou la discontinuité par rapport au monde, on pourrait dire que cet agencement fait se manifester la caractéristique du plan et du cinéma. Mais du fait que la dépendance au principe du monde-image est la base de la compréhensibilité du texte, il est probable que ce type de texte devient incompréhensible. Nous avons pensé que le texte du premier type dissimule la textualité du texte cinématographique et lui donne l'apparence de l'œuvre, alors le texte du deuxième type fait-il se manifester cette textualité ainsi que la polysémie du monde ?

Comme nous l'avons déjà dit, l'homme ne peut pas vivre dans une situation polysémique et cherche donc à faire apparaître le monde unifié autour de lui. Alors ce texte, qui dévoile la polysémie du monde ainsi que le manque de base de la vie quotidienne, troublerait ceux qui veulent vivre en toute quiétude. On ne voudrait pas que le monde autour de soi et la vie quotidienne changent brusquement. L'aspiration vers une meilleure vie ne signifierait pas la négation de la réalité, mais l'amélioration graduelle du monde réel affirmé comme tel. Ceux qui, vivant dans le monde de tous les jours, veulent maintenir la situation actuelle voudraient exclure ce texte de leur monde, mais pour ceux qui tentent de la réformer, ce texte devrait être bien accueilli comme arme très utile. Ce texte serait ainsi toujours d'avant-garde.

Citons en exemple les essais théoriques et pratiques de montage d'Eisenstein. Dans un essai [13], il a défini la relation entre les plans comme choc ou conflit, qui signifie en un mot la négation et le dépassement de la relation déjà existante. Il semble qu'Eisenstein ait conçu cette idée du montage pour répondre à la demande du pouvoir bolchevique, qui considérait le cinéma comme la meilleure arme pour la révolution. Étant coupé de ce monde, chaque plan serait compris immédiatement, d'autant plus que l'incompréhensibilité de la relation entre les plans causerait un choc au spectateur. Selon Eisenstein, ce choc active la conscience du spectateur et elle tente d'établir ou de découvrir de son côté la relation entre les plans : l'effet de l'attraction [14]. Former une relation intertextuelle entre plans, c'est nier celle entre les plans et le monde. Bien que le plan soit toujours un aspect reproduit, il n'appartient à nulle part et est ainsi neutralisé. La chaîne de ces plans, c'est-à-dire la succession des aspects neutralisés ou vides, ne représenterait plus l'image personnelle, mais renverrait la conscience activée à une nouvelle image ou, selon Eisenstein, à un nouveau concept. Par des plans ainsi agencés, un nouveau sens — image et concept — est produit. Pourtant, pour que ce processus de la production ou de la signification s'accomplisse, et que le sens produit puisse être compris unanimement par des spectateurs, il faudrait un code ou un principe quelconque. D'après ce que dit Eisenstein, c'est le principe dialectique de la pensée ou le code du discours intérieur[15], mais d'après ce que nous avons dit, ce serait le grand code du monde-image. S'il en est ainsi, on devrait dire que la négation ou le dépassement n'est pas total, mais partiel. Le processus de la production d'un nouveau sens par la négation ou le dépassement des codes conventionnels et courants, dans la clôture du grand code idéologique de monde-image, nous pourrons l'appeler « rhétorique ».

Ainsi nous pourrons dire que toutes les techniques du montage sont rhétoriques. Alors l'agencement de deuxième type ne serait-il utilisé que partiellement dans le texte de premier type pour produire des effets rhétoriques ? Et tous les films qui se veulent être artistiques y renferment-ils nécessairement l'élément de négativité ? Or, nous avons pensé que, par l'agencement arbitraire, l'aspect reproduit est neutralisé et devient vide. L'aspect neutralisé et vide, découpé du monde ainsi que de la personnalité d'un sujet, c'est ce qui est purement esthétique, ce qui n'est que l'image, c'est-à-dire le *phantasma*. Ainsi le film qui se veut être une œuvre doit renfermer un élément purement esthétique de non-œuvre, du *phantasma* : la textualité. Pendant que le cinéma voulait être un art, on voulait dissimuler la négativité ou la textualité du cinéma. Mais plus on exploite la technique, moins la textualité peut demeurer à l'état latent, et plus il s'approche à l'art, plus la négativité est manifeste. Juste après la Première Guerre mondiale, il y a eu beaucoup de mouvements d'avant-garde dans le domaine de l'art et de la pensée : on s'efforçait de dépasser la clôture du monde moderne sous diverses formes. C'est ces avant-gardistes, surtout dadaïstes et surréalistes, qui ont reconnu la textualité ou la négativité du cinéma comme telle. Pour eux, le cinéma qui voulait être un art était tout à fait insignifiant.

Si la textualité est propre au cinéma, un film pourrait être un texte pur sans aucune technique. Il n'y a rien d'étonnant à ce que Robert Desnos et les autres considèrent les films de Lumière comme parfaits. Pourtant, un plan, fût-il mis en relation négative avec d'autres, reste encore un fragment découpé du monde et garde en lui un fragment du contexte du monde. Et de plus, parce que chaque plan doit être agencé linéairement dans le temps, quoi que l'on veuille faire un agencement négatif, il y a, entre les plans, un lien contextuel et chaque plan doit être mis en relations diverses, par exemple, celle du développement, du changement, de la causalité, de l'implication, du raisonnement et d'autres. Si une relation entre les plans apparaît incompréhensible pour un spectateur, il voudra l'adapter à n'importe quelle catégorie de relations déjà existantes et il y réussira la plupart du temps. Pour réaliser la relation négative, une technique adaptée est indispensable.

Le cinéma est avant toute chose la réduction mécanique et le découpage arbitraire. Or, le monde qui permet le découpage arbitraire serait un monde d'où est absent le principe transcendant comme base de l'unité et de la totalité. Mais pour vivre, comme nous l'avons déjà dit, il nous faut faire apparaître le monde comme totalitaire et unifié : le monde-image. Pour ceux qui vivent leur vie de tous les jours, c'est ce monde qui est vrai et ils croient à sa totalité et à son unité comme substantielles. Au lieu de l'ordre accompli par le principe idéel, il n'y a que la croyance pour celui-ci. C'est le monde où règne le pseudo-principe et il y a une pseudo-hiérarchie. Tous les êtres sont ordonnés par cette hiérarchie. Même le signe en est là : son signifié est attiré un peu vers le pseudo-principe et il y aurait une distance verticale entre le signifiant et le signifié. Jacques Derrida a parlé du « devenir-signe du symbole »[16], mais nous devons parler ici du « devenir-symbole du signe ».

L'agencement négatif des plans ou la technique du texte cinématographique en général est ainsi ce qui nie totalement la relation avec ce monde, construit sur le pseudo-principe et la pseudo-hiérarchie. La qualité visuelle du plan est, dans le fond, celle de l'objet reproduit ou plutôt on pourrait dire qu'elle est l'objet lui-même réduit à sa qualité visuelle. Nous pourrions dire, selon la pensée d'Eisenstein, que la relation du plan avec le monde est niée par le montage et, en même temps, le plan est intégré dans une nouvelle relation significative. Mais par l'agencement négatif, le plan perdrait toute relation avec d'autres que lui-même et sa qualité visuelle serait réduite à elle-même. Le plan serait devenu ainsi une qualité purement et simplement esthétique. C'est le plan dans son état pur et qui a accompli son autonomie. Par conséquent, on pourrait dire que le texte produit par l'agencement négatif est, à son tour, le film dans son état le plus pur. Or, nier la relation d'une image avec le monde concret et la réduire à la qualité esthétique pure, n'est-ce pas l'abstraction artistique ? S'il en est ainsi, le film dans son état pur devrait-il s'appeler le film abstrait ? Ou le film abstrait *(der absolute Film)* des années 1920 est-il le texte cinématographique le plus pur ? Ici nous regardons le texte cinématographique comme résultat du découpage et de l'agencement, c'est pourquoi il est impossible d'identifier l'un avec l'autre. Le plan est, ici, le résultat de double réduction de l'objet concret — celle de l'objet concret à la qualité visuelle et celle de la qualité visuelle à son état pur —, et en ce sens il est encore figuratif. Pourtant il est la qualité esthétique elle-même, dont la relation avec le monde concret est totalement niée, et en ce sens il est abstrait. Le plan, ou le texte cinématographique, est figuratif en même temps qu'il est abstrait.

Parce que la relation avec le monde ou la dépendance au principe du monde-image est la base de la compréhensibilité du texte, le texte cinématographique à son état pur devrait être incompréhensible. Comme le texte scriptible de Barthes, ce texte peut être trouvé « fugitivement et obliquement » dans quelques films-limites[17]. Tous les films, qui sont actuellement projetés et dont on parle, sont ceux dans lesquels les deux types de texte coexistent et la plupart de leurs techniques ont pour base des éléments négatifs. Par exemple toutes les techniques du montage se basent d'une manière quelconque sur l'agencement négatif. L'agencement dépendant ou imitatif est regardé comme technique commune de la narration en général : le découpage arbitraire du monde diégétique par le changement du point de vue — imitation de l'événement diégétique — et l'agencement des fragments découpés (ou de l'événement imité) dépendant du contexte du monde diégétique. Citons comme exemple le fait que la structure du film de Griffith n'a pas encore accompli son indépendance de celle de la narration qui lui précédait. Le plan est là une partie de la scène, l'unité d'une narration précédente, c'est-à-dire du scénario, et les relations entre les plans sont déterminées d'avance par cette scène. Il y a, entre les plans, une relation différentielle relative mais ils s'intègrent dans une scène qu'ils ont formée et les propriétés de chaque plan restent encore à l'état latent. Par l'agencement négatif, le plan devient indépendant et n'est plus intégré dans une unité syntagmatique plus grande. Le plan est réduit ainsi à lui-même et ses propriétés sont devenues manifestes. Il est tout à fait impossible de décomposer le plan en unité significative et puis en unité formelle, mais il est indéniable que le plan est composé des strates différentes : sensible, objective et significative. Par l'agencement dépendant, il s'est produit une relation quelconque entre chaque strate, qui s'incorpore à un ensemble et ne peut plus être différenciée l'une de l'autre. Par le choc de l'agencement négatif, il se produit un glissement de chaque strate, qui apparaît séparément à la surface du texte. C'est ce glissement ou cet écart qui est la base de la technique rhétorique. Plus ce choc est fort et plus la négation est parfaite, plus la supériorité de la strate de sensibilité devient grande.

Dans le cas du texte par l'agencement négatif, les strates d'objet et de signification se cacheraient sous la strate de sensibilité. Cela signifie que l'apparition du signifié diffère infiniment et qu'il n'y a que le jeu du signifiant. Ce qui est tissé par ce jeu se ferme sur soi-même, sans aucune relation avec les autres. Ce texte est fermé en sens vertical parce qu'il n'a aucun support au-dessus de lui et, en d'autre termes, il fait pendant à l'indéfini du jeu horizontal. Ce texte est purement esthétique et sa relation avec le monde de tous les jours est toute négative. Il dévoile peut-être la textualité ou l'imaginaire du monde, caché sous le monde de tous les jours. La fermeture, la qualité esthétique, la négativité et le dévoilement, ce sont toutes les caractéristiques du texte cinématographique et aussi les composantes principales de la valeur esthétique, quoi qu'il soit impossible de la définir par eux seuls. Si nous ne considérons pas la valeur esthétique comme apparition sensible de l'être transcendant, mais comme valeur purement sensible, nous pourrons supposer le texte cinématographique esthétique. Parce que la qualité esthétique en ce sens apparaît parfaitement dans le texte à son état pur, le film arriverait à son achèvement esthétique en même temps qu'à son indépendance comme texte. Pourtant, parce que le texte pur n'est que le texte idéel, irréalisable à jamais, le texte cinématographique n'arrivera jamais à son achèvement esthétique. Or, tous les films renferment toujours quelques éléments négatifs comme base de la technique rhétorique, ils sont tous, dans une certaine mesure, déjà esthétiques. Ici il n'y a pas de différence essentielle entre l'actuel et l'esthétique et tous les films sont quasi artistiques et quasi esthétiques. L'ambiguïté est la caractéristique essentielle du texte cinématographique.

1. Cf. Keiji Asanuma, « Structure de l'image et du plan comme unité » dans *Ça-cinéma* n° 3, Éditions Albatros, Paris, 1974, p. 46.

2. *Ibid.*

3. Ce mot est emprunté à Heidegger. Cf. Martin Heidegger : « Die Zeit des Weltbildes » dans *Holzwege*, Vittorio Klostermann, Frankfurt am Main, 1950, p. 69 sqq.

4. Cf. Roman Ingarden, *Das literarische Kunstwerk*, Max von Niemeyer Verlag, Tübingen, 1960, p. 271 sqq.

5. *Ibid.*, p. 278 sqq.

6. Cf. J.-P. Sartre, *L'Imaginaire*, Gallimard, Paris, 1948, p. 18 sqq.

7. Platon, *Sophiste*, 235b-236c. Cf. *Sophiste, texte établi et traduit* par E. Bréthier, Les Belles Lettres, Paris, 1969, p. 333 sqq.

8. Emmanuel Kant, *Kritik der Urteilskraft*, 1790. *Der philosophische Bibliotek*, Band 39, Max von Niemeyer, Leipzig, 1920, p. 39.

9. Cf. Konrad Lange : *Das Kino in Gegenwart und Zukunft*, Verlag von Ferdinand Ecke, Stuttgart, 1920.

10. Cf. G.F. Hegel, *Vorlesungen über die Aesthetik, Erster Band, Sämtliche Werke*, vol. 12, Fr. Frohman Verlag, Stuttgart, 1953, p. 381 sqq.

11. Cf. Ernst Cassirer : « Das Symbolproblem und seine Stellung in System der Philosophie » dans *Zeitschrift für Asthetiki und allgemeine Kunstwissenschaft* », n° 21, 1927, p. 295 sqq.

12. Hegel, *op. cit.*, p. 160.

13. S.M. Eisenstein, « Le principe du cinéma et la culture japonaise » dans *Le film : sa forme/son sens*, Christian Bourgois Editeur, Paris, 1976, p. 40.

14. Cf. S.M. Eisenstein, « Le montage des attractions » dans *op. cit.*, p. 16 sqq.

15. S.M. Eisenstein : « Discours et discours de clôture au congrès des travailleurs du cinéma (8 janvier 1935) » dans *op. cit.*, p. 149.

16. Cf. Jacques Derrida, *De la Grammatologie*, Éditions de Minuit, Paris, 1967, p. 69 sqq.

17. Roland Barthes, *S/Z*, Le Seuil, Paris, 1970.

On the basis of philosophical concepts, the author proposes to distinguish between two types of relations connecting the shot and the world. In the first type, the shot is dependent on the world to represent. In the second type, it negates this relation for the benefit of the relation to other shots.

For the first type, the shots are linked together by the personal principle of the « cinematographic subject » and by the principle of ideology (the image-world). The image-world is the necessary condition to understand the film, but the result is that nothing is learnt from the world and its plurality of meanings.

In the second type, a film that would tend to unveil the plurality of meanings of the world would emphasize the relations between the shots (Eisenstein), emphasize its asthetic dimension, but would become abstract and ultimately impossible to understand. It would be an abstraction, a pure film. Both types can be found in many films.

Jacques Aumont

L'analogie réenvisagée
(divagation)

« *La ressemblance est, en soi, trahison ;
car elle encourage autrui à ne jamais
chercher à nous connaître.* »

Edmond Jabès

En 1965, très exactement en mai-juin, parut dans les *Cahiers du cinéma*, qui venaient à peine de s'installer dans leurs nouveaux meubles, à l'enseigne encore flottante d'une relève et d'un aggiornamento, un article intitulé « A propos de l'impression de réalité au cinéma ». Chacun connaît cet article, mais peut-être avez-vous oublié qu'il fut présenté, dans le numéro 165-166 des *Cahiers*, à la rubrique « Débats ». « Débats » ? Qu'est-ce à dire et qu'y avait-il donc à débattre ? Le cinéma aurait-il été, en 1965, suspect de ne plus livrer une « impression de réalité » ? Et la revue de la Nouvelle Vague aurait-elle particulièrement nourri ce soupçon ?

Sans doute cela n'est-il pas tout à fait faux : 1965 est l'année de *Pierrot le fou*, qui fut, au festival de Venise cette année-là, reçu comme l'acte de naturalisation d'une sorte de « cubisme » cinématographique dont les premiers films de Godard avaient représenté les prémices. D'ailleurs, dans un entretien récent (daté d'octobre 1988)[1], Christian Metz constate expressément, avec le recul de deux décennies, cette coïncidence entre un renouveau théorique et la fin, désormais visible, d'une certaine innocence esthétique du cinéma.

Pourtant, si débat il y avait, il n'était pas — ou pas seulement — interne à une « théorie du cinéma » qui n'avait alors aucune existence dans aucune institution : en ce milieu des années 60, c'est sur un terrain un peu décalé par rapport à celui-là, le terrain de la sémiologie commençante, qu'allait se jouer le « débat ». Un peu plus d'un an avant l'article de Metz, la même revue avait interrogé deux des « ténors » du structuralisme naissant, Roland Barthes et Claude Lévi-Strauss, et l'on y savait, même confusément, que l'affaire du moment était cette recherche, alors nouvelle, de *systèmes* de signification (de systèmes parfois cachés, mais d'autant plus efficaces de l'être). C'est par rapport à cette recherche, déjà en voie de vulgarisation, que la ques-

tion de l'impression de réalité faisait débat : parce que cette impression, et
la notion connexe d'*analogie*, était la pierre d'achoppement constante de toute
l'entreprise, un véritable bloc de résistance à la systémisation. Voici par exemple, de Barthes et de 1964, une déclaration sans ambages : « *Quand les linguistes s'occupent des systèmes marginaux à la langue, comme par exemple
le langage animal ou le langage par gestes, ils constatent que les systèmes
symboliques, c'est-à-dire les systèmes analogiques, sont des systèmes pauvres,
parce qu'ils ne comportent à peu près aucune combinatoire. L'analogie rend
à peu près impossible de combiner d'une manière riche et subtile un nombre
restreint d'unités*[2]. » D'où découlait entre autres, pour ce Barthes-là, le
corollaire que la sémiologie du cinéma ne pourrait porter que sur la rhétorique, ou sur la connotation. Le cinéma, ainsi, pour une sémiologie plus tellement débutante, est rejeté dans les mauvais objets — dans les objets peu
fréquentables parce que mal segmentables — en raison précisément de la force
de l'impression de réalité que — cinéma moderne ou pas, Nouvelle Vague
ou pas — l'image cinématographique *en général* est censée produire, à cause
de sa forte et particulière charge analogique.

La nature du présent colloque y prêtant — qui invite à rendre hommage
à un auteur et à son œuvre tout à la fois — j'ajouterai une touche subjective : il me semble bien que l'article de 1965 est le tout premier article de
théorie du cinéma que j'aie eu l'occasion de lire (et qu'il est devenu, par
la suite, l'une des clefs grâce auxquelles j'ai pu, de proche en proche, remonter l'histoire de la réflexion théorique sur le cinéma). Il n'est (subjectivement)
pas indifférent que ce soit cet article précisément — où se défend l'idée que,
en raison au moins de l'un de ses caractères essentiels (le mouvement apparent), l'image cinématographique est une image fortement analogique, donnant l'impression de la réalité. Ce texte me donnait, de la théorie, une image
aimable, et surtout, compatible avec ce que par ailleurs m'apprenaient la cinéphilie et la critique.

Le travail de Christian Metz, lui, a sensiblement dévié, et presque aussitôt, de cette première approche quasi phénoménologique ; mais, dans son *opus
magnum* sémiologique, la notion d'analogie ne disparaît pas corps et biens :
cette pierre d'achoppement y est, au contraire (les métaphores se pressent
en foule) prise à bras le corps, brisée en morceaux, parfois délicatement sculp-
tée. De cette tentative de faire sa place à l'analogie aux côtés de phénomènes plus visiblement sémiotiques, je retiens pour l'instant, trop schématique-
ment, ceci : l'analogie n'est pas un phénomène mystérieux, inanalysable, une
donnée *a priori* de notre expérience ou de notre intellection, mais au contraire un processus sémiotique au sens plein, dont le fonctionnement implique une combinatoire de codes hétérogènes (anthropologiques, culturels) et
permet, par la mise en jeu ultérieure de batteries de codes successives (surtout connotatifs), la constitution de cet « au-delà » de l'analogie qu'est
l'image[3].

Voilà donc, finalement posé, mon point de départ. Il aurait pu tenir en
une phrase : Christian Metz a traité l'analogie comme un phénomène codé

(et codique). Mon intervention sera une sorte de commentaire oblique de cette hypothèse : oblique, parce que c'est d'un point de vue plus esthétique et anthropologique que sémiologique que je vais me situer ; commentaire tout de même, car c'est bien sous la provocation initiale de cette approche metzienne que je vais aborder la question.

Analogie est un de ces mots-valises où l'on a trop rangé d'habits de toute mode, en même temps une de ces notions-couverture (comme on dit en anglais) dont on masque pudiquement les problèmes encombrants. Nous sommes tous accoutumés à parler d'*images analogiques* comme si cela les définissait (au point que la seule façon de parler des autres images est de les dire... *non analogiques*). Or, en fait, rien de moins évident que la notion d'analogie. J'en profiterai pour proposer d'en distinguer trois sens, ou plutôt trois valeurs possibles, correspondant moins à des usages actuels attestés qu'à ce qu'enseigne l'histoire des images.

1. Le plus sûr est de partir de ce qui semble se constater *tout seul*, de l'analogie définie par la perception. Appelons *analogie empirique* la perception, dans des conditions définies, d'une ressemblance partielle ou totale entre deux objets.

Conditions définies : on voit bien (l'entreprise de Metz, entre autres, nous y aide) que ces conditions sont nombreuses et variables :

— conditions perceptives, en tout premier lieu, puisque « la » perception ne se définit que de façon infiniment contingente (le même objet et le même œil ne suscitent pas deux fois la même perception, même au sens le plus strictement physiologique) ;

— conditions psychiques, souvent plus ou moins inséparables des conditions perceptives, et les affectant très directement (la même perception ne s'insérera pas toujours au même point du jeu entre savoir et croyance) ;

— conditions socio-culturelles, enfin et évidemment : la perception, et l'acceptation psychologique subséquente, de l'analogie, suppose à tout le moins la définition d'un degré de ressemblance jugé suffisant.

Les exemples sont innombrables, mais certains parlent mieux que d'autres : la reproduction des couleurs, ainsi, est occasion toujours renouvelée d'admirer la grande tolérance envers toutes sortes de défauts de ressemblance (sans parler de la relative facilité avec laquelle est accepté le noir-et-blanc, notamment photographique) ; l'autre exemple canonique, celui du trompe-l'œil, démontre à l'envi l'incidence des limitations de la perception, l'importance de la disposition à être « trompé » par une ressemblance. Bref, nous sommes ici dans le domaine de la tautologie : est analogique ce qui ressemble au point que l'œil ne perçoit pas la différence (et ressemble, sans doute, ce qui est doté de *vis analogica*...).

2. L'analogie « empirique » n'est guère satisfaisante pour l'esprit, à cause justement de l'empirisme obligé de sa définition, renvoyant sans cesse à un observateur dont il n'y a pas de raison de cesser de raffiner la définition (âge, sexe, histoire, classe, performances sensorielles : tout peut jouer son rôle). D'où la tentation de substituer en douce, à cette première définition, celle d'une analogie *idéale*, ou *objective* : d'une analogie qui serait contenue dans les objets eux-mêmes entre lesquels existe une ressemblance, et non dans le sujet qui la perçoit.

Il est facile de se moquer de cette tendance théorique à éliminer les conditions réelles d'usage et de perception des images, au profit d'un concept purement abstrait, insitué et anhistorique : de fait, la notion d'analogie « idéale » ou « objective » ne répond sans doute à aucune situation réelle, puisque même les moyens de reproduction automatiques de la réalité visible ne sauraient prétendre à y atteindre (entre deux tirages de la même photographie, entre deux photocopies du même document, la ressemblance n'est jamais parfaite : le double n'existe pas dans le monde physique). Pourtant, si cette notion a été si souvent convoquée, sous cette forme de l'idéal objectif, ce n'est pas seulement par facilité : c'est qu'elle suppose, non pas qu'il existerait je ne sais quelle perception idéale et parfaitement objective qui serait capable de vérifier *absolument* des analogies, mais qu'il peut exister des relations d'analogie (notamment entre une image et un objet) qui soient indépendantes des conditions de la perception. Le meilleur exemple ici, le plus clair (et aussi le mieux exploré) est évidemment celui de la photographie : quelles que soient les différences sensibles entre une photo et la scène qui lui a servi de modèle, on lui attribuera toujours une qualité analogique, en vertu de sa nature générique d'image *indicielle*, en vertu de son *archè*, comme dit Schaeffer[4].

La photographie est venue assez tard dans l'histoire des images, et ce n'est certes pas elle qui a inventé, ni suffi à imposer, l'idéalité de l'analogie. Un genre aussi soumis à l'analogie que le portrait a vu ses conventions et ses conceptions changer, beaucoup et souvent : pour autant, son existence même repose sur la présupposition d'un rapport essentiel instituable entre modèle et image : une analogie visible, mais qui veut atteindre à l'invisible. L'analogie idéale n'a pu être pensée qu'à partir de la constatation empirique d'une analogie visible ; mais elle se définit d'échapper aux contingences de l'empirie : paradoxe si l'on veut — mais pas plus provocant que celui qui fonde tout concept.

3. On vient de poser implicitement que l'analogie idéale est une sorte d'épuration conceptuelle de l'analogie perceptive, ordinaire. On pourrait, de façon moins positiviste et plus idéaliste, envisager l'inverse : que l'analogie dite « idéale » n'est encore qu'une manifestation potentiellement sensible d'un rapport plus essentiel, plus détaché de toute réalité matérielle. Il faudrait alors poser, au moins comme un horizon possible, l'idée d'une analogie que je n'hésiterai pas à appeler *ontologique*, en raison du contexte où apparaît cette notion (celui des philosophies de l'Être).

La définition en serait forcément *identitaire* : parler d'analogie entre A et B signifierait une identité absolue entre (certains traits de) A et (certains traits de) B. L'identité — les mathématiques même élémentaires nous le rappellent — c'est la relation la plus forte qui puisse exister entre deux entités, puisqu'elle signifie que ces deux entités n'en font qu'une, doublement manifestée. Parler d'analogie ontologique (je cherche un mot plus léger : *idéelle* ?), c'est donc penser que l'image, artistique par exemple, ne vient jamais seule, que l'image sensible s'accompagne toujours d'une image invisible, qui la double (et en fait la valeur).

Ce sont évidemment les religions, l'usage des images dans les arts religieux, qui ont suscité cette idée. Il y a analogie ontologique — exemple trivial mais lumineux — entre l'icône et le Christ, en vertu d'un pacte magique, conclu en une origine mythique (qu'on se réfère à l'histoire d'Ananias ou à celle de Véronique). L'analogie idéelle n'est pas une analogie, si cette dernière se définit par la perception qu'on en peut avoir ; mais elle est, dans toute une tradition philosophique et esthétique qui nous l'impose, à la fois la source ultime, le but, la justification et le fondement de toute analogie. Elle *est* l'analogie.

J'avais prévenu : il s'agissait moins de définir une typologie de l'analogie, que d'enregistrer l'effet, sur cette notion que le langage courant problématise peu, de l'histoire des images, de l'histoire de l'art (et, pour une fois et jusqu'à ce point, pas seulement de l'art occidental). Je ne cherche donc pas à raffiner ces trois catégories, pas plus que je ne me demanderai s'il n'aurait pas mieux valu en créer quatre. Il m'importait seulement de rappeler que ce que nous dénommons « analogie », sans spécifier davantage, lorsque nous nous interrogeons sur l'image analogique, sur les codes de l'analogie, est une analogie idéale, dont le concept ne nous inquiète pas trop, au bénéfice de sa confusion avec une analogie empirique — mais qui pour autant n'a jamais échappé à son origine (ni peut-être à sa visée) idéelle. L'analogie ne concerne pas que l'image, elle ne loge pas *dans l'analogôn* : c'est tout ce que je voulais dire (mais ce n'est pas rien).

Une des raisons évidentes de la complexité de la notion d'analogie est sa proximité, qui ne manque pas de faire barrage, à la notion de *représentation*. La représentation *en général*, c'est-à-dire la production d'artefacts qui sont autant de tenant-lieu imaginaires (et le plus souvent partiels), d'objets réels ou eux-mêmes imaginaires — la représentation suppose l'analogie. Il est possible, analytiquement, de définir la représentation comme un pur arbitraire[5], il est même possible de trouver des *représentants* non analogiques (les représentants de commerce ou les représentants du peuple...) — il n'en reste pas moins que l'histoire des tenant-lieu est celle, pour l'essentiel, des analogues : que celui-ci s'adresse aux sens (dans une sculpture, une peinture ou une photo), qu'il suppose en outre un travail intellectuel (comme dans une représentation théâtrale et, en partie, dans un film).

Analogie représentative, représentation analogique : pour essayer de dépasser quelque peu cette aporie, je voudrais insister un peu sur cette dernière remarque : l'analogie représentative peut s'adresser à notre perception, mais aussi à notre intellection ; ou, ce qui revient un peu au même, elle suppose ou peut supposer des *parties* analogiques, ou un tout, une *structure* analogique. Autrement dit, même au sein de l'image représentative, l'analogie peut jouer sur des éléments partiels, correspondant trait pour trait à des éléments de l'objet représenté, mais elle peut aussi jouer sur un mode bien plus abstrait, qui fait construire une analogie entre l'image et une qualité abstraite, structurelle, de l'objet.

Pour ne pas être moi-même excessivement abstrait, je donne tout de suite un exemple, récent et frappant : c'est une photographie de presse, prise lors des manifestations de Pékin en ce début de juin 1989 ; elle montre quatre étudiants, qui avancent de front, chacun portant une grande pancarte avec un idéogramme ; l'ensemble des idéogrammes signifie à peu près : « *Li Peng, va-t-en !* », mais, si les deux derniers *(« va-t-en ! »)* sont tenus droits, les deux premiers (le nom du détesté Li Peng) sont tenus tête en bas : renversement, abstrait et d'ailleurs à l'optatif, figuré analogiquement, visiblement, mais par une analogie indirecte, de structure, ce qu'on a parfois appelé, sans doute abusivement, une *métaphore visuelle*.

On se souvient des exemples canoniques de « figures » visuelles : l'œuvre théorique d'Eisenstein en est prodigue (tel celui-ci, curieusement proche de l'exemple de la photo de Pékin : la figuration « visuelle » du renversement d'une barricade par le renversement de la figuration même de cette barricade)[6]. On se souvient, surtout, que la figuralité visuelle renvoie immédiatement à cette notion plus générale, mais aussi plus vague et plus douteuse, la dite *pensée visuelle*. Ce n'est pas, sans doute, la meilleure façon d'éclairer la notion d'analogie que de la rabattre aussi rapidement sur un concept aussi problématique.

J'opérerai donc un autre parallèle, avec une autre remarque, elle aussi souvent faite à propos de la représentation (surtout occidentale, cette fois). Il y aurait, pour le dire vite, deux histoires de la représentation, ou une histoire dédoublée :

1) une histoire de l'espace, histoire de la représentation de ce qui, dans notre expérience, est à la fois le plus immédiat (l'espace loge notre corps, qui du coup lui confère ses trois dimensions, la verticale qui est celle de la gravité et de la station debout, *erectus*, et les deux horizontales : celle de l'horizon qui est aussi celle de la ligne des épaules, celle de la ligne de fuite, qui est celle de l'avancée du corps entier) — et le plus purement intellectuel (l'espace ne se touche ni ne se voit, on ne peut, indéfiniment, qu'en construire le concept, fût-ce intuitivement) ;

2) une histoire des objets, c'est-à-dire de ces morceaux de réalité vécus comme manipulables, isolables, tangibles et visibles (même s'ils restent foncièrement inconnaissables, à jamais). Eisenstein opposant, après tant d'autres et avant tant d'autres, l'optique et le haptique, mais aussi bien Pasolini définissant le cinéma comme « *langue écrite de la réalité* », faisaient l'un et l'autre écho à cette double histoire : les objets sont ce qui se touche dans un espace lui-même immatériel, ils sont aussi, pour la représentation, les éléments plus discrets (les « *signes* », dit P.P.P.) qui font tenir la structure abstraite.

L'histoire de l'espace n'est pas l'histoire des objets, en ceci au moins que, s'il y a des images analogiques d'objets, il n'y a qu'à peine des images analogiques d'espaces : la représentation de l'espace est peut-être une analogie, elle ne l'est qu'en un sens déjà abstrait, flirtant avec l'idéal si ce n'est avec l'idéel.

L'image représentative est ce qui tient lieu (de certains aspects) d'un objet réel. Analogie : elle y est toujours voulue perceptive, empirique ; il serait aisé, par exemple, d'opérer une jonction entre les codes de l'analogie dont parle Metz, et la théorie dite « constructiviste » de la perception visuelle, pour laquelle un percept n'est que le résultat d'une construction semi-intellectuelle, mêlant réponse programmée à des stimuli, consultation de banques de données et fonctionnement par essais et erreurs. Soit, si l'on veut, cette phrase de *Langage et Cinéma*, que contresignerait sans peine (au mot « code » près) un Hochberg : « *l'analogie est elle-même codée, bien que ses codes aient pour caractère propre d'être ressentis comme naturels par l'usager social ; il s'agit de tout un ensemble de montages psychophysiologiques, intégrés à l'activité perceptive elle-même, et dont les modalités varient notablement d'une culture à une autre* » (p. 172). L'image représentative est perçue comme telle sur la base, tout à la fois, de traits analogiques « purs » dans la perception (exemples : les bords visuels, le mouvement apparent), de conventions socioculturelles fortes (spécialement fortes dans notre tradition occidentale), mais aussi, d'un horizon d'attente analogique, c'est-à-dire de la possibilité conceptuelle de l'analogie.

Mais ce dont parle l'histoire de l'espace, c'est déjà d'une analogie un peu différente, qui se situe dans l'image mais dont le principe n'appartient pas à l'image comme représentation. De quel effet d'analogie s'agit-il dans la « représentation » de l'espace si l'espace représenté ne réfère plus à aucun vécu — comme cela est si souvent le cas au cours de l'histoire de l'art occidental ?

Il faudrait se donner le temps de remonter pas à pas, à travers tous les intermédiaires voulus, jusqu'à des images où l'espace a perdu toute référence à l'espace empirique, à des images où l'espace représenté l'est comme celui d'une transcendance. Mais de quelle analogie s'agit-il quand il s'agit de représenter l'intangible, l'invisible, le sacré et le transcendant, l'au-delà — et de les représenter par des images, c'est-à-dire sous forme visible ?

Que dit — archétype un peu obligé — l'icône byzantine (jusqu'en ses prolongements au XXᵉ siècle), sinon qu'il existe des images qui tiennent lieu, non d'un objet d'ici-bas, mais du monde de là-haut ? Ces images sont-elles encore représentatives ? Ce dont elles tiennent lieu n'est pas un objet ni une collection d'objets dans un espace physique, mais une réalité inaccessible aux sens. Sont-elles encore analogiques, et en quel sens ? Leur ressemblance est *globale*, donnée d'un coup et une fois pour toutes : l'image achéiropoïète, le *mandilion*, n'est pas analysable en traits ni en surfaces ni en grains de matière, elle n'a d'existence qu'entière et insécable, inséparable de toutes ses qualités. L'icône est une analogie d'analogie, le peintre n'y vise qu'à assurer la ressemblance avec un modèle qui reproduisait une autre icône : l'icône ne représente pas directement, elle reproduit ce qui représente (l'image « peinte sans le secours des mains »), et ne représente qu'en signifiant, littéralement : qu'en *faisant signe*. Dans l'icône, le matériel fait signe du divin : une analogie est instituée entre des incommensurables, tel est le scandale de l'icône (appuyé, on le sait, et la crise iconoclaste le démontra clairement, sur cet autre scandale, le mystère de l'Incarnation)[7].

Tout cela est à la fois connu et nécessaire : nécessaire pour suggérer que l'analogie n'est pas à cantonner dans la vue (ne sommes-nous pas tous, peu ou prou, en proie au syndrome photographique, qui nous donne une conception intéressante, mais somme toute *régionale*, de l'analogique ?). Nécessaire, en tout cas, pour continuer comme je veux tenter de le faire à présent, en reprenant la question à partir d'un angle un peu plus décalé encore.

Parmi les objets soumis à l'analogie, il en est un, en effet, dont le statut est absolument privilégié, par l'histoire des images (et pas seulement) : je parle du *visage*.

Le visage, à vrai dire, est à peine un objet, tout au plus la *tête* en serait-elle un, et encore. Quelle que soit la façon dont on le prend (par l'histoire, par l'anthropologie, par une hypothétique sémiologie), le visage est avant tout la manifestation suprême et première du statut d'*être humain*. Le visage commence à exister avec l'humanité : quelles que soient les virtualités projectives qu'il favorise, l'animal n'a pas de visage à proprement parler : les bébés gorilles sont attendrissants, et *si* expressifs — mais le « visage animal » n'est jamais qu'une sorte de métaphore (parfois utilisée comme symbole, ou comme allégorie)[8].

Si le visage est humain, c'est qu'il n'a pas seulement une apparence *(visus)*, mais aussi une intériorité (*visus* encore, cette fois au sens de *regard*). Le visage est à la fois le support de nombreux actes de communication et d'expression, individuelles ou sociales, il est plus fondamentalement ce que je donne à voir à l'autre (à autrui, pour parler comme Lévinas ou Blanchot) ; en même temps, il est le lieu d'où je perçois l'autre, l'arrière du visage est le lieu d'où fantasmatiquement sortent mon regard et ma voix. Le visage présente ce qu'on appelle aussi une *face* (en bien des sens, y compris celle qu'il ne faut surtout pas perdre), mais il a encore une face « intérieure » jamais regardée mais d'où ça regarde.

Pas étonnant que le visage ait suscité tant d'étonnements, produit tant de fantasmes. Un visage est toujours irréductible à un discours qui en serait la compréhension, il offre toujours quelque chose qui semble excéder le sens. Il paraîtra parfois être un mensonge perpétuel, donnera l'envie d'arracher les masques : c'est le magnifique début des *Cahiers de Malte Laurids Brigge*, où Rilke pousse jusqu'au bout le fantasme des visages superposés comme autant de peaux ou de vêtements, sous lesquelles il n'y a plus de nudité que celle de l'*Ungesicht*, du *non-visage* (qui est peut-être l'âme, le sujet même dans sa déchirure poétique : Rilke écrit après Nietzsche, en même temps que Freud) ; c'est, plus près de nous, le cri désespéré de Jacob dans le *Partner* de Bertolucci — du désespoir de qui sait demander l'impossible. Ailleurs, au contraire, le visage sera admiré comme lieu de vérité : Jacques Cohen écrit : « *Si le visage ne peut s'écrire, se dire ni se représenter, il est cependant ce qui fonde la locution, l'inscription et la représentation : il est l'avènement du sens*[9] » reprenant ainsi l'idée de Lévinas, d'un avènement originel de la signification dans le face-à-face, dans l'opposition d'une visagéité à une autre.

Bien avant d'avoir été représenté, le visage est un objet de représentations : ce pourquoi il a une histoire. Bien sûr, de cette histoire, nous sommes loin de tout connaître, nous avons tendance à n'en retenir que le moment proprement *historique*, ce long moment qui va des premières physiognomonies à la mise à mort définitive de l'idée de physiognomonie par le darwinisme — ce long moment qu'on est encore obligé d'appeler, lançons le mot tout de suite, le moment *moderne*.

In facie legitur homo est la devise des « physionomies », sciences du visage comme discours et métaphore de l'âme (d'une âme conçue comme immuable, ferme et définitive). C'est un peu plus tard, au moment où Charles Le Brun publie sa fameuse *Conférence sur l'expression des passions* (1668), « *à ce moment peut-être bref de l'histoire, qui est celui de la constitution d'une société civile* »[10], que commence au contraire à se concevoir l'expression comme ce qui rend visible les effets de la passion, (en même temps que se fait jour le désir de contrôler et de maîtriser ces passions). Aussi bien le visage, dont la théorie se développe concurremment à l'extension de la notion de *sujet*, va-t-il de pair, dans son concept, avec un autre concept qui lui est assez strictement contemporain et que nous avons déjà évoqué, celui de représentation.

Pas question de définir à coups de ciseaux une ère moderne qui serait celle de la représentation, du visage et du sujet tout à la fois : la définition doit en être plus nuancée, plus multiple. Seule certitude, ou quasi-certitude : de cette ère-là, le privilège du visuel marque le début. Dans son *Rabelais*, Lucien Febvre rappelle qu'autour de 1600, la lecture des yeux *(sotto voce)* était rare, et pose la Renaissance comme procédant d'un désir de *visualisation* du savoir et des mythes. Une visualisation encore bien loin de la nôtre, de celle qui culmine au XIXe siècle avec le cinéma ; Pierre Francastel a souvent fait observer que la peinture de la Renaissance n'est pas exploration du monde par l'œil, mais rassemblement d'éléments sélectionnés pour leur valeur. Que l'imaginaire moderne commence, comme le veut Francastel, au XVIIe et avec Poussin, qu'il consiste davantage en cette fin du XVIIIe siècle qui précède à peine la photographie, importe peu, sinon précisément de n'être pas décidable, et de confirmer que la modernité n'a pas de début.

Peut-être le moderne n'est-il définissable que par la somme de ses contradictions : ère de la confiance faite au visuel, elle est aussi celle qui fige, dans l'Académie, l'idée anti-« visuelle » de *norme idéale* de l'œuvre. Robert Klein a fait remarquer, avec sa lucidité coutumière (en 1962), que ce qui est mis en cause dans l'art après Dada, c'est l'existence de tout idéal auquel référer l'art : plus d'idéal de l'œuvre, plus de comparaison, l'art loge ailleurs, dans l'institution, dans l'intentionnalité, et finalement dans une exacerbation de l'Histoire[11] ; au contraire, dans cette perspective, l'époque moderne serait (aurait été) à celle de l'a-historisme, de l'universalisation désirée des valeurs, du recommencement indéfini du même (Raphaël refait la Grèce, Ingres refait Raphaël).

L'ère moderne est enfin celle du *sujet* : dans *Surveiller et punir*, Michel Foucault développe la thèse que le XVIIIe siècle, réputé être celui de la liberté, est en fait celui d'une société « disciplinaire » dont les pouvoirs de maîtrise se dissimulent en se multipliant : nous sommes de plus en plus assujettis, ce que nous transformons en gloire d'être des « sujets ». Aspects de cet assujettissement : l'enfermement dans tous les -centrismes, le recentrement permanent, logocentrisme, vococentrisme, oculocentrisme.

A quoi bon ce long rappel ? A préciser un peu le sens incertain d'un mot usé ? Bien sûr. Mieux, à resituer le statut encore majeur du visage. Nous ne sommes pas, si vite, sortis du moderne, le visage existe encore pour être représenté, il existe pour et comme un *portrait*.

Qu'est-ce qu'un portrait ? Une description, physique et morale à la fois (morale parce que physique et l'une à travers l'autre) ; et à la fois, un arrêt du temps, une synthèse temporelle : le portrait, autant et plus que toute autre représentation et y compris au cinéma, fantasme le *punctum temporis*, et pas seulement parce qu'il fixe son « sujet » en un moment privilégié (moment d'extériorité, comme au XVIe siècle, moment d'intériorité mimée, comme au XVIIIe siècle)[12] — mais parce que tout portrait est pris depuis un *point* de vue qui est temporalisé ; le point de vue du temps, le point de vue de l'instant, et plus largement le point de vue de la mort.

C'est évidemment ce qui oppose d'abord le portrait, la représentation moderne du visage, à toute image de visage antérieure. L'image religieuse, je ne fais que le rappeler allusivement, a de tout autres fonctions, un tout autre rapport au temps. L'image qui « *jette un pont* » avec le divin — selon l'expression de Jean-Pierre Vernant à propos de l'idole grecque archaïque — est faite pour actualiser symboliquement certaines modalités de cette sphère divine, dont, presque toujours, l'a-temporalité : le visage de la statue archaïque n'est pas le portrait d'un sujet, même idéalisé, il est le porteur d'un sourire qui matérialise la *charis*, la grâce. (Et je ne dis rien de l'art chrétien.)

Entre d'un côté le Visage, la Face divine (cette Face immortelle, intemporelle, que personne ne voit sauf les morts), et de l'autre côté une défaite du visage dans les images du XXe siècle, voici donc le visage « moderne », celui auquel ont eu affaire la peinture à l'époque du portrait, la photographie, puis le cinéma, celui qui se survit encore aujourd'hui, tant bien que mal, en chacun d'entre nous.

Qu'est-ce que ce visage, s'il n'est ni la fenêtre d'une âme immortelle, ni le reste douteux de l'humanisme ? Il est, à tout le moins, le lieu par excellence des ressemblances. Ressemblance : art du portrait, bien entendu, mais aussi, moyen de la reconnaissabilité (de la reconnaissance). Ressembler, c'est se reconnaître, tel visage ressemble à tel autre (le même, parfois) si je reconnais l'un dans l'autre. La ressemblance, sur un visage, n'existe que fondée sur un jugement de ressemblance, lui-même fondé sur la reconnaissance.

Il n'y a pas de ressemblance absolue : la ressemblance doit être constatée. C'est dire, d'abord et banalement, que tous les stéréotypes, tous les dressages culturels, y diront leur mot, que des facteurs en droit très secondaires pourront l'activer ou l'inhiber, la coiffure, le teint, les yeux bridés, un maquillage, que mes schémas de visage y seront comme projetés : si je dis que tel buste d'Hadrien ressemble à Peter Ustinov, je peux espérer être suivi par quiconque a vu quelques péplums ; si je fais état de la ressemblance, pour moi fulgurante, entre Ivan Lendl et Nosferatu, sans doute dois-je attendre un peu plus de réticences.

C'est donc que la constatation d'une ressemblance de visage est une *reconnaissance* : un visage ressemble si je le reconnais : la ressemblance est, entre autres, immédiate, ou se donne comme telle (elle est vécue avec la force de l'évidence). La glose de tout ceci variera, selon le modèle psychologique adopté. On se souvient de l'analyse de Gombrich, attribuant l'effet de reconnaissabilité produit par certains portraits, à un courant d'*empathie* circulant du modèle au spectateur en passant par le peintre, et expliquant à la fois l'immédiateté de notre adhésion, et aussi la ressemblance si souvent constatée (c'est toujours Gombrich qui parle) entre le portrait et son peintre[13].

On peut préférer, en l'occurrence, un autre modèle : celui de l'identification (au sens de Freud). Comme l'identification, la reconnaissance d'une ressemblance est (se donne pour) immédiate ; imaginaire, elle semble n'impliquer que deux termes, moi et l'autre ; comme l'identification, elle est en fait sous la dépendance d'un terme tiers, d'ordre symbolique (non plus le langage, l'inconscient, mais l'existence même de l'analogie visagière, du portrait) ; comme l'identification enfin, elle marche au montage, ou au démontage. C'est d'ailleurs ce dernier caractère qui me semble le plus intéressant : on pourrait dire que reconnaissance et identification « marchent » l'une et l'autre au *trait unaire :* la moustache de Hitler, exemple obligé, suffit à Chaplin pour jouer le Dictateur, plus généralement le trait discret est ce qui permet la réussite de la caricature.

Parmi les thèses récurrentes de Gombrich, on se souvient de celle-ci, plus convaincante que d'autres : que la caricature ressemble davantage que le portrait. Pour Gombrich, il y aurait là la preuve d'une sorte de Gestaltisme, le résultat d'une schématisation à la fois perceptive et cognitive, une abstraction quasi conceptuelle. Ne peut-on plutôt interpréter ce succès (universellement vérifié) de la caricature comme une confirmation de l'importance du *trait*, de la *partie*, de ce que je serais tenté d'appeler l'*unité de visage* (au sens, bien sûr, où on parle d'unité de poids ou d'unité de longueur)[14] ? Ce n'est tout de même pas par hasard que la caricature sélectionne toujours les traits saillants, nez, bouche, arcade sourcillière, des objets partiels (autant de fétiches potentiels), et jamais ou presque jamais des *proportions*.

La caricature ressemble sans ressembler, elle ressemble « davantage » que ce qui ressemble d'une analogie « idéale » : je mets de côté cette remarque, qui indique déjà suffisamment le statut très singulier du visage devant l'analogie.

J'y ajouterai aussitôt cette autre remarque, connexe et souvent faite, sous des formes diverses : on n'a pas vraiment besoin de connaître le modèle pour juger de la ressemblance du portrait. (Ou, mieux dit : pour éprouver un sentiment de ressemblance — c'est-à-dire, de reconnaissance.) Il y aurait, si on veut, des traits de ressemblance, qui auraient, parallèlement à leur possible efficace, leur *vraisemblable* propre. Qui dit vraisemblable dit évidemment aussitôt style, ou *doxa*, et ce sentiment de ressemblance serait, lui aussi, comme l'analogie dont il n'est qu'une des manifestations, historique, subjectif et codé. Qu'est-ce qui ressemble le plus à Steichen : est-ce la photo de 1900, abondamment retouchée sur le mode pictorialiste, où il se peint en peintre ? estce plutôt celle de 1910 où, fièrement campé devant sa chambre photographique, poire en main, il nous fait admirer un profil digne d'Antinoüs ? Ces deux autoportraits ne se ressemblent guère entre eux : pourtant chacun d'eux procure une forte impression de ressemblance. On pourrait l'attribuer au côté délibéré du regard dans le premier (selon une loi bien connue d'un des dispositifs les plus fréquents d'autoportrait), mais le second y contredit ; de même, l'admirable netteté des traits du visage dans le second, leur couleur aussi, disparaissent dans les retouches un peu mastoc du premier. Et pourtant, tous deux, indéniablement, *ressemblent*.

Voici — à quoi bon le dissimuler — ce que j'essaie de suggérer : il y a, dans le visage et sa représentation, le lieu d'une ressemblance que je ne puis maintenant — et au risque de sembler contredire ce que je disais tout à l'heure — éviter de dire *absolue*. Devant certains portraits, on aurait envie de dire, non pas à quoi ou à qui ça ressemble, mais simplement que *ça ressemble*, tout court. Rien de mystique là-dedans, ni même peut-être rien de réellement mystérieux. Dire que « ça ressemble », c'est forcément sous-entendre quelque chose : « ça ressemble » à quelque chose d'humain, à un visage (donc toujours peu ou prou *à moi*). Il me semble même que ce que je dis là du visage n'est pas tellement différent, au fond, de ce que définit la fameuse idée barthésienne du *punctum* de la photographie, si celui-ci est bien ce qui assure, en me visant *moi*, que la photo ressemble (à quelque chose, à quelque chose de vivant, à de l'humain : que la photo est un geste humain).

Comment penser une ressemblance « absolue » sinon celle du sujet à lui-même ? Il y a de la ressemblance parce qu'il y a du sujet, mais il est compréhensible dès lors que le visage soit le lieu privilégié de cette ressemblance-là (le visage en général, indépendamment des singularités de tout portrait). Allons plus loin : le visage n'est pas le lieu de la ressemblance, il en est la condition, ou, pour parodier Jean Louis Schefer, *l'origine*. Le visage est (je le dis comme on voudra l'entendre : historiquement, ontologiquement, peu importe) ce qui permet de séparer le simple *leurre* de la véritable analogie, de la ressemblance : le visage, ce pourrait être sa définition, est *l'apparence d'un sujet qui se sait mortel* (y compris dans ces figurations de lui-même que ce sujet-là dote d'une qualité *divine* : les dieux, les premiers, eurent un visage ressemblant).

Ressembler, c'est avoir un visage. Voir la ressemblance, c'est se savoir mortel. En ce sens, qui fonde toute analogie historique, la ressemblance est un absolu.

Si, comme je le crois, le visage est l'origine même des analogies (divines, humaines), qu'est-ce que l'analogie à l'époque de la perte du visage ? Que devient-elle aujourd'hui ?

Trop de réponses s'offrent ici, comme si la *défaite* n'était que plus universelle. Pour ne parler d'abord que de la sphère de l'art, la perte du visage s'y manifeste partout et sous toutes les formes. Ce qu'on pourrait appeler génériquement la *déformation* a commencé très tôt, les avant-gardes du début du siècle, à tout le moins, y jouèrent un rôle visible. Mais on s'aperçoit aujourd'hui qu'elles étaient encore assez respectueuses de l'intégrité de la personne : le portrait de Kahnweiler par Picasso, quelque déroutant ou scandaleux qu'il ait pu paraître, préserve la figure humaine dans sa globalité[15] ; l'Expressionnisme encore bien davantage, qui fait jaillir l'intériorité de tous les pores du portrait ; et jusqu'au Futurisme, qui croit à une énergie, à un dynamisme lus dans le visage, mais individués, toujours rapportés à une personne. Il suffit pour s'en convaincre, et mesurer du même coup la violence du changement intervenu depuis, de leur comparer n'importe quelle tête (je ne peux pas dire tout de suite : « visage ») peinte par Francis Bacon : la déformation n'y respecte plus aucune structure globale, le cou peut s'ouvrir directement sur une bouche, un œil ouvrir sur un intérieur qui apparaîtra comme littéralement viscéral, des parties auront été gommées, comme dans ces *cartoons* où l'on efface petit à petit les figures. Michel Leiris a dit de ces tableaux, les comparant au portrait de Dorian Gray, que « *en plus d'un cas il y aura (...) altération si sévère qu'on pourrait être porté à croire inconsidérément que (...) les portraits peints par Francis Bacon montrent d'emblée, comme s'ils avaient quelque chose d'oraculaire, leurs modèles en tant que créatures déjà rongées* »[16]. Dans ces images, dans tant d'autres que je pourrais ajouter (je pense à ces visages rageusement biffés d'Arnulf Rainer, à ceux d'Urs Lüthi, ou, dans une version plus *douce*, à tout le travail auquel s'est escrimé un Leos Carax dans son dernier film[17]), dans toutes ces images on ne peut pas dire que la ressemblance se perde : elle est toujours là, tout autoportrait de Bacon comporte la fameuse mèche blonde, à laquelle on le reconnaît ; quant aux images à base de photo — ou même de vidéographie, leur ressemblance est acquise par construction[18]. Mais cette ressemblance ne renvoie à rien — et ne repose sur rien : le visage est devenu une chose malléable, triturable, dont le dessous, l'intérieur, n'est plus un autre visage, une intériorité, n'est même pas du corps (comme peut encore le laisser croire Bacon), n'est absolument rien.

Entendons-nous : je ne suis pas forcément à la recherche d'une intério-

rité consciente qui garantirait le visage et la ressemblance d'un même mouvement ; je ne partage pas, par exemple, les présupposés de la critique
qu'adresse John Berger à Bacon[19], trouvant que ses portraits manquent de
« conscience » et d'« esprit » *(mind)*. Mais de cette critique, je retiens volontiers l'idée d'une ressemblance maintenue, mais comme « anormale » : dans
les défigurations, dans les déformations du visage humain auxquelles se livre
l'art contemporain, il y a une anomalie (voulue) qui consiste à séparer la
ressemblance, ou ce qui en reste sur le mode parcellisé et éclaté, de la raison
profonde des ressemblances, de son origine, qui est précisément ce visage
humain en tant qu'humain.

La déformation n'est pas le seul des attentats permanents contre le visage.
Une autre forme, peut-être moins immédiatement sensible mais tout aussi vio-
lente, en serait toutes les manipulations de *taille*, réduction Jivaro ou agrandissement à l'infini. Un exemple récent, parmi cent autres : cette photographie géante d'un passant inconnu, glorifiée par le fronton de Beaubourg en
ce mois de juin 1989 (là même où figurait, il n'y a pas si longtemps, une
des non moins gigantesques faces de Chuck Close). Agrandissement térato-
logique : c'est celui même qui atteint depuis bien des années les portraits pho-
tographiques exposés dans les galeries, dans les musées ; d'ailleurs *agrandissement* est un terme de photographe, il évoque la bidimensionnalité de
l'image, son caractère manipulable, au détriment de la croyance à sa fictive
profondeur.

Que se passe-t-il dans ces images ? Sans doute, une victoire de l'anonyme
sur l'individuel, une désindividuation — qui excède d'ailleurs de beaucoup
la sphère de l'art. L'agrandissement des images est probablement né avec
l'affiche publicitaire, la miniaturisation, avec la photo et la télévision (et même
la déformation entre dans le quotidien des images avec le trucage vidéo dont
abuse la télévision). Il faudrait ici une véritable sociologie des simulacres,
pour étudier par exemple le sens d'une notion actuellement aussi importante
que le *look*, ou pour décrire les stratégies du faux-semblant, dans cette *guerre
du Faux* dont a bien parlé Umberto Eco.

Ce serait, pour l'heure, largement déborder mon sujet, et j'en reste provisoirement à ce sentiment, rapidement dégagé, que lorsque le visage disparaît des images, ou se déforme au point de presque cesser d'être visage, ou
perd toute valeur de référence à une quelconque *arrière-visage*, la ressemblance n'est plus légitime, n'est plus fondée — et, peut-être, se réfugie ailleurs, dans les simulacres, dans le monde vécu (le simulacre ne renvoie à rien,
ne représente rien, ne tient lieu de rien, il est autosuffisant — même si, c'est
tout autre chose, il a parfois un modèle).

C'est d'un très réel déplacement de statut qu'il s'agit : l'analogie,
aujourd'hui, n'a plus le rôle qu'elle a eu durant toute l'ère moderne. J'ai
choisi de prendre, comme révélateur de ce déplacement, la figuration du
visage : j'aurais pu, sans doute, en choisir quelques autres (par exemple, très
révélateur également, le statut de la représentation des animaux, plus généralement les modifications de notre regard sur eux)[20] — mais c'est que le

visage n'est pas seulement un révélateur : s'il est, comme je le crois, essen-tiuellement lié à la ressemblance, à l'analogie, sa défaite est un peu plus qu'un symptôme. Je disais tout à l'heure, trop rapidement, que le visage est « l'apparence d'un sujet qui se sait mortel » : ce qui change, ce qui a déjà changé, ce n'est pas tant (ou pas seulement) la notion du sujet, que notre appréhension de la mort. Là encore, j'ai le sentiment de mordre sur un autre et difficile travail, qui déborde ce que je peux faire ici et maintenant : mais je ne peux pas ne pas établir un lien d'immédiateté entre la perte généralisée du visage humain dans les images, la perte de toute proximité avec la mort (dont chacun fait l'expérience dans nos sociétés médicalisées), et, par exem-ple, la véritable fureur actuelle de la biographie sous toutes ses formes. Mais ceci est une autre histoire.

Il est temps de chercher à conclure. J'avouerai d'abord pour ce qu'elle était cette *divagation* : tout cela a été dit « pour voir », sans certitude, sur un ton voulu proche de la fiction, de l'étonnement, du semblant. On y aura senti, j'espère, l'aveu d'une inquiétude, la présence explicite d'une « incerti-tude motrice ».

Or, ce n'est pas seulement par un effet de rhétorique que je reprends cette dernière expression, qui est de Christian Metz (*le Signifiant imaginaire*, p. 27). L'ensemble d'hypothèses que je viens d'effleurer, l'analogie, son avant et son après, ou plutôt son début, sa fin sans fin, son moment propre et leur carac-tère historique, le rôle du visage dans cette histoire — cet ensemble est plus que compatible avec la part, nodale, du *Signifiant imaginaire* qui cerne, décrit et plus que tout *évoque* le rapport de l'être humain à ses images. Non que les termes de ce rapport soient les mêmes littéralement : mais les questions posées diffèrent à peine, que ce soit cette énigme du spectateur « tout-présent », présent « dans le film par la caresse de son regard » (p. 75), que ce soit cette conscience que les régimes du désir ne sont pas éternels, qu'ils supposent des réglages longs, difficiles à mettre au point, et qui *sont* une histoire de la représentation (p. 114), que ce soit la constante référence anthro-pomorphique à propos des images *(passim)*.

Ensemble compatible et, je l'espère, ensemble parallèle, sur un autre plan : des pages du *Signifiant imaginaire*, les plus touchantes ne sont-elles pas aujourd'hui celles, toujours actuelles, qui font état, simplement et justement, du désir du chercheur ? « Le cinéma est l'affaire de l'homme privé » (p. 118), mais l'écriture aussi. Comment ne pas être frappé par la fréquence, dans le texte du *Signifiant imaginaire*, du mot « amour », doublant le livre d'un autre livre, où se devine comme une confidence (mais sans l'indiscrétion de la con-fidence) — une mise en jeu de soi, tranquille et inquiète à la fois (mais sans mise en avant) : une véritable position d'écriture, au sens fort et inspirant que peut avoir ce mot.

La conclusion de ma conclusion sera donc cet hommage, à une écriture, à un style, à une pédagogie (il faudrait parler de ce séminaire de Christian Metz où sont passés tant de ceux qui font la théorie des images) : hommage à *quelqu'un*, dans une écriture qui ne cesse de se souvenir d'une lecture.

1. Voir *Cinegrafie*, 1re année, n° 1, février 1989, 11-23.

2. R. Barthes, entretien donné à la revue *Image et Son* en juillet 1964, cité d'après *le Grain de la voix*, Paris, 1981, Seuil, p. 35.

3. Références respectivement faites à *Langage et cinéma*, Paris, Larousse, 1970, p. 171-175, et à « Au-delà de l'analogie, l'image », *Communications* n° 15, Paris, 1970, Le Seuil.

4. Je renvoie ici, bien entendu, aux importants travaux sur l'image photographique de Philippe Dubois (*l'Acte photographique*, Nathan-Labor, 1983) et surtout de Jean-Marie Schaeffer (*l'Image précaire*, Paris, Seuil, 1988).

5. C'est, on le sait, le fond de la tentative d'un Nelson Goodman. Cf. son *Languages of Art*, Indianapolis, Hackett, 1976.

6. Voir *Montage (1937-1940)*, repris dans le tome 2 des *Izbrannie proïzvédénya*, et accessible en traduction italienne (excellente), *Teoria generale del montaggio*, Venise, Marsilio, 1985.

7. Voir Ouspensky et Lossky, *The Meaning of Icons*, S. Vladimir's Press, 1981, notamment pp. 69-72. Cf. aussi, en français, le livre classique d'André Grabar, *L'Iconoclasme byzantin*, et plus récemment les importants travaux de Marie-Josée Baudinet sur l'iconodoulie.

8. Cf. Françoise Armengaud, « Le visage animal », in : Marie-José Baudinet et Christian Schlatter (dir.), *Du visage*, Presses Universitaires de Lille, 1982, 103-116.

9. Cf. Jacques Cohen, « Visage, figure », in *Du visage, op. cit.*, 49-59.

10. Courtine et Haroche, *Histoire du visage*, Rivages, 1988.

11. Robert Klein, « Notes sur la fin de l'image », in *La Forme et l'Intelligible*, Gallimard, 1970, 375-381.

12. Cf. les analyses aujourd'hui quasi classiques de Michael Fried, dans *Absorption and Theatricality*, University of California Press, 1980.

13. Gombrich, « The Mask and the Face », in *Art, Perception and Reality*, Johns Hopkins University Press, 1972, 1-46.

14. « *Il est remarquable que les images fortement schématisées sont très identifiables (tout l'art de la caricature repose là-dessus). C'est que la reconnaissance visuelle se fonde sur certains traits sensibles de l'objet ou de son image (à l'exclusion des autres).* » Christian Metz, « Le Perçu et le Nommé », in : *Essais sémiotiques*, Éditions Klincksieck, Paris, 1977, p. 142.

15. Au point que ce portrait, comme tous les portraits du cubisme analytique, reste presque perceptible « normalement », comme une analogie « normale », pour peu qu'on adapte très légèrement les conditions de perception (en clignant des yeux, par exemple). Cf. John Frisby, *Seeing*, Oxford University Press, 1980, 119-122.

16. Michel Leiris, *Francis Bacon*, Barcelone, Ediciones Poligrafica, 1987, 248.

17. J'ai quelque peu développé cette remarque dans deux textes récents, « Le dévisage » à paraître dans les Actes du colloque *Cinéma et Peinture : Empreintes, emprunts* (Musée du Louvre, juin 1989) et « Image, visage, passage », à paraître dans le catalogue de l'exposition *Passages de l'image*, Centre Georges Pompidou, 1990.

18. Encore que bon nombre d'œuvres de *video-art* s'escriment, précisément, à troubler ou perdre l'analogie, en jouant, par exemple, sur des excès de luminosité, sur des cloisonnements internes à l'image, etc.

19. « *Likeness remains — and in this Bacon uses all his mastery. Normally, likeness defines character, and character in man is inseparable from mind. (...) We see character as the empty cast of a consciousness that is absent (...) The worst has happened. Living man has become his mindless spectre.* » John Berger, « Francis Bacon

and Walt Disney » (1972), in *About Looking*, New York, Pantheon Books, 1980, p. 115.
   20. Voir encore John Berger, « Why look at animals » (1977), *op. cit.*, p. 1-26 et Françoise Armengaud, *op. cit.*

Expanding on a remark by Metz, that analogy is not a given, nor is an image to be restricted to its analogical functions and/or nature, this text tries to address once more the hackneyed question of analogy. If analogy is empirically linked with perception, it also possesses an « ideal » value, inherited from its religious origins. The main hypothesis suggested here is that the very notion of analogy is founded on the power of resemblance of the human face. In particular, a parallel is sketched between the constitution, in the modern era, of the category of the Subject, and the social and intersubjective values attached to the face. Therefore, if contemporary representation is, as is also asserted here, characterized by a general defacement of the face, analogy should be found to have changed its status within representational processes.

Guy Gauthier

Langage et cinéma... et bande dessinée

Retour sur les années soixante

Les premiers à s'intéresser à la bande dessinée (B.D.) ont été les collectionneurs et les nostalgiques. Au début des années soixante, le Club des Bandes Dessinées (C.B.D.) — qui avait parmi ses fondateurs Alain Resnais — a entrepris un travail de réhabilitation, d'exhumation et d'édition dont on pouvait suivre les progrès dans *Giff-Wiff*, un « fanzine » ronéotypé avec les moyens de l'époque. Avant d'éclater en chapelles concurrentes, et de devenir, signe des temps, le Centre d'Études des Littératures d'Expression Graphique (C.E.L.E.G.), le Club eut le temps, sous la direction de Francis Lacassin, d'attirer l'attention sur les B.D. américaines des années trente, dites de « L'Age d'Or », et sur le trio belge Hergé-Jacobs-Martin. Pour s'y reconnaître, il suffisait de repérer les dates de naissance des champions de la cause américaine ou de la cause belge : ceux qui avaient pris connaissance de la B.D. dans les illustrés d'avant-guerre étaient plutôt « américains », ceux qui avaient dû attendre l'après-guerre étaient plutôt « belges ». Cette coupure amorça un phénomène qui s'est grosso modo confirmé depuis : une génération par décennie. Mais depuis, histoires de la B.D. (souvent approximatives ou prudemment expéditives dans le détail) et dictionnaires se sont multipliés, brouillant quelque peu les cartes.

En même temps que les collectionneurs, des sociologues s'intéressèrent à la bande dessinée comme témoin des mentalités. Edgar Morin et Evelyne Sullerot furent d'ailleurs de l'aventure du C.B.D. C'était le temps de « L'esprit du temps » et *Mythologies* de Barthes, quoique datant de 1956 et ignorant, comme l'auteur lui-même qui n'en fit jamais mystère, la bande dessinée, avait donné des idées à quelques impatients. J'allais oublier de dire que c'était le temps du C.E.C.M.A.S.

Mais la B.D. commençait à intéresser également comme langage. Or il n'y avait rien sur quoi s'appuyer, ce qui n'était pas vrai par exemple du cinéma, né la même année que la B.D. Christian Metz, tout en s'appuyant sur la linguistique, n'avait pas manqué de rappeler les écrits théoriques des années 20 et 30, et les contributions de cinéastes célèbres. Certains étaient seulement disponibles en anglais, en allemand, ou en russe, mais ils existaient. En B.D., il n'existait rien, ou presque rien.

Dès lors, sur quoi s'appuyer ? Pour passer directement de la linguistique à la B.D. — à l'époque, je veux dire dans les années 60, on passait forcément par la linguistique — il eût fallu d'abord des linguistes, même nostalgiques. Ceux qui s'y intéressaient le faisaient de façon tout à fait partielle : ils relevaient les fameuses onomatopées, délaissant tout le reste. Etiemble, dont c'était alors la marotte, avait orienté quelques-uns de ses étudiants vers l'étude du franglais dans les ballons. D'autres encore, toujours à l'intérieur du ballon, citaient en exemple, mais toujours rapidement, cet écrit qui s'efforçait de ressembler au parlé. Cette étude était d'autant plus difficile que les textes étaient souvent traduits approximativement de l'américain, quelquefois transitant par les Italiens... qui se chargeaient eux-mêmes de la traduction française. Mais aucun linguiste ne s'aventurait à analyser l'image.

Côté image, peu de spécialistes s'y risquaient. La bibliographie à peu près exhaustive établie par Numa Sadoul en témoigne. Une indexation minutieuse aurait décelé de-ci de-là des intuitions, évidemment encouragées par certains dessinateurs, plus « picturaux » que d'autres. Ainsi, Burne Hogarth, dont le Tarzan était obsédé par les athlètes de Michel-Ange, affichait ostensiblement des soucis de composition qui faisaient de quelques-unes de ses vignettes des esquisses de tableaux. Mais une vignette n'est pas un tableau, encore qu'il y ait, avec la gravure d'illustration des imprimés du XIXᵉ siècle, un modèle transitionnel qui a l'inconvénient de ne plus être qu'à l'état de souvenir. On peut certes détacher des vignettes signées Burne Hogarth, Alex Raymond, Hal Foster, de leur contexte narratif, et s'efforcer de les analyser comme tableaux, un peu à la manière de la peinture anecdotique du XIXᵉ siècle. C'est ce qu'a fait le Pop'Art sur le plan pratique. En poussant en ce sens on aurait pu élaborer une iconologie comparée, non sans intérêt, mais comme discipline distincte. Les homologies mises en évidence concerneraient la composition, en général le recours aux procédés de la perspective classique. Ce qui apparaît au simple examen, au contraire, ce sont les différences relatives à la matière du signifiant. Cette distinction, venue de la linguistique, et étrangère à l'iconologie classique, était empruntée aux travaux de sémiologie, à ceux de Roland Barthes sur la photo, mais surtout à ceux de Christian Metz. Il apparaissait donc que les premiers pas pour s'éloigner du modèle pictural nous conduisaient vers le cinéma, autre forme de récit utilisant des images. La recherche s'orienta en partie dans cette direction, d'ailleurs sur la base d'un malentendu.

La tentation du cinéma

> « *L'usage existant consiste à parler de "langage cinématographique" lorsqu'on veut présenter comme une vaste unité de système l'ensemble des codifications proprement cinématographiques pour l'ensemble des classes de films et l'ensemble des ressources expressives du grand écran. Nous conserverons cet usage, qui a son utilité : à certains niveaux de l'analyse (et à certains*

moments des discussions), il est bien vrai que tous les codes ciné-
matographiques peuvent être considérés en bloc ; diverses pro-
positions sont concevables qui s'appliquent uniformément à eux
tous : ainsi lorsqu'on constate que le langage cinématographi-
que ressemble plus au discours qu'à la langue, qu'il n'a en pro-
pre que des unités d'assez grande dimension, qu'il n'a rien qui
corresponde au mot, etc. (en fait, l'ensemble de ce qu'on peut
dire concernant indistinctement tous les codes cinématographi-
ques constitue un assez vaste domaine). Au contraire, dans les
cas où l'on désire suspendre cette neutralisation générale — dont
le caractère méthodique doit toujours rester conscient —, on pré-
cisera que. ce dont on entend parler est tel ou tel code cinématographique, *général ou particulier.* » (Langage et Cinéma, *1971,*
p. 51.)

Depuis le début, en effet, on regardait vers le cinéma. Les premiers à
s'en préoccuper furent probablement les dessinateurs, surtout à partir des
années 30. Dès 1905, Winsor McKay, père du fameux *Little Nemo*, s'inspi-
rait visiblement au moins dans quelques-unes de ses planches, des films de
Méliès, mais plus encore de l'Art Nouveau. Il fallut attendre la B.D. d'aventures — donc 1929, et surtout 1933-34 — pour que les dessinateurs, manifestement fervents spectateurs de cinéma, transposent en B.D. les scénarios,
le climat, mais surtout certains procédés du langage cinématographique. Les
pionniers du début des années 60, s'appuyant d'ailleurs sur les « story-
boards » dessinés par certains réalisateurs (peut-être influencés par les
« crayonné » des dessinateurs), avaient remarqué certains effets, du genre gros
plan (G.P.), plongée, etc., en bref le « langage cinématographique » en hon-
neur dans les années 50. C'est Umberto Eco, à ma connaissance, qui, à partir de la première planche de *Steeve Canyon* de Milton Caniff (mais une réédition ultérieure de ce classique nous a appris que ce n'était pas la 1re planche) établit un parallèle serré et convaincant. Il en fit la démonstration, avec
son brio habituel et diapositives à l'appui au Centre Culturel Italien, devant
Roland Barthes, manifestement intéressé et d'autant plus, comme il l'a con-
fié, que c'était la première fois qu'il entendait parler de Steeve Canyon.

Eco n'était sans doute pas dupe, mais la démonstration par diapositives
— la seule possible en bonne pédagogie — avait l'inconvénient d'organiser
les vignettes selon une succession temporelle étrangère à l'organisation spatio-
temporelle qui fait la spécificité de la B.D. Par ailleurs, passer, dans la linéa-
rité du temps d'un plan d'ensemble (P.E.) à un G.P., ou vice versa, est-il
un enchaînement seulement cinématographique ? Il semble que non, même
si le passage est techniquement parfait, « cut » ou fondu enchaîné (ne jugeons
pas sur les bricolages pédagogiques). Or, dans une B.D., le P.E. est *à côté*
du G.P., et les Arabes adaptant nos B.D. nous ont montré que la succession était réversible, puisque rien ne nous choque vraiment d'une adaptation

de *Tintin* dont on supprime subrepticement les ballons en arabe. Des étudiants ont fait les frais de cette expérience.

En fait, le cinématographe n'a contaminé la B.D. que par la bande, si on me permet l'expression, et pas plus que la peinture, le théâtre ou la littérature, qui ont connu aussi leur période « cinéma ». D'une vignette à l'autre, à condition de les envisager dans leur stricte consécution, on peut noter des effets inspirés du cinéma. Mais la consécution, en matière de B.D., n'est qu'un leurre. Du moins on peut s'en affranchir. Il existerait donc en B.D., qui n'a pas eu le temps, ni l'occasion, d'affirmer sa spécificité, une mouvance « cinéma », comme il existe une mouvance « peinture » (ou en tout cas « gravure » ou « estampe »), une mouvance « dessin de presse » et, peut-être, une mouvance « théâtre », variante « scène à l'italienne » (avec succession de « tableaux », justement). Quant à la mouvance B.D. proprement dite, il faut la chercher ailleurs que dans l'image : dans l'écrit, qui la constitue tout autant que l'image.

Affirmer sa différence

> « *L'idée de spécificité ne présente un intérêt sémiologique que si, au milieu d'un même ensemble de messages physiquement homogènes, on parvient à distinguer avec quelque rigueur les traits qui sont propres à ce "langage" de ceux que ce langage partage avec d'autres ; la notion, en somme, n'est opérante que dans la mesure où elle* isole *certains caractères et autorise une sorte de tri : si, dans un langage tout* est spécifique, *elle perd le plus clair de sa valeur, car elle manque à fournir cette définition en profondeur qu'elle prétendait offrir, et ne débouche plus que sur une définition en extension, proche des évidences du bon sens.* » *(* Idem, *p. 30).*

Selon leur conception dominante — « picturales », « cinématographiques », « caricaturales », etc. — les B.D. orientent la recherche en des directions différentes. Le *Tarzan* de Hogarth, le *Flash Gordon* de A. Raymond, le *Little Nemo* de W. McKay incitent à faire de chaque vignette une unité distincte, caractéristique essentiellement par sa composition, ses lignes de force, et à considérer le récit comme succession de moments figés, d'instantanés avec le sens « organisation de l'espace » que le mot prend en photo (cf. Cartier-Bresson). Les B.D. américaines des années trente et quarante, plus dynamiques — plutôt l'équivalent des « séries B » du cinéma — jouent de la modification incessante de l'échelle des plans et renvoient au modèle cinématographique, au moins aux chapitres des ouvrages sur le « langage cinématographique » relatifs à l'échelle des plans, l'angle de prises de vue, quelquefois, tant la tentation est évidente, aux mouvements d'appareils et au montage. Ces références se brouillent avec certains auteurs, comme Noël Sickles,

Milton Caniff et, plus près de nous, Hugo Pratt. Ceux-là jouent du noir et blanc avec une telle maîtrise qu'une vignette isolée, puis agrandie, évoque les œuvres des graveurs sur bois jouant avec les surfaces en aplat plutôt qu'avec les lignes, comme les Japonais et les graveurs « japonisants » influencés par leur manière à la fin du XIXe siècle. Le travail au pinceau, plutôt qu'à la plume, est propice à un tel choix. Il y a là comme une filiation lointaine avec l'estampe, qui se distingue elle-même de la peinture classique à l'occidentale. Ainsi se fait le raccord avec la tradition picturale.

Ces auteurs, pour autant, ne cessent pas, dans l'enchaînement des vignettes, de songer au cinéma, même si leur dessin, parfois aux confins de l'abstraction, ne cherche nullement à rendre la définition de l'image cinématographique (ou photographique). L'incertitude où nous nous trouvons alors, comme lecteurs usagers ou comme chercheurs, provient de la parfaite homogénéité de la matière du signifiant : d'un paysage à un visage il n'y a plus que d'infimes modifications, et encore ne sont-elles sensibles qu'à partir d'une analyse de la vision d'ensemble. Fréquemment, on perçoit les deux vignettes ainsi juxtaposées comme un ensemble lui-même indissociable en tant que composition graphique, comme s'il y avait un seul tableau et deux sujets — un dyptique en quelque sorte. Il va sans dire que cette impression s'étend souvent à la page tout entière, l'unité graphique l'emportant quelquefois sur la continuité narrative.

Quant aux éléments étrangers à la figuration, lettres ou signes idéographiques qui sont propres à la B.D., ils s'intègrent plus ou moins. Les ballons trop fournis en dialogues restent visuellement des corps étrangers, mais les dessinateurs — surtout s'ils sont eux-mêmes les lettreurs — les réduisent à leur plus simple expression, au détriment parfois de l'intelligibilité du récit. En revanche, les signes idéographiques, plus proches du visuel, s'intègrent parfaitement, comme dans les estampes chinoises ou japonaises.

La B.D. satirico-comique, ou celle qui se rapproche de la comédie de mœurs (c'est, avec l'aventure, le terrain de prédilection de la B.D. classique) est encore irréductible au modèle soit pictural, soit cinématographique. Pat Sullivan (*Félix le Chat*), Schulz, Peyo ou Reiser, chacun à leur manière sont en définitive des dessinateurs de presse. C'est même dans cette catégorie qu'on classe Sempé ou Wolinski.

Avec les dessinateurs de cette famille, les références picturales et cinématographiques deviennent à peu près impossibles, ou tellement ténues qu'elles ne présentent plus guère d'intérêt (sauf, de temps en temps, comme un défi, une citation appuyée et évidemment caricaturale). Pour débroussailler à grands traits, disons que la ligne, souvent tracée à la plume sur la base d'un crayonné, est l'élément graphique de base, comme l'aplat est l'élément graphique de base de la B.D. qui inspire des rapprochements avec l'estampe et avec le cinéma (ce qui n'est pas, on l'a vu, contradictoire), ou le dégradé (les densités variables s'obtenant par l'espacement des hachures, contre-hachures, points, « griffures »), celui de la BD nostalgique du dessin classique ayant maîtrisé le modelé. Cette ligne à son tour peut présenter toutes les variantes imaginables : continue ou discontinue, souple ou rigide, voire simplement réduite à quelques « griffures ». On connaît la tendance, caractérisée par le dessin net des contours, qui a été classée sous l'étiquette « ligne claire ». Elle constitue une sorte de point-limite du rapatriement de la ligne dans un univers pictural plus classique, jouant sur l'aplat et le dégradé.

Quelles sont donc, sur la base de ces considérations fondées sur un matériel en définitive hétérogène — vignettes, ballons, dessin — les unités pertinentes les plus aptes à servir à l'analyse sémiotique de la B.D. ?

Quelles unités pertinentes ?

> « *Il n'est pas vrai que l'identification de l'unité minimale soit un préalable qui conditionne l'ensemble des recherches de sémiologie cinématographique. Il convient au contraire, pour commencer, de chercher à dégager et à distinguer les uns des autres — à isoler — les principaux codes et sous-codes cinématographiques, ou du moins certains d'entre eux ; et c'est dans la mesure où on les aura mieux cernés que l'on pourra déterminer (par des commutations* intérieures à chacun d'eux, *et non au "cinéma") l'unité minimale qui est propre à celui-ci ou à celui-là.*
>
> *Le problème des unités minimales n'est pas un point de théorie autonome, que l'on pourrait régler indépendamment d'une réflexion plus générale sur la "grammaire cinématographique", et* avant *d'entamer cette dernière. L'unité minimale n'existe pas en dehors des conceptions que l'on peut se faire de la grammaire, et elle les engage déjà dans leurs grandes lignes : il n'en constitue pas l'avant-propos. A la multiplicité des codes répond la multiplicité des unités minimales. L'unité minimale n'est pas donnée dans le texte, c'est un outil de l'analyse. Autant de types d'analyses, autant de types d'unités minimales. (Par "analyse", il faut entendre aussi bien celle des usagers que celle des sémiologues, puisque celle-ci a entre autres pour but d'expliciter celle-là).* » (Ibid., p. 146).

La tendance dominante, celle vers laquelle on va spontanément, consiste à privilégier la vignette. C'est l'histoire du plan qui recommence, ou qui continue. Quand on a affaire à des vignettes rectangulaires, nettement cadrées — le cadre étant ici la ligne qui sépare une image de son environnement —, toutes de mêmes dimensions, et dans un alignement parfait, il est difficile de ne pas en passer par là. Les correctifs à apporter sont ceux-là mêmes que suggère une critique du plan de cinéma. Dans les cas, fréquents dans la B.D. primitive ou classique, où la vignette a une telle présence, où, donc, ce *code* a été privilégié sur d'autres, il n'est pas absurde de retenir la vignette comme unité, sinon minimale, du moins intermédiaire.

Dans le chapitre IX de *Langage et Cinéma*, inspirateur de cette réflexion déjà ancienne, Christian Metz mettait en garde contre la fixation opérée par certains chercheurs sur cette quête exaspérée de l'unité minimale, qui risquait « de bloquer les progrès ultérieurs de l'analyse cinématographique ». En matière de bande dessinée, il a fallu, pour rompre avec cette priorité, attendre que la B.D. classique en vienne à bouleverser son ordonnancement monotone. Toutefois, la vignette demeure comme un problème majeur dans la mesure où elle prend en charge, ensemble ou séparément, deux codes : celui qui organise la logique temporelle (le seul que respecte le transit par la diapositive) et celui qui organise la composition picturale quand une ou plusieurs vignettes constituent, ensemble, un tableau.

Les deux codes ne fonctionnent pas dans le même registre. Celui qui organise la logique temporelle — conséquence et consécution — est tributaire du représenté, et suppose le problème de la représentation résolu sur la seule base de l'expérience du récepteur (on peut ne pas savoir déchiffrer une scène et, plus encore, un de ses fragments). Celui qui organise la spatialisation ne fonctionne que sur des raccords de signifiant. Il n'empêche que la dynamique narrative combine les deux codes pour fonder le paradoxe spatio-temporel de la B.D., en ce sens qu'une séquence efficace — du point de vue du récit — est en même temps un tableau réussi — du point de vue de la composition (bien entendu, efficacité et réussite ne peuvent s'apprécier que par rapport à l'expérience du récepteur. Les différences culturelles, en raison du mode de production et du nombre restreint de foyers de développement jouent de façon négligeable).

De tels exemples, qui ne sont pas légion, invitent à rêver d'une segmentation qui tenterait de repérer en première analyse les séquences comme unités minimales spatio-temporelles. Il s'agirait de « blocs » de vignettes que l'histoire de la B.D. a eu tout le temps de mettre en place, puisque la « strip » des quotidiens américains, la demi-page des éditions du dimanche, et la page des illustrés européens tendent confusément à réaliser cette « unité » — au double sens du terme.

(La B.D. est porteuse de tout un « inconscient historique » en relation jusqu'à une époque récente avec le support de presse, qui joue ainsi le rôle de la salle du cinéma pour un autre stade d'investigation.)

L'évolution ultérieure de la B.D. a conforté cette orientation, en réduisant la vignette à une figure qui pourrait être mise en parallèle avec l'insert du cinéma, surtout quand la volonté de créer des effets de « montage » est évidente. Plus encore, la vignette a été distordue, prenant toutes les formes possibles, ramenant le « bloc » à l'état de mosaïque. En prenant cette direction de recherche, il est évident que le spectre de la grande syntagmatique continuait à hanter nos nuits... alors que nous savions parfaitement que son auteur le considérait comme une étape dépassée.

Le plus intéressant était donc, pour s'éloigner du modèle et prendre quelque autonomie, d'explorer d'autres orientations offertes à la segmentation.

La plus évidente passait par le ballon, l'objet le plus évidemment « spécifique » proposé par la B.D.

Une écriture en devenir

> « *Les écritures idéographiques ne sont formées qu'en partie de caractères idéographiques ; ce sont par exemple les morphogrammes ou les pictogrammes, représentations simplifiées mais reconnaissables d'un objet perceptible (un arbre, un cheval...). Mais on y trouve aussi des exposants relationnels directement abstraits. Et également des "dactylogrammes", comme l'ont montré les recherches de Tchang Tcheng Ming : ces derniers ne notent pas le contour "stylisé" de l'objet, mais représentent schématiquement le geste qui désignait l'objet dans un code gestuel qu'utilisait la même ethnie : ce sont des notations de second degré, qui se retrouvent à cet égard sur le même plan que les caractères alphabétiques, même si le code qu'ils relaient est gestuel et non phonique ; en un sens, ils ne sont pas idéographiques, puisqu'ils n'écrivent pas l'"idée". Les écritures idéographiques comportent aussi des graphèmes phonétiques (ou parfois mixtes, et en voie de phonétisation), qui réfèrent à certains éléments de la langue que parlait la communauté au même moment ; on sait qu'au cours de l'évolution historique des écritures à dominance idéographique, la proportion de ces graphèmes phonétiques s'est peu à peu accrue (voir par exemple Gustave Guillaume, J.J. Gelb, et les historiens de l'écriture).* » (*Ibid., p. 206.*)

L'idée de séparer image et ballon était venue aussi spontanément aux premiers analystes que celle d'isoler la vignette. Une fois de plus le cinéma les mit sur une fausse piste.

La volonté d'établir coûte que coûte un parallèle avec le cinéma conduisit certains à parler à propos du ballon ou des substituts du bruit, de « bande sonore ». Cette métaphore fut leur perte : la B.D. est résolument muette et ne propose que de l'image. Il fallait partir de là.

Un « bloc », tel que décrit plus haut, est en fait un ensemble homogène du point de vue du signifiant : du noir sur du blanc en un certain ordre assemblé. La couleur peut être considérée à part dans la mesure où elle est, à partir de la planche originale, un supplément facultatif (voir les rééditions luxueuses de Hugo Pratt). On distingue alors, sommairement : le trait qui cerne la vignette (laquelle peut avoir pour seule limite l'interruption du graphisme qui la constitue) ; les lignes, taches, hachures, « griffures » qui permettent de construire le signifié de dénotation iconique ; le matériel graphique disparate qui sert pour tout le reste : contours de ballon, lettres pour les paroles, évocation plus ou moins fantaisiste de bruits, mais aussi de mou-

vements, de gestes, de pensées, de fantasmes, et autres homologies qui ont
quelquefois retenu quelques instants l'attention distraite et amusée de divers
spécialistes.

Une fois qu'on a résolument écarté l'hypothèse sonore, et admis que tout
ceci était de la catégorie des signes visuels, ce qui frappe, c'est moins le disparate des signifiés que la profonde homogénéité du signifiant.

Autrement dit, les codes mis en œuvre, comme dans le cas du narratif
et du spatial dont le « bloc » révèle les affinités, présentent au moins une
analogie dans la texture du signifiant. Cette remarque est confortée par le
fait que toute B.D. évite pour les ballons le recours aux lettres standard,
et pas seulement pour des raisons techniques : le lettrage est fait à la main
(même si ce n'est pas celle du dessinateur) de façon à s'intégrer à l'ensemble. Ce phénomène n'est pas inconnu des metteurs en page de magazines ;
il prend ici une dimension nouvelle.

Ce constat trivial — qui revient à dire qu'un sourd ne perd rien à la lecture d'une B.D. — pose des problèmes complexes. On devine que la comparaison avec l'écriture idéographique, que Christian Metz s'était appliqué à
relativiser à propos du cinéma (chap. XI), va ressurgir inévitablement sous
un autre jour. Il y a là peut-être comme une maladie infantile, une étape
nécessaire par laquelle passer pour conduire l'analyse sémiologique d'un
système visuel. Leroi-Gourhan lui-même n'a pu éviter de passer par là pour
l'interprétation des dessins préhistoriques, non plus que Lévi-Strauss pour celle
des masques des Indiens de la côte N.O. du Canada.

Plusieurs arguments utilisés par Christian Metz, et à juste titre, à propos
du cinéma, tombent d'eux-mêmes dès lors qu'il s'agit de B.D. : la B.D. ne
comporte aucun élément sonore ; elle schématise de façon systématique,
décourageant à l'avance toute approche « cosmophanique », modelé et relief
étant tout au plus esquissés.

Par ailleurs, les dialogues, du point de vue du code de la langue employée,
ne présentent aucune particularité notable pour un linguiste qui voudrait les
analyser en délaissant le reste : il serait donc aberrant de vouloir les intégrer
à tout prix dans un système idéographique. En outre, si le graphisme de B.D.
schématise au point de représenter une certaine parenté avec les hiéroglyphes
égyptiens ou sumériens, et l'écriture chinoise archaïque, il prend bien en
charge, comme le cinéma, du récit comme récit, et non pas des agencements
d'objets pour signifier des notions abstraites ou des raisonnements (encore
qu'il approche parfois, à des fins comiques généralement — sacrilège ! —
le grand rêve eisensteinien d'un « montage intellectuel »).

On pourrait donc, dans un premier temps, ou avec l'intention de s'en
tenir à cette partition, distinguer plusieurs codes, simultanément à l'œuvre
mais indépendants l'un de l'autre. Il y aurait alors un code de ressemblance,
avec pour principal problème le degré de schématisation graphique ; un code
narratif, où l'on décèlerait quelques analogies avec le cinéma ; un code de
« picturalité » qui segmenterait des « blocs », à l'intérieur desquels les vignettes s'organiseraient par succession, incrustation, contraste, etc. ; une série de

codes spécifiques en charge des signes arbitraires : contours de vignettes, de ballons, forme et grosseur des lettres, transcriptions arbitraires de bruits, pensées, mouvements ; un code de la langue enfin, produisant des textes disponibles pour un corpus de sociolinguistique, par exemple. Il n'empêche que, transversalement à tous ces codes, d'autres se devinent, plus résistants à l'analyse, qui unifient les codes « primaires », assurent la lisibilité du texte global, témoignent d'un genre, d'une époque, d'une école, d'un auteur. Ces codes sont-ils purement graphiques, comme ceux qui s'imposent en normes dans les écoles de dessin quelque peu rigides, mais avec la fonction d'uniformiser un signifiant, disparate par son usage codique, mais fondamentalement homogène ? Sont-ils esthétiques, ce qui ne serait pas tellement différent ? Ont-ils peu à peu servi à distinguer les genres et les auteurs ? Ou sont-ils un peu tout cela, c'est-à-dire idéographiques ?

La comparaison qui s'impose à ce moment du parcours, si l'on excepte toute préoccupation de hiérarchie esthétique, est celle de la peinture chinoise, dans laquelle le peintre, avec le même pinceau, doit maîtriser dans le même espace la langue écrite, le dessin et la calligraphie.

Ici s'arrête le chemin parcouru en B.D. en compagnie de Christian Metz.

The author gives an overview of the research done on the language of comic strips, situating the origin of such analyses in the context of the 60's. This period, under the influence of a budding semiology, was marked by the passage from the small number of fans to the creation of the « Centre d'Études des Littératures d'Expression Graphique ».

The author notes the absence in the 60's of any theoterical tradition and the small range of references to painting. The comparison between comic strips and film became, then, the most frequent approach and the specialists encountered the same problems that existed during the first stages of film semiology : the question of the specificity of the language, of discrete units, of «writing ».

Guy Gauthier insists on the primacy of the visual aspects, the « profound homogeneity of its signifier » and the unappropriateness of the notion of « sound track » for comic strips. Giving a list of the main codes which serve to define these means of expression, the author proposes to compare the comic strips with the technique of Chinese painting.

II. DISCOURS

Roger Odin

Christian Metz et la linguistique

Quand on prononce aujourd'hui le nom de Christian Metz, c'est à la sémiologie du cinéma qu'on pense immédiatement. N'est-il pas naturel que l'image que l'on se fait de Ch. Metz se confonde avec celle de la discipline qu'il a fondée ? Il n'est pas si fréquent d'avoir affaire à un fondateur de discipline ! Pourtant, avant d'être le fondateur de la sémiologie du cinéma, Ch. Metz est un linguiste[1], et j'ai le sentiment qu'on a un peu trop tendance, aujourd'hui, à réduire cette facette de la personnalité de Ch. Metz à la seule opération de déplacement des outils et des méthodes de la linguistique sur le cinéma. Cette communication est consacrée aux *apports* et aux *rapports* de Ch. Metz aux théories linguistiques[2].

I. Les apports de Ch. Metz à la linguistique

Ch. Metz, on l'oublie trop souvent, a écrit nombre d'articles dans lesquels le cinéma n'a aucune part, et qui traitent de problèmes de sémiologie générale ou de linguistique. Ces articles se trouvent (pour l'essentiel[3]) réunis dans le troisième tome des *Essais*[4].

Je retiendrai ici trois de leurs apports qui me paraissent tout particulièrement importants : la notion de « palier hyposémique » (dans les codes très complexes ayant un nombre total de sèmes infini comme les langues ou la numérotation décimale, Ch. Metz montre qu'il existe un premier niveau d'économie inséparable de la fonction constituant une sorte d'articulation secondaire à l'intérieur de la première articulation : le niveau du mot ou le niveau des chiffres)[5] ; la classification des formants de la langue en cinq catégories suivant leurs relations au système phonématique (formants directs, formants indirects zéros, indirects par redoublement, indirects par modification, indirects par l'ordre des éléments)[6] ; enfin, une proposition originale pour résoudre (au moins partiellement) l'un des problèmes les plus difficiles et les plus controversés de toute la théorie linguistique, à savoir le problème de la différence entre lexique et grammaire[7].

Mais ce n'est pas sur ces travaux frontalement linguistiques que j'entends insister dans cette communication. Que les travaux « linguistiques » de Ch. Metz apportent quelque chose à la recherche linguistique voilà qui, au fond, n'a rien de bien extraordinaire (encore qu'ils ne doivent pas être négligés sous prétexte que le grand œuvre de Ch. Metz est la sémiologie du cinéma) ; ce qui me paraît en revanche plus remarquable, ce sont les apports de ses travaux de *sémiologie du cinéma, à la réflexion linguistique*. Je n'ai assurément pas la prétention de dresser ici un bilan exhaustif de ces apports, mais je voudrais, à travers la présentation d'un nombre limité d'exemples, mettre en évidence quelques-unes des voies par lesquelles de tels travaux peuvent avoir des retombées sur la recherche linguistique.

1. Apports dus à la réflexion sur des notions générales

Lorsqu'on accuse Ch. Metz de « transfert abusif », d'« extrapolation indue », ou d'« emprunt illicite » des outils de la linguistique pour l'étude du langage cinématographique, il fait souvent remarquer[8] que bien des notions « linguistiques » dont il se sert pour travailler sur le cinéma (= des notions qui ont été au préalable utilisées par les linguistes pour étudier les langues naturelles), ne sont pas liées à la langue et à elle-seule mais relèvent de la réflexion générale sur les langages, c'est-à-dire de la sémiologie générale. Le prolongement de cette remarque est qu'en étudiant le cinéma, on peut être conduit à s'interroger sur certaines de ces notions et qu'il n'est pas impossible que ces interrogations présentent un certain intérêt pour la linguistique elle-même.

L'exemple privilégié est ici la réflexion sur la notion de *système* telle qu'elle est développée dans *Langage et Cinéma*. Cette réflexion s'inscrit dans le cadre de la bataille livrée par les sémiologues contre ce qu'U. Eco appelle joliment l'« ineffable »[9]. Elle vise à affirmer que le langage cinématographique, bien que relevant de l'Art, peut être constitué en objet de connaissance et que même si, en sémiologie du cinéma, les *systèmes* (ou ces variétés de systèmes que sont les *codes*) n'ont pas le statut de véritables *modèles formels* (dans le sens fort de la logique formelle), ce sont au moins des « unités d'aspiration à la formalisation »[10]. La notion de système est ainsi au centre même du principe de pertinence qui fonde la sémiologie du cinéma :

> « *le seul principe de pertinence susceptible de définir actuellement la sémiologie du film est — outre son application au fait filmique plutôt qu'au fait cinématographique — la volonté de traiter les films comme des* textes, *comme des unités de discours, en s'obligeant par là à rechercher les différents* systèmes *(qu'ils*

soient ou non des codes) qui viennent informer ces textes et s'impliciter en eux »[11].

Il suffit de consulter l'Index de *Langage et Cinéma* pour prendre conscience de l'importance du programme de recherche de Ch. Metz autour de cette notion ; on n'y trouve pas moins de dix entrées comportant ce mot-clé. Si l'on ajoute à cela les renvois explicite à *code* et à *sous-code*, c'est alors la grande majorité de l'Index et donc de l'ouvrage qui vient s'inscrire sous ce thème.

Loin de suivre une trajectoire linéaire, la réflexion se fait à travers une série de retours, de reprises et de repentirs, toute proposition avancée étant ensuite soumise à des réexamens successifs conduisant à des corrections, à des aménagements et à des réaménagements ; cette méthode d'approche, outre qu'elle nous fait participer au mouvement même de la recherche, permet de cerner au plus près le statut de la notion et de mettre en évidence les diverses structures qu'elle recouvre. Certes tout n'est pas entièrement nouveau dans les analyses effectuées par Ch. Metz mais l'ensemble constitue l'une des mises au point les plus précises que nous connaissions sur ce sujet. Il n'est pas question de proposer ici une présentation détaillée de *Langage et Cinéma* sur cet axe : il y faudrait un volume ; je me contenterai de mentionner quelques-unes des conclusions les plus marquantes des deux chapitres centraux : « Du code au système, du message au texte » (Chap. V), « Les systèmes textuels » (Chap. VI).

Ch. Metz commence, tout d'abord, par extraire le *systématique* du système :

> « *Ce qui définit le systématique (= le non textuel), c'est son caractère d'objet idéal construit par l'analyste ; le système n'a pas d'existence matérielle, il n'est rien d'autre qu'une logique, un principe de cohérence* »[12],

puis il démontre que le systématique recouvre lui-même deux grands types de structures, les *codes* et les *systèmes textuels :* un *code* est un système qui fonctionne transversalement à tous les textes d'un langage et qui ne concerne qu'un seul niveau signifiant (ainsi au cinéma le code des variations scalaires intervient-il dans tout film ; on ne peut tirer un plan sans placer sa caméra à une certaine distance des objets filmés ; même chose, pour le code des angles de prise de vue, du montage, etc.) ; un *système textuel* est un système qui a pour objet un texte (un film) ou un groupe de textes (des films) et dont le niveau d'intervention est celui de l'ensemble du matériel signifiant (= le travail de l'ensemble des codes) du texte ou du groupe de textes considéré, ensemble qu'il articule en une construction homogène et cohérente spécifique (= « un *système singulier* »). Afin de préciser cette distinction, Ch. Metz introduit dans la réflexion les notions voisines de *texte* et de *message* : « quant à message et code ils s'opposent sur ce même axe, mais ils ont un trait définitoire de plus, qui est le même pour le code que pour le message, et que l'on pourrait nommer la *non-singularité*. Un code est un système qui vaut pour plusieurs texte (et ces derniers, par là même, deviennent des messages) ; un message est un texte qui n'est pas le seul à manifester un système donné (et ce dernier, par là même, devient un code »[13]. Finalement, cette bi-partition notionnelle conduit à définir deux types d'études différentes dans leurs objectifs et dans leurs méthodes : a) l'étude des langages : étudier un langage, c'est construire sa structure *codique*, étant bien entendu qu'un lan-gage est toujours une *combinatoire de codes* (un langage est une structure pluri-codique) ; b) et l'étude des textes : faire de l'analyse textuelle, c'est cons-truire un *système singulier*, étant bien entendu qu'un même texte peut don-ner lieu à la construction de plusieurs systèmes singuliers et que plusieurs textes peuvent être décrits par un seul et même système singulier (tout dépend de la visée de l'analyse).

Ch. Metz est tout à fait conscient que l'enjeu de ces distinctions déborde la seule sémiologie du cinéma[14].

2. Apports dus à des (re)lectures de travaux de linguistes

Inaugurant une approche sémio-linguistique du langage cinématographi-que, il était inévitable que Ch. Metz en vienne à s'intéresser à Louis Hjelms-lev dont les travaux se situent délibérément dans une perspective de réflexion générale sur les langages. Or les travaux du linguiste danois, tout en étant à l'origine de notions linguistiques fréquemment utilisées, sont d'une grande difficulté de lecture, ce qui n'a pas manqué d'entraîner de nombreuses erreurs d'interprétation. A plusieurs reprises, Ch. Metz se livre à de véritables com-mentaires de texte des écrits de Hjemslev, commentaires qui apportent des éclaircissements non négligeables sur certaines notions jusque-là mal comprises.

2.1. Forme, matière, substance

Tout le début du chapitre X de *Langage et Cinéma* est consacré à une mise au point terminologique à propos des notions hjelmsleviennes de *matière,* de *forme* et de *substance*[15]. Ch. Metz y soutient, contre « une vulgate per-sistante » que l'opposition essentielle dans la pensée de Hjelmslev n'est pas celle de la forme et de la substance, mais celle de la forme et de la matière. S'appuyant, comme il le fait toujours, sur des références extrêmement préci-ses aux textes concernés, Ch. Metz montre que la substance n'est rien d'autre chez Hjelmslev que « le résultat de la rencontre entre la forme et matière » (du contenu ou de l'expression) et que l'on n'a donc, dans la pensée hjelms-lévienne, que deux instances premières : la forme et la matière (« qui, du coup, retrouvent une définition assez proche de celle que l'usage courant con-fère aux deux mots respectifs »[16]).

2.2. Dénotation, connotation

Plus important, pour la réflexion linguistique, est l'examen serré (page par page, voire mot par mot) que Ch. Metz effectue, dans les *Essais II*, des propositions de Hjelmslev concernant les notions de *dénotation* et de *connotation*[17]. Là encore, Ch. Metz relève, au sujet des définitions hjelms-leviennes de ces deux notions, « un malentendu assez généralisé », un malen-tendu dont, dit-il, il a été lui-même victime jusque-là. On admet ainsi en général que le signifiant d'un code de connotation est constitué par l'addi-tion du signifiant et du signifié de dénotation ; le schéma à deux étages cité ci-dessous a été repris par la plupart des théoriciens qui ont parlé de cette question (R. Barthes, L.J. Prieto, U. Eco, O. Ducrot, A.J. Greimas, etc.) :

Connotation	Signifiant		Signifié
Dénotation	Signifiant	Signifié	

Or, revenant aux textes dans lesquels Hjelmslev définit ces notions, Ch. Metz y découvre l'existence d'une unité appelé « *connotateur* » (qui, en dépit de ce que suggère en français le suffixe -*teur*, ne désigne pas les signi-fiants mais les signifiés de connotation) ; pourquoi, s'interroge-t-il, alors « invoquer une unité de type spécial (...) si le signifiant de connotation n'existe pas à l'état séparé ? ». Poursuivant sa relecture, Ch. Metz constate que cer-tains passages des *Prolégomènes* vont en effet dans le sens de l'affirmation de l'existence *autonome* d'un signifiant de connotation. L'analyse du fonc-tionnement de la connotation dans diverses séquences filmiques achève de le convaincre que cette solution est la « seule satisfaisante ». D'où sa conclusion :

> « *Il faut écarter la représentation, devenue courante en sémiolo-gie, du signifiant de connotation comme* somme *mécanique (addi-tion) du signifiant et du signifié de dénotation, et le concevoir plutôt comme une configuration socio-culturelle spécifique, irré-ductible à toute dénotation, mais dont la réalisation a pour carac-tère propre, et même définitoire, de s'opérer toujours par le para-sitage du processus signifiant-signifié d'un autre code*[18]. »

Cette conclusion appelle deux remarques : la première est pour regretter que ces précisions sur le fonctionnement du couple *dénotation vs connota-tion* ne soient pas davantage passées dans les ouvrages d'initiation à la lin-guistique (et à la sémiologie) où l'on continue, le plus souvent, à donner imperturbablement l'ancien schéma, et ceci bien que l'analyse de Ch. Metz, une fois n'est pas coutume, ait été reprise par la recherche linguistique[19] ; la seconde est pour lever une ambiguïté que cette conclusion peut contribuer à maintenir : en notant que la construction du signifiant de connotation « s'opère toujours par le parasitage du processus *signifiant-signifié* d'un autre code », — ailleurs, Ch. Metz dit que « la connotation, à travers son signifiant, vient s'articuler sur *l'opération dénotante toute entière* »[20] — Ch. Metz risque d'entériner l'idée que le signifiant et le signifié de dénotation doivent toujours *l'un et l'autre* intervenir dans la construction du signifiant de connotation alors qu'il ne s'agit que de l'une des modalités de construction possible : certes le signifiant de connotation peut se construire à partir du signe dénotatif dans son ensemble (signifiant + signifié), mais il peut aussi se construire soit à partir des seuls éléments du signifiant de dénotation, soit à partir des seuls éléments du signifié de dénotation[21]. Ce n'est donc pas d'un, mais de trois schémas dont on a besoin pour rendre compte des relations entre dénotation et connotation[22].

3. *Des retombées spécifiques de la théorie du cinéma sur la linguistique*

Les retombées de la théorie du cinéma sur la linguistique que nous venons de citer ne sont pas vraiment dépendantes du fait qu'il s'agit de travaux *sur le cinéma*, ce sont plutôt des retombées *à l'occasion* de travaux sur le cinéma ; les retombées que nous allons présenter maintenant dépendent au contraire de caractéristiques *particulières* du langage cinématographique lui-même.

3.1. *Les relations syntagmatiques*[23]

Traditionnellement, en linguistique, lorsqu'on parle de relations syntagmatiques, on vise les relations qui s'établissent entre les éléments de la langue tels qu'ils apparaissent *dans le déroulement* de la chaîne parlée : relations entre « l » et « e » dans « le », entre « le » et « chat », dans « le chat », etc. Travaillant sur le film, qui est un objet qui occupe à la fois du temps et de l'espace, Ch. Metz constate qu'on ne saurait s'en tenir là : au cinéma, la « *dimension syntagmatique* » se déploie aussi bien sur *l'axe des simultanéités* que sur celui des consécutions. L'axe des simultanéités recouvre lui-même deux axes :

> « *il y a le rectangle écranique, avec toutes les co-présences* spatiales *qu'il autorise (= la composition de chaque image) —, et d'autre part les syntagmes simultanés qui peuvent s'établir entre séries différentes mais dans une synchronie de perception : entre une donnée visuelle et une phrase entendue au même moment, etc.* »[24].

Il existe donc, selon Ch. Metz, deux types de relations de simultanéité :

les relations spatiales et les relations qui fonctionnent dans une synchronie de perception. Je me permettrai d'apporter ici la précision suivante : si toute relation syntagmatique spatiale est également une relation syntagmatique de simultanéité (les éléments en relations spatiales sont présents simultanément dans le même espace), la réciproque n'est pas vraie : toute relation syntagmatique de simultanéité n'est pas *de facto* une relation syntagmatique spatiale ; ainsi, dans un film, il existe une relation syntagmatique de simultanéité entre la musique d'accompagnement (son dit « off ») et les images qui se déroulent sur l'écran, mais nulle relation de spatialité. Il y a donc intérêt à distinguer, plus clairement que ne le fait Ch. Metz, entre relations syntagmatiques de simultanéité et relations syntagmatiques spatiales.

Si l'on revient maintenant aux langues naturelles, on s'aperçoit que les relations syntagmatiques de simultanéité n'en sont pas absentes (relations entre traits distinctifs à l'intérieur d'un même phonème, relations entre structures syntaxiques et structures intonatives à l'intérieur d'une même phrase, etc.) et que l'on y trouve même (du moins dans leurs manifestations écrites) des relations syntagmatiques spatiales : les calligrammes, les poèmes qui jouent sur la disposition spatiale des éléments, et d'une façon générale tout le travail sur la typographie et sur la mise en page ; peut-être, nous fera-t-on remarquer que les relations syntagmatiques spatiales s'effectuent davantage ici entre des unités-images qu'entre des unités du langage verbal, mais on ne saurait nier que les relations ainsi créées ont de réelles conséquences linguistiques que ce soit au niveau phonétique (mise en corrélations de sonorités : la rime fonctionne sur ce principe) ou au niveau syntaxique ou sémantique : mise en corrélations signifiantes de mots ou de groupes de mots qui autrement seraient restés indépendants.

Au terme de cette analyse, on aboutit donc d'une part, à une définition plus précise de la notion de relation syntagmatique : seule la *co-présence proche* des éléments *à l'intérieur d'un même discours* définit la relation syntagmatique (relation *in praesentia* de proximité) ; d'autre part, à la mise en évidence de trois formes de relations (et non d'une seule) : les relations syntagmatiques de succession, les relations syntagmatiques de simultanéité, et les relations syntagmatiques spatiales.

3.2. Le problème du mot

Le problème du mot est très présent dans la réflexion de Ch. Metz. Deux des articles linguistiques cités au début de cette communication lui étaient déjà, en partie, consacrés[25]. Dès ces articles, Ch. Metz soulignait que ce problème « pourrait être utilement éclairé dans le cadre plus vaste de la sémiologie »[26]. En 1977, Ch. Metz fait retour sur cette question dans « Métaphore/Métonymie, ou le Référent imaginaire »[27]. Conformément à la visée générale de l'article, le problème est envisagé dans ses conséquences pour l'analyse rhétorique ; Ch. Metz laisse d'ailleurs entendre qu'il est pour le

moment prématuré de vouloir traiter le problème de la présence et de l'absence
de mot dans toute son amplitude et qu'il est préférable d'effectuer des avancées ponctuelles, limitées mais assurées. La thèse soutenue dans l'ensemble
du passage se laisse résumer comme suit : langage sans mot, et donc sans
« figures de mot », le cinéma oblige le chercheur à s'intéresser davantage aux
processus qu'aux figures (aux tropes), et donc à réagir contre le privilège
accordé au mot dans la conception que nous nous faisons de la rhétorique
et contre les « prestiges réductionnistes » de l'unité-mot dans les études de
textes en langue naturelle. Ch. Metz invite de la sorte le linguiste à mieux
« *dissocier le figural du lexical* » : par exemple, à bien distinguer entre ces
tropes que sont la métaphore et la métonymie et ces phénomènes plus larges
que sont les *processus* métaphoriques et métonymiques (Ch. Metz parle à ce
propos de « mouvements tournants susceptibles d'excéder la barrière du
mot »)[28]. Il souligne par ailleurs qu'un des inconvénients du privilège
accordé au mot est d'obscurcir la parenté profonde entre processus métaphorique et condensation, et processus métonymique et déplacement. Une minutieuse analyse du célèbre vers de *Booz endormi* : « Sa gerbe n'était point avare
ni haineuse »[29] démontre par l'exemple que ces remarques ne sont pas sans
conséquence pour l'analyse des textes en langues naturelles : ce n'est qu'en
débordant la barrière du mot qu'on peut rendre compte du « mouvement
vivant de l'énonciation » qui se manifeste dans le travail métaphorico-méto-
nymique à l'œuvre dans ce vers et donc de sa richesse poétique et évocatrice.

3.3. *L'énonciation*

L'article sur l'énonciation au cinéma que Ch. Metz a donné au numéro 1
de la revue *Vertigo*[30], marque son retour à des recherches d'inspiration
sémio-linguistique après sa période psychanalytique. Il concerne tout particulièrement notre propos : c'est une des rares fois que Ch. Metz souligne
explicitement (bien qu'avec de multiples précautions) les retombées possibles
de la théorie du cinéma sur la recherche linguistique[31]. En simplifiant beaucoup, on peut considérer que ces retombées portent sur deux points de la
théorie de l'énonciation.

Les instances du processus énonciatif

Dans les études linguistiques, le processus énonciatif est attribué à deux
instances dénommées *énonciateur* et *énonciataire* ; Ch. Metz note le caractère anthropomorphisant de ces dénominations et constate qu'elles sont peu
adaptées à décrire ce qui se passe au cinéma. En effet, toute projection de
film est l'expérience d'une « communication » non avec un interlocuteur
(même si le spectateur ne peut sans doute s'empêcher de le convoquer imaginairement), mais avec une production textuelle ; le spectateur est en relation avec le film : « il *voit des images*, simplement »[32]. Travailler sur le film

montre ainsi la nécessité de faire correspondre au niveau de l'énonciation deux paliers distincts : le palier « textuel » où interviennent des entités textuelles (qu'il faut se garder d'anthropomorphiser) ; Ch. Metz suggère de parler de *foyer* et de *cible* pour désigner ces instances énonciatives auxquelles renvoient les marques textuelles ; et le palier « personnalisé » (le palier des « attributions » personnalisantes) où « la marque est mise au compte de quelqu'un » : auteur et spectateur imaginaires, *énonciateur* et *énonciataire*[33].

Les modalités de manifestation de l'énonciation

Commentant F. Casetti et son analyse de l'énonciation au cinéma en termes de formules combinant des pronoms personnels[34], Ch. Metz soutient, contre le sémiologue italien, que l'énonciation au cinéma n'est que très faiblement déictique mais pour l'essentiel *métadiscursive* : traces techniques, volontaires ou non, révélatrices du travail de l'image et du son, génériques, film dans le film, etc. La conséquence de cette analyse est qu'il importe d'« élargir notre idée de l'énonciation » :

> « *Qu'est-ce que l'énonciation, au fond ? Ce n'est pas forcément, ni toujours, "JE-ICI-MAINTENANT", c'est, de façon plus générale, la capacité qu'ont beaucoup d'énoncés à se plisser par endroits, à apparaître ici ou là comme en relief, à se desquamer d'une fine pellicule d'eux-mêmes qui porte gravée quelques indications d'une autre nature (ou d'un autre niveau), concernant la production et non le produit, ou bien, si l'on préfère, engagée dans le produit par l'autre bout. L'énonciation est l'acte sémiologique par lequel certaines parties d'un texte nous parlent de ce texte comme d'un acte*[35]. »

Je ne suis pas certain que les linguistes aient véritablement pris conscience de ces apports de Ch. Metz ; la façon dont la communauté universitaire pense le découpage des champs de recherche ne favorise guère, il est vrai, une telle reconnaissance : si les linguistes savent bien qu'il peut y avoir des retombées de l'étude d'une langue sur l'étude d'une autre langue, s'ils affirment même qu'il est indispensable, pour bien étudier une langue, de travailler en même temps sur d'autres langues, ils ne semblent encore guère prêts à reconnaître qu'il est aussi important, *pour faire avancer la recherche en linguistique*, de travailler sur *d'autres langages* (comme la musique, la photographie, la peinture ou le cinéma). Cette façon de diviser l'espace de la recherche n'est pas celle de Ch. Metz. Même lorsqu'il travaille sur le cinéma, Ch. Metz reste linguiste :

> « *quand j'étudiais le cinéma dans une optique principalement linguistique, l'objet de ma passion intellectuelle était la machine linguistique elle-même*[36]. »

II. Ch. Metz et les théories linguistiques

La doxa veut que la *machine linguistique* mise en œuvre par Ch. Metz soit *structuraliste*. Ch. Metz lui-même revendique volontiers ce cadre de travail, et la moindre lecture de ses travaux confirme ce rattachement théorique. A titre d'exemple, regardons rapidement le déroulement de l'article sur « Lexique et Grammaire »[37]. Ch. Metz commence par produire une première taxinomie : celle des diverses catégories de formants, puis une seconde : inventaires ouverts *vs* inventaires fermés, puis il croise ces deux classifications pour aboutir... à une nouvelle classification. Suivant les travaux, le nombre et la nature des typologies peuvent changer, les croisements se complexifier, mais la démarche reste sensiblement toujours la même. Il n'est sans doute pas exagéré de dire qu'il y a chez Ch. Metz une sorte de « rage taxinomique » : taxinomie des constructions séquentielles susceptibles d'apparaître dans les films (la célèbre Grande Syntagmatique), taxinomie des langages (en termes de traits pertinents de la matière de l'expression), taxinomie des divers types de *systèmes*, taxinomie des codes du langage cinématographique, taxinomie des « enchaînements textuels »... l'énumération pourrait aisément se poursuivre[38]. Ainsi tout converge, tout se recoupe, pour nous inciter à ne voir en Ch. Metz qu'un adepte pur et dur de la linguistique de « premier type ». Sans nier la relation privilégiée entre Ch. Metz et l'approche structurale, nous voudrions montrer ici qu'il est tout de même un peu court de s'en tenir à cette affirmation, que l'état réel du travail de Ch. Metz est plus complexe, plus subtil, plus intéressant surtout, et qu'il mérite donc un examen plus approfondi.

1. De l'usage metzien des théories linguistiques

Afin d'en savoir davantage sur les références théoriques de Ch. Metz, je me suis amusé à tenter de dresser la liste des linguistes qu'il cite. Risquons l'énumération : Charles Bally, E. Benveniste, Claire Blanche Benveniste, Charles Beaulieux, Karl Bühler, Henri Bonnard, Eric Buyssens, Jean Cantineau, André Chevel, N. Chomsky, Marcel Cohen, Dubois, la commentatrice de Hjelmslev, Mme E. Fischer-Jorgensen, les formalistes russes, Gougenheim, A. Julien Greimas, Guillaume, Pierre Guiraud, Harris, Louis Hjelmslev, Jackobson, Kurylowicz et la notion de « catégories isofonctionnelles », Labov et l'école « variationniste », Samuel R. Levin, André Martinet, Matoré, Antoine Meillet (l'un des précurseurs de Ch. Metz dans la réflexion sur l'unité mot), R.F. Mikus, créateur du syntagme « vertical », Georges Mounin, Morris, Bernard Pottier, Luis J. Prieto, Gérard Révész, Nicolas Ruwet, G. Ryle, l'homme de la « FIDO-fido theory », Sapir-Whorf et leur « hypothèse », Ferdinand de Saussure, Adam Schaff, Th. A. Sebeok, Alf Sommerfelt, les Soviétiques des systèmes modélisants secondaires (Lotman), Jost Trier, Troubetzkoy, Joseph Vendryes.

Cet inventaire (plus à la Georges Pérec qu'à la Prévert) n'est très certainement pas complet, mais je pense que l'essentiel y est ; en tout cas, il autorise déjà quelques commentaires. On notera tout d'abord que nous avons là, compte tenu du volume général de l'œuvre de Ch. Metz, un nombre relativement faible de références. Ensuite qu'à quelques exceptions près, les linguistes cités sont ce que l'on peut appeler des « grands ». Enfin, on ne peut manquer d'être frappé par l'hétérogénéité de ces références ; même si le courant structuraliste est à coup sûr dominant, on y trouve des représentants du fonctionnalisme, de la glossématique, de la sémiotique, de la théorie des systèmes modélisants secondaires, du variationnisme, du générativisme, de l'approche ethno-linguistique, de la théorie de l'énonciation, etc. Ch. Metz, assurément, ne relève pas d'une chapelle. Ch. Metz souligne d'ailleurs volontiers les convergences entre théories, notamment pour montrer qu'à travers des dénominations différentes, elles ont pointé des processus communs. Un exemple parmi d'autres : après avoir montré qu'on peut « définir un code — *du moins dans la perspective d'un structuralisme non génératif* — comme l'ensemble formé par une paradigmatique et une syntagmatique articulée l'une sur l'autre », il ajoute :

> « *C'était déjà* la position de Saussure, *lorsqu'il notait que la grammaire d'une langue (...) comportait deux grands versants : une grammaire "associative" (= paradigmatique) et une grammaire syntagmatique. De même,* la théorie glossématique *repose toute entière sur l'idée que l'analyse des rapports "dans le texte", ou "dans le procès" (fonctions du type "et-et",* relations *chez Hjelmslev) et l'analyse des rapports "dans le système" (fonctions "ou-ou",* corrélation*) constituent les deux tâches essentielles de l'étude immanente d'une langue (...). On sait que dans les théories génératives transformationnelles, le statut "codique" de la syntaxe est affirmé de façon encore plus nette : la syntaxe n'est pas seulement une composante du code linguistique, elle en est la composante centrale*[39]. »

Cela ne veut certes pas dire que Ch. Metz confonde tout ou mette toutes les théories « dans le même sac ». Ch. Metz est, au contraire, respectueux à l'extrême de la spécificité de chaque théorie comme en témoigne le soin qu'il apporte à recourir, de la façon la plus scrupuleuse, à la terminologie de chacune des théories citées, les fréquentes notations indiquant la référence théorique du vocabulaire utilisé, le nombre tout à fait remarquable de mises au point terminologiques présent dans ses écrits, et cette non moins systématique habitude de donner, quand ils existent, les équivalents terminologiques d'une théorie dans une autre. De même, lorsque Ch. Metz examine les travaux d'un théoricien, il s'attache à rester strictement dans le cadre théorique de ses travaux[40] et lorsqu'il a choisi pour une de ses études, un modèle théorique, il s'y tient et l'exploite jusqu'au bout, même s'il sait que d'autres approches seraient possibles ; dans ce cas, il marque de façon très explicite les différences[41].

Mais il y a plus : on se souvient que Ch. Metz consacre un article à montrer l'importance d'un palier hyposémique dans le fonctionnement des langues naturelles ; la conclusion de cet article est pour le moins surprenante :

> « *La notion de palier hyposémique deviendrait inutile dans une sémiologie générale d'inspiration générativiste, puisque le problème ici discuté de l'accord social entre les usagers y serait reformulé en termes de compétence ; placé devant le phénomène des codes à nombre total de sèmes infini, une telle sémiologie situerait l'accord social au niveau des règles de production au moins pour l'essentiel*[42]. »

Voici donc un chercheur qui pendant trente pages s'est attaché à établir un point vraiment nouveau dans la réflexion linguistique et qui, le moment étant venu de conclure, n'hésite pas à faire remarquer que ce point est inutile dans une autre théorie (précisément celle qui vise à remplacer la théorie dans le cadre de laquelle il se situe dans cet article). Bel exemple de constance et d'honnêteté intellectuelle. Plus généralement, bel exemple de l'état d'esprit dans lequel Ch. Metz mobilise les théories. On insistera en particulier sur le ton neutre, dépourvu de tout affect, avec lequel Ch. Metz effectue ce constat ; aucun pathos, aucun signe de révision déchirante face aux propositions de la nouvelle théorie. Ch. Metz n'est nullement traumatisé par l'évolution qui fait qu'une théorie est dépassée par une autre ; il voit même dans cette situation des raisons pour persister dans son approche :

> « *Il est souvent nécessaire d'explorer et d'occuper des positions qui seront dépassées, justement pour qu'ensuite elles puissent l'être réellement*[43]. »

Pour Ch. Metz, il n'est de théorie que provisoire. Encore faut-il s'entendre sur cette acceptation du provisoire :

> « *Une proposition provisoire est utile lorsqu'elle se sait provisoire, mais non si elle s'est construite dans l'ignorance ou la sous-estimation des difficultés mêmes à la solution progressive desquelles elle doit apporter sa contribution datée*[44]. »

Ch. Metz a la plus vive conscience qu'une théorie ne saurait tout faire : « il n'y a que des systèmes plus ou moins bons qui peuvent classer ici ou là » note-t-il à propos des différentes typologies proposées pour les figures du langage au cours de l'histoire de la rhétorique[45]. Rien de désabusé dans cette remarque : toute théorie a ses limites ; on peut même dire que c'est par ses limites que se définit une théorie (c'est le critère de *pertinence*) ; sa *falsifiabilité* garantit sa consistance. D'une certaine façon, on pourrait dire que pour Ch. Metz, le choix de telle ou telle théorie importe peu, pourvu que cela permette de progresser dans la compréhension des mécanismes langagiers :

> « *Dans ce problème comme dans d'autres le principal est d'avancer, et on avance toujours sur plusieurs fronts à la fois. La formalisation générative est l'un d'entre eux. Si on ne l'essaye pas, on peut être sûr de ne jamais l'atteindre, et de ne même pas savoir jusqu'à quel point elle était possible (quel niveau de la mécanique d'ensemble, dans quelles limites de validité, selon quelle procédure d'attaque)* [46]. »

La notion de « concurrence entre théories » est étrangère à la pensée de Ch. Metz ; de même que changer d'objet permet de mettre en évidence des phénomènes jusque-là non aperçus, changer de théorie, c'est se donner la chance de « faire tourner l'objet » [47].

La conception que Ch. Metz se fait des théories est fondamentalement *instrumentale*. Les modèles théoriques ne sont pour lui que des « hypothèses » de travail [48], des outils plus ou moins aptes à résoudre tel ou tel problème. On ne s'étonnera pas dès lors de le voir recourir à une théorie pour expliquer un problème, et à une autre, qu'il juge mieux adaptée, pour en expliquer un autre, même si ces théories ont des présupposés différents : ainsi fait-il appel au fonctionnalisme d'André Martinet pour montrer que le langage cinématographique ne comporte pas de « double articulation », et à la glossématique (Hjelmslev) lorsqu'il s'agit de préciser les relations entre codes et matières de l'expression. Le caractère paradoxal du recours à ces deux théories mérite d'être souligné. On sait que pour Martinet la définition d'un langage tient compte de sa matière de l'expression ; pour lui, par exemple, les langues naturelles sont intimement liées à la matière phonique ; Hjelmslev au contraire donne une définition large des langages en termes de structure abstraite (une « entité autonome de dépendance interne ») et exclut la matière des études sémiologiques. Or Ch. Metz se sert de Martinet non pour étudier la matière de l'expression du cinéma mais pour montrer que le cinéma n'est pas une langue et de Hjelmslev non pour montrer que le cinéma est un langage mais pour analyser les traits pertinents de sa matière de l'expression... On voit bien toutefois comment cela fonctionne : mettant en œuvre une sorte de « loi d'informativité » [49], Ch. Metz utilise les théories pour leur *pouvoir de résistance*. Par exemple, Ch. Metz reconnaît « un fort héritage saussurien », mais il propose de faire pour le cinéma une « linguistique de la parole » (ou plutôt du « discours ») [50].

On se tromperait gravement en voyant une contradiction entre cette façon de jouer les théories contre elles-mêmes [51] et le respect profond de Ch. Metz pour les théories. Sa position est on ne peut plus claire : des problèmes « de stricte obédience peuvent évidemment se poser », mais « *il suffit de le dire* »[52]. Être respectueux d'une théorie ne consiste pas à ne pas s'éloigner de ses présupposés, mais à annoncer la couleur chaque fois qu'on le fait.

De fait, si Ch. Metz refuse de s'enfermer dans une théorie, c'est au bénéfice d'une position plus réellement théorique. Ce qui l'intéresse, c'est de faire progresser la réflexion théorique, non telle ou telle théorie. Ch. Metz est un théoricien, pas l'homme d'une théorie. Il existe pourtant une « méthode metzienne ».

2. La « méthode metzienne »

Pour comprendre la « méthode metzienne », on commencera par l'observer à l'œuvre. L'article : « Sémiologie audio-visuelle et linguistique générative »[53] nous servira de texte-guide. Après une brève introduction, Ch. Metz lance la réflexion :

> « *Quelle est la situation de départ devant laquelle se trouve la sémiologie du cinéma ? On pourrait la résumer de la façon suivante : il existe dans la société, depuis l'année 1895, un certain type de séquences de signaux, appelées "films", que l'usager social (le "natif") considère comme ayant un sens, et au sujet desquelles il porte en lui, à l'état d'intuition sémiologique — dans le sens où "l'intuition linguistique" nous dit qu'une phrase B est la paraphrase, ou la transformée passive, d'une phrase A —, quelque chose comme une définition : car le sujet social ne confond pas un film avec un morceau de musique ou une pièce de théâtre*[54]. »

Voilà assurément un début d'article tout à fait conforme à l'approche générative. On notera en particulier l'appel à l'« intuition » du « natif », intuition qui devient elle-même l'objet de la recherche :

> « *De là découle la première tâche du sémiologue (du sémiologue qui* est *lui aussi un natif, c'est-à-dire qui va au cinéma) : porter à l'état explicite cette définition du film qui, sans être d'ordinaire formulée, fonctionne dans la société de façon réelle*[55]. »

Suit une proposition méthodologique visant à doter l'objet film d'une définition sémiologique ; une citation un peu longue est indispensable à la bonne compréhension de l'argumentation :

> « *Notre société a élaboré implicitement une véritable* taxinomie des langages *: il y a le "langage musical", le "langage pictural", etc. Ce classement culturel, si l'on formule explicitement*

sa logique interne, revêt la forme d'un tableau de présences et d'absences, d'un tableau à double entrée où l'on pourrait mettre en haut, horizontalement, une liste de caractéristiques physiques du signifiant, et à gauche, verticalement, une liste de "langages" au sens ordinaire (...). Chaque langage se définit par la présence dans son signifiant de certains traits sensoriels, et l'absence de certains autres (...). On s'aperçoit que les différents langages (...) entretiennent des relations logiques nettement plus complexes que ne l'imagine le sens commun (...), on relève des cas d'exclusion, mais aussi des cas d'inclusion et d'intersection. (...) la tâche consisterait à établir, par la commutation des langages entre eux, des traits pertinents de la matière du signifiant (...) Il s'agirait de faire réapparaître en fin de parcours chaque langage — chaque unité qui passe couramment pour un langage, c'est-à-dire chaque point de départ socialement attesté — comme étant la combinaison terminale (= le point d'arrivée) d'un certain nombre de traits spécifiques de la sensorialité socialisée[56]. »

Cette fois-ci, nous sommes, sans ambiguïté, dans le cadre de l'approche structurale (différentielle et immanente : cf. « la commutation des langages entre eux »). Enfin, vient toute une série de développements sur « l'absence de tout critère de grammaticalité » au cinéma, et sur la nécessité de travailler à « des modèles partiels » correspondant à certains « jugements d'acceptabilité » mettant en jeu « à la réception, des classes socio-culturelles d'usagers »[57]. L'analyse sort ici de l'approche immanente pour prendre en compte des éléments *externes* à l'ensemble des films (les « classes socio-culturelles d'usagers »).

En moins de dix pages, trois types d'approche se trouvent de la sorte mobilisés : l'approche générative, l'approche structurale et une approche que nous n'hésiterons pas à qualifier de « pragmatique » (même si Ch. Metz n'utilise pas ce terme). Cette articulation triangulaire régit peu ou prou l'ensemble de l'œuvre de Ch. Metz.

Il n'est pas inintéressant de réexaminer *Langage et Cinéma* dans cette perspective. Nous avons vu que l'ouvrage se laissait définir comme une analyse de la notion de système et que cette analyse était, pour l'essentiel, de nature typologique : l'approche structurale constitue indéniablement le noyau méthodologique de *Langage et Cinéma*. D'autre part, si la notion de système est au centre du principe de pertinence énoncé au tout début de l'ouvrage (p. 14), quelques pages plus loin (p. 56), *Langage et Cinéma* propose une autre définition de ce principe, une définition qui fixe à la sémiologie du cinéma des objectifs qui sont bien davantage dans l'esprit de l'approche générative que dans celui de l'approche structurale :

« *Le parcours du sémiologue est parallèle (idéalement) à celui du spectateur de film ; c'est le parcours d'une "lecture", non*

> *d'une "écriture". Mais le sémiologue s'efforce d'expliquer ce parcours dans toutes ses parties, alors que le spectateur le franchit d'un trait et dans l'implicite, voulant avant tout "comprendre le film" ; le sémiologue, pour sa part, voudrait en outre comprendre comment le film est compris : trajet "parallèle", en somme, et non point confondu. La lecture du sémiologue est une méta-lecture, une lecture analytique, face à la lecture "naïve" (en fait, à la lecture culturelle) du spectateur. »*

On sait que pour les générativistes, un langage n'est pas seulement un ensemble d'énoncés (un système) mais un savoir sur ces énoncés, une « compétence », et que ce sont ces *procédures de compréhension* que la grammaire générative veut reproduire. Enfin, *Langage et Cinéma* insiste sur le fait que si le langage cinématographique est descriptible comme une combinatoire de *codes*, seule la notion de *sous-codes* permet d'expliquer son fonctionnement réel à un moment donné de son histoire. Si les codes constituent le lieu d'autant de problèmes que tout réalisateur de film doit résoudre (comment cadrer ? comment organiser une séquence d'images ? comment raccorder des images en mouvement ? etc.), suivant les époques, les mouvements esthétiques, les modes, le public auquel on s'adresse, en bref suivant le *contexte* dans lequel les films sont produits (et/ou vus), il y a bien des façons de répondre à ces questions (ex. : innombrables sont les réponses qui ont été apportées au problème du montage : cinéma du montage invisible, du montage affiché, du « montage-collage », du plan séquence, etc.) ; les « *sous-codes* » sont ces « réponses distinctes à une même question »[58]. Ainsi définie, la notion de *sous-code* apparaît comme une notion fondamentalement *pragmatique* : elle introduit les déterminations externes (historiques, sociologiques, etc.) dans la réflexion sur le langage cinématographique.

Une analyse analogue pourrait être faite pour la plupart des articles de Ch. Metz. Même la Grande Syntagmatique qui est toujours citée comme un modèle d'approche structurale, n'échappe pas à cette opération triangulaire : cette taxinomie, est en même temps un *modèle d'intelligibilité* visant à rendre compte de la façon dont le spectateur « comprend » le montage filmique (considéré comme « *construction d'une intelligibilité au moyen de rapprochements divers* »[59]) et un « modèle partiel » conçu pour fonctionner pour une classe de films (les films de fiction) à un moment historiquement délimité de l'histoire du cinéma (les années 1930-1955 environ) : un *sous-code*. En bref, la Grande Syntagmatique est un modèle structural, pragmatiquement construit et à visée d'intellection.

Il est maintenant possible de donner une description précise de la « méthode metzienne ». L'approche structurale occupe le centre de la réflexion : c'est elle qui fournit les *instruments* de l'analyse (analyse « componentielle », commutation, méthode « différentielle »). L'approche « pragmatique » fixe le *cadre* à l'intérieur duquel se déroule cette analyse. Que l'on nous comprenne bien, il n'est pas question de dire que Ch. Metz s'est inspiré de l'approche linguistique pragmatique : Ch. Metz ne revendique jamais ce rattachement théorique[60], en revanche, nous croyons pouvoir affirmer que toute l'œuvre de Ch. Metz témoigne d'une *préoccupation* pragmatique[61] : pour lui, la « saisie linguistico-analytique est d'emblée une entreprise socio-historique »[62] et toutes ses analyses reposent sur la conviction que les contraintes issues de l'espace social déterminent les « conditions de possibilité des codes »[63]. Enfin, *l'optique* même de la recherche est conforme au programme générativiste : *comprendre comment l'usager comprend le film*. Des premiers textes des *Essais*[64] au dernier article de *Vertigo*[65] le recours à l'intuition du « natif » est une constante de l'œuvre de Ch. Metz ; mais là encore c'est davantage d'un état d'esprit, d'une concordance de visée, que d'une influence directe qu'il convient de parler : même s'il se réfère à l'occasion à la théorie générative, Ch. Metz n'en utilise jamais les techniques d'analyse[66]. Ce qui se joue dans cet encadrement « pragmatico-génératif » de la démarche structurale est d'ailleurs bien autre chose qu'un problème d'influence : une véritable option épistémologique, presqu'une question de morale.

Ch. Metz a toujours affirmé son refus d'une linguistique structurale fonctionnant comme une machine à désosser le langage humain, à le débiter en tranches bien nettoyées où plus aucune chair n'adhère[67] tout comme il n'a cessé de s'opposer à ce qu'il appelle la sémiologie comme « moulinette universelle »[68]. Face à ces approches qui veulent tout désubstantialiser, qui préfèrent le « squelette structural de l'objet » (le *modèle*) à l'objet étudié[69], le pari de Ch. Metz est de construire une approche rigoureuse, conceptuellement forte, solidement adossée à une « discipline-machine » — une de ces disciplines « qui créent une rupture par rapport au bavardage dominant, qui provoquent brusquement un effet d'extériorité pour les choses les plus habituelles »[70] — mais aussi une approche qui n'oublie jamais que le langage est avant tout une réalité sociale, un phénomène humain « tout inscrit déjà en actions et en passions qui nous importent »[71].

Cette option se traduit jusque dans ce qu'on peut appeler à bon droit l'« écriture » metzienne. Écoutons Ch. Metz nous parler de la compréhension et de l'incompréhension filmique :

> « *Beaucoup de films sont inintelligibles (...) parce que leur diégèse enveloppe en elle des réalités ou des notions trop subtiles, ou trop exotiques, ou supposées à tort connues. On n'a pas assez insisté sur le fait que, dans ces cas, ce n'est pas le film qui est incompréhensible, mais au contraire tout ce qui n'est pas expliqué dans le film. Et si on n'y a pas assez insisté, c'est parce qu'une mode actuelle veut que tout soit langage, au point que ce dire envahissant ne laisse plus rien qui soit du dit. C'est d'ailleurs une illusion très courante. L'amoureux en colère crie à l'infidèle : "Tu ne me comprends pas !". Mais si, elle a très bien compris. Seulement, elle ne l'aime plus. Le langage, filmique ou* »

verbal, ne peut pas supprimer le réel ; au contraire il s'enracine en lui. Si les hommes ne se "comprennent" pas, ce n'est pas seulement à cause des mots, mais de ce qu'ils recouvrent. Combien de "malentendus" relèvent en fait du trop-bien-entendu ! (...) Le public d'épiciers cannois qui a sifflé L'Avventura *avait compris le film, mais il n'avait pas compris ce dont il parlait, ou alors il s'en moquait. L'intellection filmique n'avait rien à y voir ; c'était "la vie" simplement[72]. »*

Ou encore, dans « Le Référent imaginaire », écoutons-le nous conter la naissance d'une figure :

(« Sur les figures naissantes »)
« Me voici forcé de parler de moi davantage, puisque tout exemple pris dans une langue ou un code cinématographique serait déjà amorti par cela seul que préexistant. — Donc, au moment où j'écris ces phrases, et depuis plusieurs jours déjà, à peu près depuis que cet article m'occupe l'esprit, un marteau-piqueur, dans une rue voisine, me casse la tête sans relâche. J'ai pris l'habitude, lorsque je me "parle" à moi-même de désigner ce texte, pour lequel je n'ai pas encore arrêté le titre, comme l'article marteau-piqueur. C'est une nomination absurde. J'avais d'autres solutions (...)[73]. »

Même dans *Langage et Cinéma* qui est, comme Metz le note lui-même, non sans humour, « un livre sévère, assez funèbre (il est fait pour ça, c'est son côté *private joke* »)[74], la dimension du vécu n'est pas absente, ne serait-ce que dans cette façon de convoquer pour analyser des bribes de dialogues imaginaires :

« on a d'un côté "Ce film est très beau, Je n'aime pas ce genre de films, Les films de Murnau n'ont pas vieilli", *etc. —, et de l'autre* "Le film est signifiant de part en part, Les films sont des objets sociaux. Un film est une œuvre d'art, Tout film est au fond un documentaire", *etc.* »[75].

Il n'est pas jusqu'aux articles de linguistique les plus techniques qui ne fassent référence à l'expérience commune des usagers :

« Ainsi, il est d'observation courante que les usagers d'une langue n'arrivent à se comprendre que s'ils sont d'accord sur les mots, et non point seulement sur les phrases[76]. »

Ch. Metz ne sépare jamais la théorie de la vie. Certes, le problème ne se pose plus aujourd'hui tout à fait dans les mêmes termes qu'à l'époque du structuralisme dominant[77], mais il n'est pas certain, notamment avec l'importance prise par le « paradigme computationnel », qu'il soit totalement inutile de rappeler cette revendication d'une approche théorique à *visage humain*.

Ce rapport aux théories est très certainement ce qui m'a le plus frappé et ce qui m'a le plus appris dans la lecture des travaux de Ch. Metz.

Je me contenterai pour conclure de citer deux petits phrases.

La première est une leçon de modestie : « on ne saurait tout faire à la fois »[78]. Le théoricien doit accepter sans drame ses limites : celles de la théorie qu'il utilise mais aussi les siennes propres (maîtriser une théorie, c'est-à-dire non seulement la connaître mais être capable de s'en servir avec une conscience claire de ce qu'elle peut faire et surtout de ce qu'elle ne peut pas faire, est déjà un travail de longue haleine).

En revanche, et, c'est la seconde phrase : « sans machine, on est sûr d'avance de ne rien voir »[79]. J'aimerais voir cette phrase écrite en lettres d'or dans tous les lieux universitaires où s'enseigne le cinéma et l'audiovisuel...

---

1. Ch. Metz a d'ailleurs enseigné la linguistique pendant plusieurs années.

2. Le même travail serait à faire pour les apports et les rapports de Ch. Metz à la psychanalyse qui nous paraissent également d'une extrême importance.

3. Nous ne parlons pas ici des articles non repris en volumes.

4. *Essais Sémiotiques*, Klincksieck, 1977. (Nous les citerons désormais comme *Essais III*.) « Les formants dans la langue : lexique et grammaire » (p. 52-67) est un article strictement linguistique ; « Les Sémiotiques. A propos de travaux de Louis Hjelmslev et d'André Martinet » (p. 9-24 ; l'article lui-même est de 1965 ; dans les *Essais*, Metz y a ajouté une postface, p. 25-30) : « Remarques sur le mot et le chiffre. A propos des conceptions sémiologiques de Luis Prieto » (p. 31-46 ; l'article est de 1967 ; comme le précédent article, il est publié dans les *Essais* avec une postface, p. 47-52) articulent réflexions linguistiques et réflexions de sémiotique générale.

5. « Remarques sur le mot et le chiffre », *art. cit.*

6. « Les formants dans la langue : lexique et grammaire », *art. cit.*

7. L'idée de Ch. Metz est la suivante : « la langue ne procède pas à une opération unique de délimitation binaire qui mettrait d'un côté le lexique et de l'autre la grammaire, mais à deux opérations distinctes, et menées pour ainsi dire indépendamment. D'une main (...), elle lexicalise certains de ses morphèmes en leur affectant un formant direct. De l'autre main, elle grammaticalise certains de ses morphèmes en les mettant dans des inventaires fermés. Tels morphèmes auront bénéficiés de la première opération et non de la seconde, tels de la seconde et non de la première, tels des deux à la fois. Mais il n'est aucun morphème qui ait échappé aux deux. Non par quelque hasard statistique, mais par une impossibilité radicale, tenant à la nature même des deux opérations en cause : si un morphème a échappé à la lexicalisation, il a un formant indirect et ne peut donc échapper à la grammaticalisation, puisque tout formant indirect crée un inventaire fermé par le seul fait de son mode d'obtention ; si un morphème a échappé à la grammaticalisation, il est en inventaire ouvert, et il ne peut donc pas échapper à la lexicalisation, pour la même raison jouant en

sens inverse, c'est-à-dire parce que tout inventaire ouvert exclut les formants indirects », *Essais Sémiotiques*, p. 67.

8. Notamment dans l'« Entretien sur la sémiologie du cinéma » entre R. Bellour et Ch. Metz, *Essais II, ed. cit.* ; le passage qui nous intéresse ici se trouve p. 199-200.

9. Le terme revient à plusieurs reprises dans le dernier chapitre de *Sémiotique et Philosophie du langage* (P.U.F., 1988) : « La famille des codes », p. 243, p. 346, p. 273.

10. *Langage et Cinéma*, Larousse, 1971, p. 20. Toutes nos références à cet ouvrage sont données d'après cette édition. Il existe une réédition augmentée d'une Postface, chez Albatros, 1977.

11. *Id.*, p. 14.

12. *Langage et cinéma*, p. 57.

13. *Id.*, p. 57.

14. *Id.*, p. 58.

15. « Spécifique/non-spécifique : relativité d'un partage maintenu » ; le passage qui nous intéresse ici se trouve p. 157-160.

16. *Id.*, p. 159.

17. Cet examen constitue l'essentiel du chapitre 8 : « La connotation, de nouveau », *Essais sur la signification au cinéma*, II, Klincksieck, 1972, p. 163-172. Certes Hjelmslev n'est pas le créateur de ce couple de notions qui est, on le sait, d'origine logicienne, mais il a beaucoup fait pour le promouvoir.

18. *Id.*, p. 172.

19. C. Kerbrat-Orecchioni, *La Connotation*, P.U.L., 1977.

20. Dans les deux citations, c'est nous qui soulignons.

21. Les analyses de C. Kerbrat-Orecchioni vont également dans ce sens.

22. Pour une présentation développée et argumentée de ces trois schémas, cf. « Sur deux niveaux de production de sens : dénotation, connotation », Chapitre V de notre ouvrage : *Cinéma et Production de sens*, à paraître chez Colin, 1990.

23. Le chapitre VIII de *Langage et Cinéma* : « Paradigmatique et syntagmatique » (p. 121 à 138) étudie le fonctionnement des relations paradigmatiques et syntagmatiques au cinéma.

24. P. 131-132 (c'est nous qui soulignons).

25. « Remarques sur le mot et le chiffre » et « Lexique et grammaire », *Essais III*.

26. *Essais III*, p. 34.

27. *Le Signifiant imaginaire*, 10/18, UGE, 1977, p. 177-371. Le chapitre 7 est explicitement intitulé « Le problème du mot », p. 257-78.

28. *Le Signifiant imaginaire*, p. 260.

29. *Id.*, p. 270 et sq.

30. « L'énonciation impersonnelle ou le site du film », *Vertigo*, n° 1, « Le Cinéma au miroir », 1987, p. 13-34.

31. *Id.*, p. 21.

32. *Id.*, p. 20.

33. *Id.*, p. 33.

34. Ces formules sont du type : MOI (énonciateur) et TOI (énonciataire) nous LE (énoncé, personnage, film) regardons (vue objective) ; MOI et LUI nous TE regardons (interpellations) ; TOI et LUI voyez ce que JE vous montre (vues subjectives), etc. cf. *Dentro lo sguardo (Il film e il suo spettatore)*, Bompiani, 1986 (traduction française aux Presses Universitaires de Lyon, 1990).

35. *Vertigo*, n° 1, p. 21-22.

36. *Essais III*, Klincksieck, 1977, « Sur mon travail » (Entretien avec Marc Vernet et Daniel Percheron), p. 176.

37. *Id.*

38. Par exemple par cette petite notation anecdotique : Metz est l'auteur d'une flore méditérranéene.

39. *Langage et Cinéma*, p. 122-123 (nous soulignons).

40. Article « Le mot et le chiffre » : « nous ne nous proposions pas ici de comparer deux grandes options théoriques, ni même d'examiner dans quelle mesure et jusqu'à quel point les descriptions menées dans les termes de l'une sont ''traductibles'' dans les termes de l'autre. C'est au contraire en nous plaçant par hypothèse dans le cadre, rigoureusement taxinomique (…) de la sémiologie de Luis J. Prieto (…) », *Essais III*, p. 46.

41. A propos du problème de la distinction entre lexique et grammaire : « Les propositions qui viennent d'être avancées contribueront peut-être à l'éclairer et à le déplacer partiellement, *du moins dans la perspective d'une linguistique structuraliste et distributionnaliste. Dans le cadre d'une conception générative*, il est clair que les notions proposées au cours de cette étude, même dans la mesure où elles resteraient utilisables, devraient être réordonnées selon des lignes de force très différentes », *Id.*, p. 67.

42. *Id.*, p. 46.

43. *Id*, p. 127.

44. *Id.*, même page.

45. *Le Signifiant imaginaire*, 10/18, p. 204.

46. *Essais III*, p. 127.

47. « J'aime bien faire tourner l'objet en changeant de machine » dit Ch. Metz, pour expliquer son passage de la sémio-linguistique à la sémio-psychanalytique (*Essais III*, p. 186).

48. *Id.*, p. 46.

49. « Je pense à une remarque de Barthes à propos de son *Michelet*. Il disait qu'une démarche est d'autant plus intéressante qu'elle est loin de ce qu'on pourrait attendre (sur Michelet, on attendait plutôt un livre historico-politique, non un livre de psychologie psychanalytique). C'est un critère en quelque sorte informationnel (= contre attente), un critère de distance maximale, d'improbabilité. Les opérations de ce genre m'attirent beaucoup » (*Essais III*, « Sur mon travail », p. 185).

50. *Essais I*, p. 91.

51. *Essais III*, p. 115.

52. *Id.*, p. 91 (nous soulignons). L'expression se trouvait déjà dans *Langage et Cinéma* à propos du choix de l'objet d'étude et de la construction des codes par le théoricien : « Il faut se souvenir qu'un code n'est pas un objet que l'on trouve déjà constitué » devant soi, mais une construction cohérente à laquelle l'analyste peut conférer le degré et le genre exact de généralité ou de particularité qu'il désire, à la seule condition que les conclusions soient mesurées à cet acte initial de circonscription (c'est le principe de pertinence) ; de la même façon un linguiste peut se fixer comme but d'étudier le code du français châtié ou du français familier, ou celui qui est commun aux deux, *il suffit de le dire* » (p. 49 ; là encore, nous soulignons).

53. *Essais III*, p. 109-128.

54. « Sémiologie audio-visuelle et linguistique générative », p. 111-112.

55. *Id.*, p. 112.

56. *Id.*, p. 113-114.

57. « Sémiologie audio-visuelle... », p. 118.

58. *Id.*, p. 103.

59. *Essais I*, p. 135. Plus loin Metz note : « *Ce qui demande à être compris, c'est le fait que les films soient compris* » (p. 145). On voit que dès 1968, le programme de la sémiologie du cinéma était déjà fixé en des termes quasiment identiques à ceux qui seront utilisés en 1971 dans *Langage et Cinéma*.

60. On constatera, par exemple, qu'il n'y a aucun pragmaticien dans la liste des linguistes cités en I.1. De fait, il faut attendre l'article sur l'énonciation de *Vertigo* (1987) pour trouver chez Metz des références à la pragmatique cinématographique (Casetti, Bettetini) ou à la pragmatique générale — Ex. : « En termes pragmatiques, on dirait que le contexte est venu se substituer... » (p. 19-20) — encore avons-nous cru déceler au détour d'une de ces (rares) références une légère ironie : « la pragmatique, à qui rien de ce qui est humain n'est étranger (...) » (p. 17).

60. Sur Ch. Metz et la pragmatique, cf. la partie centrale de notre article : « La sémio-pragmatique du cinéma, sans crise ni désillusion » : « *Et si l'on relisait Metz* », in : *Hors Cadre*, n° 7, « Théorie du cinéma et crise dans la théorie », Hiver 1988-89, p. 83-87.

62. *Essais III*, p. 186.

63. Id. , p. 190. Contentons-nous de deux exemples : l'article intitulé « Le perçu et le nommé » (*Essais III*, p. 129-162) a comme objectif principal de montrer que « l'objet perceptif » est une unité « *socialement construite* ». Dans la conclusion du « Signifiant imaginaire », Metz insiste sur le fait que la description du fonctionnement du signifiant cinématographique qu'il vient de donner « ne concerne que certaines formes géographiques de l'institution elle-même, celles qui ont cours dans les pays occidentaux. Le cinéma tout entier en tant que fait social, et donc aussi l'état psychologique du spectateur ordinaire, peuvent revêtir des aspects très différents de ceux auxquels nous sommes habitués. On a seulement tenté une ethnographie de l'état filmique parmi d'autres qui restent à faire (...) » (*Le Signifiant imaginaire*, 10/18, p. 170).

64. Cf. Par exemple, p. 48 ou p. 53.

65. Article cité, *Vertigo* n° 1, 1987 : « S'il y a des images à voir, c'est que quelqu'un les a arrangées : voilà qui ne recueille pas l'adhésion des foules », p. 20 ; « il y a fort à parier que le public, en majorité, se fait du regard-caméra une idée bien moins subtile (ou pas d'idée du tout) », p. 28.

66. Même dans l'article intitulé (rétroactivement, il est vrai), « Sémiologie audio-visuelle et linguistique générative » ; pourtant, il est évident, à la vue des références précises qui parsèment ses travaux, que Metz les connaît bien. Pour des tentatives de transfert des outils de la grammaire générative à l'analyse du langage cinématographique, cf. Dominique Chateau : *Le cinéma comme langage*, AISS-IASPA, 1986, John M. Carroll : *Toward a structural psychology of cinema*, Mouton, 1980, et surtout, Michel Colin : *Langue film, discours. Prolégomènes à une sémiologie générative du film*, Klincksieck, 1985.

67. Essais I, p. 43. Peut-être faut-il rappeler pour mémoire, la volonté de certains linguistes de s'en tenir aux manipulations purement « objectives », d'expliquer les variations de sens par les seules variations du contexte linguistique (distributionnalisme sémantique), de refuser tout recours à l'intuition, voire d'évacuer purement et simplement le sens.

68. *Essais III*, p. 203.

69. *Id.*, p. 43-44.

70. *Id.*, p. 184.

71. L'expression est de G. Cohen-Séat à propos du cinéma (*Essai sur les principes d'une philosophie du cinéma*, P.U.F., p. 13, cité in : *Essais I*, p. 48).

72. *Essais I*, p. 78.

73. *Le Signifiant imaginaire*, 10/18, p. 192.

74. *Essais III*, p. 191.

75. *Langage et cinéma*, p. 39 (en gras dans le texte) ; le même procédé est également utilisé p. 16, p. 38, p. 45, p. 116 et sans doute dans d'autres passages que nous n'avons pas repérés.

76. *Essais III*, p. 41.

77. La pragmatique est passée par là.

78. *Essais III*, p. 67 (c'est la dernière phrase de l'article « Lexique et grammaire »).

79. *Id.*, p. 185 ; sans machine *théorique* bien sûr...

Because the relations between Christian Metz and linguistics have too often been reduced to the displacement of certain tools and methods from linguistics to film theory, this text's first goal is to show the importance of what Metz's research has brought to linguistics : the notion of hyposemic floor, classification of the language formatives, relations between lexicon and grammar, reflections on the notion of system, terminological clarification of the hjelmslevian notions of form, material and substance, propositions for the analysis of the functioning of connotations and syntagmatic relations, etc.

The second part of the text brings into light the deep originality of Metz's epistemological positions in their relations to the linguistic theories *and proposes to characterize the « metzian method » by a triangle linking the structural, the generative and the pragmatic approaches for the benefit of a conception that never separates theory from life.*

Marie-Claire Ropars-Wuilleumier

Christian Metz et le mirage de l'énonciation

A relire Christian Metz, comme nous l'avons tous fait pour ce colloque, une double exigence semble impulser son entreprise de fondation. D'une part, il s'agit de faire œuvre scientifique en contribuant à élargir, par le biais cinématographique, les composantes d'un savoir structuraliste d'inspiration et d'ancrage linguistiques : à ce titre, les premiers travaux de Metz accompagnent, et parfois précèdent, l'avancée d'un structuralisme dont l'objectif est de définir les couples notionnels susceptibles de construire, par relation et opposition, homologie et différence, le territoire du langage où viennent se former les dires et les désirs de l'homme ; si Christian Metz n'a cessé de se réclamer des sciences humaines les plus dures, c'est dans la mesure, précisément, où celles-ci requièrent une modélisation rigoureuse, répondant à la nécessité de structurer le général pour rendre compte du particulier. Mais simultanément, et peut-être contradictoirement, un autre souci anime la problématique metzienne, porté cette fois par une attention aiguë, sourcilleuse, à la singularité de l'objet cinéma, dont il convient de reconnaître, dans son émergence même, la complexité et l'enchevêtrement, qui le rendent aussi insaississable que séduisant. L'amour du cinéma, et le goût de la perception filmique, vont de pair, chez Metz, avec l'ambition sémiologique ; si l'une conduit à la recherche des structures profondes, porteuses de lois, l'autre maintient le regard attaché à la surface d'un phénomène dont la fascination esthétique tient à la fluidité, la mobilité, la multiplicité. La force de Christian Metz est sans doute de n'avoir pas résolu cette contradiction, mais, au contraire, de s'y être tenu fermement ; la tension maintenue entre ces deux composantes a produit l'impact d'une démarche visant à la fois la formalisation structurelle et l'appréhension phénoménologique, et cherchant dans la seule règle de spécificité le terrain d'une réconciliation, toujours précaire, entre la volonté de savoir et le plaisir de voir.

De cette exigence contraire découlent un certain nombre de conséquences utiles à mon propos. Outre la question du spécifique, sur laquelle je reviendrai ultérieurement, m'intéresse au premier chef le mouvement problématique de la pensée metzienne. Si Christian Metz a balisé l'espace sémiologique du cinéma, c'est dans un quadrillage paradoxal tenant en même temps à délimiter le territoire et à le rendre mouvant : il s'agit simultanément de fixer et d'ouvrir, de désintriquer et de croiser, d'assigner les places et de reconnaître les glissements de terrain. Le partage du territoire n'exclut pas, et sans

doute inclut, les incursions extra-territoriales, d'autant plus que la constitution du champ de compétence sémiologique requiert tout à la fois de se référer
à la linguistique et de s'en écarter, tandis que la reconnaissance langagière
du cinéma devra recourir, au moins par différenciation, à la comparaison
littéraire. C'est à ce titre qu'il m'est possible d'intervenir sur le travail de
Christian Metz d'un point de vue qui ne sera pas metzien : plus sémiotique
en effet que sémiologique, et orienté vers une théorie de l'écriture à laquelle
Metz ne souscrit pas lorsqu'il parle du texte. Certes l'amitié m'y autorise,
et un dialogue noué depuis longtemps, bien que fragmentairement. Mais c'est
surtout l'ampleur et la précision de la fondation metzienne qui contraignent
des recherches divergentes à se situer par rapport à elle : non seulement parce
que Christian Metz a toujours fait leur part à d'autres travaux que les siens,
contraignant par là même les invités à évaluer l'enjeu du partage proposé ;
mais surtout parce que l'appel cinématographique, qui double chez lui la vocation scientifique, le conduit à un parcours sans cesse en mutation : comme
si les résistances de l'objet ne pouvaient se vaincre que dans la mise en œuvre d'un nouveau balayage, que Metz appelle remplissage d'un terrain[1].
Ayant réfléchi la psychanalyse après avoir accompagné la linguistique, c'est
ainsi que Metz affronte aujourd'hui, par le canal de l'énonciation, la question de ce qui pourrait être soit une poétique soit une esthétique du film.

En venir à l'énonciation dans les termes où le fait un article récent[2]
engage en effet un nouveau décentrement de perspective. Ce n'est certes pas
la première fois que Metz évoque, en référence à Benveniste, le statut discursif de l'objet cinématographique. « Pour une phénoménologie du narratif » signale précisément, mais en note, la double acception du terme de discours qui désigne tour à tour, chez Benveniste, aussi bien l'activité d'une
instance énonçante que le système transphrastique constitutif du langage. Mais
en hiérarchisant ces deux usages du terme, c'est-à-dire en faisant du discours
au sens strict une simple composante de la discursivité générale caractéristique du langage mis en acte, ce texte ancien (1966) inscrit résolument le cinéma
du côté d'un discours qui devient co-extensif au langage lui-même, et par
là conduit à reléguer l'énonciation comme horizon lointain d'une recherche
qui restera d'abord centrée sur l'énoncé narratif[3]. La question de l'énonciation est bien seconde chez Christian Metz, ce qui veut dire qu'elle vient après
dans l'ordre d'une méthode attachée à dégager, sous le couvert de la dénotation, le primat d'un récit défini avant tout par la littéralité de l'intrigue.
Paradoxalement, plus le discours s'étend à l'ensemble du langage cinématographique, plus l'énonciation s'efface des préoccupations principales du chercheur. A ce stade de la recherche, l'énonciation s'évanouit dans une diffusion générale du langage qui permet de distinguer le cinéma de la langue tout
en lui retirant les attributs de la parole. C'est ce double jeu du discours que
clarifie, en l'affrontant, l'article de 1987. Il y a fallu un profond travail de
remodelage : lever l'hypothèque structurale du couple dénotation-connotation,
autonomiser la connotation puis finalement la fondre dans le film lui-même,
reconnaître par son versant psychanalytique le tissu d'une textualité ouverte

à l'équivoque des processus — autant d'opérations selon lesquelles le cinéma se rend à l'écriture en s'éloignant du code. Par ce long détour, qui relève plus de la révolution axiale que du renoncement épistémologique, Christian Metz donne à la question de l'énonciation sa véritable mesure, qui concerne l'ensemble du texte filmique, même si elle interroge en priorité la mise en œuvre d'un acte à virtualité narrative.

C'est bien d'énonciation que parle cette fois Christian Metz, écartant aussi bien le terme de discours, générateur d'ambiguïté, que le masque mou d'une narration trop aisément assimilable à la personne d'un narrateur. Mais en donnant une envergure textuelle à une notion que la linguistique tend à sectoriser, Metz démontre l'efficacité d'un point de vue qui sut rester attaché aux ruses de l'objet et peut donc récuser, pour manque de « surface », les typologies ou les systèmes d'opposition puisant leurs règles syntaxiques dans des structures profondes déjà sémantisées. Féconde, l'opération est à double portée : d'une part les distinctions hiérarchiques vont exploser, et l'énonciation — cette instance jusque-là reléguée en position de supplément second — envahit, comme dans le dernier travail de Benveniste, tout le dispositif filmique, dont elle devient la matière et non plus la circonstance ; mais d'autre part la prise en compte directe du terme, et donc de l'acte énonciatif, interdit, au moins en principe, de dissoudre immédiatement les indices de parole dans la discursivité générale du langage. La force critique de cette position tiendra donc à la rigueur des questions qu'elle pose aux analystes de l'énonciation filmique : c'est en leur appliquant les critères distinctifs de la deixis que Metz pourra réfuter les théories supposant l'activité d'un énonciateur personnalisable qui serait à l'œuvre dans la texture filmique. Une fois levé le refoulement, la désillusion démonte le mirage du sujet maintenu derrière le voile d'une narration sans visage : une coupure décisive est alors affirmée entre le film, seule voie d'accès à l'énonciation, et toute figure d'énonciateur, qui ne fait que dissimuler la posture de l'auteur. Il n'est pas exclu toutefois qu'en repliant l'énonciation sur le film lui-même, en réduisant l'énonciateur à une simple forme d'auto-réflexion filmique, Metz n'en revienne, par une tout autre voie, à refuser l'énigme de la parole que l'écriture filmique permet pourtant d'interroger jusque dans son usage linguistique. Si l'énonciation n'est qu'un « plissement » du film qui se donne à voir comme tel, et donc désigne en soi le cinéma, n'y a-t-il pas là comme un repli sur le refuge d'une spécificité cinématographique, par où le cinéma se délivrerait du modèle de la communication en rejetant celle-ci tout entière hors du film, c'est-à-dire en fait dans la langue ? En ce sens là langue servirait de repoussoir au langage, ou au texte cinématographique, et lui permettrait d'être soi en n'étant pas son autre.

Avant d'en venir à l'exposé de cette discussion, je voudrais insister sur deux hypothèses de Metz, auxquelles je souscris, et sur une remarque, dont les prolongements induisent en fait le débat. La première hypothèse, largement soutenue aujourd'hui, rejette l'illusion d'une énonciation extérieure à l'énoncé : prenant le parti du film comme texte, Metz rappelle fortement qu'il n'est pas d'énonciation qui serait lisible hors l'énoncé où elle s'inscrit. Évitant le terme d'effet, qui appelle trop vite à la recherche d'une cause, ou celui de simulacre[4], qui laisse supposer ailleurs la réalité d'un modèle, il leur préfère celui de construction réflexive et renvoie le prétendu hors texte à la seule réalité d'un texte redoublé, qu'il nomme « métatexte ». Encore que ce dernier terme risque d'effacer, par un retour de hiérarchie, le paradoxe d'une énonciation énoncée, il offre l'intérêt d'évacuer tout glissement anthropomorphique dans la conception de l'acte énonciatif. La seconde hypothèse, plus incisive et à ce titre plus novatrice, critique en effet l'ambiguïté du terme d'instance, toujours susceptible de faire revenir la personne sous le couvert du poste. On ne saurait trop souligner ce point : malgré l'intérêt des systèmes essayant de classer les opérations énonciatives et de multiplier les médiations en distinguant le narrateur, représentable, et les modalités plus abstraites de la narration, les travaux d'inspiration narratologique impliquent toujours, derrière le simulacre narratoriel, une instance supérieure dotée du savoir et du pouvoir. Même si la personnalisation de cette instance semble aujourd'hui écartée, il n'en reste pas moins que cette dernière est censée garantir, par-delà les avatars de la voix narratrice, la certitude d'un poste de contrôle qui distribue et répartit l'information narrative en la filtrant plus ou moins par le canal d'un porte-voix ou d'un grand imagier. Le modèle reste toujours réglé par la hiérarchie des postures — surplomb, délégation, substitution ou jeu d'alliances. La stratégie de Metz, qui prend la narration par le revers de l'énonciation, permet de renvoyer l'instance à l'auteur, rejeté hors circuit, et de ramener le film à sa propre textualité en démontrant l'absence de traces déictiques susceptibles d'indiquer un échange communicationnel. L'énonciation que le film appelle à concevoir sera, selon Metz, de type impersonnel ; et c'est la troisième personne qui paradoxalement viendra régler, dans l'espace filmique, une forme énonciative irréductible à l'inter-subjectivité d'un « je » et d'un « tu », inconstituables.

La fécondité de cette thèse, qui détacherait la parole de la personne et séparerait sujet et subjectivité, est si prégnante qu'une remarque échappe à Metz, comme malgré lui, invitant à reporter l'hypothèse hors cadre cinématographique : « l'exemple du cinéma (comme d'autres sans doute) nous invite à élargir notre idée de l'énonciation, et, pour une fois, c'est la théorie du film qui pourrait (?) réagir sur la sémiologie et la linguistique générales »[5]. La prudence de Metz lui fait toutefois multiplier les parenthèses et les points d'interrogation ; et la défense de la spécificité, seul garde-fou contre l'emportement textuel, le conduit à replier le film sur la seule filmitude, en l'affectant seulement d'un décrochement interne qui renforcera, en fait, la clôture.

Empruntant la voie entr'ouverte, mais trop tôt refermée, je prolongerai hors film, et par le film, la critique de l'énonciation esquissée ici par Christian Metz. Ce sera faire avec lui, peut-être aussi malgré lui, un pas au-delà dans l'avancée du texte. D'une certaine manière, le raisonnement de Metz consiste à miser en partie double, invoquant la rigueur de la langue contre les analogies jugées abusives, et déployant l'amplitude filmique face à la sectorisation linguistique des cas. L'ordre de la langue sert ainsi tour à tour de contre-exemple restrictif, qui amplifie a contrario l'expansion du film, et de réserve critique, destinée à maintenir intacte, ailleurs, la pureté de la loi. C'est cet ailleurs linguistique — ce lieu imaginaire où l'échange intersubjectif s'offrirait en prise directe à une analyse régulable — qui constitue, peut-être, une variante du mirage énonciatif : non plus l'illusion du hors texte, reconnu insaisissable, mais bien le rêve d'un à côté du texte, plus précisément ici du texte filmique, qui trouverait sur ses bords, de l'autre côté de la frontière, le domaine rassurant d'une parole personnalisable jusque dans ses modalités littéraires. Mais jouer le film comme texte, c'est accepter que le texte puisse prendre la forme du film : que reste-t-il alors de la réserve de la langue si elle s'inclut dans une parole conçue comme composante indissociable du dispositif filmique ?

*
* *

Lorsque Metz résume les figures de l'énonciation filmique susceptibles d'éclairer le plissement énonciatif du film, il ne retient finalement que des manifestations de type iconique : cadrage subjectif, redoublement de la caméra, renvoi du regard — autant d'indices visuels privilégiés aux dépens des indications verbales. Certes le raisonnement metzien s'en est longuement expliqué : puisqu'il s'agit de rejeter l'interprétation énonciative menée en termes de déictiques, on rappellera avec insistance que les adresses vocales ou graphiques, où la deixis est particulièrement active, sont incluses dans le dispositif filmique et n'en constituent pas l'énonciation. Plus radicalement encore, tout énonciateur explicite se trouve infirmé par l'enchâssement, à la différence du livre où, selon Metz reprenant les thèses de Genette, un énonciateur extra-diégétique, englobant donc l'ensemble du réseau verbal, serait constituable. Il me paraît symptomatique qu'une fois encore, et cela dans une analyse rigoureusement critique, la bande son se trouve écartée du champ de pertinence conceptuelle. Tout se passe comme si l'exigence de spécificité cinématographique ne pouvait être satisfaite que dans le cadre d'une pureté définie par l'exclusivité de l'image. Certes Metz a fait sa part au son, lorsqu'il en a déterminé les matières expressives ; mais la prise en considération de la parole filmique s'est trouvée rabattue sur l'étude d'un cinéma qui pour devenir parlant devait modifier les modes d'organisation syntagmatique de l'image[6] : ainsi la voix ne s'écoutera que dans le sillage de la vue qui l'abrite et la règle. Se trouve occulté du même coup l'intérêt sémiotique d'un énonciateur qui prétend émettre le récit dans lequel il se trouve enchâssé, mais dont il se donne pourtant comme l'ordonnateur.

Prendre le parti de l'impureté cinématographique, ce serait, en retournant la perspective, adopter le point de vue de la voix dans l'écoute de la vision. Si l'on accepte de modifier ainsi l'angle d'approche, le cinéma se révèle un remarquable opérateur pour mettre en scène les équivoques de l'énonciation : à travers la voix donatrice, et cependant infirmée, c'est une scène de l'énon-

ciation qui vient se jouer dans l'espace sonore, mais cette scène n'est telle
que dans la mesure où l'espace filmique, à la fois visuel et sonore, a bien
pour tâche de la déjouer. Entre la bande son, où s'affirme le pouvoir de
dire, et la bande image, où se fait entendre un dire autre, l'écart devient
la règle d'une relation qui ne met en scène l'acte de parole que pour renvoyer la parole à l'impouvoir du langage. Ce rapport d'écart, on le définira
comme un « rapport du troisième genre », au sens que Blanchot donne à
cette expression[7] : entre la voix énonçante et la vue qui la dénonce, il n'y
a ni opposition dialectique ni fusion harmonieuse ; mais du point de vue du
je parlant, l'image représente à la fois l'attirance et l'enveloppement d'une
autre parole, non formulable, qui la détourne et cependant l'entraîne, qui
l'interrompt et pourtant l'incite à parler ; et qui ne prend en charge ses énoncés que pour les retourner contre une énonciation désavouée.

Il n'est pas nécessaire ici de multiplier les exemples : on rappellera seulement que l'énonciation verbale de *La Jetée* a pu donner lieu à trois interprétations différentes, l'une soulignant le conflit entre l'actant image et l'actant
son, l'autre insistant sur le trompe-l'œil d'une narration en porte-à-faux, et
la troisième balisant l'évanouissement du sujet dans le débordement imaginaire de sa parole[8]. Dans les trois cas, l'acte énonciatif, introduit par la
scène vocale, fait l'objet d'une évaluation critique tenant à la dissymétrie
reconnue entre le tracé visuel et le parcours verbal. Écart, doublage, enveloppement et rejet — à chaque fois l'énonciation verbale devient partie pre-
nante d'une réflexion sur la désunion du langage que le cinéma semble capable
de réfléchir pour peu que l'on retienne la double scène qu'il propose : dans
la donation détournée de *La Jetée*, comme dans la narration ignorée d'*Aurélia
Steiner* ou dans la relégation spectatorielle du narrateur ruizien, la disjonction de la parole ne devient perceptible qu'à condition de ne pas d'abord
diviser — pour les réunir à terme — les composantes visuelles et verbales
de la scène énonciative. Que ces énonciateurs appartiennent au récit qu'ils
prononcent ne peut servir d'argument pour rejeter leur aptitude à l'énonciation : le détour où les entraîne le film dévoile précisément la posture paradoxale d'un parleur qui se trouve inclus dans une scène dont sa parole
l'exclut.

Sans doute la perspective tracée ici accorde-t-elle un privilège accentué à
des exemples relativement peu nombreux, puisqu'ils concernent des films en
voix *off* qui appartiennent en outre à la modernité cinématographique. Devan-
çant la critique, je répondrai d'abord que quantité ne fait pas vérité. Mais
surtout la notion de voix *off* représente sans doute une des expériences les
plus singulières autorisées par le cinéma parlant : en témoigne l'ambiguïté
d'un terme qui n'a cessé d'être reformulé en des sens variables — *voice over*
selon Jost ou voix *if* pour les gloseurs durassiens. Metz, en particulier, a
signalé que cette voix *off*, par sa présence sonore, échappe à la distinction
du dehors et du dedans[9], semblant ainsi pencher du côté *in*. Ces remarques
désignent l'étrangeté d'un phénomène d'énonciation vocale qui se caractéri-
serait à la fois par la certitude de la présence et par l'incertitude venue d'une

absence mal définissable. Or ce mélange de vacuité et de densité, de maîtrise et de malaise, il revient au cinéma moderne de lui avoir donné son impact critique, qui concerne précisément le pouvoir de la parole, à la fois exposé et ruiné. Je me garderai bien d'argumenter sur l'extension d'une modernité, dont on pourrait faire reculer sans cesse les limites en amont. Plus opératoire me paraît être de jouer l'aptitude théorique du film, même singulier, à réfléchir l'expropriation du sujet dans l'acte de parler. Car si la voix narrante est désavouée — à la fois rejetée hors et détournée en — le film n'en revient pas pour autant à l'unité. La disjonction matérielle établie entre parole et figure désigne, dans l'énonciation filmique elle-même, comme une déchirure du langage, que la notion de plissement ou de dédoublement filmique risque d'effacer : le repli du film sur soi en préserve la plénitude, alors que le dépli de la voix à travers le tissu filmique inscrit, dans le film et par lui, la trace d'une dislocation qui serait d'abord une dislocution. L'écart de la voix *off* exemplifie un désaccord inhérent à l'activité même du langage : nous ne parlons que doublés par l'enveloppement de notre parole, qui nous écarte de nous dans le mouvement même où nous tentons de nous l'approprier.

Portée par le film, ou plus précisément par la singularité filmique, cette hypothèse s'appliquera-t-elle au discours tel que le conçoit Benveniste ? Les formules que je viens d'employer anticipaient sur le retournement critique du cinéma contre le langage dont il se réclame : en bon opérateur, l'appareil filmique saurait rendre lisibles — et pour une fois je dirai visibles — les opérations que doit construire et réfléchir une théorie de la parole. Pourtant l'analyse de l'énonciation linguistique semble ignorer l'acte disjonctif que le film permet d'exhiber. Les arguments de Metz sont sur ce point conformes à la tradition benvenistienne : s'il n'y a pas de deixis au cinéma, c'est parce que celle-ci, telle que l'a définie Benveniste, suppose une forme orale d'énonciation impliquant la réversibilité du je émetteur et d'un tu, récepteur de parole toujours susceptible de devenir à son tour émetteur. Le film, comme le montre bien Metz, ne propose jamais qu'un simulacre d'oralité que déborde de toute part l'écriture filmique qui l'enveloppe. Mais la notion de simulacre, loin de laisser supposer ailleurs la réalité du modèle, peut indiquer aussi, dans ce modèle, l'existence d'une faille rendant douteuse l'idée même d'une pure oralité, donc d'une interchangeabilité des postes de la communication. A le prendre de plus près, le travail de Benveniste semble gouverné par une tout autre hypothèse que celle de l'oralisation énonciative. D'une part, aucune des études canoniques ne se limite au seul langage parlé ; toujours l'exemple littéraire vient signaler, à côté de l'échange entre je et tu, l'étrange efficacité de textes où « je » parle sans possibilité de reconnaître un « tu » : laissant béante la place du récepteur tout en maintenant l'ouverture d'une adresse. Mais surtout la réflexion sur la subjectivité dans le langage se donne comme principal objectif de constituer en termes strictement linguistiques la notion même de sujet : si c'est un « je » qui parle, c'est parce que je ne se fonde et ne s'approche qu'à travers la parole, à l'exclusion de toute épreuve ontologique.

Dans cette perspective, une autre lecture devient possible pour le rapport je-tu : il s'agit moins d'affirmer la réciprocité potentielle des postures que de faire entendre en je l'attirance et l'écart de tu, réversible sans doute, mais avant tout conçu comme dissymétrique[10]. L'intersubjectivité que Benveniste substitue à la définition ontologique de la subjectivité consiste essentiellement à introduire dans la parole où je se fonde l'écho et l'exclusion d'un autre qui ne serait pas encore je, et par qui seul pourtant je pourrait devenir soi. Il n'existe pas de je en soi et indépendamment de l'autre qui l'entraîne hors de soi, tel pourrait être le principe selon lequel Benveniste donne à la sub-jectivité sa dimension linguistique et sa vacuité psychologique. La deixis elle-même ne résiste pas à l'effritement de l'ontologie : si l'on accepte de recon-naître qu'elle se définit avant tout par une auto-référentialité, dans quel temps et dans quel espace pourront s'ancrer les déictiques si ce n'est précisément ceux d'une parole qui s'exclut de soi au moment où elle s'énonce ? Forme vide, ne se constituant que d'un tu qui lui-même désigne l'impossibilité d'être je.

J'ai évidemment poussé à leur limite extrême certaines formules par les-quelles Benveniste semble simultanément fonder le sujet et le soustraire à l'être-sujet. Le rôle du destinataire en reçoit une allure particulièrement équi-voque, puisqu'il doit à la fois gager et déloger l'énonciateur. Il n'est pas dou-teux que le passage à une pure oralité mette un terme à ce marché de dupes : l'oral devient à ce titre l'horizon magique où je s'assure de son existence en assurant ses prises sur tu ; l'ancrage contextuel réalise alors la référence spatiale et temporelle que l'énonciation faisait dépendre du seul moment d'une parole insituable. Mais précisément cet horizon ne cesse de reculer à travers une analyse linguistique multipliant la fuite du sujet dans le dédale du dis-cours. Il y a bien deux tendances divergentes chez Benveniste, mais elles ne recoupent pas les deux acceptions du terme de discours que j'évoquais tout à l'heure. Si l'une assure le sujet dans une communication discursive régie par l'intentionnalité et la volonté d'agir sur l'interlocuteur[11], la seconde signale, dans l'acte de parole pris en lui-même, la disjonction d'une posture énonciative qui ne peut faire dire je sans supposer une autre voix qui le dise[12] : autre je, ou voix de l'autre doublant je, en tous les cas dédouble-ment consubstantiel à la parole énonçante[13].

La personne subjective se trouve donc saisie, selon la logique de Benve-niste, dans la double attraction de deux autres personnes : l'une pourrait répondre du sujet, mais en l'écartant de sa place ; l'autre redouble le sujet, mais en ébranlant la possibilité même d'une place. De cette disposition sin-gulière, qui affiche le sujet en effaçant sa présence, le film propose une repré-sentation éclairante : car lorsqu'il dresse la scène verbale de la narration, il en appelle à un récepteur qui reste absent et interdit de parole ; aux lieux et places de sa réponse, une voix silencieuse intervient, à la fois suscitée par le parleur et se substituant à lui, dans l'enveloppement visuel du processus vocal. Loin de récuser l'éventualité d'une deixis cinématographique, il me paraît donc nécessaire de la reconnaître, comme l'a voulu Casetti, mais en

lui assignant strictement le statut verbal qui la définit : c'est à ce titre seulement que le dispositif filmique est susceptible de dévoiler l'illusion de l'échange
jusque dans une conception linguistique trop hâtivement ramenée au modèle
de la communication orale. Le film déjoue l'échange communicationnel
comme il désavoue l'appropriation de la parole ; il peut, en cela, rendre plus
évidente la dimension paradoxale d'une oralité insaisissable hors le texte où
elle s'inscrit, et par là se dérobe.

Arrivés à ce point du débat, je récapitulerai brièvement les composantes
de ce qui pourrait être une deixis filmique : le film actualise la parole narrative en termes oraux, désignant ainsi une scène à lire de l'énonciation, et
en même temps il retire à cette parole la possibilité de l'échange ; la destination n'est que le mouvement d'un attrait (Metz parle d'orientation), que vient
doubler et détourner l'errance de la voix dans une dérivation visuelle inassi-
gnale à quelque locuteur. Privilégiant le repli filmique, Metz le définit comme
une énonciation impersonnelle, et j'adhèrerais volontiers à la formule pour
peu que soit reportée sur la parole énonçante cette attirance d'une troisième
personne, que Metz impute au film et que l'on pourrait imputer à l'acte de
parole tel que le réfléchit le film. La notion de troisième personne reste profondément ambiguë, en particulier chez Benveniste qui en fait une non-
personne tout en supposant une activité personnelle qui l'énonce. Plus radicale sera la proposition de Blanchot lorsqu'il définit la « voix narrative »
comme le remords et le renoncement de la « voix narratrice »[14] ; la troisième personne, selon Blanchot, ne sera ni une personne ni le simple couvert
de l'impersonnalité ; répondant à l'exigence du neutre, elle désigne une altération originaire de la voix, selon laquelle je, dans l'entretien infini d'un tu,
se rend, sans y succomber, à l'attrait de il. Ce devenir-il de je, jamais résolu
mais où toujours autrui se fait entendre là où l'on attendrait soi, il n'est
pas exclu que l'entretien de la voix et de la vue, fait d'écart et de dissymétrie, d'attirance et de retrait, ne nous en indique, par le film, l'approche singulière. La troisième personne que Metz reconnaît dans l'énonciation filmique, mais qu'il renvoie sur l'intégrité du film, n'est certes pas une personne
ni non plus une instance ; mais elle se définit peut-être par ce rapport d'étrangeté selon lequel la parole, en parlant, se voile de son image et se soustrait
ainsi à la saisie de la personne : opération benvenistienne par excellence, pour
peu qu'ait été reconnu, dans le discours benvenistien, le versant d'une subjectivité prise au piège de sa propre énonciation. Mais là où Benveniste fait
jouer le mirage du recul en abyme — toujours susceptible d'appréhender à
terme le moment de la parole — Blanchot affirme le paradoxe d'une frac-
ture sans cesse reconduite, puisque toujours lorsque l'un parle c'est l'autre
qu'on entend.

La notion de rapport, dissymétrique et sans mesure, est au cœur de l'écrire
blanchotien ; faisant jouer la dispersion de la parole à travers l'écriture, elle
engage une réflexion sur l'exil de la voix dans le langage. Je ne l'ai intro-
duite ici que pour donner à la reprise de Benveniste son amplitude critique,
rendant douteuse cette réserve de la langue par où le sémiologue en proie

à la textualité filmique vient s'assurer que ses arrières linguistiques échapperont au ravage du texte jusque dans le livre où celui-ci s'écrit. Comment soutenir une conception de la littérature qui n'empêcherait pas le plein emploi de la linguistique parce qu'elle en mimerait le modèle oral dans ses formes dialogiques et en respecterait, dans sa construction narrative, la hiérarchie des instances réglée, en dernière instance, par le pouvoir du sujet ? Cette représentation littéraire, qui me paraît traverser sourdement la réflexion de Metz, semble comme le prix qu'il se donne à payer pour reconnaître au film une spécificité textuelle libre de tout lien avec la personne. De *Jacques le Fataliste* à Ivy Compton-Burnett, on pourrait multiplier les exemples d'un dialogisme dans lequel l'échange vocal tend à dévoiler l'im-posture de la voix. Mais surtout la notion de voix narrative, que convoque si vivement l'effraction de la parole dans le montage filmique, appartient de droit à une expérience de l'écriture, éprouvée par Blanchot dans ses récits comme dans ses essais, et référable à l'analyse de la textualité littéraire. La voix narrative écarte celle du narrateur, fût-elle extra-diégétique ; alors que le second prétend parler le récit, et en constituer l'origine, la première reste toujours parlée par un texte où, en affleurant sous forme de figures duplices, elle introduit la division dans l'origine et rend inopérante la prétention du narrateur ultime à être soi pour dispenser l'histoire. L'hypothèse d'une polyphonie ne peut que masquer cette érosion originaire. Ainsi la modernité de la Recherche proustienne tiendra moins à la multiplicité des perspectives temporelles adoptées par la narration qu'à l'indication récurrente que dans la voix du narrateur s'inscrit la trace non pas d'une autre voix mais bien de l'autre à l'œuvre dans la voix, l'écartant du présent : livre à venir et livre achevé se conjuguent ainsi pour ouvrir la parole narrative à l'intervalle où elle s'abîme.

*
* *

Auto-réflexion ou altération ? Plissement interne sans parole ou déploiement de la parole vers une extériorité qui restera toutefois incluse dans le film ? C'est en ces termes que pourrait se résumer un débat dont l'enjeu concerne moins le statut de l'énonciation filmique que la conception même d'une énonciation entendue ou bien comme assurance sur l'identité ou bien comme ébranlement des pôles identificatoires. En jouant la troisième personne filmique, Metz requiert ailleurs l'existence de la première ; en engageant l'énonciation discursive dans le système vocal du film, je suppose que la personne est absorbée par le langage où elle s'éprouve : l'intérêt du dispositif filmique serait alors de nous rendre simultanément perceptibles la vocation de parler et l'impuissance à maîtriser le dire. Il ne me paraît pas utile de figer ici les termes d'une alternative trop tranchée pour être efficace. Si je suggère que Metz ne dévoile le mirage de l'énonciation dans le film que pour le reconduire hors film, il pourrait aisément me reprocher de céder à l'illusion de la dénonciation ou, si l'on veut, de la déconstruction, qui ne laisse intact ni le texte ni le film : encore trop de code d'un côté, et pas assez de l'autre — la symétrie des répliques infirme ici leur pertinence. Je tiens seulement à rappeler que la discussion engagée provient d'une adhésion initiale à la thèse critique exposée par Christian Metz ; et que les prolongements ou les contrepoints suggérés, venus de tout autres horizons, ont trouvé dans cette formulation de la problématique metzienne une relance inattendue. C'est sans doute cet aspect de la recherche qui me semble le plus stimulant chez Metz ; par l'aptitude au déplacement, la capacité d'offrir de nouveaux tremplins à la réflexion. Aussi me garderai-je bien d'inciter Christian Metz à revenir sur le débat ouvert ; c'est de lui que dépend la décision de discuter, d'endosser ou d'ignorer les objections qui lui sont faites ; et la responsabilité du chercheur implique le libre choix de reconnaître la divergence des points de vue ou d'entrer dans la « dispute » argumentative. Toutefois l'hommage rendu à Christian Metz se tient en sa présence et avec son concours. Saisissant cette occasion, les questions que je poserai finalement concernent moins le champ spécifique de l'énonciation que les marges d'une analyse dont l'intérêt tient également à l'essai qu'elle fait de ses frontières.

Pour fonder un territoire, il convient d'en reconnaître le site. Cela suppose non seulement de prendre position envers les habitants du lieu, donc de fixer le rapport que le fondateur entretiendra avec les autochtones, mais aussi de définir le sort que la fondation réservera au voisinage des mondes limitrophes : le dehors interroge toujours une pensée du propre, et la question du hors — hors texte, hors cadre ou hors sujet — risque de faire retour dans le mouvement de l'appropriation. Quel rôle l'espace *off* a-t-il joué dans la définition du champ de recherche cinématographique ? Je ne parle évidemment pas des concepts scientifiques, dont l'emprunt méthodique est aménageable, ni des démarches divergentes, avec lesquelles une entente cordiale reste constamment souhaitée. Le problème posé concerne en fait le statut épistémologique d'une extériorité, qui soit sera conçue comme contrechamp et condition de la limite interne, soit au contraire viendra brouiller l'aspiration de l'intérieur à se constituer comme tel.

Le dehors est-il la réserve étrangère où puise l'assurance du dedans, ou bien traverse-t-il, en la décentrant, la distinction entre ces deux espaces ? La question peut être soulevée ici dans la mesure où l'entreprise metzienne semble hésiter sur la réponse à lui apporter. L'opposition de la langue et du langage, voire celle de la littérature et du cinéma, représente sans doute une des épreuves les plus délicates à laquelle Metz ne cesse de revenir ; comme si l'identité du cinéma ne pouvait s'affirmer que sous la contrainte d'une attraction toujours susceptible de se faire effraction. Mais surtout l'exigence et la difficulté du partage apparaissent, me semble-t-il, dans la double postulation de Metz, qui entend à la fois refermer le film sur sa propre image, et le maintenir ouvert à la saisie spectatorielle. Dans les dernières pages de son étude, Metz souligne avec force le caractère imaginaire du spectateur auquel recourent les travaux sur l'énonciation filmique : la cible, comme le foyer, doit être ramené dans l'espace même du film et coupé de toute référence à l'univers extérieur ; toutefois, malgré le hiatus qui sépare destinataire fantasmé et spectateur réel, Christian Metz reconnaît à cette « béquille de l'analyste » une valeur générique susceptible de fonder le discours analytique en en faisant une composante de l'objet film lui-même. Je me suis toujours demandé pour quelle raison le spectateur serait plus indispensable au film que ne l'est le lecteur au livre : le film offrirait-il la singularité, plus évidente que pour le livre qui a toujours la forme d'un objet abordable, de n'accéder à l'existence sensible que par le biais d'une captation externe qui reste cependant matériellement insaisissable ? La réponse de Metz donne à réfléchir, car elle suppose à la fois que la figure du spectateur tient lieu de substitut face à la dérobade de l'énonciateur, et que ce substitut est néanmoins indispensable au chercheur qui trouve dans la posture prêtée par le film le terrain même de sa recherche. Ici s'affirme la rançon de l'hypothèse phénoménologique associant le repli sur le film à la reconnaissance du texte : par-delà le plaisir d'une perception attachée au tressage filmique, le spectateur « générique » ne sert-il pas à canaliser l'irruption du dehors en transformant l'extériorité perceptive en voie d'accès intériorisée vers l'identité du lieu ? Pour analyser un film, sans doute faut-il venir à lui, et le voir ; mais le savoir du film appartient-il en dernier recours à cet empire du cinéma où sombre la perception lorsqu'elle se donne comme la condition même du film ?

On le dira autrement, pour précipiter le débat. Peut-on couper la réflexion sur le film d'une réflexion sur l'œuvre, et le désœuvrement qui s'y joue ? Refusant ce problème, Metz l'a écarté en multipliant les approches du fait filmique, croisant l'axe du langage avec celui du signifiant imaginaire et de l'institution du cinéma, délimitant ainsi les étapes d'une démarche qui serait successivement, et par expansion hiérarchisée, linguistique, psychanalytique, socio-historique[15]. Le travail sur l'énonciation qu'il vient de proposer suggère une déviation possible dans le tracé de ce programme. La tentation du texte s'y laisse lire aisément, avec le désir de lui faire sa part proprement filmique, fût-elle coextensive à tout le film. Ce n'est pas une des moindres paradoxes de cette étude que de situer aussi fortement une analyse de l'énonciation filmique et de la renvoyer non moins fermement au tour d'écrou d'un énoncé auto-réflexif. Chez Christian Metz, proche en cela de Foucault, il n'y a finalement d'analysable que l'énoncé, complexe, multiple, entrecroisé, mais laissant toujours béante ailleurs, « hors scène », la place vide de l'énonciation, qui ne sera jamais qu'une fonction à variables externes. Mais en même temps, et contradictoirement le problème de l'énonciation insinue, dans le tissu filmique, le doute sur un langage qui, en se réfléchissant, s'ouvrirait, comme l'a montré Foucault lui-même, à la pensée du dehors. Sans doute Christian Metz n'acceptera-t-il pas d'introduire, dans l'ordre même du langage, cette rupture qu'il s'efforce précisément de colmater par le film. Il n'en reste pas moins que l'attention portée aux ruses de la textualité filmique déborde un propos qui se veut encore d'inspiration linguistique et qui se trouve comme entraîné par l'attrait esthétique.

Bien entendu cette composante de l'art entrait déjà dans une visée phénoménologique à laquelle Metz est venu donner ses lettres de scientificité en faisant de l'illusion reconnue le tremplin pour une nouvelle complexité. Mais lorsque la transparence se réfléchit elle-même, le miroir risque de se briser ou le jeu de se brouiller. Entre le plaisir filmique, né de l'autochtonie du cinéma, et la violence de l'écriture, qui rompt les lignes et défait les tracés, le partage devient impossible pour peu que s'interpose l'intervalle du texte, à la fois objet et agent de parole. On ne fait pas sa part au texte comme à une totalité close, pas plus qu'on ne saurait assigner la modernité au seul temps du post-classique. La question qui se pose — ou que je pose — à Christian Metz aujourd'hui serait alors celle-ci : une fois démontée l'illusion du réglage linguistique, une fois mise à nu la feinte d'une énonciation qui échappe à ses unités parce qu'elle se soustrait au modèle supposé de l'échange, quelle sera la voie retenue pour relancer la recherche ? Passer au dehors, comme le laissait entendre le terme historique d'une démarche qui s'interrogerait finalement sur les conditions de possibilité des énoncés cinématographiques ? Ce serait répondre au côté Foucault de Metz, celui du moins qui penche vers l'archéologie du savoir et l'énonçable des discours. Ou bien s'agira-t-il de rester dans l'aporie du partage énonciatif, et d'affronter, suivant une logique de la perception, l'érosion esthétique à laquelle engage la parole filmique de l'œuvre ? Ce qui reviendrait à se tenir « sur la ligne du pli », suivant l'expression qu'emploie Deleuze pour désigner, chez le dernier Foucault, l'homologie établie entre le repliement de la pensée sur son dedans, et le « plissement du dehors », qui lui est co-extensif [16].

La convergence de vocabulaire me frappe ici, malgré l'écart des régimes conceptuels. Elle suggère que la conversion du proche et du lointain, du propre et de l'étranger, peut définir, pour le recours esthétique comme pour le repli éthique, une position frontalière, ouverte aux « singularités sauvages » [17] et au dépli de l'écriture. De même que la littérature moderne a permis à Foucault de percevoir l'étrangeté de la langue dans la langue, de même le cinéma de la modernité, celui du moins qui a perdu son innocence linguistique, invite à explorer l'extériorisation du regard que requiert l'appréhension d'une œuvre livrée à la dissémination du sensible. Le terme de figure, souvent employé par Metz, appelle précisément à interroger cette aptitude figurale du film — à moins qu'il ne se résolve dans une poétique qui viendrait alors relancer l'approche linguistique.

Ces voies paraissent également possibles, une fois dressée la carte du site impersonnel qui les autorise. Il revient à l'insistance de Christian Metz, à son écoute obstinée du cinéma, de s'être ainsi placé lui-même à la frontière d'un choix, qui pourrait bien être une alternative.

---

1. Il s'agit de « faire place nette » : cf. « Sur mon travail », Entretien avec Marc Vernet et Daniel Percheron, *Ça Cinéma*, n° 7/8 *spécial Christian Metz*, sous la direction de Marc Vernet, Paris, mai 1975, repris dans *Essais Sémiotiques*, Klincksieck, Paris, 1977, p. 180.

2. « L'énonciation impersonnelle ou le site du film », *Vertigo* n° 1, Paris, 1987.

3. « Remarques pour une phénoménologie du narratif », *Essais sur la signification au cinéma*, T. 1, Klincksieck, Paris, 1968, p. 35. Voir la note (5) de la page 33 : Metz situe son « récit » du côté de « l'histoire » telle que l'entend Benveniste, mais l'appellera « discours » au sens large (langage) et non pas strict (énonciation actualisée) de Benveniste. Par ce croisement terminologique, Metz fait alors l'impasse sur la question spécifique de l'énonciation engagée dans le « discours » au sens strict, que Benveniste oppose terme à terme à « l'histoire ».

4. Termes qui seront retenus dans une approche sémiotique d'inspiration greimasienne où il s'agit à la fois de s'en tenir à l'énoncé pour l'analyse des figures ou des opérations discursives, et d'y construire une théorie de l'énonciation sur le modèle d'un Enonciateur-Sujet. Cf. D. Blanco : « Figures discursives de l'énonciation cinématographique », *Actes sémiotiques*, Documents, IX, 90, 1987, et J. Fontanille : « La subjectivité au cinéma », *Actes Sémiotiques*, Bulletin, X, 41, mars 1987.

5. « L'énonciation impersonnelle... », *op. cit.*, p. 21-22.

6. « Le cinéma : langue ou langage ? », *Essais... I, op. cit.*, p. 61.

7. M. Blanchot, *L'Entretien infini*, Gallimard, Paris, 1969, p. 94 sq.

8. Voir : 1) la communication de R. Odin dans *Cinémas de la modernité, films, théories*, Klincksieck, Paris, 1981 ; 2) la contribution de M.C. Ropars-Wuilleumier dans *Exigences et perspectives de la sémiotique*, John Benjamins Publishing Co, Amsterdam/Philadelphia, 1985 ; 3) l'article de R. Bensmaïa dans *Iris*, n° 8, Paris, 1988.

9. « Le perçu et le nommé », *Essais sémiotiques, op. cit.*, voir p. 157-158. Pour le terme de *voice over*, voir l'article de F. Jost dans *Iris*, n° 8, *op. cit.*, p. 109-110.

10. E. Benveniste, « De la subjectivité dans le langage », *Problèmes de linguistique générale*, Gallimard, Paris, 1966. Voir la page 260, où Benveniste pose simultanément la dissymétrie et la réversibilité de *je* et de *tu*.

11. « Les relations de temps dans le verbe français », *Problèmes de linguistique générale, op. cit.*, p. 242, où Benveniste définit le discours par rapport à l'histoire.

12. « La nature des pronoms », *Problèmes..., op. cit.*, p. 252, qui commente la double instance conjuguée en *je*.

13. La sémiotique discursive interprète différemment cette disjonction en distinguant les formes subjectales et les formes transcendantes au sein d'un devenir-sujet considéré comme continu et homogène. Cf. J.Cl. Coquet, « L'être et le paraître, ou d'une sémiotique à l'autre », *T.L.E.*, n° 6, P.U.V., 1988.

14. M. Blanchot, « La voix narrative », *L'Entretien infini, op. cit.*, voir p. 565.

15. « Sur mon travail », *op. cit.*, p. 186.

16. G. Deleuze, *Foucault*, Minuit, Paris, 1986. Voir en particulier le chapitre intitulé « Les plissements, ou le dedans de la pensée », p. 126-127.

17. *Ibid*, p. 130.

Moved at the same time by the will of knowing and the pleasure of seeing, metzian foundation work must answer to a double necessity, one of (structural) science and the other of (phenomenological) singularity. The consequences of such a tension are to be examined in the field of enunciation, which Metz has long considered as the simple exercice of the cinematographic, semiologically organized, language, but whose strictly enunciative part he investigates from the filmic text point of view today. His last works are most interesting by criticizing the linguistical and narratological theories which import in the cinema district a model of communication belonging in fact to the sole oral exchange. But by folding the enunciation over the texture of a film whose visual specificity he supposes, Metz does not develop the results of his critic of the enunciator upon the proper field of language, whose exteriority is asked to guarantee the property. The step further is operated here by unfolding the vocal scene of enunciation, that the filmic disposal points out, to put in light, as far as the benvenistian theory of subjectivity, the expropriation of the person inherent to the personal use of speech. Exteriority does not stand out, but acts in the reflection of interiority itself.

André Gaudreault

Les aventures d'un concept : la narrativité

S'il est, pour les narratologues filmiques, un auteur ayant précédé et grandement influencé Christian Metz et qui reste encore aujourd'hui par trop méconnu, il s'agit bien d'Albert Laffay. Dès 1947, celui-ci, qui n'a publié qu'un seul livre sur le cinéma[1], parlait déjà, à partir de cette province reculée qu'était avant l'avancée metzienne le champ des études sur le cinéma, du *point de vue* et de la *narration*, en utilisant des expressions aussi précises et précoces que « fonction récitante », « centre de perspective », « centre permanent de la vision » et « perspective oculaire »[2]. J'aimerais ici partir des rapports que l'on peut établir entre Metz et Laffay afin de mieux comprendre le sens des préoccupations proprement narratologiques du premier, de retracer les origines de sa conception du récit et d'en définir certains tenants et certains aboutissants. Cela me permettra d'entrer sur le terrain même des écrits metziens (du moins ceux de la première période) auxquels, dans un deuxième temps, je porterai attention pour les interroger en rapport avec l'utilisation d'un mot, « narrativité », et le développement du concept qui s'y rattache.

L'hypothèse de départ de la présente recherche, c'est que les théories de Laffay ont véritablement frappé l'imagination de Metz et qu'elles ont influencé une bonne part du projet sémiologique qui fut le sien, du moins sur son versant narratologique. Parce que ce projet a un versant narratologique, ce que l'on ne souligne pas assez souvent, et qui n'est pas mince, comme on le verra ici.

Cette hypothèse de l'influence qu'auraient pu avoir sur Metz les écrits de Laffay n'est cependant pas un absolu. Avant même d'avoir pris connaissance des hypothèses de Laffay, Metz s'était en effet intéressé d'une façon toute particulière aux problèmes de la narrativité cinématographique. Comme nous le verrons plus loin, dès son premier article important, Metz montre un intérêt de premier plan envers cette propriété qu'a le film de raconter des histoires. Or cet article, publié en 1964 dans la quatrième livraison de la toute jeune revue *Communications*, a été écrit avant que Metz n'ait eu accès au livre de Laffay[3], qui paraissait la même année.

Metz avait peut-être déjà lu les articles de Laffay parus au tournant des années 50 mais, si tel est le cas[4], ils ne sont plus assez frais à sa mémoire, au moment de rédiger « Le cinéma : langue ou langage ? », pour que leur auteur soit mentionné une seule fois dans l'article. Et Dieu sait, pourtant que Metz a su profiter de ce premier article pour payer un tribut à tous ceux qui l'ont précédé : ils y sont pratiquement tous, de Balazs et Eisenstein à Bazin et Mitry bien sûr, en passant par les Cohen-Séat, Souriau, Micha, Morin, Martin, Ayfre, Astre et autres Zazzo.

Une comparaison rapide d'une deuxième version, presque identique, de l'article, parue ultérieurement (en 1968) dans le tome I des *Essais*, amène cependant de l'eau au moulin de l'hypothèse voulant que le livre de Laffay ait frappé l'imagination de Metz : d'une version à l'autre, le nom de Laffay apparaît en effet, comme par magie, dans la conclusion de l'article, dans une très importante conclusion en fait puisqu'elle évoque l'apport des quatre approches du cinéma selon Metz jusqu'aux jours de l'écriture de l'article en question : la critique de cinéma, l'histoire du cinéma, la théorie du cinéma et la filmologie. Les grands noms de l'une de ces « quatre façons d'aborder le cinéma », la théorie : Eisenstein, Balazs et Bazin. Ceux de la filmologie : Cohen-Séat et Morin. Entre les deux, et je cite, « des cas-limites dont certains sont considérables : qui dira si un Rudolf Arnheim ou un Jean Epstein étaient plutôt des "filmologues" ou plutôt des "théoriciens" »[5] ? Du moins dans la version 64 de l'article...

En effet, dans la version 68, et ce sera là le seul ajout du genre, Albert Laffay est hissé au Panthéon. Je cite encore : « des cas-limites, dont certains considérables : qui dira si un Rudolf Arnheim, un Jean Epstein, *un Albert Laffay* étaient plutôt des "filmologues" ou plutôt des "théoriciens"[6] ? ». La lecture de *Logique du cinéma*, quelque part entre février 64 et mai 65 (date de la parution du compte rendu du livre de Laffay par Metz) a vraisemblablement marqué profondément le sémiologue. A remarquer cependant que, si Metz a jugé bon d'ajouter le nom de Laffay, il a tout de même conservé le verbe à l'imparfait (« *étaient* plutôt des "filmologues" ou plutôt des "théoriciens" ») : certes, Laffay est important, son livre le montre, mais il est d'un autre âge, il appartient au passé. Metz a bien raison car *Logique du cinéma*, malgré le fait de sa relative clairvoyance narratologique ou, pour être plus juste, de sa clairvoyance *pré*-narratologique, est composé d'articles déjà publiés depuis longtemps et le livre représente finalement le chant du cygne de son auteur.

Il m'apparaît tout à fait normal que Metz ait été si fortement marqué par le livre de Laffay. En effet, les problèmes de narrativité filmique non seulement l'intéressent, mais l'obsèdent littéralement. Au début de cette recherche, je suspectais même Metz d'avoir été le premier utilisateur du mot « narrativité ». En cours de route, mon intuition s'est trouvée renforcée lorsque j'ai découvert un article dans lequel un autre chercheur avait émis la même opinion. Il s'agit de Michel Mathieu-Colas, qui écrivait en 1986 : « à ma connaissance Christian Metz est un des premiers à avoir utilisé le terme de *narrativité*, et ce, précisément, à propos du cinéma[7] ». Mathieu-Colas cite justement comme première occurrence du mot l'article de Metz paru dans *Com-*

munications 4. J'ai pris la peine de feuilleter le fameux numéro afin de m'assurer que le mot n'y apparaisse que dans l'article de Metz. J'y ai en fait trouvé une autre occurrence, et une seule, à la toute fin de l'important texte introductif de Bremond, intitulé « Le message narratif » :

> « *Deux grandes directions de recherche s'ouvrent alors : la première prendrait pour objet l'étude comparée des structures du récit à travers tous les messages qui comportent une couche de narrativité : formes littératires et artistiques, techniques se servant du mot, de l'image ou du geste*[8]. »

Remarquons au passage le sens que donne Bremond au mot « narrativité » : il s'agit, comme il le dit quelques lignes plus loin, d'une des « couches de signification » des « messages » de « divers media ». Quelque chose donc que l'on peut retrouver indifféremment dans divers véhicules sémiotiques et qui en est, faut-il croire, relativement indépendant. Ce ne sera pas là, nous y reviendrons, le sens que Metz, ou du moins le premier Metz, donnera au mot.

Ainsi Bremond utilise-t-il lui aussi le mot « narrativité » dans le même numéro de *Communications* où Metz aurait été, pensions-nous, le premier à l'utiliser... La primauté d'un individu sur l'autre n'a pas une grande importance ici mais le fait par exemple qu'un mot si important provienne des études sémiologiques du cinéma (= Metz) plutôt par exemple que du champ des études narratologiques de contenu (= Bremond) est à mon avis assez important pour que nous nous y intéressions encore quelques instants, le temps de lire un autre passage, fort révélateur, du texte de Bremond : « Christian Metz montre *par ailleurs* que la sémiologie du film ne peut commencer avant que soit résolu le problème de son découpage en unité de sens[9]. » Ce *par ailleurs* que Bremond ne précise pas, c'est vraisemblablement cet article de Metz, paru dans cette même livraison de la revue *Communications*, dans lequel apparaît peut-être pour la première fois le mot « narrativité » et auquel aurait donc eu accès un Bremond qui aurait repris dans son article ce mot qui, comme on dit, devait probablement être en quelque sorte dans l'air en ce début de l'année 1964.

Ainsi, le mot même de « narrativité » serait-il vraisemblablement issu de préoccupations théoriques en prise directe sur le cinéma. Cela ne saurait être un fait sans signification. N'est-il d'ailleurs pas remarquable qu'un autre terme, tout aussi important pour la réflexion narratologique, celui de « diégèse », provienne lui aussi du champ des études cinématographiques ? Il y a là, je pense, matière à réflexion.

Mais revenons au mot « narrativité », et corrigeons dans un premier mouvement les dictionnaires. D'abord, *Le Grand Larousse de la langue française en sept volumes*, dans son édition de 1975, qui nous informe que l'origine de ce « dér[ivé] savant de narratif » provient de l'article de Greimas, « Éléments d'une grammaire narrative », publié en 1969, dans la livraison de juillet-septembre de la revue *L'Homme*. La définition du mot, selon le dictionnaire, est la suivante : « En termes de sémiotique littéraire, ensemble des traits qui appartiennent au récit, à la narration [10]. »

De son côté, *Le Grand Robert de la langue française*, dans une édition très récente (1985), fait lui aussi remonter l'origine du mot à Greimas, à partir du même article mais tel que repris dans *Du sens*, paru en 1970 [11]. Voici la définition qu'il en donne : « Ensemble des traits caractéristiques du discours, du message narratif (...) [12]. »

Nous avons vu que le mot « narrativité » était le lot de la théorie du cinéma bien avant cette manifestation relativement tardive relevée chez Greimas par les dictionnaires. Ajoutons qu'il apparaît très souvent sous la plume de Metz avant 1969 (dans le tome I des *Essais* paru en 1968) et à quelques reprises chez d'autres auteurs dans une autre célèbre livraison, la huitième celle-là, de la revue *Communications*, parue en 1966 (soit trois ans avant l'article de Greimas), dans les articles de Barthes, Bremond et Gritti [13]. L'année 1966 est aussi celle où l'utilisation du mot culmine chez Metz qui l'utilise à maintes reprises dans quatre articles, tous repris dans le tome I des *Essais*.

On trouve en tout et pour tout six occurrences du mot « narrativité » dans la version originale de l'article où celui-ci apparaît semble-t-il pour la première fois [14]. Il est relativement étrange d'observer que la toute première occurrence de ce mot soit tout à fait nouveau, soit relativement jeune, et que l'on n'a pas senti le besoin de définir, se fait à la faveur de l'intitulé d'une partie de l'article, un titre de sous-section : « Un langage sans langue ; la narrativité du film » [15]. Signalons par ailleurs que le mot « narrativité » n'apparaît que dans cette sous-section.

A l'étude des cinq autres occurrences que recèle l'article, on remarque que la conception que se fait Metz de la narrativité n'est pas tout à fait conforme à la définition, disons plutôt greimassienne, qui sera bientôt privilégiée par les dictionnaires. En effet, le sens du mot « narrativité » est ici un peu différent de l'autre acception, celle du Greimas de *Du sens*, du Greimas d'avant le *Dictionnaire raisonné de la théorie du langage* [16], qui se rapproche d'ailleurs plutôt de celle de Bremond qui, on l'a vu, a pourtant vraisemblablement emprunté, peut-être inconsciemment, le mot à Metz. Le sens du mot, on le verra, oscillera d'ailleurs chez Metz.

La première acception repérée ici correspond à ce que j'ai suggéré, ailleurs, d'appeler la « narrativité intrinsèque » qui apparaît « comme une faculté se rattachant directement aux *matières de l'expression* dont certaines (...) peuvent être considérées (...) comme intrinsèquement narratives [17] ». L'autre acception, plus généralement adoptée (ce sera même assez fréquemment le cas du Metz d'après 1964, ce sera celle aussi de toute la tradition greimassienne), la « narrativité extrinsèque » concerne « les seuls *contenus narratifs*, indépendamment de la (ou des) matière(s) de l'expression par laquelle (ou lesquelles) le récit (...) est communiqué » *(Ibid.)*.

Si l'on revient au texte de Metz qui pointe ici, dans un premier mouvement, la narrativité intrinsèque, le film peut, s'il est un documentaire par exemple, faire preuve « d'une moindre narrativité » [18] qu'un autre. La narrativité est par ailleurs un phénomène presque inhérent au film, qui l'a « bien chevillée au corps », puisque il a pris si vite, et gardé depuis, la voie de la « fiction romanesque » *(Ibid.)*. On y apprend aussi que la narrativité est ce « courant d'induction [qui] relie quoi qu'on fasse les images entre elles » *(Ibid.*, p. 53), ce qui permet pour une première fois de mettre en rapport le phénomène de la narrativité avec l'un des modes d'expression du cinéma, et il s'agira là d'une constante chez Metz, le montage.

Les deux dernières occurrences *(Ibid.*, p. 54) du mot dans cet article inaugural font encore une fois une liaison étroite entre le phénomène de la narrativité et la technique du montage, puisque Metz y avance que « la "logique d'implication" par quoi l'image devient langage (...) ne fait qu'un avec la narrativité du film » et que « la narrativité du cinéma [n'est qu'une conséquence] de ce courant d'induction » produit par le montage.

Qu'en est-il maintenant des autres articles reproduits dans le premier tome des *Essais* ? Feuilletons-le, page par page, ce livre. Qu'y trouve-t-on d'autre à propos de la narrativité ? Il compte quatre grandes sections. La première d'entre-elles s'intitule « Approches phénoménologiques du film » et s'ouvre sur le fameux article « A propos de l'impression de réalité » dans lequel on ne trouve aucune trace de notre mot clé. L'article suivant est au contraire mieux à même de servir notre problématique. Voyez son titre : « Remarques pour une phénoménologie du Narratif ». Dans ce texte, écrit au cours de l'automne 1966, le mot « narrativité » apparaît à trois reprises. Une première fois pour préciser ce qui suit :

> « *Que l'événement-narré obéisse à une logique non-humaine (citrouille transformée en carrosse, etc.) ou à la logique de tous les jours (récits "réalistes" de diverses sortes), il a de toute façon été irréalisé en amont, dans le moment même où il a été perçu comme narré. (...) Le réalisme concerne l'*organisation du contenu, *non la* narrativité comme statut (...).* » *(Ibid., p. 30.)*

Ce qui nous apparaît particulièrement édifiant ici, c'est que Metz adopte subrepticement, et sans crier gare, inconsciemment même peut-être, et ce, de manière pratiquement définitive, une définition autre que celle à laquelle il nous avait habitués. Il abandonne en effet le premier sens du mot qu'il a pourtant, semble-t-il, été le premier à proposer, celui ayant trait à ce que j'ai appelé la « narrativité intrinsèque », au profit de la « narrativité extrinsèque », qui allait être seule retenue par les grands dictionnaires de la langue que nous avons cités plus haut.

La deuxième occurrence du mot « narrativité » dans cet article va dans le même sens que la première. Metz avance que...

> « *par-delà la diversité des véhicules sémiologiques susceptibles de prendre en charge le récit, la division essentielle de la séquence*

> *racontante en énoncés actualisés (prédications successives) — et*
> *non point en unités plus ou moins assimilables au monème, au*
> *mot ou au phonème — apparaît comme un trait constant de la*
> *narrativité »* (Ibid., p. 34.)

Plus loin, enfin, une dernière occurrence, nous met en présence d'une expression, « impression de narrativité », qui ne reviendra vraisemblablement plus sous la plume de Metz :

> *« ceci n'implique pas que l'impression de narrativité, la certitude*
> *d'avoir affaire à un récit, laquelle est différente de tout récit*
> *donné, soit forcément plus décomposable (...) que l'impression*
> *de gracieux ou de sublime »* (Ibid., p. 35).

Vient ensuite la Section II, « Problèmes de sémiologie du cinéma », qui s'ouvre sur l'article initial, pour ne pas dire initiatique, déjà cité, « Le cinéma : langue ou langage ? », dans lequel le mot « narrativité » n'apparaît que dans cette partie dont nous avons parlé plus haut et qui, justement, comporte dans son intitulé le mot en question : « Un langage sans langue ; la narrativité du film ».

Le texte suivant, toujours dans cette même deuxième section, s'intitule « Quelques points de sémiologie du cinéma ». Dès que l'on a tourné la première page de l'article, on découvre, tout en haut, le titre de sa première sous-section : « Cinéma et narrativité » (*Ibid.*, p. 96). N'est-il pas remarquable, alors pourquoi ne l'a-t-on pas remarqué plus tôt ?, que la première chose à laquelle songe Metz lorsqu'il entreprend d'entretenir le lecteur extracinématographique de la revue *La Linguistique*, premier support à accueillir l'article en question, et qui répondait probablement à une commande de la revue elle-même [19], n'est-il pas remarquable, dis-je, que la première chose à laquelle songe Metz quand il doit entretenir le lecteur linguiste de « quelques points de sémiologie du cinéma » soit précisément cette fameuse narrativité ? Cela ne surprend pas si l'on accepte ce fait de la toute première importance : étant donné le caractère intrinsèquement narratif du média étudié, la *sémiologie* metzienne première manière est en fait, plus souvent qu'autrement, une *narratologie*. Comme Metz le montre bien lui-même, quelques pages plus loin, la mise en récit est en effet porteuse de questions centrales pour la sémiologie du cinéma :

> *« Comment le cinéma signifie-t-il les successions, les précessions,*
> *les hiatus temporels, la causalité, les liens adversatifs, la proxi-*
> *mité ou l'éloignement spatial, etc. : autant de questions centra-*
> *les pour la sémiologie du cinéma. »* (Ibid., p. 101.)

Les questions qui préoccupent Metz, on le voit, sont des questions proprement narratologiques. Parce que au fond, il le dit lui-même un peu plus loin, les « considérations syntagmatiques », qui nous ramènent à la narrativité filmique (« c'est encore elle que nous retrouvons ici sur notre chemin », écrit-il), lui tiennent grandement à cœur du fait que, et je cite, « l'agencement [des] images en une suite intelligible — découpage et montage — nous place au cœur de la dimension sémiologique du film » (*Ibid.*, p. 104). Retour ici au premier sens donné au mot. Metz ne parle-t-il pas en effet plutôt de la narrativité intrinsèque lorsqu'il avance que :

> « *La* narrativité filmique *(...), en se stabilisant par convention et répétition au fil de bandes innombrables, s'est peu à peu coulée dans des formes plus ou moins fixes, qui n'ont certes rien d'immuable et représentent également un état synchronique (celui du cinéma actuel) (...).* » (Ibid.)

Le tome I des *Essais* se poursuit avec l'article probablement le plus connu de Metz puisque c'est celui qui culmine sur le tableau, aux considérations éminemment *sémio-narratologiques*, de la fameuse Grande Syntagmatique. Il s'agit pourtant, rappelons-le, d'un article qui se veut d'abord et avant tout d'orientation sémiologique et qui commence sur cet énoncé : « Le sémiologue du cinéma est naturellement porté à aborder son objet avec des méthodes inspirées de la linguistique. » (*Ibid.*, p. 111.)

Qu'on me comprenne bien, je ne dis pas que qui que ce soit du champ des études cinématographiques ait prétendu que la sémiologie ne puisse s'occuper de narratologie. Ce que je veux faire ressortir, c'est que, historiquement, les toutes premières préoccupations sémiologiques dans le champ du cinéma ont été littéralement « contaminées » par des préoccupations d'ordre narratologique. Et que si, au fond, la narratologie filmique a été longue à se manifester sous son jour propre, c'est vraisemblablement en raison du retard à reconnaître sa présence massive dans le champ des recherches d'ordre plus proprement sémiologique.

Dans son article sur la Grande Syntagmatique, les préoccupations d'ordre strictement narratologique sont, bien entendu, omniprésentes. Le terme « narrativité » n'apparaît cependant qu'à la toute fin de l'article, aux deux dernières pages. Cette présence en toute fin d'article ne donne-t-elle pas d'ailleurs au concept une certaine importance ? La narrativité n'est-elle pas cette notion incontournable à laquelle on aboutit même lorsque l'on ne fait qu'« examin[er] le statut de la ''grammaire cinématographique'' [et] son contenu » (*Ibid.*, p. 121). D'où, probablement, ce malaise du narratologue non avoué : « On aura peut-être noté par l'ensemble de cet exposé (...) qu'il est malaisé de décider si la grande syntagmatique du film concerne le *cinéma* ou le *récit* cinématographique. » (*Ibid.*, p. 143.)

Le finale de l'article, qui recèle les seules occurrences, au nombre de quatre, du mot « narrativité », en compte une qui est très importante du fait qu'elle est tout à fait claire quant à l'adoption par le sémiologue de l'acception disons plutôt greimassienne du terme. Qu'on en juge :

> « *Il existe donc deux entreprises distinctes et qui ne sauraient*
> *se remplacer l'une l'autre : d'une part, la sémiologie du film nar-*
> *ratif, comme celle que nous tentons ; d'autre part, l'analyse*
> *structurale de la* narrativité *elle-même, c'est-à-dire du récit con-*
> *sidéré* indépendamment des véhicules qui le prennent en charge
> *(film, livre, etc.). [...]* l'événement narré, *qui est un signifié pour*
> *la sémiologie des véhicules narratifs (et notamment du cinéma),*
> *devient un signifiant pour la sémiologie de la narrativité.* » *(Ibid.,*
> p. 144.)

A remarquer que dans une note infra-paginale [20], Metz précise que c'est la seconde perspective, celle qui considère le récit indépendamment des véhicules qui le prennent en charge, qu'il a adoptée dans son article « Remarques pour une phénoménologie du Narratif » que nous avons étudié plus haut. A remarquer aussi, donc, que si la sémiologie de la narrativité concerne le récit « considéré indépendamment des véhicules qui le prennent en charge », le syntagme « narrativité filmique » que nous avons rencontré plus haut ne saurait, dans cette acception du terme, être opportun. Tout au plus pourrait-on alors parler de la « narrativité au cinéma ». Car si l'on parle de « narrativité filmique », c'est la « narrativité intrinsèque », telle que définie plus haut, que l'on convoque. Au contraire, si l'on dit, par exemple, que le cinéma est un très bon média pour l'expression de la narrativité, c'est de la « narrativité extrinsèque » qu'il est alors question.

Le premier tome des *Essais* se poursuit avec une Section III entièrement consacrée à « L'Analyse syntagmatique de la bande-images ». Deux articles relatifs à l'analyse appliquée au film *Adieu Philippine* du tableau de la Grande Syntagmatique. Rien dans ces deux textes qui nous concerne au premier chef, et aucune mention du mot « narrativité ».

Vient ensuite un article très important pour nous puisqu'il comprend, dans son titre même, notre mot fétiche : « Le cinéma ''moderne'' et la narrativité ». Cet article ouvre une Section IV intitulée : « Le cinéma 'moderne' et la narrativité : quelques problèmes théoriques ». Le mot « narrativité » compte cinq occurrences qui, assez étrangement, font indifféremment référence à la « narrativité extrinsèque » et à la « narrativité intrinsèque ». Les deux premières d'entre elles font de la narrativité, intrinsèque celle-là, une propriété « constitutive du film classique » (*Ibid.*, p. 185), dont la présence au cinéma peut éventuellement connaître un « dépassement ou [un] affaiblissement » (*Ibid.*, p. 205). Un peu plus loin, deux occurrences dont l'une, la deuxième, fait surgir un nouveau sens possible, un troisième donc, du mot « narrativité ». D'abord, une première référence à la narrativité proprement extrinsèque, qui fait de la fameuse séquence « potentielle » de *Pierrot le fou* « une figure de la narrativité » dans le sens où elle présente tous les éléments de ce qui définit le narratif : « deux héros, des événements, des lieux, des temps, une diégèse, etc. » (*Ibid.*, p. 215). Rien d'intrinsèquement filmique dans cette énumération, qui envisage la question de la narrativité indépendamment des véhicules qui prennent en charge le récit.

L'autre occurrence du mot « narrativité » dans cette même page est assez originale en ce sens où elle fait intervenir une nouvelle dimension sémantique de notre mot fétiche :

> « *L'utilisation de la voix-off dans les différents films modernes est particulièrement riche : tantôt c'est celle d'un commentateur anonyme — incarnation bien moins de l'auteur que de la narrativité, comme l'a dit Albert Laffay à propos d'autres films — (...).* »

Ici, la narrativité serait, plutôt qu'une propriété ou un ensemble de traits, un genre de « lieu » à partir duquel la narration serait possible. Un genre de lieu ou, pour être encore plus précis, un genre d'instance, celle même du « grand imagier », si cher à un Laffay auquel, justement, Metz se réfère ici. Il n'est pas indifférent, je pense, que cette référence ponctuelle de Metz à Laffay renvoie précisément à cette page 81 de *Logique du cinéma* où l'expression « grand imagier » fait sa toute première apparition, pour remplacer celle de « montreur d'images » qui suffisait jusque là à l'argumentation d'un Laffay qui ne se doutait nullement de la fortune que connaîtrait sa proposition. C'est en effet dans cette magnifique page de *Logique du cinéma* qui a vu naître la si belle figure du « grand imagier » que Laffay pose un des premiers principes fondateurs de la narratologie filmique voulant que, même lorsque le cinéma fait appel à la voix de ce que l'on appelait alors un « récitant », même lorsque le montreur d'images « emprunt[e] la voix d'un acteur, l'enveloppe physique de son intonation, [c'est lui qui] reste toujours maître du jeu. »

Au fait, il n'y a pas que la page 81 de *Logique du cinéma* qui soit d'une importance primordiale pour qui s'intéresse à la constitution de cette discipline qu'est la narratologie filmique. En effet, cette page de Metz sur laquelle nous sommes présentement stationnés revêt peut-être une importance capitale et ce, même pour la narratologie extra-cinématographique. Fin 1966, moment où fut publié l'article « Le cinéma moderne et la narrativité », Genette n'avait pas encore formulé sa proposition « d'organiser (...) les problèmes d'analyse du discours narratif selon [les] catégories empruntées à la grammaire du verbe [21] que sont le temps, le mode et la voix », que Metz avançait, de façon soit prémonitoire, soit pionnière, ce qui suit : « Il y aurait toute une étude à faire sur la *voix* chez un Godard ou un Resnais : c'est le problème du "Qui parle ?". » La question « Qui parle ? », la référence à la « voix » narrative, voilà des propositions fort originales qui n'étaient pas encore formalisées à ce moment.

La dernière occurrence du mot « narrativité » dans cet article de Metz sur le cinéma moderne se trouve à la dernière page. Metz y montre comment la rencontre du cinéma et de la narrativité, celle qui est extrinsèque, a amené le cinéma à « superpos[er] au message analogique un ensemble second de constructions codifiées » (*Ibid.*, p. 21). Cette dernière occurrence du mot dans cet article est aussi la dernière d'un livre qui se termine sur deux autre articles où il n'est plus directement question des problèmes de narrativité, celui sur la construction en abyme de *Huit et demi* et celui de la notion de vraisemblable au cinéma.

Faisons, en terminant, une courte incursion dans le tome II des *Essais*. Cela nous permettra de comprendre la destinée de ce mot dont j'ai choisi de faire l'histoire chez le premier Metz. La tâche de recensement est ici passablement allégée puisque le mot « narrativité » n'est mentionné qu'à quatre timides reprises. La chose ne devrait pas étonner puisque Metz commence à secondariser les problèmes strictement narratologiques. En effet, les articles réunis dans le tome II, lui-même publié la première fois en 1972, datent pour la plupart d'après 68. Il est remarquable que des quatre occurrences du mot « narrativité », trois proviennent du plus vieil article, et de loin, de l'ensemble, il est paru en 1965, celui qui se veut un compte rendu du premier tome de l'*Esthétique et psychologie du cinéma* de Jean Mitry, et qui s'intitule « Une étape dans la réflexion sur le cinéma »[22]. La seule autre occurrence du mot n'est quand même pas tardive puisqu'on la retrouve dans l'article intitulé « Montage et discours dans le film » (*Ibid.*, p. 53) d'abord paru en 1967. Mais ce qui est plus remarquable encore c'est que les trois premières occurrences du mot (1965) se réfèrent toutes trois à la narrativité intrinsèque alors que la dernière (1967) se réfère plutôt à la narrativité extrinsèque. On peut penser que c'est à cette époque (autour de 1967) que le sens du mot vacille chez Metz qui finit par laisser tomber la première acception, par lui proposée à l'origine, et que c'est aussi à cette époque que l'acception plus générale du mot, celle que les dictionnaires allaient bientôt retenir, a commencé à s'imposer dans le milieu de la recherche sur le récit (voir Greimas).

---

1. Albert Laffay, *Logique du cinéma*, Paris, Masson, 1964.

2. *Ibid.*, p. 73 et 76. Ce livre reprend des articles qui datent de la fin des années 40. Ainsi, le chapitre « le plus » narratologique du livre (« Le récit, le monde et le cinéma »), d'où sont d'ailleurs tirées toutes les expressions citées ici, est-il paru en 1947 dans la livraison de mai-juin de la célèbre revue *Les Temps modernes*.

3. Cette livraison de la revue *Communications* est parue au deuxième trimestre de l'année 1964 (c'est en tout cas la date de son dépôt légal). L'article, intitulé « Le cinéma : langue ou langage ? », fut rédigé au cours du premier trimestre de l'année, en février 1964 (Metz précise ce détail par le biais d'une note infra-paginale — la note 4 — de la page 88 du tome I des *Essais sur la signification au cinéma* (Paris, Klincksieck, 1968). Pour sa part, *Logique du cinéma* est paru en 1964 et le dépôt légal en a été effectué au cours du premier trimestre de la même année. Au colloque de Cerisy, Metz confirma que, au moment de rédiger son article, il n'avait pas lu ce livre dont il devait bientôt faire un compte rendu pour la revue *Critique* (n° 216, mai 1965). D'ailleurs, une de mes hypothèses était à l'effet que ce livre avait frappé

l'imagination de Metz, on en verra une preuve plus loin, et qu'il était par le fait même pratiquement impossible qu'il ne restât aucune trace visible d'une éventuelle première lecture de Laffay dans cet article inaugural au sein duquel les problèmes de la narrativité volent en partie la vedette aux autres problèmes de la signification filmique.

4. A la suite de mon exposé à Cerisy, Metz a informé l'assemblée qu'il n'avait pas pris connaissance des articles de Laffay au moment de leur parution dans *Les Temps modernes*, revue qu'il ne lisait pas à l'époque.

5. « Le cinéma : langue ou langage ? », *Communications* 4, Paris, Seuil, 1964, p. 89.

6. « Le cinéma : langue ou langage ? », *Essais sur la signification au cinéma*, p. 93. C'est moi qui souligne.

7. Michel Mathieu-Colas, « Frontières de la narratologie », *Poétique*, n° 65, février 1986, p. 95, note infra-paginale.

8. Claude Bremond, « Le message narratif », *Communications* 4, p. 31.

9. *Ibid.* C'est moi qui souligne.

10. *Le Grand Larousse de la langue française en sept volumes*, tome quatrième, Paris, Librairie Larousse, 1975.

11. Algirdas-Julien Greimas, *Du sens*, Paris, Seuil, 1970.

12. *Le Grand Robert de la langue française*, tome VI, Paris, Le Robert, 1985.

13. *Communications* 8, Paris, Seuil, 1977, pp. 21, 76, 95.

14. « Le cinéma : langue ou langage ? » paru, on l'a dit, dans *Communications 4*. On trouve une autre occurrence (à la note 4 de la page 88) dans la version légèrement remaniée pour le tome I des *Essais*. Je n'en tiendrai pas compte ici.

15. « Le cinéma : langue ou langage ? », *Essais sur la signification au cinéma*, p. 51. Pour faciliter la tâche du lecteur, je me rapporterai plutôt, pour les références à l'article, à la pagination de la version parue dans le tome I des *Essais*.

16. J. Courtés et A.-J. Greimas, *Sémiotique. Dictionnaire raisonné de la théorie du langage*, Paris, Hachette, 1979.

17. André Gaudreault, *Du littéraire au filmique. Système du récit*, Paris, Méridiens Klincksieck, 1988, p. 43.

18. *Op. cit.*, p. 52.

19. La chose a été confirmée par Metz à Cerisy.

20. La note 2 de cette même page 144.

21. Gérard Genette, *Figures III*, Paris, Seuil, 1972, p. 75.

22. Christian Metz, *Essais sur la signification au cinéma*, tome II, Paris, Klincksieck, 1972, p. 19, 21 et 27.

The fact that a narratological concern was an important part of the metzian semiology is often forgotten. This is why in this text, the author studies the first Metz's writings (those joined together in the first volume of the Essais sur la signification au cinéma*). The author analyses the different occurrences of the word « narrativity », which Metz was probably the very first to propose, in order to study the different developments of the notion attached to it.*

François Jost

La sémiologie du cinéma et ses modèles

Si Gaudreault nous a excellemment expliqué *où* et *comment* était apparu le mot « narrativité » dans la langue française, on pourrait se demander *pourquoi*[1]. Or, la réponse à cette question me paraît moins dans le radical, qui renvoie au narratif, que dans le suffixe *-ité*. Se rappelle-t-on ce texte, bien antérieur à toutes les recherches de la sémio-narratologie du cinéma, et dont la portée fut pourtant considérable ?

> « *La Chine est une chose, l'idée que pouvait s'en faire, il n'y a pas longtemps encore, un petit bourgeois français en est une autre ; pour ce mélange spécial de clochettes, de pousse-pousse et de fumeries d'opium, pas d'autres mots possibles que celui de* sinité. *Cela n'est pas beau ? Que l'on se console au moins en reconnaissant que le néologisme conceptuel n'est jamais arbitraire ; il est construit sur une règle proportionnelle fort sensée.* » *Et Barthes, car c'est bien de Barthes et de son texte* Le mythe aujourd'hui *qu'il s'agit, d'ajouter en note latin/latinité = basque/x x = basquité*[2].

Comme on le comprend dans le texte de Barthes, le suffixe *-ité* définit à la fois une essence (la latinité, c'est le propre du latin) et une idée. Autrement dit quelque chose qui a une existence hors de nous et en nous.

Or, relisant « Remarques pour une phénoménologie du narratif », ce qui me frappe aujourd'hui, c'est combien cet article repose sur une *problématique du fondement épistémologique* qui, justement, tente d'asseoir cette dualité du mot « narrativité ». La question n'est pas de savoir si des images mouvantes peuvent raconter un récit : question que je pose dans « Narration(s) : en deçà et au-delà »[3] et que creuse Gaudreault dans son *Système du récit*[4], mais « A quoi reconnaît-on un récit antérieurement à toute analyse ? ». Dès lors, il s'agit moins de révéler, de dé-couvrir quelque chose qu'on ne connaît pas, que d'étayer deux évidences :

1. Le récit existe dans la mesure où il est reconnu par n'importe quel « usager naïf », c'est-à-dire qu'il y a une impression de narrativité ;
2. Le récit est un objet réel hors de nous.

Dans cette primauté de l'évidence, que la démarche sémiologique va s'efforcer de fonder, comment ne pas reconnaître le geste kantien, qui consiste à fonder la possibilité des mathématiques et de la physique (« A quelles conditions les jugements *a priori* sont-ils possibles ? »). Cette connivence de la philosophie kantienne avec la démarche metzienne est d'ailleurs clairement désignée — pour qui veut la lire — via Souriau et Dufrenne, à la fin du texte.

> « *Caractéristiques universelles du monde tel qu'il apparaît, ou de l'homme en tant qu'il appréhende le monde (...) ces détermi-nations* a priori *informent en tout cas le monde que l'homme est susceptible de percevoir (c'est-à-dire l'ensemble des phéno-mènes)...* [5] ».

Bien sûr, il faut prendre ici le mot phénomène dans le sens spécialisé que lui a donné Kant (= « L'impression d'un objet sur la faculté représentative, en tant que nous en sommes affectés, est la sensation et l'intuition qui se rapporte à l'objet au moyen de la sensation s'appelle empirique. On nomme phénomène l'objet indéterminé d'une intuition empirique. » Ou encore : « Ce quelque chose qu'il ne faut pas chercher dans l'objet en soi, mais toujours dans le rapport de cet objet au sujet et qui est inséparable de la représenta-tion que nous en avons, c'est le phénomène. »)[6]. Pour fonder le récit, le sémiologue doit partir de ce qui apparaît au spectateur — d'où la tâche de la sémiologie : « comprendre comment on comprend » —, c'est en ce sens qu'il s'agit bien d'une « phénoménologie du narratif ».

Au cours de cet exposé nous nous arrêterons plus spécialement sur un exemple de raisonnement qui illustre cette méthode : la façon dont est intro-duit le « grand imagier » de Laffay ; de l'impression que quelqu'un parle ressentie par le « consommateur du récit » à « la nature langagière de l'objet qu'il est en train de consommer : parce que ça parle, il faut bien que quelqu'un parle ».

Dans le contexte où écrit Metz, fortement teinté par le circuit de la com-munication élaboré par Jakobson, il n'est guère étonnant que cette impres-sion qui est à mettre au compte du destinataire du message soit posée comme étant dans le message que constitue l'objet-récit. D'où cette conclusion : « C'est là la forme cinématographique de cette instance racontante qui est nécessairement présente et nécessairement perçue dans tout récit »[7]. En pas-sant du « nécessairement perçu » au « nécessairement présente », on glisse insensiblement de la phénoménologie à l'ontologie. Facile à remarquer vingt ans après, maintenant que le schéma de la communication a été singulière-ment mis à mal par nombre de chercheurs. Toutefois, ce qui me paraît impor-tant, c'est que, si ce glissement est décelable comme indice d'une certaine conception de la communication, il n'engendre aucun développement sur la nature de cette « instance racontante ». Ce foyer linguistique virtuel « est toujours-d'abord le film lui-même en tant qu'objet langagier ».

Aucun développement, parce que cette instance est d'abord une « supposition transcendantale »[8], aurait dit Kant, « un personnage fictif et invisible à qui leur œuvre commune [les ouvriers] a donné le jour et qui, derrière notre dos, tourne pour nous les pages de l'album, dirige notre attention d'un index discret »[9]. Personnage fictif. « Foyer linguistique virtuel. » Ces formules brèves ont été largement développées depuis ! Le « grand imagier » a même été employé par des théoriciens en désaccord (et néanmoins amis !). Peut-être, ce n'est qu'une hypothèse, parce que l'éclatement du schéma classique de la communication a soudain libéré en des directions opposées cette tension qui attachait tant bien que mal ontologie et phénoménologie. Car, derrière l'opposition entre un point de vue génétique et un point de vue spectatoriel, il faut bien comprendre que s'agitent des débats que les sémiologues n'ont pas inventés et qui trouvent leurs racines dans la tradition philosophique occidentale. Pour dépasser les discussions trop « techniques » qui ne sont que des symptômes de désaccords plus profonds, tout simplement parce qu'ils touchent à une vision du monde, je voudrais m'arrêter sur cette expression de *grand imagier*, qui est d'autant plus remarquable que, au fil des ans, elle recueille un quasi-consensus.

Si tout le monde s'accorde pour désanthropomorphiser l'analyse, personne ne s'est récrié avec violence devant cette expression pourtant calquée sur le grand « horloger » de Voltaire, qui, comme on sait, constituait la preuve physico-théologique de l'existence de Dieu (« L'univers m'embrasse, et je ne puis songer/Que cette horloge existe, et n'ait point d'horloger »)[10]. Et pourtant, si on lit Laffay avec attention, on ne peut pas s'empêcher de voir que le récit est opposé au monde, comme chez les philosophes, le déterminisme à la contingence. Qu'on en juge :

> « *Le monde du cinéma est un monde où le poids des choses inanimées se fait quasiment sentir. Déterminisme et non fatalité* », *p. 30.*
>
> « *Les événements naturels nous attaquent toujours par surprise.* [...] *Rien jamais dans le monde ne commence tout à fait, rien n'est tout à fait fini.* [...] *Il n'y a aucun système clos à la rigueur, le monde demeure constamment ouvert* » vs « *le récit qui est limité* », *p. 66.*
>
> « *Pas d'art sans intervention humaine* », *p. 67.*
>
> « *Le cinéma va de lui-même à ces règles de composition, abandonnant de la sorte le monde pour le récit...* », *p. 69.*
>
> « *De toute manière, ce n'est jamais l'enregistré pur et simple qui raconte...* », *p. 70.*
>
> « *D'où un déterminisme sans défaillance...* », *p. 55.*

Comment ne pas reconnaître sous cette opposition monde/récit, l'une des figures de la première et de la quatrième antinomie de la *Raison Pure* :

1. « Le monde a un commencement dans le temps et il est aussi limité dans l'espace » vs « Le monde n'a ni commencement dans le temps, ni limite dans l'espace, mais il est infini aussi bien dans le temps que dans l'espace. »
4. « Le monde implique quelque chose qui, soit comme sa partie, soit comme sa cause, est un être absolument nécessaire » vs « Il n'existe nulle part aucun être absolument nécessaire, ni dans le monde, ni hors du monde comme en étant la cause. »

Du côté de la thèse se trouve le récit ; du côté de l'antithèse, le monde (Laffay dit d'ailleurs : « Un récit, c'est *tout le contraire d'un monde* », p. 52, ou encore : « Le roman suppose le récit et un récit, quel qu'il soit, recèle une loi intime toute contraire à la loi du monde », p. 59). Or, dans la tradition philosophique, on voit bien que ce qui oppose l'une à l'autre, c'est la religion à l'athéisme (d'autres soutiendraient que tout ce qui arrive dans le monde est également *écrit* et que le monde est lui-même une fable). On me dira, bien sûr, que le récit est déterminé et que je n'y peux rien changer. Pourtant : n'a-t-on pas vu des théoriciens partir du cheminement inverse et mettre en avant « l'arbitraire vertigineux » dont celui-ci semble saisi parfois pour le lecteur (Barthes, Genette) ? Dans la réflexion sur le récit, comme dans la philosophie, toute thèse a son antithèse et il serait absurde de s'en étonner. Il faut donc prendre acte de ce constat : la position de Laffay sur le monde est athée, celle qu'il a sur le récit reproduit les arguments de l'antithèse. En effet, qu'est-ce qui permet de passer de ce monde déterminé qu'est la fiction (« déterminisme sans défaillance », p. 55) au grand imagier. C'est l'argument de l'artifice humain, « l'intervention humaine » (p. 67), qui ordonne le tout. A ce moment du livre, cette intervention, c'est celle du « cinéaste », dans une logique qui n'est plus celle du spectateur comme annoncé dans l'introduction (« Nous adopterons le point de vue du spectateur », p. 8), mais celui de la fabrication (« On ne ferait pas un film en promenant la caméra [...] Ce n'est jamais l'enregistré pur et simple qui raconte... Il faut un *homme* pour les arracher à la pleine suffisance... », p. 70).

Le « montreur d'images », lui, est déduit à partir du spectateur : Laffay montre que c'est le décalage entre ce que nous voyons dans *Citizen Kane* et ce que les personnages peuvent voir qui nous amène à le postuler ou, à propos de *Laura*, que c'est son style qui « aura été le révélateur chimique d'une présence virtuelle cachée dans tous les films » (p. 81). Le grand imagier est donc au départ ce que j'ai appelé une « supposition transcendantale », bien qu'il soit vite ramené « aux différents collaborateurs de cet ouvrage » qu'est le film. Alors : être réel ou être fictif ? Laffay glisse de l'un à l'autre et le « montreur d'images », d'abord « être de raison » (Kant), devient doué de facultés humaines et même, il faut le dire, de dons de ventriloquie, d'imitation, etc. :

« Si, dans ses explications, il lui arrive d'emprunter la voix d'un

acteur, l'enveloppe physique de son intonation, c'est exactement, comme nous le remarquions tout à l'heure, qu'il nous fait voir parfois un instant avec les yeux de celui-ci ou de cet autre... »

Cette fois-ci, ce n'est plus une instance « fictive », mais une instance qui a tous les caractères d'une « vraie » personne, qui ressemble comme deux gouttes d'eau au cinéaste évoqué au début du raisonnement. D'où cette définition ambivalente : le grand imagier, *« ce n'est pas à proprement parler le metteur en scène ni l'un des quelconques ouvriers du film, mais un personnage fictif et invisible à qui leur œuvre commune a donné le jour et qui, derrière notre dos, tourne pour nous les pages de l'album... »*

Pourquoi repartir de l'antinomie laffayenne qui fonde le récit et de la contradiction qu'il nous semble déceler dans la figure de ce grand imagier, père fondateur de tous nos narrateurs, méga-narrateurs, foyer, etc. ? Parce que cette contradiction nous permet de réfléchir sur le statut épistémologique des recherches sémiologiques, répondrai-je.

Puisque, décidément, j'ai beaucoup relu Kant avant de venir, laissez-moi continuer en compagnie de ce philosophe. Que se passe-t-il dans le texte de Laffay (dont on comprend qu'il n'est utilisé ici que comme exemple ayant vertu aussi de modèle) ?

Du déterminisme du texte on passe donc au « grand imagier » : juste retour des choses ! N'était-ce pas de l'analogie avec l'art humain (« avec nos vaisseaux, nos maisons, nos horloges »)[11] que l'argument physico-théologique tirait la nécessité d'un horloger ou d'un architecte du monde ? D'un *architecte du monde*, non d'un *créateur du monde*, comme le souligne Kant. On comprend que, au niveau du récit, si l'argument physico-théologique est reproduit de façon subreptice, c'est qu'il a l'avantage de construire un architecte-narrateur qui « tourne les pages de l'album », mais qui ne les écrit pas et, donc, de résoudre l'embarrassant problème de l'auteur par défaut : le grand imagier organise la matière, la montre, mais ne la crée pas.

Or ce qui me gêne dans la dérive conceptuelle de Laffay, c'est le moment où le grand imagier, comme l'architecte du monde, est doué d'existence au point qu'il lui arrive d'« emprunter la voix d'un acteur ». Autrement dit, c'est le moment où le concept se confond avec la réalité objective qu'est le film comme phénomène (ce dont partait Metz). Qu'on me comprenne bien : je ne dis pas que le mot grand imagier est mauvais pour ses connotations (il n'est pas pire qu'un autre). Ce n'est pas dans le nom, d'ailleurs, que se niche l'anthropomorphisme. Je ne dis pas non plus que l'idée est mauvaise, mais simplement « l'usage qu'on en fait ».

Puisque ça parle, il faut bien que quelqu'un parle : voilà un principe simplement heuristique et régulateur qui ne concerne que l'intérêt formel du spectateur, dirai-je pour parodier Kant. Doter cette instance supposée d'une quelconque existence, c'est la prendre pour un principe constitutif de la chose elle-même. Pour ma part — et c'est à mon sens un héritage de Metz, du moins de la lecture que j'en fais — je considère le narrateur comme une contruction effectuée à partir du texte filmique. Poser l'instance narratrice comme principe « régulateur », c'est partir, par exemple, des contradictions entre ce que sont censés voir ou savoir les personnages, ce qu'ils racontent, comme narrateurs explicites attestés par l'image, et ce que l'on (« on », dis-je) me montre. C'est en fonction de ces contradictions qu'il me faut construire une instance de niveau supérieur manipulant les premières. Mais cette construction n'est qu'une présupposition nécessaire pour expliquer le phénomène filmique tel qu'il m'apparaît à moi, spectateur. Ce narrateur implicite ne fait rien à proprement parler, il ne réalise rien (le film est fait par de vrais êtres humains), c'est une idée transcendantale qui a un usage immanent, la lecture du film, et non un « usage constitutif qui fournisse à lui seul des concepts de certains objets ». Elle a un « usage régulateur excellent et indispensablement nécessaire : celui de diriger l'entendement vers un certain but » que l'on pourrait résumer de la façon suivante, encore sous le signe de la parodie : les choses du récit doivent être considérées *comme si* elles tenaient leur existence d'une instance supérieure. De cette manière, l'idée n'est à proprement qu'un concept heuristique et non un concept ostensif : elle nous montre non pas comment est constitué l'objet, mais comment sous sa direction nous devons chercher la nature et l'enchaînement des textes filmiques (la phrase est de Kant a quelques changements près, que vous aurez sans doute reconnus). Pour conclure, « Je puis avoir un motif suffisant d'admettre quelque chose relativement *(suppositio relativa)* sans cependant avoir le droit de l'admettre absolument *(suppositio absoluta)* »[12]. Pour cette raison, le « supposé-réalisateur » que j'évoquai dans un texte de 1979 ne me paraît finalement pas si mauvais[13].

Quittons le « grand imagier » et réfléchissons à deux ou trois choses que nous connaissons de la sémiologie. Depuis quelques années, le débat est largement terminologique. Chacun propose des termes (je ne suis pas le dernier à le faire !) dans l'espoir, bien sûr de faire avancer les idées et de mieux parler de l'objet qui nous préoccupe : le film, le récit cinématographique, etc. Ces débats se font dans l'illusion d'un consensus sur l'objet de la recherche, comme si les diverses classifications ou découpages n'étaient que des voies différentes pour expliquer les mêmes objets. Dans tout cela n'a-t-on pas oublier un peu trop rapidement ce désir du chercheur dont parlait Metz jadis et que j'appellerai aujourd'hui, pour rester dans le champ que j'ai commencé de parcourir, les « intérêts de la raison » ?

> « ... *chez tel raisonneur, c'est l'intérêt de la diversité qui l'emporte (suivant le principe de la spécification) et chez tel autre l'intérêt de l'unité (suivant le principe de l'agrégation). Chacun d'eux croit tirer son jugement de la vue de l'objet et il se fonde uniquement sur son plus ou moins grand attachement à l'un des deux principes dont aucun ne repose sur des fondements objectifs, mais seulement sur l'intérêt de la raison...* »[14].

Je joue aujourd'hui un rôle difficile puisque, on l'aura compris, je suis juge et partie. C'est la raison pour laquelle vous n'aurez rencontré que peu de noms au cours de mon exposé. La question n'est pas, pour moi, d'opposer une théorie à une autre, encore moins de tomber dans un scepticisme sans objet, mais plutôt d'enclencher l'évaluation épistémologique de nos démarches : je prendrai un dernier exemple, encore plus délicat que les précédents : celui de l'anthropomorphisme. Il faudrait faire un jour l'examen de cette notion, avant toute autre réflexion sur le récit. Dire que Dieu est bon, vengeur ou rémunérateur, voilà bien des anthropomorphismes. Dire que le grand imagier peut emprunter la parole d'un personnage, tourner des pages, organiser, etc. en voilà d'autres. Désigner l'anthropomorphisme ne suffit à le supprimer dans nos têtes, encore moins dans nos têtes de spectateurs. Une séquence, prise au hasard parmi des milliers d'autres qui posent le problème, m'aidera à clarifier ce que je veux dire.

C'est dans *Le Journal d'un curé de campagne* (Bresson, 1951) : le curé, quittant le château après la mort de la comtesse, croise de nouveaux visiteurs dans l'escalier. Sa voix *over* commente :

> « ... *J'ai entendu sur mon passage comme un murmure. Il me semble qu'on parlait de moi...* »

Le fait que l'on n'entend qu'un vague murmure, un bruit de fond plutôt, sur le passage du curé sans qu'il soit possible de distinguer quoi que ce soit de son propos, permet au spectateur de juger la modalisation du roman. L'impression du diariste, qui nous est livrée telle quelle dans le roman, devient manifestement fausse dans le film : personne ne parle de lui, ostensiblement en tout cas. Finalement, la visualisation et la sonorisation, si on peut dire, de la lettre de l'œuvre littéraire provoquent un glissement du statut générique du *journal* : texte sans destinataire[15], celui-ci suppose aussi une restriction de point de vue au narrateur-scripteur. Or, ici, par la confrontation de l'incertitude du curé au parti pris sonore, qui va à son encontre, c'est une dualité de point de vue qui est révélée : celui du narrateur explicite et celui du narrateur implicite, qu'est le grand imagier, organisateur des images et des sons. Et il n'est évidemment pas absurde de penser que celui-ci se sépare du personnage-narrateur, mettant en évidence qu'il se trompe. Cette interprétation est non seulement légitime, elle est rendue nécessaire par l'organisation narrative de diégèse. Ainsi se constitue l'idée d'une personnalité propre du grand imagier, idée illusoire certes, mais pourtant engendrée par le mécanisme de la fiction elle-même.

De tels mécanismes sont aussi à l'œuvre dans le documentaire ou le reportage et peuvent avoir des conséquences bien plus graves : faute de se forger une image abstraite du grand imagier, c'est ni plus ni moins le mythe angélique de l'objectivité qui fait surface. Si le spectateur nie cette fiction d'une autorité — d'un auteur implicite, diraient d'autres — qu'il contribue à dégager de sa propre vision, il tombe dans le topos des images qui parlent d'elles-mêmes et, du même coup, il se trouve dans l'impossibilité d'aborder l'épineuse question de l'*évaluation de l'image* (comment déceler dans l'image les traces d'un jugement ?).

Kant a bien montré qu'une chose était de concevoir un principe transcendantal comme fondement de l'ordre du monde, une autre d'en faire une *substance*, une autre encore de concevoir « cet être distinct du monde par analogie avec les objets de l'expérience » ? Je rappelle sa conclusion :

> « *Nous pouvons [...] accorder, hardiment et sans crainte de blâme, certains anthropomorphismes qui sont indispensables au principe régulateur dont il s'agit. Car ce n'est toujours qu'une idée qui n'est pas rapportée directement à un être distinct du monde, mais bien au principe régulateur de l'unité systématique du monde...* »[16]

Comment penser que le spectateur échappe à ce type de croyance pour comprendre le récit ? Là encore, un tel fonctionnement peut être admissible comme principe régulateur à l'œuvre dans la lecture du film. En revanche, il convient de le refuser avec vigueur si on le prend pour un principe constitutif, car c'est là qu'il devient proprement et pleinement l'*anthropomorphisme* (de même je peux me projeter dans les attitudes d'un singe et les trouver humaines ; l'erreur ne commence vraiment qu'au moment où je les accepte comme réellement semblables à celles de l'homme). Finalement, la question que je pose est simple : quelle réalité accordons-nous à nos concepts ? La réponse est plus difficile.

---

1. Ce texte écrit pour être *dit* dans le contexte d'un colloque garde les traces de ce contexte non par hasard, paresse ou je ne sais quoi d'autre, mais par décision de l'auteur.

2. « Le mythe aujourd'hui » in : *Mythologies*, Paris, Seuil, Collection Points, Paris 1970, p. 206.

3. *Communications 38, Énonciation et cinéma*, J.-P. Simon et M. Vernet ed., Seuil, 1983.

4. *Du littéraire au filmique, Système du récit*, Paris, Méridiens Klincksieck, 1988.

5. « Remarques pour une phénoménologie du Narratif », *Essais sur la signification au cinéma*, Paris, Klincksieck, 1968.

6. *Critique de la Raison pure*, Quadrige/Presses Universitaires de France, 1986.

7. « Remarques... », *op. cit.*, p. 29.

8. « J'appelle transcendantale toute connaissance qui en général s'occupe moins des objets que de nos concepts *a priori* des objets. », *Critique...*, p. 46.

9. A. Laffay, *Logique du cinéma*, Paris, Masson, 1964, p. 81.

10. « Les cabales », *Les satires,* in : Œuvres complètes de Voltaire, Paris, Didot Aîné, 1827, 1re partie, p. 1130.

11. *Critique...*, p. 444.

12. *Critique...*, p. 470 s.

13. F. Jost, « Discours cinématographique, narration : deux façons d'envisager le problème de l'énonciation », *Théorie du film*, J. Aumont et J.-L. Leutrat ed., Paris, Ed. Albatros, 1980.

14. *Critique...*, p. 465-466.

15. J. Rousset, « Le journal intime, texte sans destinataire ? », *Poétique* 56, Le Seuil, Paris, nov. 1983.

16. *Critique...*, p. 481.

As we can read in his early articles, the reflection of Metz on narrative relies on the question of the base to explain this « impression of narrativity » that the « narrative consumer » experiences. Bound to the circuit of communciation constructed during the 1960s, this conception was built on an homology between the message uttered and the message received.

After this scheme blew up into pieces, the ways of considering the narrative became highly differentiated among the narratologists : some demanded a spectatorial perspective, some a genetic perspective. Jost draws the consequences of this duality by reconsidering the example, inherited from Albert Laffay, of the « grand imagier ». In spite of the apparent and general agreement on the concept, it is not the same thing to pose it as a « transcendantal supposition » (in Kant's terms) or to transform it into a constituent. To transform it into a constituent means taking the risk of an « anthropomorphisation » of the « grand image-maker » (« grand imagier »), which should be nothing more than a regulating principle of the reception of film.

The author shows that this opposition is based on the « antinomies of Pure Reason » described by Immanuel Kant. Jost finally asks himself why choose one way rather than the other, inviting the researchers to undertake an epistemology of semiology.

III. SAVOIRS

Francesco Casetti

Coupures épistémologiques dans les théories du cinéma après-guerre

1. *La particularité des théories du cinéma après 1945*

La Seconde Guerre mondiale ne représente pas, du moins à première vue, une coupure dans l'histoire des théories du cinéma. Certains courants qui s'affirment avec force après 1945, telle que la valorisation de la dimension réaliste, plongent leurs racines dans le débat apparu à la fin des années 30. Parallèlement, certains courants de recherche qui caractérisent l'avant-guerre, comme l'exploration du langage du cinéma, trouvent leur emploi après-guerre. Pourquoi, dès lors, présenter le conflit mondial comme une sorte de ligne de partage des eaux ? Pourquoi en faire un tournant ?

En réalité, derrière une apparente continuité des thèmes d'une période à l'autre, une série de phénomènes largement inédits et qui changent les formes et le sens de la réflexion théorique, interviennent à partir de 1945, pour se radicaliser par la suite.

Le premier de ces phénomènes est l'*acceptation*, désormais répandue, du cinéma en tant que fait de culture. Jusqu'en 1945, les discours théoriques semblaient largement guidés par la nécessité de promouvoir le nouveau support : le comparer aux autres arts, en souligner la richesse et les potentialités, en exalter les réussites. Ces discours avaient pour but de dégager le cinéma de la marginalité dans laquelle il était confiné, et d'en faire un objet tout à fait digne de respect. Après-guerre, le cinéma commence à ne plus avoir besoin d'être d'office défendu. Certes, il existe une grande perplexité qui est le fait des habitués des hautes sphères de l'art et de la pensée, et il existe une large résistance de la part des gardiens de la tradition. Mais la légitimité de ce nouveau support semble de plus en plus évidente pour la majeure partie des intellectuels. Cela est dû au moins à deux faits : d'une part, le cinéma s'est révélé amplement capable, aussi bien de témoigner de l'esprit d'une époque, que de donner corps à la créativité individuelle ; d'autre part, la notion même de culture s'élargit de plus en plus, jusqu'à englober des séquences banales, des faits de coutumes, des usages modestes. En ce sens, un épisode comme la fameuse lettre de Croce, dans laquelle il accepte — en 1950 —

que le film puisse être une œuvre d'art, apparaît déjà dépassé par rapport à un débat désormais sans intérêt[1]. Au même moment, une expérience comme la filmologie, science née en 1947, grâce à laquelle le cinéma est élevé au rang d'objet de recherche universitaire, apparaît comme la confirmation d'un statut que désormais tout le monde reconnaît au nouveau support[2].

Le second phénomène à souligner est l'accentuation des *aspects spécialisés* de la théorie du cinéma. Avant la guerre, la discussion sur le nouveau support semblait ouverte à quiconque voulait y participer : réalisateurs, lettrés, critiques, musicologues et psychologues y trouvaient un terrain d'entente facile. Après la guerre, celui qui participe au débat commence à donner des preuves d'une compétence déterminée : s'il intervient, c'est en s'appuyant sur une formation très précise, quand ce n'est pas sur la base d'un métier. Et ceci parce que les institutions dans lesquelles on fait de la théorie changent : ce ne sont plus des revues culturelles qui consacrent des numéros spéciaux au nouveau support (pour donner des exemples italiens : *Solaria* ou *L'Italiano*)[3], mais des revues de cinéma, engagées dans un débat ininterrompu, souvent délivrées des tâches de vulgarisation et prêtes à accueillir des enquêtes et des articles détaillés (toujours pour rester en Italie : à *Bianco e Nero*, revue existant déjà avant la guerre, se joignent *La Rivista del cinema italiano, Cinema nuovo, Filmcritica*, etc.). Ce ne sont plus des cercles privés animés par des dilettantes passionnés (toujours en Italie, par exemple le « Convegno » de Ferrieri), mais des groupes de recherche et de pression qui voient se réunir des spécialistes en la matière (le « Cinecircolo romano »). Il n'y a plus seulement des écoles professionnelles de cinéma (le Centre Expérimental de Cinématographie), mais aussi des universités (à partir de la moitié des années 60 : Urbin, Turin et Gênes) qui développent un enseignement du cinéma.

Plus précisément, la spécialisation opère au moins sur trois niveaux. Avant tout, il y a un décalage entre langage théorique et langage courant. A un lexique ordinaire, à peine teinté de terminologie technique (« montage », « premier plan », « photogénie », etc.), se substitue un véritable jargon tissé de mots au déchiffrage non-immédiat. La filmologie est encore une fois exemplaire, elle propose explicitement un nouveau vocabulaire (« filmophanique », « profilmique », « diégétique », etc.). De même que seront exemplaires, dans les années 60 et 70, la sémiotique ou la psychanalyse, enclines à une lexicalisation spécialisée (« syntagmatique », « icône », « lien », etc.). Il y a un décalage entre activité théorique et activité critique. A un échange fructueux qui faisait de la première une sorte de « conscience » de la seconde, se substitue peu à peu une indifférence réciproque : les catégories élaborées par les uns n'ont plus de retombée immédiate sur le discours des autres. En ce sens, la création de revues exclusivement théoriques est significative, revues telles que *Screen, Iris* ou *Hors Cadre*. Pour celles-ci, il n'est pas important de discuter de films mais de discuter sur la manière dont on peut en parler[4]. Pour finir, il y a un décrochement entre théorie et pratique. Non seulement le personnage du réalisateur studieux disparaît, mais l'ancienne distribution des rôles qui faisait intervenir le théoricien en qualité à la fois de mentor et de prophète, et le réalisateur en qualité de témoin et d'explorateur, laisse place à un petit théâtre de l'incommunicabilité, où l'un rêve d'un cinéma qui n'existe pas et continue néanmoins à le proposer, et l'autre fait le cinéma qu'il veut — ou qu'il peut — faire, sans se préoccuper des indications qui lui sont adressées[5]. Le troisième phénomène dont il faut tenir compte est l'*internationalisation* du débat. Avant la guerre, la discussion se déroulait dans un cadre avant tout local. Bien sûr, les théories qui dépassaient les frontières d'un État (nous pensons à la réflexion des Soviétiques) ne manquaient pas, ni les échanges fructueux (nous pensons aux constantes relations entre les intellectuels italiens et français), mais l'élaboration était fondamentalement autochtone. Après la guerre, les simples panoramas nationaux se brisent, laissant le champ libre à des courants de pensée souvent indifférents les uns aux autres, pendant que se renforcent les canaux de communication entre des groupes géographiquement éloignés, et qui établissent ainsi une discussion continue. La façon dont est reprise à l'étranger la réflexion italienne sur le réalisme, les formes de collaboration inter-universitaire stimulées par la filmologie, la capacité de regroupement de la sémiotique, tous ces faits témoignent à quel point l'élaboration des idées ne respecte plus les frontières nationales, mais opère dans un contexte global[6].

Nous avons donc une *acceptation* du cinéma en tant que fait de culture, une *spécialisation* des interventions, une *internationalisation* du débat. Le panorama tracé est volontairement schématique, vu qu'il ne tient compte ni de la lenteur avec laquelle certains faits ont réussi à se manifester, ni des retours en arrière qui, de temps en temps, sont intervenus. Ce panorama relève essentiellement les lignes de tendance. Toutefois, ces lignes de tendance trouvent non seulement après-guerre le moyen de se manifester toujours plus nettement, mais elles parviennent à devenir de véritables constantes. La théorie s'en ressent au point d'assumer un profil et un poids différents. En ce sens, la réflexion après 1945 peut vraiment être envisagée comme dotée de sa propre *spécificité*.

Cependant, à côté des trois phénomènes déjà énoncés, il y en a un quatrième qui joue un rôle non moins important : la *pluralité* des manières de procéder. Cela ne veut pas dire qu'avant-guerre, la théorie de cinéma était absolument compacte : divers thèmes, intérêts et sensibilités abondaient. Toutefois, ce qui change après 1945, c'est la sensation qu'une telle diversité puisse aussi toucher les formes de construction d'une théorie, les motivations qui la soutiennent, les visées qui l'orientent. En somme, apparaît l'idée d'une possible multiplicité des *paradigmes*. C'est justement ce point que nous allons maintenant approfondir.

2. *Trois paradigmes, trois générations*

L'impression ressentie par plus d'un spécialiste, est que les dernières quarante ou cinquante années de théorie cinématographique sont traversées par des différences radicales, aussi bien sur le plan des simples positions soutenues, que sur le plan des finalités assignées à la recherche, de ses moyens d'exécution, de ses cadres de référence. Cette impression, comme je le disais, est ressentie par plus d'un spécialiste.

Christian Metz, par exemple, dans un essai datant de 1965, fait observer comment, au-delà de l'anecdote journalistique, des monographies historiques et de la critique au sens propre, les discours qui veulent aborder le cinéma en tant que tel, se divisent en deux catégories assez différentes : d'une part, il existe une approche « interne » du phénomène, décidée à mettre en évidence l'appartenance du cinéma au domaine de l'*art*, et sur cette base, attentive à mettre en lumière toute sa richesse intrinsèque ; d'autre part, il existe une approche « externe » qui pense au cinéma comme à un *fait* objectif dont il convient de distinguer séparément les dimensions psychologiques, sociologiques, économiques, etc. Pour ce type de recherche, il convient d'avoir recours aux diverses sciences (Metz, « Une étape dans la réflexion sur le cinéma », paru dans *Critique* 214, puis dans Metz, 1972). Dix-neuf ans après, et dans un autre contexte culturel, Dudley Andrew distingue une nouvelle césure : d'un côté, il y a les théories qui abordent le cinéma comme une réserve d'*exemples* auxquels on appliquera des catégories déjà parfaitement systématisées, que ces catégories soient sémiotiques, psychanalytiques ou idéologiques ; d'un autre côté, il y a les théories qui pensent au cinéma comme à un lieu d'*interrogations* avec lesquelles on peut entrer en harmonie et à partir desquelles on peut formuler des critères d'observation toujours plus avancés (Andrew, 1984).

Nous pourrions multiplier les témoignages, mais Metz et Andrew nous suggèrent déjà l'essentiel. Ils nous offrent une preuve concrète de la façon dont les spécialistes dans ce domaine perçoivent l'existence de contrastes précis dans la manière de faire de la théorie, et surtout, ils nous indiquent, l'un pour les années 50-60, l'autre pour les années 70-80, les noyaux centraux autour desquels de tels contrastes se développent. Reprenons les oppositions que tous deux évoquent, soit respectivement : l'opposition entre un intérêt du cinéma en tant qu'art, et un autre en tant que fait ; et l'opposition entre une utilisation des films comme exemples et une autre comme interrogations. La ligne démarcative est assez claire, il s'agit seulement de mieux la détailler.

Durant les années 50-60, le conflit se situe entre ceux qui considèrent le cinéma comme un moyen d'expression à travers lequel se manifeste une personnalité, une idéologie, une culture, et ceux qui considèrent le cinéma comme une réalité objective à examiner dans ses composantes tangibles et dans son fonctionnement effectif. Nous avons donc d'une part, un discours fondamentalement *esthétique*, et finalement *existentialiste*, d'autre part, un discours qui se veut *scientifique* et donc prêt à épouser la cause du *méthodisme*. Les uns veulent arriver à définir la nature ultime du phénomène pour pouvoir en exalter l'originalité ; les autres veulent plutôt en tirer une série d'observations à confronter entre elles, à utiliser comme sujets de travail, et à vérifier au moyen de nouvelles expériences. De plus, les uns cherchent à embrasser le cinéma dans sa totalité, comme s'ils voulaient en connaître toutes les facettes d'un seul regard ; les autres cherchent au contraire à distinguer les différentes perspectives qui peuvent l'intégrer, chacune liée à un certain type de regard, et pour cela à un certain type de recherche. Pour finir, les uns, après avoir cerné les caractéristiques fondamentales du phénomène, en tirent des motifs pour suggérer des lignes de tendance à suivre ; les autres, après avoir examiné la récurrence de certaines données, en déduisent des lois avec lesquelles ils expliqueront ce qui se produit.

Passons maintenant aux années 70-80. L'approche scientifique ou méthodiste s'est imposée, mais elle est aussi devenue, pour ainsi dire, encombrante : le besoin d'élaborer des instruments d'investigation a souvent fini par prévaloir sur la recherche des faits ; les modèles à appliquer risquent d'apparaître plus importants que les résultats dérivant de leur application ; le cinéma est justement devenu une réserve « d'exemples » à schématiser plutôt que, en ce domaine, à « interroger » pour ce qu'ils sont. Voici que survient alors une nouvelle ligne de frontière. Ici, le conflit se situe entre une approche *analytique* et une approche *interprétative*. L'une procède par prospection, remarques, mesures, sondages, l'autre à travers une sorte de confrontation entre le spécialiste et l'objet de son étude, une confrontation capable de modifier progressivement les deux protagonistes. De plus, l'une préfère appliquer au cinéma des critères d'observation déjà éprouvés, dont l'efficacité ne dépend pas du type de phénomène étudié ; l'autre s'emploie à expérimenter des catégories qui, sans être *ad hoc*, sont toutefois ouvertement influencées par la spécificité du domaine de recherche. Pour finir, l'une vise à restituer un tableau le plus exhaustif possible de la réalité observée, du moins par rapport à la perspective choisie ; l'autre sait que ses questions sont inépuisables et continue toutefois à les formuler, mettant à profit la moindre ébauche de réponse. En somme, l'une voit dans le cinéma un domaine bien défini, saisissable aussi bien dans ses aspects particuliers que dans ses lignes de principe ; l'autre y voit au contraire une réalité ouverte, irréductible à une formule fixe, et prête à révéler des faces cachées, des zones d'ombre, des recoins cachés.

Nous avons donc un discours esthétique opposé à un discours scientifique ; et, après la victoire du second, un discours analytique opposé à un discours herméneutique. Le domaine des théories du cinéma a vue effectivement se succéder, de l'après-guerre à aujourd'hui, ces deux fronts. Mais comment comparer entre elles ces deux lignes démarcatives ? Comment les ramener à une seule matrice ?

Faisons un petit pas en arrière, et repensons à la façon dont se structure, en général, une théorie. Elle repose principalement sur trois composantes[7]. La première est la *composante métaphysique* ou *constitutive*, qui concerne les axiomes généraux qui sont à la base de la recherche (par exemple, le statut assigné à l'objet, l'idée que l'on a de la connaissance, etc.). C'est la fonction qu'assume la base conceptuelle d'une théorie, et qui en détermine l'intelligibilité. Ensuite, nous avons une *composante systématique* ou *régulatrice* qui concerne la forme que l'on veut donner à la recherche, ou plutôt les règles méthodologiques auxquelles celle-ci obéit (par exemple, la simplicité plutôt que l'élégance, la symétrie plutôt que la généralité). C'est la fonction qu'assument les critères de construction d'une théorie, et qui en détermine la rationalité. Nous avons pour finir la *composante physique* ou *inductive* qui concerne l'acquisition des données empiriques, avec les moyens de leur découverte, de leur sélection et de leur rassemblement. C'est la fonction qu'assument les critères de vérification ou de possibilité de falsification de la théorie, et qui en détermine le caractère concret de la réalité de fait. Ces trois composantes travaillent ensemble à la définition d'une théorie. Celle-ci est considérée en tant que telle justement parce qu'elle aligne des convictions de base, une organisation des données et une observation de la réalité. Ceci n'ôte rien au fait que certains types de réflexion se réfèrent à une composante plutôt qu'à une autre, jusqu'à trouver en celle-ci leur propre point d'appui et leur propre unité de mesure. Nous aurons alors les théories qui exaltent le rôle de la dimension métaphysique, celles qui accentuent le poids de la dimension systématique, et celles qui mettent en évidence le rôle de la dimension physique : le rationalisme, l'opérationnisme et l'empirisme pourraient en être des exemples.

Un tel discours pourrait être tenu pour les théories du cinéma. En premier lieu, elles aussi font état de trois composantes. Il y a un noyau d'idées de base qui encadrent la recherche, un réseau de concepts qui établissent l'ordre et les modalités de l'exposé, et un ensemble d'observations concrètes qui fournissent des réponses. Mais en second lieu, les théories du cinéma, bien qu'elles travaillent toujours sur les trois dimensions, donnent aussi aujourd'hui plus de relief tantôt à l'une, tantôt à l'autre : il y a ceux qui privilégient les explications conceptuelles, en cherchant à définir le cinéma en lui-même ; ceux qui tiennent surtout à articuler leur propre discours, en travaillant surtout sur les méthodes d'approche ; ceux qui se fient à l'observation directe, en instaurant une sorte de dialogue avec le domaine étudié.

C'est — à mon avis — ce qui se produit après-guerre : l'approche que nous avons qualifiée d'esthétique fait inévitablement intervenir des notions prédéterminées, l'approche scientifico-analytique s'occupe spécialement des instruments de la recherche, l'approche herméneutique privilégie la dimension d'une réalité de fait. Ce que nous entrevoyons alors, ce sont de véritables *paradigmes théoriques* différenciés : chacun d'eux représente un ensemble d'options qui guident l'investigation, un modèle presque standard avec lequel on organisera la recherche, ou plus simplement, une manière d'adhérer au domaine étudié. Et parce que chaque paradigme, pour être ainsi, doit être un schéma commun à un groupe de spécialistes, ou un complexe d'idées et de procédures acceptées par une communauté, ou, quoi qu'il en soit, un point de convergence (si ce n'est pas sur des contenus particuliers, au moins sur l'organisation du tout)[8]. Ces trois types d'approche identifient autant de *générations* de théoriciens. Chaque type d'approche fait émerger les préoccupations d'une époque. L'approche esthétique met en évidence le besoin de comparer le cinéma aux autres sphères expressives, pour en cerner la particularité et les récurrences (besoin encore assez vif dans les années 40 et 50). L'approche scientifico-analytique met en évidence la volonté d'examiner le cinéma comme un phénomène complexe, dont il faut mettre en lumière les divers aspects sociaux, linguistiques, psychologiques, etc. (volonté qui domine les années 60 et 70). L'approche herméneutique met en évidence l'exigence d'un rapprochement avec les réalisations concrètes, pour capturer la richesse du réel (exigence qui émerge avec netteté dans les années 80).

Nous avons donc trois paradigmes, et avec, trois générations. Mais regardons mieux ce qui caractérise, un par un, les différents types d'approche, au-delà de tout ce que nous en avons dit jusqu'à présent.

3. Théories ontologiques, théories méthodologiques, théories de spécialité

S'il y a un nom qui convient au premier type de paradigme, c'est précisément celui de *théorie ontologique*. Le terme renvoie à André Bazin, plus particulièrement au titre de son essai peut-être le plus célèbre, et au sous-titre du recueil le contenant (« Ontologie de l'image photographique », in : Bazin, 1958). Pourquoi « ontologie », plutôt que « esthétique » ainsi que nous l'avons appelée jusqu'à présent ?[9] Par sa sécheresse, une telle question met en lumière deux choses. D'un côté, elle souligne l'existence de certains axiomes préliminaires qui fondent littéralement la base de la recherche, ainsi l'idée que le cinéma soit un objet identifiable en soi, qu'il soit directement saisissable, etc. De là, la valorisation des présupposés conceptuels de la théorie, de son noyau dur, de son moment constitutif : en somme, de ce que nous avons appelé la *composante métaphysique*. D'un autre côté, cette question nous pousse à concentrer notre attention sur la nature même du phénomène étudié, au-delà des diverses facettes sous lesquelles il se présente. D'où une attention particulière pour des caractéristiques considérées comme fondamentales, pour des propriétés retenues décisives : en somme, pour une *essence*. Valorisation de la composante métaphysique et recherche d'une essence, la théorie ontologique trouve ici la raison d'être à la fois de son nom et de ses traits récurrents.

De ces traits, en dérivent d'autres. En premier lieu, il y a la façon dont procède la théorie ontologique : bien plus qu'elle n'articule le phénomène ou ne le révise de manière systématique, elle va à la recherche de ses données caractéristiques, de ses fonctions clés, de son cœur secret ; elle vise donc plus qu'un compte rendu ou qu'une énumération : une véritable *définition* de ce qu'elle a devant elle. En second lieu, il y a le type de savoir mis en jeu : la théorie ontologique exprime une idée d'ensemble du cinéma, basée sur une harmonie tacite entre présupposés et acquisitions, et capable de s'imposer avec une sorte d'instantanéité. Elle travaille donc à partir d'une connaissance pour ainsi dire *globale* (ou englobante) du phénomène. Enfin, il y a les critères auxquels la théorie ontologique obéit : en superposant une donnée de fait à une donnée de droit (« c'est ainsi et ça doit être ainsi »), elle est confrontée à quelque chose qu'elle accepte comme intrinsèquement valable, elle opère sur la certitude aussi bien de l'objet étudié que des résultats de l'étude, elle choisit donc quelle est la propre mesure de la *vérité*. Ce sont les principaux traits de la théorie ontologique. Certes, les aspects qu'elle prend peuvent aussi varier. Il y a des approches qui répondent à la demande de départ en soutenant la nature fondamentalement réaliste du cinéma, d'autres insistent plutôt sur son appartenance au domaine de l'imaginaire, d'autres encore exaltent ses capacités linguistiques ou communicatives. Mais au-delà des diversités de positions, il reste la même question de fond et la même manière de l'aborder : en se demandant ce qu'est le cinéma en soi. Les théories ontologiques visent toutes à faire émerger une essence, et à définir avec elle le phénomène, à rejoindre une connaissance globale, à se comparer à une vérité.

Le second paradigme que nous pourrions appeler le paradigme des *théories méthodologiques*, change radicalement de terrain d'action. La question qui le motive n'est plus : « qu'est-ce que le cinéma en tant que tel ? », mais : « de quel point de vue le cinéma est-il observé, et comment apparaît-il pris sous cet angle ? » L'attention se déplace donc vers la manière dont est organisée et conduite la recherche. Ce qui est au premier plan, c'est la nécessité de choisir une optique déterminée et de modeler à partir de celle-ci, aussi bien la récolte des données que leur présentation. L'accent est mis sur l'ordre qui sous-tend l'investigation et le compte rendu qui suit. La « méthode » à la base du relevé et de la rédaction, a justement pour résultat de valoriser la *composante systématique* de la théorie. Parallèlement, ce qui s'affirme n'est plus un statut général mais bien un « éclatement » du phénomène, une « césure » qui dépend du type de perspective choisie et qui met en lumière certains faits plutôt que d'autres, avec pour résultat de mettre en évidence ce qui est *pertinent* plutôt que ce qui est *essentiel*.

La composante systématique privilégiée, et la recherche d'une pertinence : voici les traits récurrents de la théorie méthodologique. Les aspects qu'elle prend sont plus nombreux : ils correspondent en pratique à toutes les disciplines (sociologie, psychologie, psychanalyse, sémiotique, etc.) qui ont abordé le cinéma en lui appliquant leur point de vue et en en faisant un de leurs objets de recherche. Toutefois, au-delà de la diversité des approches, l'importance accordée à l'architecture, et la sélection des faits sur la base de leur pertinence, restent deux éléments constants.

Ceux-ci expliquent bien certains comportements et certaines issues de ce paradigme. Nous pensons en premier lieu à la façon dont les théories méthodologiques procèdent : en sous-entendant le choix d'une optique, leur préoccupation est de promouvoir une récolte de données cohérente et complète, plutôt que de mettre en lumière la nature ultime du phénomène ; l'intérêt se porte plus sur des *analyses* que sur des *définitions*. Nous pensons en second lieu au type de savoir que les théories méthodologiques mettent en jeu : en partant d'un point de vue, elles mobilisent une connaissance qui dérive directement de l'application de certains instruments de recherche, et donc, d'un côté ce savoir semble lié à l'efficacité de la prospection et vérifiable uniquement par l'expert, mais de l'autre, il apparaît aussi apte à épuiser les objets choisis grâce au caractère systématique du prélèvement, au rassemblement continu des données et à la construction finale d'un modèle. En somme, il s'agit d'une connaissance que nous pouvons qualifier de *prospective*. Nous pensons pour finir aux critères que les théories méthodologiques acceptent pour unité de mesure, conscientes d'opérer sur la base d'un regard spécifique, elles invoquent plus qu'une certitude : une vérification, plus qu'une évidence : la possibilité de prouver, plus qu'une vérité : la *justesse* de la recherche.

Passons maintenant au dernier paradigme que nous pouvons appeler le *paradigme de spécialité*. La question qui le sous-tend sonne à peu près comme suit : « quels problèmes suscite le cinéma, et comment peut-il autant les éclairer qu'en être éclairé ? » Une telle question met en évidence une sorte de dialogue entre le spécialiste et l'objet de ses travaux, elle met en évidence aussi bien une disponibilité du premier à être à l'écoute des événements, qu'une capacité du second à constituer un véritable champ d'investigation. Dans tous les cas, ce qui est valorisé, c'est la *dimension phénoménale*, inductive, de la théorie. Parallèlement, l'objectif devient celui de cerner les questions qui traversent le cinéma et de cueillir le caractère exemplaire de certains de ses nœuds. Ce qui émerge n'est plus ni une essence, ni une pertinence, mais plutôt un champ d'interrogations, ou si l'on veut, une *problématique*.

Priorité à la composante inductive, avec la formation d'un « champ d'observation », et lancement d'une problématique, avec la délimitation d'un « champ d'interrogations » : voici les deux traits fondamentaux qui distinguent le troisième grand paradigme théorique de l'après-guerre, et qui lui donnent en quelque sorte son nom. Les voies concrètement suivies sont ensuite nombreuses : il y a ceux qui approchent le cinéma pour s'interroger sur les modes de représentation, ceux qui l'abordent pour s'interroger sur la valeur politique, culturelle, historique, etc., du support. Le terrain, une fois sondé, fait naître des questions assez diverses, certaines le concernent directement, d'autres le traversent tangentiellement. Toutefois, les deux traits fondamentaux demeurent stables, et orientent tout l'échiquier.

Ces traits, en outre, mettent en lumière certaines propriétés du paradigme. Rappelons en premier lieu comment il se structure.

Quand on exalte un contact et une problématique, on ne cherche plus, ni à cerner les composantes de base, ni à rechercher des aspects importants, mais à donner la parole à des émergences significatives. En somme, on renonce à avancer des définitions ou à produire des analyses, et on s'en remet plutôt au goût de l'*investigation*. Rappelons en second lieu le type de connaissance que la *théorie de spécialité* met en jeu. Le savoir qui est principalement promu par la théorie de spécialité est commun aux seuls chercheurs qui partagent les mêmes préoccupations et, sous cet aspect, il peut sembler circonscrit et localisé ; du moins, ce savoir tourne autour de problèmes pour ainsi dire « dans l'air », et il investit donc de nombreux objets de recherche, de nombreux groupes de chercheurs, de nombreuses procédures de recherche. Le résultat est une connaissance qui n'est plus ni globale ni prospective, mais plutôt *transversale*. Rappelons finalement les mesures que la théorie de spécialité adopte. Le critère qui discrimine une bonne approche d'une mauvaise n'est plus lié, ni à la vérité des affirmations, ni à la justesse de la recherche, mais à la qualité des questions posées au cinéma et à la densité des réponses que ce dernier fournit. De plus, des paramètres sont mis en relief, tels que l'intérêt de la recherche, la production des données, l'originalité des observations, en un mot, la prégnance du discours.

Nous avons vu jusqu'ici les traits internes, formels, des trois grands types de théorie du cinéma présents sur la scène de l'après-guerre. Le schéma suivant les résume :

	Théories ontologiques	Théories méthodologiques	Théories de spécialité
Composante	métaphysique	systématique	phénoménale
objet	essence	pertinence	problématique
opération	définir	analyser	explorer
connaissance	globale	prospective	transversale
critères	vérité	justesse	prégnance

Toutefois, nous avons aussi affaire à des réalités historiques, avec des cadres de réflexion liés aux circonstances sociales et à des climats culturels bien précis. Ce n'est pas par hasard si nous avons parlé, non seulement de *paradigmes* de recherche, mais aussi de *générations* de spécialistes : le devenir concret de la théorie est à souligner, même avec des intersections et des superpositions continuelles. Examinons alors les contextes de principe dans lesquels les trois grands types d'approche ont opéré.

Les théories ontologiques ont pour protagonistes des critiques qui ne se contentent pas de recenser tel ou tel film, mais qui entendent explorer la nature du cinéma, et qui voient dans ce deuxième engagement le moment fondamental qui oriente leur première activité. Il s'agit d'un groupe intellectuel qui trouve son homogénéité plus dans le langage employé (un langage vaguement technique, employé d'autre part pour exprimer des orientations volontiers divergentes) que dans un quelconque parcours de formation commun. Ce groupe intellectuel base son professionnalisme plus sur sa capacité d'intervention dans le débat cinématographique, que sur un rôle institutionnel précis. Les instruments d'intervention sont essentiellement l'essai ou l'éditorial édités par des revues de tendance. Il faut remarquer le lien qui survit encore aujourd'hui, entre l'activité critique et l'activité théorique ; mais il faut aussi souligner les différentes positions que les deux discours assument, et le poids différent qui leur est, en perspective, attribué. Ajoutons que la finalité qui motive ces spécialistes est le besoin d'insérer complètement le cinéma dans le domaine de l'art et de la culture. Toutefois, pour ce faire, ils ne passent plus par la simple énumération de ses mérites et de ses réussites, c'est-à-dire par une valorisation : ils cernent plutôt les grandes polarités qui caractérisent la dimension esthétique ou expressive, et ils confrontent le nouveau support à celles-ci. Nous sommes déjà dans cette logique de l'acceptation dont nous disions au commencement : les théoriciens n'apparaissent plus comme des prophètes généreux, mais comme des explorateurs envoyés par une quelconque Compagnie pour mesurer les dimensions du nouveau territoire.

Les théories méthodologiques ont, en général, d'autres protagonistes : des spécialistes d'une discipline précise, qui abordent le cinéma comme l'un des nombreux objets qui peuvent être intéressants, et qu'ils soumettront du reste à des instruments déjà éprouvés depuis longtemps. Il s'agit de groupes hétérogènes en ce qui concerne le langage et les préoccupations, mais homogènes en ce qui concerne les curriculum vitae des formations : être sociologue, psychologue, sémiologue, etc., signifie suivre des programmes de recherche différenciés, mais aussi avoir une formation scientifique commune, et donc, un sens notoire des obligations auxquelles se soumettre. Il s'agit de groupes dont le professionnalisme est indépendant du niveau soutenu dans le débat sur le cinéma, et qui est plutôt liée à un rôle institutionnel (le « métier » du chercheur) : être sociologue, psychologue, sémiologue, etc., signifie avoir une formation antérieure aux propres intérêts cinématographiques, et s'efforcer au besoin de rendre indolores les transplantations. Le lieu de travail devient évidemment l'institut de recherche, le laboratoire, le département universitaire, et les résultats sont édités par des revues de discipline, destinées plus aux adeptes de cette discipline qu'aux passionnés de cinéma. Ajoutons que les théories de la seconde génération donnent pour acquise l'entrée du cinéma parmi les faits de culture. Leur préoccupation est plutôt d'en fournir les dimensions internes, d'en mesurer l'étendue et les effets, etc. La finalité de la recherche est moins générique, et en quelque sorte, plus générale aussi. Le discours perd ses dernières caractéristiques d'évaluation et apparaît comme l'élément d'une mosaïque plus vaste.

Les théories de spécialité agissent dans un contexte ultérieur. Les chercheurs peuvent être des spécialistes de la discipline, en même temps les participants d'un débat plus général en cours ; mais ils peuvent aussi venir d'autre part et trouver que le cinéma est un objet crucial par rapport à leur propres intérêts. Ainsi, une formation « technique » et une activité plus globale se mêlent. Ce qui importe c'est que le problème autour duquel on travaille, apparaisse clairement. Ce même problème est aussi l'élément qui assure l'homogénéité des groupes de recherche. Leur professionnalisme par contre, dépend, d'un côté du fait d'opérer dans des locaux assignés (principalement l'université), de l'autre du fait d'être reconnus sur la scène sociale (pensons aux rôles atrribués aujourd'hui à l'intellectuel : l'expert, le témoin, le polémiste, etc.). Les instruments de travail mêlent réglementarisme et « indiscipline » ; ainsi les résultats se manifestent autant sous forme d'essai, et même dans des revues assez « orientées », que sous forme de conférence, d'intervention dans un débat, d'article de journal, etc. Ajoutons que la tendance qui émerge est cependant celle de renoncer aux modèles forts, et d'opérer aux intersections, sur les particularités, sur les lignes de fuite, sur les trous noirs. La communauté scientifique devient littéralement une nébuleuse.

(Traduit de l'italien
par Sophie Saffi-Dubail)

---

1. Pour rester en Italie, rappelons aussi le rôle qu'ont tenu des livres comme l'anthologie éditée sous la direction de Guido Aristarco : *L'arte del film*, Milan, Bompiani, 1950.

2. La véritable entrée du cinéma à l'université, en tant que matière autonome, aura lieu plus tard, au milieu des années 60 pour l'Italie, au cours des années 70 en France, aux U.S.A., en Angleterre, etc. L'importance de l'Institut de Filmologie réside toutefois dans le fait d'avoir officialisé l'intérêt pour le cinéma (précisément son « acceptation ») de la part de spécialistes provenant de disciplines « fortes » comme la psychologie et la sociologie.

3. *Solaria*, 1927 ; *L'Italiano*, 17-18, 1933. Rappelons aussi la parution d'une « critique cultivée » dans des revues littéraires telles que *Il Baretti* ou *La Fiera Letteraria*, et toujours *Solaria*. Rappelons surtout les articles parus systématiquement dans le *Convegno* et dans son supplément *Cineconvegno*. Les articles théoriques ne manquent pas, même dans des revues de cinéma comme *Cinematografo* ou plus tard *Cinema*. Toutefois, la plupart de ces revues, avant-guerre, ont purement pour tâche la vulgarisation, la propagande ou les informations professionnelles.

4. Il faut noter qu'à son tour la critique se scinde : celle qui ne veut pas perdre le contact avec la théorie (ou qui se présente elle aussi comme une élaboration théorique) accentue ses caractéristiques d'initié et de spécialiste, jusqu'à faire le compte rendu de films littéralement non visibles. Tandis que la critique populaire se vide progressivement du moindre contenu de pensée jusqu'à ne plus se distinguer du fait divers ou de l'encart publicitaire.

5. Les deux dernières périodes pendant lesquelles s'établit une étroite entente entre production et théorie, sont le néoréalisme et la nouvelle vague (mais les rapports souvent difficiles entre le *Cinema nuovo* et les auteurs italiens sont aussi significatifs de la façon dont les exigences commencent à diverger). Le cinéma d'avant-garde des années 70 est franchement utilisé par la théorie (par exemple, *Screen*), plus comme un prétexte ou comme un fétiche qu'en tant qu'interlocuteur.

6. Naturellement, les chocs en retour ne manquent pas : on voit par exemple, durant la seconde moitié des années 80, la réaction aux U.S.A. contre les théories « d'importation » et la tentative d'élaboration d'une théorie « américaine » du cinéma (en particulier avec l'avènement de la psychologie cognitive).

7. L'idée des trois composantes d'une théorie scientifique, à analyser aussi bien synchroniquement que diachroniquement, est exprimée par Gerd Buchdahl, « Styles of Scientific Thinking », in Bevilacqua F. (ed), *Using History of Physics in Innovatory Physics Education*, Padoue, C.D.S., 1983 ; cf. aussi *Metaphysics and Philosophy of Science : Descartes to Kant*, Cambridge, 1969.

8. Sur le concept de *paradigme scientifique*, voir Kuhn, 1962, *Masterman*, 1970, etc.

9. Il est de nouveau fait référence à Bazin, et au titre de ses quatre volumes.

Francesco Casetti presents a critical and historical panorama of theoretic researches on film since 1945. Cinema was first taken as a cultural matter. Since then a spread of specialized film theory can be observed within cinema issues, and internationalism of theoretical debates has become more and more pronounced. The major concept of our time is specification.

F. Casetti discerns three different generations and three types of films theory :

— the generation of the '60 s : ontological theory with an important metaphysic component,

— the following generation : a methodological concern with a systematic component,

— today's generation called « theory of specification » which points out phenomenology of cinema (its main component being problemacy).

A synthetic diagram leads the author to classify the important epistemologic aspects of those types of theory.

Geneviève Jacquinot

Une théorie pour une province marginale du cinéma

En choisissant de m'intéresser, il y a longtemps déjà, à l'une « des provinces marginales » du cinéma et non « au royaume incontesté de la fiction » — pour reprendre les expressions de Christian Metz[1] — je me vouais, si je puis dire, à la marginalité ! Nous sommes peu nombreux, en effet, à étudier le cinéma de non-fiction; et encore moins nombreux, parmi ceux qui étudient ce secteur défini résiduellement, à étudier les films et documents audio-visuels qui sont faits prioritairement pour « faire apprendre », qu'il s'agisse de partager des savoirs, des savoir faire ou de modifier comportements ou représentations.

Je pense pourtant que nous faisons un travail important, disons plutôt que nous nous posons des questions importantes. Et je me mettrais volontiers à l'abri d'un grand maître du cinéma pour valoriser les ambitions qui sont les nôtres, nous qui cherchons à élaborer *une théorie du cinéma de la connaissance*[2].

> « *Les vingt prochaines années se joueront sur l'instruction et l'éducation, sur la faculté d'apprendre et l'art enseigner (...). Oui, il faut que le cinéma apprenne aux hommes à se connaître et à se reconnaître les uns les autres au lieu de continuer à raconter toujours les mêmes histoires.* »

C'est ce que Rossellini disait, dans les années 60, c'est ce que nous continuons à penser aujourd'hui. J'ajouterai que cette préoccupation se renforce actuellement, tant sous l'influence de la multiplication des systèmes et réseaux de diffusion des images et des sons, que sous la pression d'un mouvement social qui fait que, de plus en plus, l'action éducative échappe à l'école.

Y a-t-il une version filmique du didactique ?

Qu'est-ce qui est ici en question ? Ce que nous voudrions comprendre, c'est comment cette caractéristique des médias cinéma et télévision, qui consiste en la juxtaposition de deux registres — pour le dire en écho aux pro-

pos de Pierre Sorlin dans *Sociologie du cinéma*[3] — l'un fonctionnant surtout au niveau des processus secondaires, le second registre dominé par l'activité imageante avec ce que cela implique d'investissement du sujet, comment
cette caractéristique peut être compatible avec l'acte d'apprendre, traditionnellement attaché à un type de discours « démodalisé », tendant à une écriture « transparente » monopolisée par la seule transmission des informations ?
D'où, dans l'univers pédagogique, les mythes résistants de la communication
monosémique, de la neutralité, de l'objectivité.. (Et ce n'est pas parce que
les manuels scolaires tutoient l'élève ou que les machines l'interpellent que
le problème de fond est modifié !).

Ce qui est en question, pour le dire d'une autre façon, c'est comment
peut s'articuler, pour un même individu et au même moment, dans une situation définie de communication, le « moi spectatoriel », c'est-à-dire cette partie
de moi-même qui participe à la fiction du spectacle et le « moi » que j'ai
envie d'appeler, pour jouer avec les choses et avec les mots, « didacticiel »,
c'est-à-dire cette partie de moi-même qui est appelée à la vigilance, à la réflexivité, à la distanciation, à l'apprentissage ? Autrement dit, *y a-t-il une version filmique du didactique ?*

J'ai analysé, il y a une douzaine d'années, dans *Image et Pédagogie*, un
corpus de films et d'émissions de la télévision scolaire des années 60-70, à
l'aide des concepts forgés par la sémiologie du cinéma, d'inspiration linguistique, fondée par C. Metz et j'ai dégagé ce que j'ai appelé à l'époque, les
structures spécifiques aux audiovisuels didactiques, à savoir : la triple référence et les ruptures diégétiques qu'elle entraîne ; l'agencement syntagmatique et la ponctuation filmique au service d'opérations d'intellection, la présence du destinataire (virtuel) dans l'énoncé et les marques énonciatives qu'elle
implique. En faisant cela, ce que j'ai finalement montré, c'est qu'il n'y avait
de structures spécifiques aux audiovisuels didactiques que dans la mesure où
ces documents, dans leur grande majorité, ne faisaient qu'imprimer, dans les
procédés signifiants cinématographiques élaborés par le cinéma narratif, les
contraintes d'un modèle didactique hérité de la tradition de la médiation verbale ; et ce jusqu'à faire, de cette matière de l'expression, et de ces codes,
une utilisation contre-nature. Autrement dit, si structures spécifiques il y avait,
ce n'était que dans la mesure où il n'y avait, dans ces énoncés filmiques,
qu'une traduction en images et en mots d'un contenu pédagogique réifié.

En même temps, *a posteriori*, par l'analyse de ces « petits films », je donnais raison à C. Metz quand il justifiait le choix d'un corpus de « grands
films » (entendez de films narratifs) pour l'entreprise sémiologique qu'il engageait dans *Essais sur la signification au cinéma* :

> « *Il n'est pas certain qu'une sémiologie autonome des divers gen
> res non narratifs soit possible autrement que sous la forme d'une
> série de remarques discontinues marquant les points de différence
> par rapport aux films "ordinaires".* »

Les conditions de possibilité d'un didactique filmique

Après ce travail, en un deuxième temps, il m'a semblé nécessaire de renverser la perspective et, au lieu de rechercher, dans les audiovisuels didactiques attestés, les traces d'une éventuelle spécificité filmique, de *penser*, en fonction de ce que nous connaissons de la spécificité cinématographique, *les conditions de possibilité d'un nouveau didactisme*, que je propose d'appeler *le didactique filmique*. Cela offre le double avantage de concevoir d'emblée la potentialité didactique de tout énoncé filmique, au-delà des traditionnelles répartitions par genre et de fonder les bases d'une didactique de l'image, bien qu'il s'agisse d'un autre problème que nous n'aborderons pas ici[4]. Parmi les conditions de possibilité de ce didactique filmique, je distinguerai les conditions d'ordre proprement didactique, les conditions d'ordre communicationnel ou sémio-pragmatique et les conditions d'ordre épistémologique.

1. Les conditions d'ordre didactique

Il s'agit, en un premier temps, de sortir la didactique de l'approche traditionnelle qui en fait « l'ensemble des méthodes, techniques et procédés pour l'enseignement ». J'avais déjà essayé de le faire en proposant le terme de *didaxie* définie commme *la modalité de ce qui est propre à faire apprendre, que ce soit dans ou hors l'institution et sans préjuger du modèle didactique auquel telle ou telle procédure se rattachera explicitement ou non*. Ce qui avait l'avantage, en sortant la médiation didactique du seul contexte de l'enseignement et de l'école, de mieux cadrer avec la diversification des situations actuelles d'apprentissage, notamment non formelles. Cela permettait aussi de penser l'*autodidaxie*, en particulier par les mass-media, qu'Abraham Moles avait été un des premiers à reconnaître et à tenter de formaliser[5]. Mais pour sortir la didactique de cette approche trop restrictive, il s'agit d'aller plus loin, comme nous y invite, à l'heure actuelle, les didacticiens (des mathématiques et de la physique notamment) et de rappeler que l'acte didactique (y compris dans la situation scolaire classique), n'implique pas seulement les procédures d'exposition des contenus et des concepts mais aussi *une certaine relation au savoir* : étudier les conceptions et les représentations des élèves, leur évolution en fonction de l'âge mais aussi des situations spontanément rencontrées (on pense à la vie pratique mais aussi « à la télévision qu'ils regardent ») ou spécialement créés dans leur environnement pédagogique, ou bien encore rappeler que l'apprentissage dépend de la signification qu'ont les contenus à apprendre pour ceux à qui ils sont destinés, tout cela c'est pour l'enseignant, changer de modèle pédagogique (ne plus se référer à la norme ou à ce qu'on croit être la norme) et pour celui qui enseigne comme pour celui qui apprend, changer le rapport au savoir et au processus d'apprentissage.

Enfin, troisième exigence, il s'agit de positionner théoriquement la pertinence d'une étude de la spécificité des représentations visuelles et sonores et non exclusivement verbales dans un procès didactique : on pourrait prendre l'exemple du concept de « supplantation télévisuelle » forgé et mis en œuvre par Gavriel Salomon[6], qui montre comment la caméra peut simuler ouvertement ou « supplanter » une opération intellectuelle qui pourra servir de modèle et être imitée pour devenir une faculté intellectuelle (le zoom pour la relation de la partie au tout).

Ces trois exigences, la nouvelle didactique nous permet d'y répondre en proposant *une théorie interactive de la formation des connaissances*, selon un modèle d'inspiration sémiotique où un concept opératoire consiste en un triplet de trois ensembles : l'ensemble des situations qui donne du sens au concept (le référent) ; l'ensemble des invariants opératoires qui assurent la validité de l'action du sujet dans différentes situations (ou signifiés), l'ensemble des représentations symboliques qui permettent de représenter ces situations et les relations qu'elles contiennent (signifiants). Et je ferai mienne cette définition du psychologue Gérard Vergniaud[7] :

> « *Faire œuvre didactique, c'est réfléchir aux situations qui permettent soit de conforter une conception soit, au contraire, de la mettre en défaut et de conduire, ainsi, à une autre conception.* »

2. *Les conditions d'ordre communicationnel ou sémio-pragmatique*

A la lecture des travaux récents de certains sémio-pragmaticiens, il m'est apparu qu'en tentant de décrire, dans *Image et Pédagogie*, le poids privilégié du destinataire au cœur même du discours et les marques formelles « d'implication » que cela entraîne et en mettant l'accent sur les déterminations extérieures de l'énoncé (par la prégnance de l'institution productive), j'avais fait de la sémio-pragmatique sans le savoir — certes, une pragmatique bien timide, je le concède volontiers à Roger Odin car « textuelle » et « immanentiste »[8], mais une pragmatique tout de même. Car nous ne pouvons pas faire autrement. Nous aussi, comme les théoriciens qui s'intéressent au cinéma non fictionnel, nous sommes obligés de nous poser des questions « de nature pragmatique » dans la mesure où ce qui nous préoccupe, en dernière analyse, quand nous analysons des énoncés filmiques, c'est bien celui auquel le discours s'adresse, le destinataire, celui que j'appellerai le récepteur-acteur — et ce n'est nullement contradictoire me semble-t-il — qui, à la fois « est construit par le texte filmique » en tant que spectateur énonciatif et « produit le sens du film » en tant que spectateur concret : production qui, dans le cas qui nous intéresse, est un processus bien complexe, comme l'évoque le modèle de la « spirale de réciprocité » élaborée par Salomon[9] pour décrire comment la capacité à extraire des informations de la télévision a partie liée avec les systèmes symboliques (au sens sémiotique du terme), les aptitudes, les attentes de celui qui regarde et le degré de légitimité à dispenser du savoir qu'il reconnaît à la télévision.

Plus que l'attention portée au seul destinataire, je dirai que c'est l'ensemble du régime de l'énonciation et des modalités discursives qui est à travailler (dans la pratique de production) et à étudier (dans la posture d'analyse) pour atteindre cette modalité du didactique filmique. *Car le filmique didactique, par le caractère univoque de la situation de communication qu'il implique, prend en charge* outre ce qui est spécifiquement didactique, ce qui est proprement pédagogique : à savoir *une simulation de ce qui se joue, s'instaure, dans la situation présentielle classique*, c'est-à-dire le positionnement (physique ? éthique ? idéologique ?) plus ou moins explicite et plus ou moins conscient du professeur, par rapport à ce qu'il dit et par rapport à ceux à qui il le dit. Il s'agit donc de se poser les questions suivantes : qui est l'énonciateur, comment se présente-t-il, comment se signale-t-il ? Comment est sollicité le destinataire ? Où et comment est-il placé ? Comment l'un et l'autre sont-ils situés par rapport à la réalité présentée, situés à la fois techniquement et socialement (le double point de vue), car il n'existe pas, on le sait, une « réalité », quelque part, à restituer en images et en sons. Ce travail est à faire à travers l'analyse textuelle mais aussi en prenant en compte la réalité des groupes de production et des groupes de réception. Je le mène actuellement[10] sur un corpus d'émissions de la chaîne de télévision câblée belge *Canal-Emploi*, notamment en mettant en évidence le double travail de la bande image et de la bande son, le perpétuel décalage entre observé, observateur et spectateur, la réelle intention de faire partager la découverte progressive d'un autre savoir, d'un autre monde... tout cela sans que jamais le commentaire vienne nous le dire à la place de l'image, avec tout un travail suscité chez le spectateur pour que jamais l'émotion n'occulte la prise de conscience, pour que chaque information évoque un « écho fertile ». De l'ex-chaîne devrai-je dire puisque — ce n'est pas une contradiction mineure, au moment où l'on remet à l'ordre du jour la problématique d'une télévision éducative (Rapport Pomonti) — à la fin de l'année 88 disparaissait cette expérience, unique en Europe, de télévision éducative centrée sur les problèmes de l'emploi et de la formation des chômeurs qui a produit certaines des meilleures illustrations de ce didactique filmique que je tente de définir.

3. *Les conditions d'ordre épistémologique*

Si l'on veut prendre en compte, dans l'élaboration à la fois théorique et pratique d'une didactique filmique, la spécificité cinématographique, il faut prendre un véritable virage épistémologique et reconnaître, dans l'élaboration des processus cognitifs la place qui revient à l'image — ce que la psychologie n'a commencé à faire que relativement récemment — et, d'une façon plus générale, reconnaître dans l'élaboration des processus cognitifs la place de la pensée analogique (avec ce qu'elle charrie de valeurs affectives et socio-affectives) à côté de la pensée logique, en complémentarité, je dirais plutôt, en interaction avec elle. Il ne s'agit pas ici, comme on l'a fait si longtemps en pédagogie, de reconnaître la fameuse fonction de « motivation » du cinéma et de l'audiovisuel — pour mieux faire passer ensuite les « pilules cognitives » — mais d'identifier, dans la spécificité de la parole cinématographique, quelque chose d'équivalent à ce que Julia Kristeva appelle, dans la « parole analytique », les trois types de signes : ceux qui renvoient aux représentations de mots, de choses (proches des signifiants et signifiés linguistiques) mais aussi ceux qui renvoient aux représentations d'affects définis comme « des inscriptions psychiques mobiles », soumises aux processus primaires de « déplacement » et de « condensation »[11]. Les « machines à représenter contemporaines », comme les appelle Monique Linard[12], qui a travaillé sur les relations individuelles à la vidéo et à l'ordinateur, dans le contexte éducatif, conduisent inévitablement à un « plaidoyer pour une approche relativiste, multi-dimensionnelle et critique de nos modes de représentation, approche qui ne fait, après tout, que se conformer à l'attitude épistémologique des sciences dures les plus en pointe actuellement »[13].

Les diverses modalités de notre fonctionnement cognitif sont diversement valorisées selon les cultures, diversement représentées selon les individus et différemment sollicitées selon les machines et les modes de représentation qu'elles favorisent. Et comme le souligne, là encore fort justement Monique Linard, cette valorisation exclusive d'une seule de ces modalités cognitives aux dépens des autres, n'est pas seulement illégitime en ce qu'elle est partielle, elle est :

> « *intolérable pour tous les individus qui ne partagent spontanément pas ce modèle partiel. Et plus intolérable en éducation que partout ailleurs, dès lors que ce modèle cognitif se mettrait au service d'une déqualification et d'une exclusion du plus grand nombre au profit de la seule minorité accordée à ses exigences.* »

Le problème épistémologique se double ici d'une dimension politique.

Peut-on concevoir une pédagogie qui réconcilie l'esprit et le corps, une didactique qui intègre « l'analogique global » et « le logique analytique » — et nous retrouvons l'articulation, propre au cinéma et à la télévision, entre processus primaires et processus secondaires que nous évoquions au début de notre intervention et qui nous avait amenée à nous interroger sur ce registre filmique particulier qu'est le didactique filmique.

De quoi serait fait le didactique proprement filmique ?

Ce qui serait au cœur du didactique filmique, ce serait, en dernière analyse, la possibilité enfin offerte d'articuler deux modes d'approche de la réalité que l'école — et depuis, d'autres institutions de médiation didactique — ont traditionnellement opposés : la science et l'art ou, pour le dire autrement, d'un côté la connaissance, la raison, le didactique, la communication et, de l'autre, le spectacle, l'imagination, le distractif, l'expression. Il ne s'agit pas là du projet de l'école, perpétuellement réactualisé depuis vingt ans, de « viser l'alliance du plaisir et de l'apprentissage » et dont l'avatar le plus récurrent consiste à substituer le ludique au procès de connaissance pour éviter le didactique assimilé à l'ennui. Il s'agit de rendre possible un procès de connaissance qui consisterait en *une tentative d'articulation entre science et fiction* — expression empruntée à Jean-André Fieschi pour caractériser le cinéma de Jean Rouch[14] — mais que je voudrais utiliser ici dans une perspective plus exhaustive et si possible plus théorisée. Le didactique filmique, ce serait une tentative d'articulation entre science et fiction :

— la fiction en ce que « tout film est un film de fiction » au sens où l'entend C. Metz car toute configuration audiovisuelle crée un espace et un temps qui ne sont pas ceux du pro-filmique, mais aussi au sens « d'effet fiction », de ce régime de croyance spécifique dont la théorie du cinéma a tenté de caractériser les conditions du fonctionnement signifiant ;

— la science, dans le mouvement qui la pousse à s'éloigner du réel perçu, à le dépasser, le déplacer, à travailler sur le perçu, à partir du perçu, contre le perçu, pour donner à voir, non le réel perçu et qui serait « restitué » mais un certain processus d'intellection du réel.

Ainsi serait mise en question la représentation du réel et l'ensemble des rapports entre sujet et objet qu'elle implique, ainsi serait explicitée la situation paradoxale de ce régime filmique particulier qui prive le spectateur de son désir d'identification et substitue au plaisir suscité par l'histoire racontée, le plaisir de l'abstraction, de l'acte de comprendre à l'intérieur même de l'acte d'adhésion. Situation paradoxale qui renvoie aussi aux difficultés rencontrées par tous ceux qui, dans l'histoire du cinéma et de l'audiovisuel, ont eu le désir de faire des films pour entraîner les spectateurs à la prise de conscience, à la distanciation qui, comme Brecht, se sont méfiés de l'identification, car elle paralyse le jugement et l'esprit critique.

L'hypothèse que je défends avec d'autres, c'est que le matériau filmique hétérogène permet cela, dans le contexte qui est le nôtre, à partir du moment où, dépassant « l'analogie » et « la pédagogie du comme si vous y étiez », il est travaillé non pas, comme le dit Gérard Leblanc à propos du documentaire[15] pour restituer de la réalité ce qui est visible, ce qu'il appelle les « fictions du visible » (représentées aussi bien dans les films classés documentaires que dans ceux classés « fictions ») mais pour faire accéder au visible ce qui ne l'est pas, ce qui échappe à la vue mais est le résultat d'une analyse — ce qu'il appelle les « fictions de la réalité ». Cela implique, au plan du travail filmique, la décomposition de la réalité en images sonores et visuelles simples avant une recomposition en combinaisons audiovisuelles complexes. Remarquons, au passage, que cela demande au plan des conditions d'une pratique de production, la parfaite maîtrise de l'outil de réalisation, le refus d'une conception « véhiculaire » du moyen d'expression, l'expli-

citation (idéologique) du positionnement de celui qui donne à voir et à entendre par rapport à ce qu'il donne à voir et à entendre et donc un contact
personnalisé, de l'intérieur, avec les réalités (que ces réalités soient celles du
monde physique ou de l'ordre du scientifique constitué en savoir) ainsi « tra-
duites », c'est-à-dire « inventées » : toutes qualités, exigences qui sont rarement mises au service d'un enjeu « seulement » éducatif... C'est la raison
pour laquelle pour réaliser une émission de vulgarisation scientifique par exemple, ou plus généralement pour communiquer de nouveaux concepts à des
non-spécialistes, il ne faut pas réduire l'homme de science ou de savoir au
rôle d'interviewé : cela implique que la médiation didactique prenne son origine à l'intérieur du discours scientifique lui-même, pensé en fonction de la
situation de la C.A.V. (je pense à *Mon Oncle d'Amérique*, par exemple) et
non pas dans les prouesses d'un présentateur plus ou moins habile, jouant
plus ou moins bien de ses accessoires.

Cette distinction entre « fictions du visible » et « fictions de la réalité »
me semble particulièrement productive pour dépasser l'opposition, qui traverse toute l'histoire du cinéma, entre documentaire et fiction ; productive
aussi pour rendre compte, plus théoriquement, de cette intuition qui traverse,
elle, toute l'histoire du cinéma éducatif — au-delà de la vision caricaturale
qui, dans le *Vocabulaire de l'éducation* (1979, P.U.F.) définit encore le documentaire comme « film instructif opposé à la fiction » : à savoir que le didactique proprement filmique existe quelque part dans « les marges », dans les
« entre-deux ». Intuition des cinéastes qui, de tous temps, ont su mettre leur
art au service d'une ambition didactique et combiner ouverture au monde
et œuvre d'expression personnelle, intuition aussi des pédagogues qui, depuis
longtemps, ont cherché à introduire le cinéma puis la télévision à l'école pour
enseigner « autrement » ; intuition enfin des sémiologues marginaux, qui tra-
quent les énoncés filmiques réputés non fictionnels et décortiquent « les textes du savoir... dans le défilé des images et des sons ».

*Il me semble qu'au-delà de ces intuitions ponctuelles, il y aurait, attes-
tée, une évolution dans les énoncés filmiques didactiques* — liée à l'évolution des techniques et des pratiques générales de production et de réception
audiovisuelles — *que je caractériserais de la façon suivante* : on est passé :
— d'énoncés filmiques didactiques *jouant* sur les stratégies énonciatives cona-
tives « pour capter et retenir l'attention du spectateur » (selon les expressions
consacrées), où le processus didactique est fait par celui qui enseigne et *livré*
pour être *reçu* par celui qui apprend — à des énoncés filmiques didactiques
travaillant diverses modalités énonciatives explicitement affichées pour *faire
partager* entre celui qui enseigne et celui qui apprend un processus de production du sens (ou d'interprétation) qui permette au spectateur de construire
son propre parcours didactique.

Pour conclure, je dirai que ce que je cherche à approcher par cette notion
de « didactique filmique », ce n'est peut-être rien d'autre que ce qui fait
l'essence du processus didactique (qu'il soit filmique ou non) : à savoir l'articulation d'une *rigueur de la démarche* et de la *force d'un désir*. Cette « pas-

sion didactique » qui parcourt toute l'œuvre de C. Metz et qui est bien celle qui nous permet, tout au long de ce colloque, de partager à la fois ce que nous avons de commun et ce qui fait notre différence.

1. Dans *Essais sur la signification au cinéma*, tome 1, Paris, Klincksieck, 1968, p. 95-97.

2. C'est dans un sens générique que nous entendons cette expression car il peut s'agir de cinéma, de télévision ou de vidéo dans la mesure où ce qui nous intéresse, dans ce texte, c'est la modalité filmique définie selon les traits pertinents de la matière de l'expression, suivant en cela C. Metz à savoir « l'image obtenue mécaniquement, mutliple, mobile, combinée avec toutes sortes d'éléments sonores ».

3. Aubier, Collection historique, 1977.

4. Voir notamment André Gardies, « L'enjeu-image », *Hors-cadre*, n° 5, P.U.V., 1987, p. 113-123.

5. Voir notamment *Sociodynamique de la culture*, Mouton La Haye, 1967, et « Spécificité culturelle et image télévisuelle : le compas socio-culturel », *Recherche, pédagogie, culture*, n° 28, Paris, avril 1977, p. 3-17.

6. Salomon Gavriel, « La fonction crée l'organe », Apprendre des medias, *Communications*, n° 33, Seuil, Paris, 1981, p. 75-101.

7. « Comprendre les hommes, construire les modèles », intervention présentée au *Congrès de la Société Française de Psychologie*, Paris, mai 1983.

8. « La sémio-pragmatique du cinéma, sans crise, ni désillusion », *Hors Cadre*, n° 7, Théorie du cinéma, crise dans la théorie, 1989, p. 83.

9. Salomon Gavriel, *op. cit.*

10. Voir notamment « Cinéma de la connaissance, écran au plaisir de savoir ? », *Cinémaction*, n° 38, 1986, p. 13-14.

11. Julia Kristeva, *Au commencement était l'amour, Psychanalyse et foi*, Textes du XXᵉ siècle, Hachette, 1985, p. 13-14.

12. Monique Linard, « Machines à représenter : l'analogie des images et la logique de l'ordinateur dans le domaine de l'éducation et de la formation », *Perspectives documentaires en Sciences de l'Éducation*, n° 13, I.N.R.P., Paris, déc. 1987.

13. Et de citer la physique quantique avec Espagnat, la physique des « structures dissipatives », avec Prigogine, les *mathématiques de l'irrégulier* avec Thom et Mandelbrot, la *biologie de l'auto-organisation* avec Atlan et Varela.

14. Jean-André Fieschi, « Dérivés de la fiction : notes sur le cinéma de Jean Rouch », *Revue d'Esthétique*, numéro spécial « Cinéma : thèmes-lectures », Paris, Klincksieck, 1973, p. 255-264.

15. Gérard Leblanc, « La réalité en question », *Cinémaction*, n° 41, Paris, Cerf, 1987, p. 36-45.

At a time where systems and networks for the diffusion of images and sounds are multiplying and where the action for education escapes more and more the educative system, it is urgent to elaborate a theory and a practice of the « cinema of knowledge », as was already the wish of Rossellini in the 60's. Is there a filmic version of the didactics ? This is the question Geneviève Jacquinot tries to answer by studying the three conditions for the construction of such didactics : the conditions of a properly didactic order, the conditions of a communicational or pragmatic order, and the conditions of an epistemological order. The specificity of such didactics is situated at the intersection of science and fiction. This implies that the didactic mediation has its origin inside the scientific discourse and that the filmic regime succeeds in substituting, within the adhesion of the spectator to the film, the pleasure of the story told (the desire of identification) by the pleasure of abstraction provided by the act of discovering (desire of com-prehending, or of taking with oneself).

You-Zheng Li

Metz's Theory and Classificatory Attitude toward Film Studies

A Survey Over The Chinese Reaction To The Current French Film Theory

The Chinese scholars have done their film research in quite different political, historical, cultural, institutional and academic conditions from yours. That is why they have somewhat different research focuses from the main topics in the western film academics. Having been not so specialized since our beginning year of 1977, the Chinese film theoreticians have been all the time more concerned about the problems of a more desirable and acceptable direction of their new film scholarship. Or in other words, those problems of more epistemological and methodological nature.

In this brief survey over our recent studies of film theory I'd like to talk about some of our main considerations and concerns. And a short historical review is being given at first.

1. Development of Chinese Film Studies

China has a history of film over about 70 years yet but her true theoretical interests have become intensive only since ten years ago. Before the Cultural Revolution there were generally three kinds of film studies : the ideological criticism ; the historiography of Chinese films based on chronological descriptions and political comments ; and the studies of foreign film histories and the classical theories. The above three kinds of film studies as well as the business of film making had been supervised by a special cinematic administration with a view to make them serve better the cultural objectives of the Chinese revolution. Therefore the main task of the studies lied in how and why make the Chinese films and the Chinese film studies good enough for the politicial education among the people. Since the late 1977, both film productions and film studies have entered on a new stage of the « Reform Period ». If we say the major themes of Chinese new films have been the social and ideological criticism, emphatically disclosing the political mistakes and social tragedies of the earlier periods, the new Chinese film studies have then shown two main tendencies : the political and social criticism based on the new official policy in conformity with the topics in the new films and the purely academic efforts to establish a new science of film scholarship. Since then the Chinese film scholars, particularly the younger ones, have manifested ever-increasingly a strong interest in academic and theoretical reflections on films and film scholarship.

Between the early fifties and 1966, there had been a special academic organization in Pekin being engaged in the studies of foreign film histories and theories. Mainly because of their active works the classical European film theories had been introduced into China, especially those of Eisenstein, Balazs, Arnheim, Martin and even some French and German avant-de-garde film theories of the twenties. Generally speaking, they could scholarly more or less follow the developments of their contemporary western film theories. Since 1977, after a cultural gap of 12 years, the first attractions to the Chinese film scholars have been Bazin, Mitry, Kracauer and a few Californian scholars. While at the same time Metz and some other film semioticians have become influential in the academic field although their works seem more difficult to be grasped by the senior film scholars. Since the middle of the eighties, after the publications of a lot of current western film works for the past few years, the new Chinese academic systems of film studies have been initially formed which have shown the more theoretical interests in film scholarship than before. On the whole, however, the present Chinese studies of film theories have remained on the level of introducing and commenting the western achievements. Among them the French film theory in general and Metz's theory in particular have become being valued much more than other western film theoretical trends. And if we say Bazin and Mitry can be grasped better by the Chinese film scholars nowadays, Metz then has given a more profound and lasting influence on the epistemological and methodological level upon the possible orientation of the new Chinese film theory and aesthetics. Besides, Metz and some other contemporary French film theoreticians, as the part of the French semiological scholarship today, have also helped stimulate the newly established Chinese semiological studies. By the way, among the Chinese semioticians, the cinematic ones have worked more actively and even published more than in other Chinese semiotic fields.

Regarding the french impacts on the Chinese film studies, they are generally reflected in our following viewpoints :

— the film studies, especially the film theory, should be one branch of human sciences ;

— film productions and film studies, as two different cultural activities, should be administratively and academically divided ;

— the understanding of significance of an autonomous-interdisciplinary methodology of film theoretical studies ;

— desirability of theoretical attitude to the critical problems.

2. Film Theory as a Socially and Culturally Independent Activity and as One Branch of Human Sciences

In regard to the relationship between film making and theoretical studies in China, almost no Chinese film makers have shown much theoretical interests in the practical film aesthetics like those earlier Russian directors on one hand, while the purpose of the Chinese film scholarship for the past decades has always been to help produce the ideologically and aesthetically acceptable films on the other. In China, therefore, particularly ten years ago, the political tasks, the film making and the film scholarship have been systematically organized into a whole. And the general tendency of film scholar's works in China for the past few years could be perceived in an universal attempt to make the three different activities reasonably separate from each other.

From the middle of the sixties the western, mainly the french, film theories have developed into a mature branch of human sciences. Epistemologically and methodologically, if not socially, it is Metz and other film semioticians who set the turning point to the new directions of film theory initially with their original inquiry into film language. Practically, the classical topics of film language remain important but mainly relevant to the technical dimensions. As a matter of fact it is just the studies of structures of film language which led the film studies to a more scientific and theoretical direction. In result, the academic level of the film theory could be compared with those of other parallel efforts in the humanities, for example, the french literary theory since the early sixties. Despite the shift of the different focuses of Metz's discussions over the past twenty five years, he has been in fact constantly concerned with a general question about the basic, deeper conditions of the inner and outer structures of « the work of film art » : namely the linguistic analysis of film structure, the psychological constitutions of audience and the institutional contexts of various kinds. In brief, he has always paid attention to the determinative constraints of film and film culture and therefore pursued his insisting inquiry on a meta-theoretical level which is conducive to the establishment of a genuine science of film studies. Mainly because of his and some other french scholars efforts the cinematic mechanism of various kinds has been now understood much better and deeper than thirty years ago. And also because of the development of the meta-theoretical studies many other applied studies have also been correspondingly promoted along a more reasonable and fruitful direction.

Concerning the Metz's theory itself, it is in fact the result of a dialectic effort of both interdisciplinary and autonomous strategies. On the one hand, it tries to exclude the epistemologically and methodologically impertinent aspects of other disciplines and on the other hand it creatively accepts the more pertinent aspects of the latter. Consequently we see the great influence of linguistics, psychoanalysis, literary criticism and sociology on the formation of the Metz's film theory along a specially chosen direction. It is natural that this double methodological strategy of « dependency-independency » also reflects the rapidly changing topography of the academic world today. The traditional fragmentations of academic disciplines having been formed since the last century have been undergoing breaking up and reorganization. It is just in such a changed academic panorama the new french film theory has developed. Therefore both the foundation and applicability of the film theory today must be logically related of all neighbouring disciplines which have been rapidly changing themselves. Broadly speaking, film theory has always kept close relations with both history of film art and human sciences ; but, in my opinion, methodologically it is more closely linked with the latter.

If the new film theory developing in a post-modern period cannot be really axiologically neutral, it, as one branch of the recent more developped human sciences, will the able to become less ideologically implicated, which must be in return more helpful for the more justified critical activities. That's why, compared with the former periods of film theories, a theoretical attitude has been comprehensively strengthened in the whole field of film studies for the past twenty-five years.

3. Desirability of a Classifictory Attitude in the Film Studies

The new conception of film culture and film studies mainly prescented by the present-day french film scholarship show a more reasonable and applicable scheme of classification about the cinematic phenomena and film research which prove very helpful for enhancing the scholarly level of our film studies. And it is easy to understand that many of our old methodological debates about the film studies have been due to a fact that we have been used to a rather intuitive, practice-oriented and straight forward way of talking about the film learning of various kinds. At first, the traditional notion of the « film world » as a special homogeneous autonomy should be someway revised. Because this so called film world consists in fact of a lot of heterogenious parts and aspects. It should be more analytically approached if we want to promote more comprehensively and precisely our understanding of it. For this purpose we'd better accept a more reasonable attitude to the classifictory problems of film studies.

To elaborate more conveniently our problems, let us pragmatically divide the film culture into seven sections which are partly based on Metz's classifictory scheme for the cinema as a « social total fact ».

F1 : Formative backgrounds and conditions connected with society, culture, history, sciences and technology.

F2 : The media in broad sense caused by material instruments and projections ; mainly the image-sound systems in screen.

F3 : Cinematographical language or sign systems ; including the general and the special grammars or codes and the stylistics of various kinds.

F4 : The process of cinematic production ; all the activities connected with film-making.

F5 : Cinematic messages, namely the content in films which can be classified in terms of genres or types (feature films, documentaries, experimental, and others) and the contents of various kinds (such as the political, the erotical, the romantical, the philosophical, scientific and a lot of others).

F6 : Cinematic effects, namely all social and intellectual results aroused by films. They can also be observed in terms of the social, the psychological, the economical, the educational and many other approaches.

F7 : The discourses about films and film culture ; namely all texts in film studies which can be classified in terms of objects (A), objectives (B), methods (C), styles (D) and positions (E).

The above scheme attempts to emphasize that we should more subtly classify our discourses concerning films in terms of their possible different A, B, C, D and E so as to more precisely limit the semantic scopes of our topics and thus more reasonably to avoid the categorical ambiguities in our arguing and reasoning. The following are some examples for explanation.

A common confusion is made about the word « film » : the film as media (F2) and the film as content (F5). Or in other words, the film is taken as the corresponding word like « book » or like « literature », for instance. If it is the former, the feature film, the documentary, the « red » or « white » avant-garde, the scientific and so and so will be taken as several parallel sub-categories under a general category « the film ». Nevertheless, people nowadays never take the novel, the science book, the propaganda booklet and numberless others as the sub-categories of « the book ». Therefore, according to a more reasonable categorization some avant-garde films should be included into the category « the abstract art » rather than « the film ».

« Theory » or « the theoretical » can only be a relative word meaningful in some definite contexts. Generally you can of course use it to refer to whatever you want relatively to some chosen criterion. But practically in our present-day more established academic context it conventionally and conveniently often refers to a more or less definite scope of film research which is both academically and historically linked with the current academic frameword as a whole. We can therefore probably say that for the past seventy, especially the past thirty years, the main objects of the western film theories have been those in F2 and F3 in connection with variety of constitutive and formalist factors of films rather than with F5, namely the substantial informations expressed by the « contents » of films. Even today the term « film theory » has been still frequently confused with the conception of the « any kind of theoretical reflection » *on* or *with* films. For example some philosophical discussions about or with films, or more frequently some philosophical aesthetics about film art, have been widely mixed with the « film theory » in its proper sense. In reality the two kinds of studies concerning films are quite divergent in their respective objects, objectives, methods, showing dif-

ferent academic tasks. Thus we may include the former into the general discipline « philosophy » or « philosophical aesthetics » rather than « film
theory » or « film aesthetics ». There is no doubt that the two types of learning about films are both justified in their respective domains. However they
have no common topics or objectives on many points ; so it is quite point-
less to try to replace one with the other. Anyway the film as a medium can
be used by anybody for any purpose.

Since the birth of films many western philosophers had contributed a lot
to the development of film theory in their own ways in a period when the
film theory as a workable discipline had not yet been established. But in general the philosophical approaches are limited in its effetive applicability to the
cinema as a special aesthetic medium. That's why the aesthetic intelligibility
of cinematic discourses of film art has been mostly enhanced by the various
typical film theories in a definite sense rather than by some other advanced
learnings. Furthermore, the methodological divergency between philosophical aesthetics of film art and the typical film theories is also part of that
between the traditional philosophical aesthetics and the contemporary art theories in general, which is a crucially challenging question of our times.

I think the relationship between film theory and film criticism, and that
between different types of film criticism are also related to the problem of
classification. As a matter of fact, between the journalist review of movies
and the pure film theory there can be several different types of cinematic
discourses with different degrees of the abstrat and the empirical traits. Besides, they may be quite different in their A, B.C.D.E, thus performing their
different academic and cultural functions. In this sense the Bazin's theory
and the Comolli's one can belong to two different critical categories, showing their respectively favored strategical arrangements of the more intuitive
and the more theoretical.

In the history of film criticism a great number of articles have been written in terms of the substantial dimensions, namely F5 in our scheme. Their
main concerns are focused on what being signified, directly touching upon
the expressed messages in screen from a lot of non-cinematic angles. Being
different from film aesthetical discussions, they simply serve various social
and cultural purposes. As one kind of critical discourses in our culture they
have naturally had their utility and justification, but different in nature and
categories from the film theory and criticism in their current sense. But on
the other hand, because of the intertwined relationship between forms and
contents in our cinematographical analysis, it is not easy to make clear division between the cinematic and the non-cinematic film criticism ; in fact the
proper and non-proper treatments of film texts are frequently mixed together, which is even characteristic of the way of so called ideological film criticism. The methodological challenge to the latter is due to the fact that they
have to appeal to many non-cinematic principles ; while it is not always easy
for them to establish some reasonable links between the formalist logic and
the substantial ones.

We may conclude that the pure theory and the practical criticism have different social and cultural functions, however the latter could still be the framework of the former. The film theory as an established new discipline will further develop along with the progress of other human sciences. Accordingly the future problematique of film theory must be enlarged in combination with the academic influences coming from other fields. Therefore the general strategy of film theory would continue to be more horizontally rather than historically oriented. Twelve years ago, after the end of the cultural revolution lasting also for twelve years, the Chinese scholars independently and spontaneously started getting access to the semiology-oriented film theories which were originally created by the french scholars sitting in the hall. Now another period begins. I sincerely hope our Chinese modest efforts could be continued successfully.

Ce n'est pas avant 1977 que la Chine a pu réagir aux écrits théoriques sur le cinéma européen. Les études universitaires chinoises consistent d'ailleurs essentiellement en une initiation à ces écrits et en leur commentaire. Si Bazin s'est facilement imposé, les travaux de Ch. Metz ont lentement mais fortement marqué la réflexion épistémologique et théorique. Ils ont en particulier permis de mieux comprendre comment la signification d'un film n'était ni homogène ni autonome mais dépendait de systèmes culturels multiples dont la classification permet éventuellement de définir des objets d'enseignement dans un cursus à la fois cohérent et permettant de relier la théorie et la pratique.

Jens Toft

Pour une théorie sémiotique de l'histoire du cinéma

La sémiotique du cinéma, élaborée par Christian Metz, peut-elle servir de base à une théorie de l'histoire du cinéma ? Question un peu étonnante, peut-être, compte tenu du fait que les considérations sur l'histoire du cinéma sont très rares dans les écrits de Christian Metz.

Néanmoins, la réponse à la question posée sera positive, à condition, bien entendu, de définir l'objet de la théorie ou bien comme l'histoire du langage cinématographique ou bien comme l'histoire des systèmes textuels filmiques. Dans *Langage et Cinéma*, c'est plutôt la dernière possibilité qui semble prévue par Metz, tandis que c'est la première possibilité que je vais essayer d'envisager dans les pages suivantes.

Or, qu'est-ce que peut être une théorie sémiotique de l'histoire du langage cinématographique ? Défini comme « l'ensemble des codes et sous-codes cinématographique », il ne semble pas constituer un objet historique dans le sens strict, c'est-à-dire structural du terme, mais un ensemble « ouvert » de possibilités de codage, le caractère ouvert de l'ensemble le mettant hors de l'histoire ou, tout au plus, lui conférant un statut historique « linéaire » et « cumulatif », c'est-à-dire non structural et par là sans impact signifiant au niveau historique. Par contre, c'est par les systèmes textuels filmiques, au niveau du film singulier ou du groupe de films, et au niveau de combinaisons des éléments cinématographiques avec des éléments non cinématographiques, que l'ensemble se « clôt », c'est-à-dire que s'introduit une « hiérarchisation » signifiante, productrice de sens, entre les différents codes et sous-codes cinématographiques, entre les éléments du langage cinématographique.

Cette analyse metzienne me paraît correcte au niveau où elle a été conduite, c'est-à-dire comme description des conditions générales de signification au cinéma. Le langage cinématographique n'étant pas une langue, il ne peut être qu'« ouvert » et « cumulatif ». Or, cette ouverture générale et de droit n'empêche pas que se produisent des clôtures de fait de l'ensemble, que s'introduisent des hiérarchisations et articulations de l'ensemble à un moment donné, dans un contexte historique donné, cette clôture relative (il faut le souligner) constituant une sorte d'horizon cinématographique historique, un ensemble plus ou moins clos dans lequel puisent les différents systèmes textuels filmiques pour construire les textes filmiques.

La dimension codique de l'expression cinématographique, donc, est à la fois ouverte et close. En tant qu'ouverte (et même doublement ouverte : non hiérarchique et « cumulative », c'est-à-dire ouverte à de nouvelles figures d'expression inventées par les cinéastes), elle constitue le langage cinématographique, comme celui-ci a été défini par Christian Metz. En tant que close, hiérarchisée et articulée, elle constitue une sorte de norme, de choix ou d'habitude, ce que j'appellerais des *systèmes de représentation cinématographiques*, dont plusieurs ont été produits au cours de l'histoire du cinéma.

En tant que cinématographiques, c'est-à-dire en tant qu'articulations de codes et sous-codes spécifiquement filmiques et ne concernant que ceux-ci, mais en même temps représentant un choix à l'intérieur de cet ensemble de codes, les systèmes de représentation cinématographiques se situent, pour ainsi dire, « entre » les deux niveaux définis par Metz, langage cinématographique et systèmes textuels filmiques. Par rapport à ceux-ci, ils se trouvent en « position de langue » ; par rapport à celui-là, en « position de parole ». Ou, pour reprendre une distinction barthésienne, définissant la notion d'écriture, ils se situent au-delà de la « langue » (du langage cinématographique) mais en deçà du style (des systèmes textuels filmiques) et, comme la notion d'écriture chez Barthes, représentant les dimensions historique et sociale du langage en question.

Mais, qu'est-ce qui, au niveau cinématographique, saurait clore provisoirement, pendant une période donnée de l'histoire, cet ensemble ouvert qu'est le langage cinématographique, abstraction faite des dimensions thématique, narratologique, etc., du film ? Ce ne pourrait être que ce qui lie directement et sémiotiquement, c'est-à-dire comme procès de sens ou de signification, la cinématographie à l'histoire et à la société. Une chose, et une chose seulement, me semble remplir cette condition : la relation du spectateur au film, le spectateur étant un sujet historique et social, et la cinématographie étant ce par quoi la diégèse filmique se présente au spectateur, ce qui sert de « relais » entre diégèse et spectateur.

Cette relation a été analysée par Christian Metz, tout le monde le sait, dans *Le Signifiant imaginaire*, non pas comme une relation à dimension historique et donc soumise à des changements historiques, mais comme une relation d'identification double. Ou mieux, dans ce livre important, Metz distingue entre plusieurs types d'identification, l'une primaire et universelle qui est l'identification du spectateur à « la caméra » et à lui-même comme condition d'existence du film en tant qu'objet sémiotique ou de signification, et l'autre nommée secondaire, l'identification du spectateur à un sujet de la diégèse, celle-ci n'étant pas universelle ou obligatoire pour la simple compréhension d'un film quelconque, bien que très commune et dominante dans la majorité des films.

Cette distinction est capitale, et elle nous permet de préciser quelques points. D'abord que c'est au niveau cinématographique qu'est créée la relation fondamentale entre spectateur et film. Ensuite, après avoir précisé le niveau exact de l'analyse metzienne, de relier cette analyse d'inspiration psychanalytique à une analyse historique du langage cinématographique.

En réalité, la notion d'identification cinématographique primaire recouvre deux choses qu'il faut distinguer, de même qu'il faut faire une distinction plus précise en ce qui concerne l'objet analysé dans *Le Signifiant imaginaire*. Christian Metz a souligné lui-même (*L.S.I.*, p. 180) que l'objet analysé n'est pas tant le texte filmique ou ses dimensions cinématographiques que plutôt « l'appareil » cinématographique par lequel le film se présente au spectateur. En réalité, l'objet me paraît être non pas un mais deux. Il y a « l'appareil » cinématographique : la salle, l'obscurité, l'immobilité du spectateur, le fait que l'image couvre le champ entier de vision, etc. bref, tout un dispositif qui dissout la réalité quotidienne et sociale du spectateur pour l'interpeller en tant que « condition de possibilité du perçu ». Il y a là le fantasme de toute-puissance, l'identification du spectateur à lui-même, partie intégrante de l'aventure cinématographique, mais quand même secondaire par rapport à l'identification du spectateur à « la caméra » qui, elle, est vraiment primaire (par rapport à l'expérience filmique) puisque, contrairement au fantasme d'omnipotence, présente aussi dans la vision d'un film diffusé par la télévision, et dont les signifiants ne se trouvent pas dans le « contexte » cinématographique, mais dans le texte filmique lui-même : il ne s'agit pas, évidemment, de la caméra qui est invisible, mais de ses « traces » dans le film, c'est-à-dire des structures cinématographiques ou du langage cinématographique. Celui-ci est bien l'autre objet de l'analyse metzienne, bien que non pas en tant que *langage* cinématographique, c'est-à-dire en tant que forme ou en tant que codes, mais en tant que « matière de l'expression ».

Ainsi, pour jeter le pont entre l'analyse faite dans *Le Signifiant imaginaire* et l'analyse des dimensions historiques du langage cinématographique, deux choses sont requises :

1) identifier plus précisément les « traces » de la caméra dans les structures cinématographiques du texte filmique,

2) interpréter ces traces en termes historiques, en tant que *formes* historiques qui « retravaillent » le « signifiant imaginaire » décrit par Metz en tant que « matière ». Il faut donc trouver les formes de l'expression, les codes qui transforment la matière en substances, repérables dans les films dans leur diversité historique, capables de relier des spectateurs à identité sociale et historique spécifique au film et à sa diégèse dans des formes différentes à spécificité historique.

Les « traces » de la caméra dans le texte filmique, c'est l'ensemble des structures cinématographiques manifestées dans le film. Avant tout, les codes et les sous-codes du cadrage et du montage, les « trous » dans la diégèse ou les « limites » de celle-ci, qui, tout en créant un espace et un temps diégétiques créent le rapport entre le spectateur et la diégèse et par là les conditions de décodage de celle-ci et du film comme tel.

Ceci équivaut à dire que le langage cinématographique ne possède pas de figures déictiques spécifiques, mais que c'est par les mêmes figures, ou mieux, par les mêmes ensembles ou complexes de figures d'expression que sont créés le temps et l'espace de la diégèse et la relation du spectateur au film. Étudier les différentes formes historiques dans lesquelles sont interpellés les individus en tant que spectateurs et « décodeurs » de films, c'est donc interpréter les différentes formes de « clôture » du langage cinématographique en termes d'énonciation, celle-ci n'étant pas le fait d'un code spécial, comme dans les langues naturelles, mais d'une combinaison et d'une hiérarchisation spécifique des codes et sous-codes de cadrage et de montage. Ce sont ces ensembles de sous-codes cinématographiques que je nomme des systèmes de représentation cinématographiques, dont il a été produit plusieurs dans l'histoire du cinéma, par exemple le montage analytique classique, l'expressionnisme allemand, un système de représentation « eisenteinien », un ou plusieurs systèmes de représentation d'« avant-garde » et probablement plusieurs encore.

Malheureusement, je n'ai pas l'occasion ici de présenter une analyse théorique et empirique des différents systèmes de représentation que je pense avoir identifiés en ce moment, ni de discuter les nombreux problèmes théoriques et empiriques qui y sont impliqués. Ceci étant le cas, je vais conclure cet exposé par un petit exemple : l'identification secondaire ou diégétique décrite par Metz. Ce type d'identification est bien réel, bien que non pas universel. C'est qu'elle n'est produite ni au niveau de la matière de l'expression cinématographique, ni au niveau du langage cinématographique comme tel. Au contraire, elle est le résultat ou le signifié du travail d'un système de représentation cinématographique spécifique, à savoir du montage analytique classique, dont les sous-codes de cadrage et de montage (par exemple : le hors-champ « métonymique », le « montage invisible » ou de continuité motivés par, ou mettant en scène la modalité subjective de l'action du héros, les figures de champ/contre-champ etc.) opèrent un « transfert » de l'identification du spectateur du niveau cinématographique, « discursive » ou « énonciatrice », au niveau diégétique, créant par là une structure subjective bien déterminée, dont la maîtrise par le spectateur est la précondition de sa compréhension d'un film issu de ce système de représentation cinématographique. D'autres sous-codes cinématographiques créant d'autres relations entre spectateur et film, le caractère discursif et historique de ces systèmes devrait, au moins, être suggéré.

This text draws the attention to the possibility of establishing through semiology a history of the cinematographic language. The codic dimension of the cinematographic language permits one to distinguish in history different systems of cinematographic representation, situated between the two levels defined by Metz : the cinematographic language, and the textual systems. The closure of a system of cinematographic language is provided by the spectator, as a social and historical subject, through his identification not to the apparatus, not to the camera itself, but to the marks left in the film by the work of the camera.

Therefore, to study the different historical systems that address the spectator is to interpret, in terms of enunciation, the different forms of « closure » of the cinematographic language, the different forms of hierarchy established between the cinematographic subcodes.

Janet Bergstrom

American Feminism
and French Film Theory

In a recent issue of *CinémAction*, Guy Gauthier published an article on Christian Metz and the central importance of his work in creating the field of cinema semiotics[1]. When Gauthier describes how cinema semiotics broadened its original scope, as it had been outlined by Metz, for example, in *Langage et cinéma* (1971), he uses the metaphor of marriage. Gauthier lists five « *mariages de la sémiologie* » : first, semiotics married psychoanalysis ; then sociology ; then history ; then pedagogy ; and finally, there was a « completely unexpected marriage with feminism (the American journal *Camera Obscura*)[2]. »

Why was the alliance between semiotics and feminism so unexpected (allowing, for the moment, the poetic fiction of a marriage) ? Was it because Metz didn't address feminist issues directly ? Was it because it was American feminists and not French feminists who saw the importance of Metz's research and the developing French tradition of cinema semiotics for their own work[3] ?

My point of departure today will be, for some, quite familiar. I would like to return briefly to the scene of the creation of *Camera Obscura* in 1974 to show how the founding conceptions of the journal were drawn from a historical convergence of issues that included the Anglo-American battle over cinema semiotics in which the name and the work of Christian Metz played a leading role. Next I would like to turn to a few things that have happened in the intervening years connected with theories of spectatorship and with the status of the cine-semiotic tradition so much associated with French film theory and the British journal *Screen*. And then I would like to outline the contours of a new project, a special issue of *Camera Obscura* that Mary Ann Doane and I are co-editing[4]. It consists of a survey of writers who have explicitly addressed, or whose work presupposes, questions about « the female spectator » in film and television. We are calling the issue « The Spectatrix » — an unfamiliar word in English (unlike the common noun used to denote the female spectator in French, *la spectatrice*) because, through some fifteen years of frequent repetition, the term « the female spectator » has become too convenient, too easy to invoke ; not only is the expression « the female spectator » used to refer to different things, but, all too implicitly, it presupposes different traditions of scholarship and masks theoretical contradictions under the general assumption of shared political project (feminist film/TV theory). This has made it difficult to see incompatible theoretical positions as well as political contradictions. For the moment, I can state that, after reading the responses to our survey, « the female spectator » is by no means an obvious category (much less an obvious entity), nor is the term's definition reducible to a few specific directions or contradictions. However, in becoming less obvious, a wealth of issues approach visibility that indicate the deep sense of vitality and a willingness to share and pursue ideas in this field.

The Early Days

Feminist film criticism in the early 1970s emerged from the nexus of concerns that had been formed during the anti-war movement — the urgency, the almost tangible possibility, of changing American society *fundamentally*. Women were establishing a position from which to speak, an agenda of their own (given the blanket neglect of women's issues by the New Left), and they were articulating ways in which the slogan « the personal is political » could be effective as an organizing banner for issues ranging from discriminatory practices in the work place to psychological and physical abuse in domestic relationships. American cultural products came in for analysis, as did everything else. Hollywood cinema, as the dominant cinema, was seen as an insidious adversary disguised as a friend, a Quisling ; the term « dominant cinema » was understood in an institutional sense, like the « dominant ideology » that had produced the Viet-Nam war, racism, sexism. For feminists, the enemy, in film, was first perceived to be negative sex role stereotypes of women. This meant female characters, but the carry-over from film to life was so strong, and the stereotypes so oppressive, that there seemed to be an immediate correspondence between characters and members of the audience. The first books on women in film[5] were taken as a confirmation of generally held beliefs, and reinforced a whole-sale rejection of Hollywood cinema. The feminist critical attitude was accusatory (the films are sexist) and anti-pleasure (because pleasure operates at women's expense). The journal *Women and Film* published its first issue in 1972 to let women « speak for themselves » as critics and as filmmakers ; to find films with positive images of women ; to analyze sex role stereotypes in mainstream film ; and to bring to light women directors who had been « hidden from history » as well as contemporary women making films.

The editors who founded *Camera Obscura* in 1974 had previously worked together on *Women and Film*[6]. The *Women and Film* editors had, as a group activity, pursued a number of lines of research in Berkeley[7]. The first was a study of women directors. Did a woman director make a difference in orienting a film's sex role dynamics ? In the course of seeing films by Dorothy Arzner, Alice Guy Blaché, Ida Lupino, Lois Weber, Barbara

Loden, Germaine Dulac, Esther Shub, Olga Preobrazhenskaya, Marie Menken, Shirley Clarke, Stephanie Rothman, Vera Chytilova, Marta Meszaros, Agnès Varda, Nelly Kaplan, Gunvor Nelson, Leontine Sagon, Leni Riefenstahl and Lena Wertmuller (among others), we were left with more questions than answers. The more we looked for underlying similarities, the more we saw differences. We became acutely aware of how little we knew about the different situations (historical, cultural, social, economic) within which these films had been made and, for the most part, what these women's names represented, why and for whom they had made films.

Maya Deren's films and her critical writing were decisive in our turn toward experimental cinema. Deren was a key figure in terms of the avant-garde as well as feminist issues of representation and imagination. We could ask : how can films be *constructed* differently so as to create or encourage a *new* kind of spectator ? Here Godard's films were important, even those of the audience-killing Dziga Vertov Group. Brecht was invoked to make a connection between instruction and pleasure. Low-budget documentaries (such as those made by the Newsreel Collective) also demanded our attention, especially those that presented everyday experiences of women as political problems : working-class women, single mothers, black women, women on welfare. The women interviewed in these films were describing what they knew about better than anyone else : their own lives. Critical debate circled around strategies of representation and politics : was it possible for « real life » to speak for itself ? Following Brecht et al., we doubted this, yet the films had an undeniable appeal and polemical force, particularly since they were shown as part of a discussion of larger issues. Finally, we looked forward to an emerging cinema, made by women with the consciousness of contemporary feminism.

Throughout this period of intense viewing and discussion, two questions were raised again and again : How to analyze existing cinema ? How to create a new, radical cinema ? To begin with, it was necessary to establish a position from which to speak at all, in the most literal sense. The question : *who speaks ?* had become highly politicized by the early 1970s. The answer was obvious in the sixties : men spoke[8]. (In retrospect, this seems to me like a pre-theoretical practical and political involvement with enunciation.) Then, the question was *how* to speak, with what conceptual tools to go beyond sex roles and the common practice of condemning films as sexist. Claire Johnston's pamphlet *Notes on Women's Cinema* (1972) proposed an agenda that was unfamiliar to us, one that we couldn't afford to ignore.

Johnston made a powerful argument against those who rejected Hollywood cinema out of hand, and an equally strong argument about the *necessity* of a theoretical approach to our object of study, one, moreover, that took women's pleasure into account. Our attempt to understand the consequences of Johnston's essay, which addressed *Women and Film* directly, along with the pandemonium created in the greater critical community by the *Cahiers du Cinéma*'s analysis of *Young Mr. Lincoln* (republished in *Screen*), as well as a host of other theoretical readings and accidental happenings, gradually began to orient us toward British and French ways of speaking about the cinema and enabled us to think about the politics of representation.

It was through semiotics that the investigation into images of *women in film* was displaced to the analysis of the representation of *sexual difference* in film. *Camera Obscura* was created in order to have a place from which to speak about sexual difference and cinema, feminism *and* film therory[9]. This distinction (images of women/sexual difference) would have been impossible without a theory of the text and without psychoanalytic theory[10]. Likewise, semiotic theories that presupposed arbitrary systems of meaning in terms of codes (or conventions) cut through the seeming naturalness of visual representations (particularly resistant to analysis, it seemed), marking a fundamental turning point in our thinking.

Semiotics, Translation and Shifting Terrain

There was indeed a pitched battle over semiotics and film in the U.S. : a great deal was symbolized by the credibility of Christian Metz. At one point, when it was already obvious that the vocabulary and terms of reference of film analysis were changing irrevocably, a black box appeared in *Film Quarterly* enclosing a question : Just who is this Christian Metz and why is everyone making such a fuss about him ? An editorial statement went on to proclaim that semiotics was an obscurantist fad that would soon die, like all French intellectual fads. So no one need bother to understand it. This publishing event was symptomatic of the anxiety provoked by the very terminology used in Metz's work[11].

On the more positive side, the famous *Communications* 23, « Psychanalyse et cinéma », was published in 1975. The issue seemed to announce by its impressive array of articles that Metz's enlargement of the cine-semiotic framework, now incorporating psychoanalysis, was already established. Metz's « The Imaginary Signifier » and « The Fiction Film and its Spectator » were explicitly coordinated with major studies of textual systems in the classical Hollywood cinema by his co-editors, Raymond Bellour and Thierry Kuntzel. *Screen* immediately came out with its own issue on « Psychoanalysis and Cinema », focussing attention on Metz's « The Imaginary Signifier. » The anglophone field was, with this move, reoriented in a shared, systematic manner toward psychoanalytic concepts and also toward considerations of spectatorship. In *Screen*'s next issue, also in 1975, Laura Mulvey's epoque making « Visual Pleasure and Narrative Cinema » was published, which was exceptional in its explicit feminist point of departure, using many of the psychoanalytic concepts that Metz had outlined to show how they operated as a guarantee for male pleasure, while predicting for female characters passivity or punishment. Although Mulvey wrote about an abstract spectator in the way that others did at the time — as implicitly sharing a male perspective — her polemic hit home to other feminists, whose first question seemed to be : what about the female spectator ? (Or, what about me, my experience as a spectator/analyst ?)

Camera Obscura, like *Screen*, published many translations of articles from French film theory, along with introductions designed to provide a historical/theoretical context for American readers. Our emphasis, however, was different. While *Screen*'s project seemed increasingly to be an analysis of ideology and how ideology worked in the cinema, our point of departure was the analysis of sexual difference in the cinema (understood to be within the realm of ideological analysis). We felt that the most important articles *for* feminism were not necessarily those written *as* feminist or from a feminist point of departure. Likewise, we thought that analysis of sexual difference was central to contemporary film theory, not restricted in its consequences to a feminist sub-section. Cases in point, in terms of approaching an understanding of how sexual difference was represented in the classical Hollywood cinema, came from textual analysis, depending on a notion of codes (or conventions) and a notion of enunciation : the textual analyses of Bellour, Heath, Kuntzel[12]. Female characters often looked very different within the context of textual systems than they did at a given moment in a film that might be called « transgressive ». Moreover, as Barthes had already shown in *S/Z* and Freud had demonstrated before him, connotations of masculinity and femininity did not necessarily correspond to male and female characters (nor to men and women). The desire to present French (and British) theoretical material to an American audience went hand in hand with the general feeling at the time of a shared, international project.

Presenting French cinema semiotic articles to American readers is extremely difficult for the simple reason that the articles were written with a different audience in mind, one working within the same field of inquiry and who had experienced the history of theory in a similar way. Specifically, it has often been difficult to « translate » the significance of Raymond Bellour's work on sexual difference within the classical Hollywood model through textual analysis because, much more than Metz, his writing assumes a tacit understanding of other theories as they have been worked out in the French context. His many articles on the implacability of the Œdipal scenario in the classical Hollywood cinema, its relentless need for the representation of woman for the purposes of the establishment of male identity, has been accepted, refused and ignored. It has often been reduced to the idea that women can't enjoy Hollywood films except in a masochistic way. And although this also seemed to be driven home by Mulvey's « Visual Pleasure » article, Mulvey clearly expressed a stake in changing the situation, even if it meant, as she put it, destroying pleasure.

However, the difficulty of Bellour's work, which deals so directly with sexual difference, is also related to problems in understanding textual analysis. Is textual analysis merely descriptive — giving back the film bit by bit — or does textual analysis allow one to perform a kind of interpretation (an analysis of the production of meaning) that is not already obvious ? This confusion stems at least in part from the fact that theories of the text, and therefore textual systems, the idea of a textual logic, are now frequently misunderstood and misused. The text has become, once again, an inert object, exactly what Barthes was trying to rescue it from in his article « From Work to Text » and contrary to the most basic aspect of his writing, perhaps best seen in the virtuoso demonstration piece, *S/Z*. In other words, there is a failure to understand the terms by which textual analysis makes sense : its presuppositions, its underlying premises, its theoretical context.

We are witnessing a certain tendency in the movement away from a theory of the text in connection with a lapse in a historical presentation and understanding of film theory that can be associated with the name of David Bordwell. Because of the astonishing number of publications that have appeared under his name, because of his prominence as a scholar and because of the persistence with which he has pursued a particular line of exposition, Bordwell has earned the right to have his name associated with several tendencies. For the moment, I am interested in one of them which I see as representative of a growing problem in our field. In various ways in his numerous works, Bordwell has been engaged in rewritting the history of contemporary film theory in such a way that the French semiotic tradition as well as British and American writers who aligned themselves with it are omitted. (I am thinking here specifically of Bordwell's introductory sections in *Narration in the Fiction Film* and *The Classical Hollywood Cinema*, in which he outlines the background and the framework of each study.) He brings up major conceptual issues that look strangely like those that shaped our horizons ten or fifteen years ago, but without mentioning who brought them to our attention. Or, if their names are found in the footnotes, they are cited for distinctly minor points. Some particularly noticeable examples of omission include the highly influential studies of Raymond Bellour, Stephen Heath and the *Cahiers du Cinéma* generally in formulating parameters for conceptualizing the classical Hollywood model.

The main reason, I believe, that Bordwell (and others) reinvents the issues but leaves out the tradition that produced them through lack of reference to so many of the people and the debates that shaped contemporary film theory is because of a refusal to consider anything produced from a psychoanalytic analysis (or an ideological analysis that depends on insights from psychoanalytic theory), including, of course, sexual difference. Why is this ? Because this « data » cannot be verified empirically. Thus, it becomes possible for a new generation of film students to think that many ideas have sprung up *ex nihilo* or through sources that have been sought out after the fact. This goes back again to a refusal in some quarters of textual analysis ; if you want, it goes back to the highly contested philosophical issue of verifiability (or falsifiability) in Freudian theory, in the debates about whether or not psychoanalysis could properly be considered a science. How do you prove that a particular psychoanalytic interpretation is correct ? The point is not to ask Bordwell (for example) to come to the same conclusions that were drawn in the critical debates he excludes ; rather, it is important for film scholars to provide a historical context for their own work that takes account of the history of the issues in our field.

The tendency I have been describing mandates an appeal to science that is ultimately authoritarian because it is exclusionary in an arbitrary way. This is because « science », whether in the Humanities or in the *sciences humaines*, hasn't found satisfactory procedures for allowing or disallowing various kinds of evidence ; its invocation generally means the exclusion (or the trivialization, which amounts to the same thing) of the interests of minority groups. Moreover, it is an appeal to science viewed from the outside, as *a* model that has worked out problem-free procedures for proposing, testing and verifying or rejecting hypotheses. It is appropriate to call this a new scientism imported into the Humanities, without the sense of caution or irony that one might expect given the experience of structuralism's utopian claims to science in the 1960s, followed by the period of self-scrutiny during which these claims were reexamined and revised in the direction of modesty.

Films studies has become a big academic field in the U.S. It means jobs, publications, dissertations. The original work that gave the theoretical research in our field its energy, its sense of direction, its *raison d'être* was done outside of the academy. Not only has Film Studies become official, but the original sense of an internationally shared project has faded. There is a distinctly different sense now of the expression « community of scholars. » Not infrequently, one hears or reads about contemporary film theory as « film theory » *tout court* with the complex urgency of its development in the late 1960s and 1970s somehow gone. The elimination of a historical understanding of contemporary film theory often goes hand in hand with the charge that « film theory » has failed, in one way or another. We have witnessed a number of attempts to by-pass its most difficult conceptual problems by replacing it with something else. The « something else » is sometimes film history or aesthetics ; sometimes it is a new object, such as television, popular culture, video ; and sometimes it is a question of new methodologies, which may resemble dusted off methodologies from the social sciences, such as audience questionnaires or interviews, procedures that haven't benefitted from the literature in the social sciences that has interrogated its own methods and limitations.

The principle location of the failure of French film theory in the U.S. has been the inability to bridge the gap between a theoretical or implied spectator and actual audiences. It is said by such critics that semiotics is no longer useful because it is « text based », specifically any semiotics that presupposes a theory of the subject, that insists on taking unconscious processes of meaning into account. Furthermore, it has been said that feminist film criticism and theory exemplify this failure best because it is feminists who have engaged in the most sustained reflection about the audience, in trying to take account of the female spectator or in attempting to specify ways in which certain films, such as the « woman's film » of the 1940s, addressed a predominantly female audience. So not only is « film theory » considered to be at an impasse, but feminist film theory is the best example of this state of affairs.

The Spectatrix

As I described to you at the beginning of this paper, a special issue of *Camera Obscura* is now in preparation that addresses current and historical ideas about « the female spectator » and feminist film theory. In light of the situation just described, it seemed like a good idea to undertake a survey of those who have a demonstrated stake in these issues : feminists working on both implied and quantifiable female spectators. The survey has the added advantages of bringing different kinds of writing, different histories and different opinions into the journal ; it gives feminist theorists and historians a chance to express their own views — a sort of empirical study of theoretical questions. These statements should be of great interest outside our field as well. We now find ourselves at a point when scholars in related areas, especially art history and literature, are discovering extensive research in film theory (on sexual difference, identification, fantasy, realism, authorship, spectatorship) that seems to open up new conceptual areas in their own work.

To initiate the project, Mary Ann Doane and I, as co-editors, drew up a list of questions and sent a letter to nearly eighty people in the U.S. and elsewhere who had written specifically about the female spectator or who had written about feminist issues in film and/or television in a way that was closely tied to notions of the female spectator. We asked them to answer four rather large questions that we thought cut straight to the heart of the matter :

1. Please outline the history of your own critical engagement with the issue of female spectatorship. How did you first become interested in « the female spectator » per se ? How did you — or did you — incorporate this into your own work ? Has it been a central issue in your work ? Why or why not ? What was your view originally ? Has your view changed ? If so, what is your view today, and why did your opinion or approach change ?

2. The very term « the female spectator » has been subject to some dispute insofar as it seems to suggest a monolithic position ascribed to the woman. In your opinion, is the term most productive as a reference to empirical spectators (individual women who enter the movie theater), as the hypothetical point of address of the film as a discourse, or as a form of mediation between these two concepts ? Or as something else entirely ?

3. Has the notion of the female spectator outlived its usefulness ? Is it important now to shift the terms of the problematic addressed by feminist film/T.V. criticism ? If so, in what direction ?

4. An extremely important aspect of feminist film criticism has been the notion of « readings against the grain ». Consistent with this approach is the idea of creating a reading space for women in which they can forge their own meanings. Are there limits to this form of criticism ? What kinds of meanings are produced through this process and is there any way of choosing among them ? How can numerous « readings against the grain » be accounted for ? Under one or another name, « reading against the grain » has been central to virtually *all* of contemporary film criticism, especially essays aimed at demonstrating the complexity of film texts or contradictions among discursive levels and their relationship to social and cultural forces. Are there instances where specific alternative readings are available to women that are not available to men ?

Each contributor had only seven pages in which to respond. This simple instruction, which was initiated because of space limitations, had a mumber of serendipitous effects. The essays are unusually inviting to the reader : everyone gets to the point right away, which clarifies and accentuates each writer's perspective and frame of reference[13]. This makes it easy to see, even by scanning the essays, the very different areas people have chosen to explore in terms of « the female spectator » and the distinctive ways in which these writers have inflected what is sometimes assumed to be an « unquestioned orthodoxy » governing feminist film theory. To maximize the usefulness of the volume, we asked contributors to provide us with a bibliography of their own work on spectatorship as well as other work that they had found particularly useful. A general bibliography made up of this information will be found at the end of the issue.

In addition to the individual questionnaires, we wanted to include an international component. We asked for overview articles on research on the female spectator that has been done in Australia, Canada, England, Germany and Italy. In each of these countries, a significant body of work exists and has evolved a history of its own that is important for others to know about, especially since the national contexts are so different — the opportunities for publication, a public forum for discussion, the relationship to particular traditions of critical and historical writing, and to feminist filmmaking. This is where France becomes interesting, because France is not included. How could this be, you might ask ? Considering the enormous influence of French Film theory, there is a conspicuous absence of film theory published in France that focusses on feminist issues. (Since I now find myself in France, I would like to ask you if you agree with this statement during the discussion period.) We asked the following questions in order to provide a framework for the international overview essays :

How has the question [of the female spectator] been formulated ? From what kinds of theoretical or practical frames of reference ? Has there

been a sense of an evolving exchange of opinions ? Where would such
issues be made public ? To what extent is this question linked to the
university setting ? To contemporary efforts of feminist filmmakers ?
To what extent is « the female spectator » seen as an international question ? Are there regional differences that are especially important ?

We are now in the initial stages of analyzing nearly fifty responses. I
would like to give you some sense of the « results » (so to speak), but my
comments must be hesitant. It is not only that we have not had much time
yet for an analysis. The different ways in which contributors formulated their
statements, frequently in a single essay, make it difficult to cite tendencies
topic by topic ; many of them do not address all the questions that were
posed. Moreover, the responses are contradictory in strange and interesting
ways, in part because of differences (whether stated or not) in the object
and goals of work on « the female spectator », a term that admits of many
interpretations. Straightforward disagreements are easy to evaluate, but here
it is more often the case that underlying premises seem to shift, depending
on the issues addressed, and this can lead to internal inconsistencies. The
extent to which this is an effect of the way statements are formulated as
opposed to what is actually meant remains to be seen. In any event, the questions seemed to pose tricky, provocative semantic problems that are probably
symptomatic of deeply held convictions that may not have been articulated
in this combination before. The general desire to work out a relationship
between theory and personal experience, or the experiences of others, is what
makes the responses most difficult to analyze : they may be compatible in
some ways and incompatible in others. For example, often it seems, from
these statements, that « the spectator » and « the audience » are entirely different objects of study, requiring different methods. Nonetheless, most respondents express a great desire to integrate them somehow ; others, however, emphasize their differences. It will no doubt take a long time to understand the ramifications of the histories and theoretical projects that are described in these essays.

The reader is inescapably struck by the large numbers of people who are
working from many different points of view, and in a positive, forward-
looking way. I have seen no expressions of *angst*, as in : we're at an impasse
and don't know which way to turn. Our respondents are all in the midst
of projects that they feel further the general conceptual area of « the female
spectator », even if many of them express ways in which they think the terms
of analysis need to move beyond a single-minded concentration on « the
female spectator » (or even the spectator) to other kinds of differences. Most
encouraging is the sense that is often expressed directly, that the people working in this area, no matter how narrowly or how broadly defined, want
to see their research as part of a shared, on-going project, and that they
see this project as just beginning, now that a number of what we may call
basic texts have been established.

The survey also conveys a unique insight into the movement of contemporary film theory in general, and certainly the development of feminist film theory, rather than the history of « the female spectator » in isolation. This underlines for me the fact that since the advent of psychoanalysis into film theory and, in the English language context, specifically since Stephen Heath published his essay « Difference » in *Screen* in 1978 (thereby consolidating the forays made by women into this bastion of authority)[14], questions of sexual difference have been *central* to contemporary film theory in England and the U.S. (except for those exhibiting a « certain tendency »). Many contributors give us the history of an involvement that spans ten to fifteen years.

It becomes obvious, reading these responses, that there is a generational division. There are basically two groups of people : those who lived through the anti-war movement and the advent of feminism in the U.S., and those whose university experience already included Film Studies and Women's Studies as academic disciplines. Those of my generation have already become « the elderly » ; publications that were originally heretical and marginalized are now required reading in graduate seminars. We see, in this collection, evidence of dissertations written directly on female spectatorship and many in other areas of feminist film theory ; in other words, there has been for some time now an important body of literature upon which scholars are able to build.

It is interesting that some tendencies present in the first attempts to talk about feminism and film, before we had any idea of how to talk about film theory, are coming back today articulated through film theory. One of the most urgent questions is how to reconcile personal experience with a theoretical orientation. Theory is necessarily abstract, whereas personal experience is particular. In these responses, people make an effort from a new vantage point to articulate a link between personal experience and theory. The essays almost invariably cite Laura Mulvey and the impact that her article « Visual Pleasure and Narrative Cinema » made on their thinking about the female spectator (for many, it marked the beginning of this reflection) and feminist film theory in general. However, many would now like to distance themselves from the views she expressed in that article — not because of theoretical differences, but because of political differences. (This includes Mulvey herself in some ways ; she emphasizes in her contribution to this issue the limited scope of the « Visual Pleasure » argument, in contradistinction to the sweeping, general way in which it was understood.) It is evident that there is a great investment by women in this field in establishing a positive role for female spectatorship, even while agreeing in many way with Mulvey's argument as well as others that seem to entail a masochistic position for female spectators (Mary Ann Doane, Kaja Silverman, among others). They want to propose alternatives, to insist on the pleasure and the sense of empowerment that they themselves find, and to try to find other ways to theorize women's relationship to film. We can see here the attempt to reconcile personal experience with theoretical experience, a desire to rescue intuition and to interrogate exactly what it is that draws the female film analyst today to these films (the woman's film, *film noir*, melodrama) with such a high degree of affect, in spite of what she knows in other ways. Several women are exploring the female spectator's pleasure and empowerment in terms of female eroticism in pornographic films made by and for women. Among those working within a psychoanalytic paradigm, one can see a tendency to move away from Lacanian formulations. A number of contributors say that while they have learned a great deal from those who have used Lacanian concepts, they themselves find Freud's writing more useful for their work.

No matter how individual theoretical presuppositions may differ, most respondents stated the need to go beyond the analysis of an implied spectator, a spectator said to be constructed by the text. That is, they would like to be able to account for other differences in the audience, such as class, race, ethnicity and sexual orientation, as well as gender difference. As a result, many of them are now taking the question of « the female spectator » in a different direction. Those scholars who are most interested in television and in the effects of media generally tend to be working with British Cultural Studies approaches to audiences, which have focussed attention on « subcultural » groups. (Perhaps the best known figure here is Stuart Hall.) Studies of audiences themselves predominate almost to the exclusion of the textual dimension of the programs and advertising these audiences watch, enlarging the sphere of analysis within which consumerism and commodity culture can be seen. A new « ethnographic » approach is highly influential in this area, which relies on « participant observation » and interviews with audience members. These studies of audiences, no matter how they are differentiated, are carried out in terms of conscious responses.

Another way to consider differentiation in the audience goes back again to earlier approaches, including many articles in *Camera Obscura*, in which spectatorship is viewed in terms of shifting identifications, theorized from a psychoanalytic point of view. This has sometimes been written about in terms of the scenario of the fantasy and sometimes in terms of Freud's theory of the inherently bi-sexual identity of every human. This work takes as a point of departure that identity is not stable : not in the spectator and not in its representation within textual systems. One can trace the movements of this instability and correlate them with other kinds of uneasy representations, for example, national identity as intertwined with sexual and class identity. [16] This entails historical and cultural research, as well as textual studies, and can be viewed in terms of the history of representations.

The ways in which scholars in this area have reconceptualized historiographical methods and objectives is an important tendency throughout these essays. One of the several ways it can be seen is in the renewed interest in major projects of the « early period », such as historical research on women film directors and the changing image of women in film history. But the motivating questions for these studies have been deeply influenced by theoretical reflections on authorship, on psychoanalysis and textual systems, and on historiographical methods that are more in the European than in the American tradition. The findings of these studies are as important for histories of national cinemas and the American film industry as they are for an undestanding of particular women directors, their goals and audiences, or the understanding of character types, such as the « fallen woman ».

In conclusion, a preliminary one, the responses to the survey questions often mix domains of theoretical and actual spectators, especially since contributors often speak from their own experiences as actual spectators, as a bridge to their theoretical and methodological views. There is a need to clarify a number of things : Are audience studies as they are now being carried out, most prominently in the area of television, compatible with the textual studies that have come out of the tradition of film theory and the increasing movement between film theory and historiographical concerns ? Can « other differences » be added to the way that sexual difference has been studied ? (This hope for the future is frequently expressed.) Whatever the eventual outcome of the interaction of these complex theoretical, methodological and political reflections, this survey of histories and opinions offers eloquent testimony to the vitality of our field today. As in earlier times, we face similar obstacles to our work that call for a recognition of shared goals and objectives. The project has already been rewarding, simply in contacting and bringing together so many participants in a joint venture which engendered such good will on the part of the participants. We hope that by providing this issue as an intellectual resource guide, it will be evident, given the content and tone of the essays, that our shared objectives are much stronger than internal quarrels that are so easy to fall prey to. It is our hope that this issue has encouraged people to take stock of the direction in which their own research has moved and can serve as a point of reference for the future. We hope, further, that productive exchanges will follow that will help move the entire field ahead with a renewed sense of its own history of ideas and objectives.

In closing, I would like to express a debt of gratitude to Christian Metz as a most generous friend and teacher, a person who has never lost a sense of intellectual and everyday curiosity. I would like his many works to be seen again from a fresh perspective, but without losing the sense of historical urgency that gave them their original motivation.

---

1. Guy Gauthier, « Christian Metz, l'éclaireur » in *CinémAction* 47 (1988), p. 31-39. Special Issue : « Les théories du cinéma aujourd'hui », Jacques Kermabon éd.

2. G. Gauthier, p. 37. My translation.

3. Ginette Vincendeau, writing as a French woman living in London, points out that French feminists have not made use of French film theory in the way that Americans have. She doesn't really address the intriguing question of why this should be so, or why French feminists haven't chosen to develop another strategy for writing film theory from a feminist point of view. Her article, « Vu de Londres : Mais

où est donc passée la théorie féministe en France ? », appears in the same issue of
CinémAction, pp. 95-99.

4. This issue will be published as *Camera Obscura* nos 20/21 in the winter of
1989-1990.

5. *Popcorn Venus* (1973) by Marjorie Rosen, which also covers television, and
From Reverence to Rape (1974) by Molly Haskell.

6. Namely, Sandy Flitterman, Elisabeth Lyon, Constance Penley and myself. The
editorial board of *Women and Film* was, in 1973, expanded to a large and somewhat fluctuating group of eight to twelve women.

7. Here an inestimable debt is owed to Tom Luddy, then Director of the Pacific
Film Archive, who programmed retrospectives and brought in directors for us as well
as other cultural-political groups in Berkeley during the 1970s.

8. Angela Davis was a stunning and unparalleled exception.

9. Our assumption was that *Women and Film* would continue to perform its broad
sociological role ; ours would be a complementary, more specialized project. *Women
and Film*, however, published only two more issues after this point.

10. Juliet Mitchell's *Psychoanalysis and Feminism* (1974) had a major impact, and
helped create a climate in which women would be willing to *read* Freud. This was
partly because of her influence within the women's liberation movement following
her first book, *Woman's Estate*.

11. Now cinema semiotics is being contested in some quarters of the U.S. for
the opposite reason, because it seems to represent an oppressive orthodoxy. This para-
dox becomes comprehensible when you understand that in between these two points,
film studies became an academic discipline, one in which Metz's work became a general
point of reference.

12. One formulation of this idea and its circumstances can be found in two articles of mine published in *Camera Obscura* nos 3/4 : « Rereading the Work of Claire
Johnston » and « Enunciation and Sexual Difference. » They have been reprinted in
Feminism and Film Theory edited by Constance Penley (London and New York, Routledge, 1988).

13. I will not be attaching names to tendencies in the brief discussion that fol-
lows, because it would be impossible to do justice to the large numbers who contributed, and unfair to cite a handful of names. I hope that the reader will be tempted
to see the issue itself.

14. It is simply a fact that it was a man's essay that turned the tide in the field.
Obviously this couldn't have been done without the preexisting work in feminist theory,
which Heath's article drew on for its subject matter. It wasn't that feminist film theory
hadn't been considered important before « Difference », but that it was difficult for
many in the field to « place » it on the critical map. Perhaps more to the point,
there was a great deal of ambivalence toward feminist analysis and whether or not
it was « serious ». (This tendency has been revitalized in the new age of « post-
feminism », with even stronger moves to trivialize feminist inquiry.) The strategic value
of Stephen Heath's article was to set up many of the central questions of the field
within the critical context already established by *Screen* (and his own influence within
Screen), while respecting the quite different traditions of thinking that he drew upon
for this article, thus returning the question, so to speak, to the feminist.

15. My article « Sexuality at a Loss : The Films of F.W. Murnau » attempts to
develop ideas of this kind in terms of modes of looking in Weimar cinema. In *Poe-
tics Today* (1985) and *The Female Body in Western Culture* edited by Susan R. Sulei-
man (Harvard University Press, 1986).

L'auteur offre une perspective pour comprendre l'utilisation de la théorie du cinéma française par les féministes américaines, à travers la description de la création de la revue Camera Obscura. *Dans cette revue, les premières questions sur les « images de femmes » ont cédé la place à une analyse de la « différence sexuelle ». L'auteur conteste ensuite d'une part les différentes formes que prend aux États-Unis l'effacement d'une analyse historique de la théorie cinématographique contemporaine, et d'autre part le soi-disant échec de cette théorie à établir un pont entre l'étude de spectateurs implicites et celle de publics réels. Enfin, elle présente le nouveau numéro de* Camera Obscura — *« La spectatrix »* — *qui rassemble un très grand nombre de féministes à qui l'on a demandé l'histoire de leur implication théorique dans les problèmes concernant la spectatrice et son statut.*

Jean-Louis Leutrat

Sur la terre comme au ciel

> « ... et nous, la victoire nous élève
> jusqu'aux cieux »
> (Lucrèce, 1, 79)
> « Pas d'événement de l'histoire qui ne
> soit mêlé à une couleur ou à un bruit »
> (A. Artaud)

Un colloque s'est tenu, il y a quatre ans, sur les nouvelles approches de l'Histoire du Cinéma ici même, à Cerisy-la-Salle. Depuis, le sujet a été repris dans des revues et dans d'autres colloques. Malgré cette abondance de la réflexion, rien n'a vraiment changé sur le fond. La lecture des textes, ou des ouvrages, qui se désignent sous le nom d'Histoire du Cinéma, ne laisse pas d'être presque toujours décevante. Les raisons qu'il est possible d'invoquer sont nombreuses. En voici quatre, pour mémoire.

Christian Metz a décrit avec humour, dans *Le Signifiant imaginaire*, la situation de l'Histoire du Cinéma :

> « *L'histoire du cinéma a souvent les allures d'une théodicée débonnaire, d'un vaste jugement dernier où l'indulgence serait de règle. Son but réel est d'annexer à la catégorie de l'intéressant, variante subtilement valorisante du "notable" défini par Roland Barthes, le nombre maximum de bandes. A cet effet se trouvent interpellés, en une assemblée disparate et jacassante, des critères variés et parfois contradictoires : tel film est "retenu" pour sa valeur esthétique et un autre comme document sociologique, un troisième sera l'exemple typique des mauvais films d'une époque, un quatrième l'œuvre mineure d'un cinéaste majeur, un cinquième l'œuvre majeure d'un cinéaste mineur, tel autre encore devra son inscription au catalogue à sa place dans une chronologie partielle (c'est le premier film tourné avec un certain type de focale, ou bien le dernier film de la Russie tzariste) : on songe aux justifications, semblablement hétéroclites, que la Françoise de Proust ne manquait pas de fournir, lors des différents repas de Combray, pour le choix de ses menus de cha-*

> *que jour :* « *Une barbue parce que la marchande lui en avait garanti la fraîcheur, une dinde parce qu'elle en avait vu une belle au marché de Roussainville-le-Pin, des cardons à la moelle parce qu'elle ne nous en avait pas encore fait de cette manière-là, un gigot rôti parce que le grand air creuse et qu'il avait bien le temps de descendre d'ici sept heures, des épinards pour changer, des abricots parce que c'était encore une rareté, etc."* La fonction véritable de cette sommation des critères *pratiquée par beaucoup d'historiens du cinéma consiste à mentionner le plus de films possible (d'où l'utilité de ces travaux), et pour cela à multiplier autant que faire se peut le nombre des points de vue à partir desquels un film peut être ressenti comme "bon" à un titre ou à un autre* » (p. 20-21).

Il n'y a rien à reprendre à cette description amusée qui met l'accent sur l'aspect « patchwork » de l'histoire ordinaire. Peut-être y a-t-il une nécessité à la multiplicité des critères, encore faut-il en prendre conscience et tenter de penser cette multiplicité. Il existe en fait deux types d'Histoire du Cinéma solidement ancrés. Le premier consiste en ces histoires dites cumulatives, soit sur le Cinéma en général, soit sur le cinéma d'une nationalité. Elles procèdent par découpages tout faits sur des objets d'études jamais vraiment interrogés (l'Histoire du cinéma expérimental se présentant comme une contre-histoire du « grand » cinéma, et non pas comme appartenant à la même Histoire). Néanmoins ces histoires ont une fonction utilitaire (pédagogique) évidente, ce qui explique qu'elles résistent bien au temps. Le résultat, ironique, est que la meilleure, parce que la plus utile et la plus accessible, risque bien d'être l'Histoire publiée par les soins des éditions Atlas, et qui capitalise le travail de ses prédécesseurs. Il arrive parfois que de telles histoires cherchent à séduire un public plus sophistiqué : ainsi d'un assez récent ouvrage venu d'outre-Atlantique sur le classicisme hollywoodien et qui n'est en réalité qu'une histoire du cinéma américain de la côte ouest. L'autre type d'Histoire aussi présent que celui des histoires cumulatives, on le qualifiera, en reprenant une expression de Pierre Sorlin, d'Histoire sainte. La publicité télévisuelle d'une revue de cinéma présentait le parcours historique comme la déambulation d'un Indiana Jones dans quelque nécropole souterraine. Que reste-t-il du cinéma ? Quelques films (souvent promus au rang de films cultes) et quelques images figées : des acteurs, leurs visages, leurs gestes, leurs manières de se vêtir, de parler (Bogart, Gabin, Bardot, Monroe...). Il suffit de regarder les publicités à la télévision et leurs clins d'œil « cinéphiliques » pour constater combien la sélection est sévère qui ne prélève que quelques signes, presque exclusivement empruntés à des genres américains (la comédie musicale et *Chantons sous la pluie*, le film de suspense et *La Mort aux trousses*...). Contre cette Histoire, qui est devenue par force mémoire collective, il serait vain d'engager un combat. Le problème de l'historien ayant des prétentions novatrices est que ses chances de voir les résultats de ses recherches pris en compte sont d'autant plus réduites que ces résultats iront à l'encontre des deux Histoires admises.

La seconde raison à la difficulté d'avancer dans le domaine de l'Histoire du Cinéma tient au fait qu'un certain nombre de « spécialistes » de cinéma préfèrent s'en tenir à ce qui paraît acquis une fois pour toutes. Les revues dites spécialisées comportent d'ailleurs rarement des critiques compétents susceptibles de rendre compte des ouvrages apportant du nouveau (par « nouveau » il faut entendre aussi bien la moindre découverte factuelle que des propositions méthodologiques dans le champ historique). En général, les critiques de ces revues restent sur des positions tantôt prudentes, tantôt arrogantes, préférant imprimer la légende, non que la légende serait plus belle, mais parce qu'il est moins dérangeant, ou fatigant, de le faire. Une troisième raison tient à la nature même de l'objet d'étude. Plus que tout autre moyen d'expression artistique, le cinéma est soumis au contingent et au fugitif. Par exemple, les corps y jouent un rôle capital, aussi bien par les modes qui les affectent, ou qu'ils contribuent à susciter, que par les désirs qui s'accrochent à eux : jamais la relation du peintre à son modèle n'a été aussi tangible qu'au cinéma car c'est le corps du modèle lui-même qui apparaît sur l'écran. Toujours dans le domaine du transitoire, rappelons que des corpus entiers de l'époque du muet ont disparu ; à quoi s'ajoute la difficulté d'accès de certaines œuvre du parlant (*Nuits blanches* de Visconti) ; la réception des œuvres enfin, est soumise à des variations brutales (engouements, oublis...), plus brutales peut-être que dans d'autres domaines. A ces raisons, il faut ajouter que le dialogue entre historiens « traditionalistes » et historiens « novateurs » n'a pas eu lieu. Sans doute par maladresse, et parce que l'envie de ce dialogue n'existe pas vraiment.

Ayant dressé pour eux-même ce bilan décourageant, certains perdent patience et passent à « autre chose ». D'autres s'obstinent ou résistent. D'autres encore créent le mouvement là où on ne l'attend pas nécessairement. C'est ainsi qu'un ouvrage publié cette année paraît particulièrement important. D'abord parce qu'il établit de la manière la plus intelligente une circulation entre Théorie et Histoire. Il s'agit de *L'Œil interminable* de Jacques Aumont, dont l'auteur a dit récemment qu'il avait été pris par force « dans une réflexion sur les formes du temps dans le cinéma (et dans la peinture) ». Envisager une histoire esthétisante d'un côté et de l'autre une histoire sociologisante me paraît ruineux. Il faut rendre compte de l'émergence de formes esthétiques dans des sociétés précises. Sur ce point, les travaux qui ont lieu à côté des études cinématographiques sont souvent riches d'enseignement. Le livre de Howard Bloch, publié aux États-Unis en 1983, et qui s'intitule *Etymologie et Généalogie* a pour sous-titre : « Une anthropologie littéraire du Moyen Age français ». Son projet est d'éclairer ce qu'est la correspondance entre ordre du langage et ordre du social par une analyse de la succession des modes médiévaux du discours. C'est que, pour son auteur, modèles linguistiques, pratiques littéraires, idéologie, institutions, se commandent mutuellement et évoluent conjointement. C'est ce « conjointement » que le livre de Jacques Aumont aide à sa façon à penser. Il convoque l'Histoire, certes pas de manière ouverte, mais de façon insistante. Chaque chapitre aborde au moins une question théorique d'importance qui permet d'effectuer des passages du pictural au cinématographique, ou inversement, de décrire des attractions et des répulsions, d'établir un mouvement de va-et-vient. Ce mouvement est bien sûr le sujet même du livre tel que le sous-titre l'explicite. Mais il est une autre circulation qui s'instaure de la réflexion esthétique à ce que l'on peut nommer une inquiétude historique. En effet, il n'est pas dans le livre, à proprement parler de réflexion historique, l'Histoire intervenant par en dessous, sous-venant — à la fois souvenir et promesse.

Dans le même temps, *L'Œil interminable* condense au passage un grand nombre de questions qui se posent à ceux qui tournent autour du problème de l'Histoire du Cinéma. Par exemple, le septième chapitre intitulé « Forme et déformation. Expression et expressionnisme. » Au début de ce chapitre, un écart est désigné entre l'émergence dans la peinture, au début de ce siècle, d'un « refoulé » et l'indifférence, ou plutôt l'ignorance du cinéma, au même moment, à l'égard de ce qui se joue tout près de lui. Cette question mériterait un examen attentif, mais il faudrait pour le mener à bien du temps et des connaissances qui me font défaut. Ensuite, et c'est alors que l'on entre dans le vif du sujet, le chapitre aborde une question majeure qui entremêle Histoire et Esthétique, puisqu'il s'agit de l'Expressionnisme. Jacques Aumont pénètre dans un domaine balisé par l'histoire sainte, avec ses textes canoniques (S. Kracauer et L. Eisner), canoniques du moins selon l'interprétation simpliste qui en est donnée habituellement. La démarche adoptée alors me semble tout à fait exemplaire, salubre. Et ce n'est pas, comme feint de le croire l'auteur lui-même, qu'il faudrait « jouer les redresseurs de torts ». La démarche est salubre en ce qu'elle consiste à déblayer un terrain où règne la confusion. Je ferai un petit saut en arrière dans le temps pour rappeler l'époque où furent publiés les premiers travaux de Christian Metz. L'une de leurs conséquences, et pas la moins importante, fut qu'ils contribuèrent à rendre désormais impossible, pour tous ceux manifestant quelque exigence, un type d'écriture à propos du cinéma qui avait prévalu jusqu'alors. Ils clarifièrent le vocabulaire, contraignirent à plus de rigueur, ils introduisirent des concepts qui amenaient à remettre en question tout un édifice langagier, partant tout un mode de pensée. Il serait bon que des notions communes, banales, comme expressionnisme ou western, renvoyant aux écoles et aux genres, fassent l'objet d'un dépoussiérage, au lieu d'être réutilisées sans y réfléchir. C'est une entreprise d'une autre nature que celle de Christian Metz. Elle ne peut être que d'ordre historique : rendre compte historiquement, c'est-à-dire relativement, de ces notions doit conduire à les ébranler. Il ne s'agit donc pas ici d'éprouver la validité d'instruments relevant d'une discipline établie par rapport à l'objet cinéma, mais de prendre des notions communément acceptées et de les soumettre à des analyses prenant en compte la théorie de la réception, la perception ordinaire des films et ses transformations, bref de les envisager comme des faits de discours transitoires et rien d'autre. C'est ce que fait Jacques Aumont, notamment en circonscrivant le moment historique où, dans la critique, le débat théorique a, comme il le dit, « inventé » la notion d'expressionnisme à propos du cinéma. Après quoi, dans la suite de son chapitre, il peut se référer sans ambiguïté au *Cabinet du Dr Caligari* ou au prétendu expressionnisme des films d'Orson Welles, parce qu'il a préalablement balisé son terrain.

Jacques Aumont tourne autour de ces sujets depuis longtemps. Le texte qu'il a publié sur le point de vue dans le n° 38 de *Communications*, et le texte sur l'image filmique figurant dans le n° 7 de la *Revue d'esthétique* sont les signes annonciateurs de *L'Œil interminable*. Le premier de ces textes a été écrit en juin 1981. Le second pose de la manière la plus explicite le problème de l'Histoire du Cinéma. Cette histoire, dit-il, sera tout « sauf linéaire. Le seul principe constant en serait que l'image de film est prise dans les débats, les proclamations, les incertitudes qui ont défini l'image en général, au long du XIXᵉ siècle puis du XXᵉ siècle » (p. 144). Dans cette phrase, *L'Œil interminable* est en germe. La dimension historique du projet s'y trouve en tout cas désignée explicitement, et à propos de ce qu'il est convenu de nommer les origines du cinéma, que Jacques Aumont décrit bien plutôt comme une émergence, un mouvement qui se fait. Là-dessus, les trois premiers chapitres de son livre sont remarquables. On verra les commencements du cinéma dans une série de déplacements qui se sont opérés dans la perception quotidienne, dans la vision spectatorielle, ce qui implique nécessairement l'avènement de nouvelles formes de spectacles. Ces déplacements peuvent être datés pour une part de la fin du XVIIIᵉ siècle et du début du XIXᵉ siècle. Il est évident que tout au long du XIXᵉ siècle ils ne font que s'accentuer. A une année d'intervalle, Arago fait un rapport sur les chemins de fer et un rapport sur le daguerréotype. Pierre Sorlin a montré comment les récits de rêve annonçaient le cinéma. Je voudrais seulement ajouter un détail au tableau dressé par *L'Œil interminable*. Au moment même, entre 1780 et 1820, où s'opère un passage de l'ébauche à l'étude dans le domaine de la peinture, un spectacle obtient la faveur du public londonien. Il s'agit de l'*Eidophusikon* élaboré par le peintre Philippe-Jacques de Loutherbourg. Le dispositif consistait à animer des images sur une scène. Les mouvements des images étaient accompagnés de musique cependant qu'une intrigue dramatique était proposée. Des gazes et un éclairage habilement disposés produisaient des effets atmosphériques sur des toiles qui représentaient des paysages. Sur la scène, ou plutôt à l'intérieur d'une boîte, large de six pieds, haute de six et profonde de huit, dès que la salle était dans l'obscurité, était « jouée » une série de scènes : les effets de l'aurore avec une vue de Londres depuis Greenwich Park ; midi, le port de Tanger en Afrique avec, à distance, le rocher de Gibraltar, etc. Bref, qu'il s'agisse d'un lever de soleil ou de lune, des chutes du Niagara ou d'une cascade plus modeste, l'intérêt principal de ce spectacle reposait bien dans la captation de phénomènes éphémères, de moments fugitifs et quelconques. Ce qui n'excluait pas le spectaculaire. Loutherbourg offrait à ses spectateurs des tempêtes, avec des effets sonores (pour les vagues, le vent, le tonnerre, les signaux de détresse d'un navire, etc.). Des peintres comme Reynolds ou Gainsborough suivirent de près cette expérience. Loutherbourg composa un spectacle tout spécialement pour William Beckford, lequel dit avoir entrepris la rédaction de son roman *Vathek* après avoir vu la féérie conçue à sa demande et qui, outre des effets de lumière, comportait l'usage de parfums exotiques, l'audition d'une musique atmosphérique et même la présence de nourritures. Les publicités de l'époque pour l'*Eidophusikon* le nommaient tantôt « Représentation de la Nature », tantôt « Imitations variées de phénomènes naturels, représentés par des images en mouvement » *(Moving Pictures)*. On notera également que le mot mélodrame ne prend son sens actuel qu'à la fin du XVIIIe siècle et qu'il désigne un théâtre d'effets, accordant de l'importance aux changements de décors, aux machineries et aux machinations, faisant appel à des processus d'identification mettant en branle le corps, les nerfs et les larmes. Dans cette forme de spectacle fondée en partie sur des effets spéciaux, des praticables et des artifices de machineries compliquées, le metteur en scène prend tout à coup une importance primordiale. On a dit de Pixérécourt : « Il n'était pas seulement l'auteur de ses pièces, mais encore il en dessinait les costumes, donnait le plan de ses décorations, expliquait au machiniste le moyen d'exécuter les mouvements. Scène par scène, il donnait aux acteurs des indications sur leurs rôles » (Alexandre Piccini). Les changements de décors vont devenir de plus en plus fréquents, de même que la suggestion de changements météorologiques, de conditions climatiques, d'atmosphères. Pour cela, il faut travailler les éclairages, ménager des réserves d'ombre et des zones de clair-obscur. L'un des plus célèbres décorateurs de mélodrames se nommait Daguerre. C'est également de la fin des années 1780 que proviendrait l'invention du panorama qui, avec le diorama, constituera l'un des spectacles du XIXe siècle préparant l'émergence de l'image-mouvement. Sur tous ces points, *L'Œil interminable* est excellent.

Une approche historique de ce type permet d'échapper aux premiers chapitres des histoires traditionnelles qui consistaient en une énumération descriptive de techniques telles que le phénakistiscope, le zootrope, le praxinoscope, etc. On sort du problème des origines pour aborder des analyses en termes de mouvements, de vecteurs, etc. Il ne s'agit plus de partir ou d'arriver, des « origines » à « nos jours ». Comme le dit Gilles Deleuze, « ce n'est plus une origine comme point de départ, c'est une manière de mise en orbite. Comment se faire accepter dans le mouvement d'une grande vague, d'une colonne d'air ascendante ». Cette histoire examine la mise en orbite de quelque chose qui sera nommé cinématographe. La provenance du cinéma s'effectue donc dans la dispersion, entre une prolifération de techniques plus ou moins ingénieuses, des changements dans la perception (un œil variable), la mise au point de nouvelles formes de spectacles, le développement de l'art « anecdotique », qu'il soit tourné vers l'exotisme (orientalisme) ou le passé (nazaréens, préraphaélites, mais aussi, et surtout, tous les peintres pompiers, académiques, qui préparent les mises en scènes « historiques » de

Hollywood ou d'ailleurs). Et puis un jour se produit l'émergence de l'image-mouvement.

Cette émergence est datable. Le livre de Gilles Deleuze sur le cinéma pose donc nécessairement des problèmes d'ordre historique. En effet, bien que Deleuze se défende d'écrire un livre d'Histoire, il semble instaurer une coupure entre cinéma classique et cinéma moderne, le moment historique de cette coupure changeant selon l'endroit où elle est invoquée. C'est un vrai problème que le texte ne résout pas. Il faut peut-être lui donner la solution suivante : l'image-mouvement et l'image-temps sont deux modalités d'une même substance dont rien ne laisse présupposer l'antériorité de l'une sur l'autre. Le livre de Deleuze est écrit alors que le cinéma « moderne » s'estompe et que s'effectue le passage à un autre régime d'images. Il a fallu en arriver à ce point pour que l'existence de l'image-mouvement et de l'image-temps devienne apparente. Deleuze la constatant établit sa typologie « par récurrence », distinguant des catégories qui regroupent un certain nombre de virtuels : l'image-affection, l'image-perception, etc. Ces virtuels étaient « présents » dès 1895, si l'on ose dire, eux et d'autres encore. Tous ne se sont pas actualisés. Ceux qui ne l'ont pas fait constituent la théorie sans nombre des devenirs avortés. C'est pourquoi Bergson, qui a fondé théoriquement l'image-mouvement, a « manqué » le cinéma : rien encore ne s'était vraiment actualisé en 1895-1896. Le Cinématographe Lumière est riche de beaucoup de devenirs. Plus de quatre-vingts ans après, Deleuze repart du second chapitre de *Matière et Mémoire*. Le processus d'actualisation de tous les virtuels que l'émergence de l'image-mouvement ouvre est, lui, pleinement de nature historique. La recherche historique pourrait chercher à comprendre pourquoi à telle situation correspond telle actualisation. On appellera événement historique le mouvement qui conduit à l'émergence d'une singularité. La démarche historienne permet de faire surgir des singularités par une rupture d'évidence. Deleuze propose des espèces qui ne s'incarnent pas dans des individualités identiques, mais dans des singularités toutes différentes. Les catégories deleuziennes n'apparaissent jamais que dans des mélanges, prises dans des réseaux où elles entrent en combinaison avec d'autres types d'images (mais pas seulement) pour donner l'état de la question dans un pays donné à un moment donné. C'est-à-dire dans des conditions économiques et techniques précises, avec des données d'ordre politique et culturel, avec un système d'alliances et de rencontres en perpétuelle transformation qu'il faut décrire, ainsi que les régimes spectatoriels afférents. Ces régimes spectatoriels se déduisent du dispositif du moment tout en l'informant. La recherche historique pourrait consister à agencer ces éléments pour rendre compte de mouvements. Rendre compte d'un seul mouvement demande beaucoup de temps et de patience.

Peut-on être plus précis ? Sans doute, mais il faut pour cela avoir recours à de nouvelles distinctions. L'image-mouvement et l'image-temps sont les notions fondamentales dont l'image-affection, l'image-perception sont des virtuels. Viennent ensuite les actualisations de ces virtuels qui se font par différence, divergence ou différenciation. Jamais les actuels ne ressemblent à la virtualité qu'ils actualisent. Deleuze écrit dans *Différence et Répétition* : « Le schéma bergsonien qui unit *L'Évolution créatrice* à *Matière et Mémoire* commence par l'exposition d'une gigantesque mémoire, multiplicité formée par la coexistence virtuelle de toutes les sections du cône. Puis l'actualisation de ce virtuel mnémonique apparaît comme la création de lignes divergentes, dont chacune correspond à une section virtuelle et représente une manière de résoudre un problème ». D'une certaine manière, on peut dire que le livre de Deleuze sur le cinéma expose lui aussi une gigantesque mémoire et trace des lignes divergentes. « La différence et la répétition dans le virtuel fondent le mouvement de l'actualisation, de la différenciation comme création, se substituant ainsi à l'identité et à la ressemblance du possible, qui n'inspirent qu'un pseudo-mouvement, le faux-mouvement de la réalisation comme limitation abstraite » (p. 273). Deleuze dit également : « On ne confondra pas l'espace intérieur d'une couleur, et la manière dont elle occupe une étendue où elle entre en relation avec d'autres couleurs » (p. 279-280).

On peut prendre ici un exemple. Deleuze rattache le cinéma allemand du muet à ce qu'il nomme l'image-affection. Mais l'image-affection n'est pas l'apanage du seul expressionnisme, qui est une actualisation parmi d'autres de ce virtuel, mais qui, dans ce processus créatif, s'en distingue nécessairement. C'est un point sur lequel le livre de Deleuze sur le cinéma prête le flanc à la critique, s'il est mal compris. Il convient donc de mettre en évidence le mélange dans lequel cette image apparaît au moment des années 1920 en Allemagne. Il faut commencer par abandonner, même provisoirement, le mot expressionnisme et envisager l'ensemble de la production allemande d'alors (soit près de 200 films chaque année) qui déborde évidemment le petit groupe d'œuvres pour lequel le mot aurait une signification. Un dépouillement systématique des revues de l'époque permettrait de repérer les occurrences du mot « expressionnisme » (qui l'employait, et à propos de quoi ? était-ce ironiquement, ou avec révérence ?), et mettrait en évidence les types de discours qui étaient tenus pendant cette période sur les films. Il faudrait ensuite repérer et décrire des agencements, parmi lesquels les conditions de la production et de l'exploitation, l'emplacement des salles, les combinaisons d'intérêts, le statut des acteurs et autres collaborateurs à la réalisation des films, etc. C'est à la lumière des résultats de cette enquête que devraient être réexaminées les trois grandes alliances que le discours critique a jusqu'ici retenues pour aborder ce cinéma :

1) La rencontre avec la psychiatrie et la psychanalyse que Catherine Clément a placée sous le signe du « bourgeois démoniaque » et qui, on le sait, s'est cristallisée autour du projet de Pabst, *Les Mystères d'une âme*, à l'égard duquel Freud éprouvait les plus vives réticences.

2) Les relations avec l'architecture, le théâtre et, dans une moindre mesure, la peinture : ce qui permettrait de revenir sur les diverses manières dont le cinéma et les avant-gardes artistiques se sont ou non mélangées pendant la période du muet dans toute l'Europe.

3) Ce qui s'est joué entre nazisme et cinéma, et que dès 1936 Walter Benjamin, avant Kracauer, met en avant (que ce soit deux penseurs proches de l'École de Francfort qui l'aient fait n'étonnera pas) : ce qui conduirait peut-être à reprendre la sociologie du cinéma (l'histoire sociologique du cinéma) autrement qu'au travers de la théorie du reflet, toujours bien vivante malgré ce qui a pu être dit de négatif à son sujet. Cela conduirait aussi à se demander pourquoi la figure du « bourgeois démoniaque » peut mener ici à Freud et là au tyran qu'un proche avenir a révélé.

Tous ces travaux accomplis, et bien d'autres encore qui ne se révéleront nécessaires qu'au cours de l'enquête, il serait possible de donner à la singularité que Deleuze définit en relation avec sa typologie, son autre face, historicisée, donc relativisée, c'est-à-dire envisagée dans les relations qui la font apparaître au sein d'agencements divers.

Deleuze établit une classification, « c'est-à-dire une symptomatologie », « et ce qu'on classe ce sont des signes pour en tirer un concept qui se présente comme événement, non pas comme essence abstraite ». Le concept remplit donc des fonctions dans un ou plusieurs champs de pensée (ici la classification deleuzienne) eux-mêmes définis par des variables internes. Il est aussi des variables externes (états des choses, moments de l'histoire) qui sont dans un rapport complexe aux variables internes et aux fonctions. Ces variables externes suscitent autant d'événements dans un autre champ, qui est celui de l'expérience. Comment s'opèrent les transformations et où se produisent-elles ? Résumant une idée de Foucault, Deleuze écrit : « Ce n'est jamais le composé, historique et stratifié, archéologique, qui se transforme, mais ce sont les forces composantes, quand elles entrent en rapport avec d'autres forces, issues du dehors. Le devenir, le changement, la mutation concernent les forces composantes, et non les formes composées » (*Foucault*, p. 93).

Les outils que ce texte emprunte rapidement à la boîte deleuzienne sont donc :

1) le concept, les virtuels et leurs actualisations,
2) les forces composantes et les formes composées,
3) les variables internes et les variables externes,
4) les notions d'événement et de singularité.

Ces outils ne sont pas tous intrinsèquement deleuziens, et ils ne se recouvrent pas nécessairement, mais il est possible de les articuler pour penser l'histoire du cinéma. Les variables internes et les variables externes, par exemple, appartiennent au domaine des forces composantes, alors que les événements, de quelque ordre qu'ils soient, sont des formes, des composés historiques et stratifiés. Les variables externes comprennent les données de provenances diverses qui font que le cinéma existe, mais aussi la situation particulière selon les pays. Chaque donnée possède sa propre vitesse ; dans chaque pays, le cinéma se développe selon son propre rythme. Il faut donc envisager des histoires indexées chacune sur une vitesse, lente ou rapide (l'histoire du cinéma aux États-Unis ne peut être la même qu'en Égypte), ou une histoire travaillant sur des changements de rythme. La démarche historienne est

toujours une puissance de démultiplication. C'est ce que nous rappelle opportunément le titre de l'émision de Jean-Luc Godard. Il n'y a que des histoires. Et l'on pourrait ajouter que le singulier « cinéma » recouvre des pratiques fort différentes et hétérogènes. Dans cette perspective, le problème des
« coupures », de leur nature et de leur importance, se posera à chaque fois
de manière différente. Bien d'autres coupures seront à découvrir que celles
d'origine technique du muet au parlant, de l'orthochromatique à la panch-
romatique, ou du noir et blanc à la couleur. Lorsqu'on a fait surgir un événement historique, c'est-à-dire encore une fois l'actualisation d'un événement
de la pensée (qui peut d'ailleurs donner lieu à plusieurs événements historiques), il reste à cerner le rapport des variables externes aux variables internes, du concept à ses actualisations (après avoir, bien entendu, déterminé le
rapport des variables externes entre elles). A cette série d'explorations et de
découvertes on donnera le nom d'histoire matérialiste du cinéma.

Histoire matérialiste et non matérialisme historique : on connaît les visées
scientifiques de ce dernier et la difficulté qu'il a eu à produire, à partir d'un
certain moment, avec les instruments qui étaient les siens, un vrai mouvement dans la pensée. Cela ne signifie pas d'ailleurs que ce discours n'a plus
rien à nous apprendre (le chapitre de *Lire le Capital* sur le temps historique
demeure productif) ou qu'il faille l'oublier. Il est trop proche de nous, il
nous est trop familier pour que nous ne retournions pas vers lui pour apprendre aussi quelque chose sur nous, afin de faire l'archéologie de nos idées,
des concepts que nous utilisons parfois (Peppino Ortoleva l'a montré à propos de celui de « mode de production »). Il n'a pas non plus épuisé toutes
ses virtualités, lesquelles peuvent suivre des cheminements ni orthodoxes, ni
dogmatiques. Des instruments nouveaux ont été élaborés, parfois dans le prolongement de Marx, parfois contre lui ou en dehors de lui, qui permettent
d'éviter les écueils du passé et de préserver l'acquis le plus précieux, le matérialisme dont le marxisme est lui-même une actualisation.

Jean-Luc Godard nous a livré, par le biais de la pratique artistique, des
réflexions sur le matérialisme et l'histoire du cinéma, qui nous intéressent
au premier chef. Ce n'est sans doute pas un hasard s'il met en scène presque simultanément *Histoires du Cinéma* et *Puissance de la parole*, avec des
procédures étrangement identiques : des télescopages et des bombardements
d'atomes visuels et sonores, des accélérations de particules, des phénomènes
de réverbération, de superposition, techniques dont certaines font souvenir
de Lucrèce ou d'Épicure. La voix se fait matérialité, la lumière corporalité
au même titre que l'eau du torrent ou les laves du volcan. Comme le dit
le texte de Poe utilisé par le cinéaste : « Pendant que je te parlais ainsi, n'as-
tu pas senti ton esprit traversé par quelque pensée relative à la puissance matérielle des paroles ? Chaque parole n'est-elle pas un mouvement créé dans
l'air ? » Qu'est-ce qu'un couple humain ? Une forme de montage. Une combinaison momentanément stable et fixe qui constitue une forme. D'un côté
des forces se déplacent, se meuvent, se heurtent, de l'autre des formes se
constituent et s'établissent dans une relative stabilité. Nous ne sommes pas

loin de l'Histoire. Les forces issues du dehors travaillent à déstabiliser les formes. Les couples sont pris dans des mouvements furieux, dans des transports, des dérèglements qui varient avec l'histoire des corps, si bien qu'ils s'affrontent et s'effondrent parfois. Dans ses derniers films, Godard donne à percevoir la pensée quasi matériellement, dans l'interstice, dans la disjonction de voir et de parler. Il dit aussi que le facteur sonne toujours deux fois. Cette idée de répétition de l'histoire individuelle et collective est présente de diverses façons dans *Puissance de la parole*. Notamment par la superposition au couple terrestre d'un couple d'anges, ou par la demande réitérée de Mlle Oinos : « Expliquez-moi ou expliquez-vous ». Comment ne pas voir dans l'ange Agathos un Godard mélancolique s'expliquant à une jeune femme comme « le plus tumultueux et le plus insulté des cœurs », lui qui des années auparavant recommandait à Pierre Braunberger la lecture de *Jean-Luc persécuté* de Ramuz ? Comment ne pas déceler cette mélancolie à travers la voix de Leonard Cohen utilisée dans les deux films, ou dans celle du narrateur de *Histoires du Cinéma* ? Il est dans ce film un passage tout à fait émouvant à cause du gag qu'il contient. C'est quand il donne à voir un fragment de *Bande à part*, un gros plan de Anna Karina récitant un poème d'Aragon : « Le malheur au malheur ressemble... » Grâce à la superposition des images, le visage de Godard se penche vers la main d'une pin-up de Tex Avery pour le baiser et murmurer : « Adieu ma jolie ». Si l'on ajoute qu'à la suite de ce passage la voix de Godard dit « Bonjour tristesse » et qu'un carton retranscrit la phrase : « Le bonheur n'est pas gai », attribuée à Max Ophuls, on constate que le ton de la mélancolie submerge tout à cet instant. L'écho précis de la référence à Anna Karina dans *Puissance de la parole* est le moment où Agathos et Mlle Oinos sont filmés de très loin sous de grands arbres, exactement comme Marianne et Pierrot dans la séquence « ma ligne de hanche » de *Pierrot le fou*. Sur la bande son s'entend alors le second mouvement (« L'absence ») de la *Sonate Op.31a* de Beethoven, intitulé « Les Adieux ». *Histoires du Cinéma* et *Puissance de la parole* sont décidément deux œuvres qui entrent en résonance. Écoutons les dernières paroles d'Agathos : « Cette étrange étoile, c'est moi qui les mains crispées et les yeux ruisselants, — aux pieds de ma bien-aimée, c'est moi qui l'ai proférée à la vie avec quelques phrases passionnées. Ses brillantes fleurs sont les plus chers de tous les rêves non réalisés, et ses volcans forcenés sont les passions du plus tumultueux et du plus insulté des cœurs ! » « Aux pieds de ma bien-aimée » est dit quatre fois, et cette « étrange étoile » que désigne Agathos ne serait-elle pas l'œuvre même que Godard a « proférée à la vie » ? Godard a travaillé depuis le début dans la chair du cinéma, incorporant les images des autres parmi les siennes, et aujourd'hui il incorpore les siennes parmi celles des autres. De là cet art de la superposition de deux-trois images l'une sur l'autre pour n'en faire plus qu'une comme dans une sorte d'urgence, d'empilement hâtif et fiévreux, car l'histoire pourrait bien prendre fin, le déroulement de la bande du film sur les *galets* de la table de montage (image appartenant aux deux films) s'arrêter. Il ne resterait plus alors que l'image et la voix d'un ange, entouré des signes de la déréliction, la sphère, la pierre, le soleil noir, et rêvant de l'éclat des fleurs, de l'incandescence des laves et du tumulte des eaux en mouvement, comme la matière en fusion. A. Artaud a écrit : « D'une passion à un tremblement de terre, on peut établir des ressemblances et d'étranges harmonies de bruits ».

This text intends to show that Film History — the real one — is done in books where one does not necessarily expect it to appear. As, for example, in Jacques Aumont's L'Œil interminable *where a reflection on aesthetics and a concern for history intersect in a very fruitful manner. Or, but in a very different way, in Gilles Deleuze's* Cinéma 1 et 2, *a book which provokes historical questions, such as : how to « historicize » the categories that his typology brings forth ? Film History can and must borrow its tools from the philosophers : concept actualization, event, singularity, composing forces, composed forms, and internal variable. All are indispensable tools for a materialist history which would not claim a scientificity but would be a sharp instrument in helping the future to emerge from the present. The last works of Jean-Luc Godard* (Puissance de la parole, Histoires du Cinéma) *provide good examples of a form of a properly lucrecian « montage », for it often consists in a bombardment of atoms recovering the sky for the benefit of the earth.*

IV. IMAGINAIRES

Pierre Sorlin

L'imaginaire : une construction sociale ?

Dans sa forme volontairement maladroite, le titre que j'ai choisi pour cette communication marque bien la perplexité où je me trouve. N'étant ni linguiste, ni sémiologue, ni spécialiste du texte, ni psychanalyste, pas même cinéphile, je n'ai aucun titre à intervenir dans ce colloque. L'amitié, certes, mais elle n'est pas un passeport pour la recherche et, s'il fallait convoquer à Cerisy tous les amis de Christian Metz, plusieurs semaines n'y suffiraient pas.

J'entre ici comme étranger. Je le fais cependant avec plaisir. J'ai suivi dès ses débuts le travail de Christian Metz et je voudrais faire comprendre comment sa recherche, qui ne me concerne pas directement, est cependant essentielle pour ma propre démarche. J'aimerais, avant toute chose, écarter un possible malentendu : il m'arrivera bientôt de marquer des distances, de souligner des incompatibilités ; les concepts ne se transplantent pas, ils se formulent différemment suivant le terrain qu'on a choisi d'explorer et les outils des uns semblent inadaptés aux besoins des autres. Pourtant si je dois exprimer des réserves, elles ne constituent absolument pas, dans mon esprit, des critiques. Simplement je me place ailleurs. Et dans cet ailleurs ce que fait Christian Metz m'oblige à reviser des positions bien établies, à interroger d'apparentes certitudes — ce qui est à mes yeux la marque d'un travail proprement scientifique.

Pour éviter toute apparence de mise en cause, je partirai d'un phénomène que Christian Metz n'a pas particulièrement étudié bien qu'il y ait fait de nombreuses allusions, celui du rêve. L'accord se fera sans doute sur quelques points relativement simples : manifestation psychique individuelle mais commune à toute l'espèce humaine, le rêve prend, pendant le sommeil, une force d'évidence qui ne résiste pas au réveil et fait dire : « ce n'était qu'un songe ».

Sociologiquement aucune de ces propositions n'est acceptable. La sociologie, d'abord, ignore le rêve. Max Weber estimait qu'un homme qui prie dans la solitude échappe au sociologue. L'exemple était probablement mal choisi, la prière solitaire se situe par rapport à l'invocation collective et Weber aurait mieux fait de se rabattre sur le rêveur : de cette personne endormie dont le mouvement des globes oculaires, l'encéphalogramme fortement oscillant et l'inhibition motrice signifieraient, à en croire les physiologistes, qu'elle est en état onirique, nous ne saurons jamais rien. Nous n'aurons ensuite que son compte rendu seule donnée que connaisse la sociologie.

On trouvera cette remarque triviale et inutile : tout le monde sait qu'il n'y a que des récits de rêve et chacun tient compte de cette restriction. En tient compte comment ? Jung le note, évidemment, mais il ajoute bien vite qu'il faut traiter *le rêve* comme un fait[1]. Dans *L'Interprétation des rêves,* Freud parle longuement de l'infidélité réelle ou supposée de la mémoire, de son rapport avec la censure, mais il ne semble pas s'interroger sur le fait même du compte rendu[2]. *L'Introduction à la psychanalyse* ajoute une nuance importante, elle revient à plusieurs reprises sur le récit, sur sa possibilité ou son impossibilité, sur le fait qu'il s'agit d'un exposé intervenant après coup[3]. Pourtant l'énonciation de ces doutes n'entraîne aucun changement dans le reste de la démonstration : c'est du *rêve* seul, non de la manière dont il est communiqué, qu'il est ensuite question. Je n'ai fait allusion qu'à d'illustres morts mais les vivants me fourniraient autant d'exemples et comme on ne saurait soupçonner de négligence tant de personnes savantes j'en conclus que, dans bien des domaines, la différence n'est pas pertinente. Pour un sociologue, elle est au contraire fondamentale : nous n'aurons jamais du rêve qu'un abord médiatisé et l'analyse ne saurait commencer sans une étude préalable des conditions de la médiation.

Croire que le rêve est une propriété universelle du genre humain et que sa part proprement psychique est purement individuelle relève d'un apriorisme intenable. Il existe des dizaines de sociétés connues grâce à une abondante documentation écrite ou parlée pour lesquelles nous n'avons pas de comptes rendus de rêve, ce qui ne veut évidemment pas dire qu'on n'y rêvait pas mais ce qui pose en pleine lumière le problème du récit — car qu'en est-il du rêve lorsqu'il ne se dit pas ? L'activité psychique nocturne est-elle ressentie autrement qu'en termes de « sommeil agité » ? L'ethnologie amérindienne a montré le caractère régulier et fréquent des phénomènes oniriques collectifs : sous la pression de la communauté, des groupes entiers versent dans le sommeil puis parlent de leurs songes, accomplissant ainsi un segment de leur trajet initiatique ou bien encore des individus, à travers un processus identique, répondent à une demande de l'ensemble de la population. On emploie dans ce cas le terme de rêve bien que la distance soit énorme par rapport à ce que l'aire atlantico-méditerranéenne désigne sous ce nom. Par manque d'information sur ces mondes différents, je me limiterai à cette petite partie de l'univers qui est la nôtre en rappelant toutefois que ses récits ne représentent qu'une forme parmi beaucoup d'autres de relations oniriques.

L'idée que songe et vie active soient quasi spontanément discernables est, pour les sciences sociales, particulièrement étrange parce qu'elle dénote une curieuse indifférence à des textes aussi importants que la Bible. Le rêve biblique est aussi « réel » que la vie éveillée, il n'est pas matériel mais il s'intègre parfaitement à la continuité existentielle de l'individu : un envoyé de Dieu coupe la trame des événements pour y introduire l'information ou la consigne qui vont en changer le cours.

Contrairement aux attentes du sens commun, la sociologie trouve les récits de rêve très inégalement répartis suivant les époques et les aires géographiques, affectés d'un coefficient de crédibilité ou de représentativité variable et rien ne lui permet de les classer ou de les étudier en fonction de critères stables. La nature ambiguë du matériel n'est pourtant qu'un obstacle secondaire. La sociologie s'est peu préoccupée du rêve parce qu'elle a du mal à en faire usage. Il échappe presque par définition à Durkheim pour qui le fait social se révèle à son caractère obligatoire (rien n'oblige, au moins dans notre aire culturelle, à raconter ses rêves) comme au fonctionnalisme qui n'a aucune place pour ce type de confidence. Réagissant contre ce dernier courant qui avait dominé la sociologie américaine pendant deux décennies, Hans Gerth et C. Wright Mills ont parfaitement situé l'importance de la mise en forme verbale dans la transmission du rêve[4] mais, au lieu de s'interroger sur ce qui fonde le récit, ils se sont immédiatement tournés vers l'étude des motivations affichées en se demandant comment l'adhésion aux normes transparaît dans le récit. Il faut repartir de Max Weber dont la démarche privilégie l'individu pour comprendre ce qui empêche la sociologie d'annexer les songes à son domaine. Weber se penche sur les acteurs sociaux qu'il observe dans leur rapport concerté avec autrui : comment prennent-ils en compte le comportement des autres, comment l'interprètent-ils, comment s'orientent-ils par rapport à lui ? A priori rien n'oblige à exclure de l'enquête l'initiative du rêveur qui va chercher une oreille complaisante. Mais Weber ne traque l'intention qu'en fonction de l'action qu'elle engendre. Refusant, à l'inverse de Durkheim, de postuler la société comme un tout préexistant à ses éléments, il ne la voit que comme l'ensemble complexe des relations qui se développent simultanément ou concurremment : étant donné des conduites récurrentes et modifiables, comment rendre compte des déterminations qui ont influé sur les individus et les ont conduits à agir de concert[5] ? Le récit de rêve ne suppose aucune concertation et n'entraîne pas d'action. Curieusement Weber, que passionnait l'éthique protestante et son influence sur l'initiative sociale à l'époque de l'essor capitaliste, ne s'est pas interrogé sur les raisons pour lesquelles beaucoup de zélateurs religieux, entre le XVIe et le XVIIIe siècle, étaient de grands raconteurs de rêves : cette face de leur prophétie ne trouvait pas place dans son mode de questionnement.

Weber est mort trop tôt pour voir le récit de rêve donner naissance à des démarches concertées, à des échanges suivis, engendrant des groupes, des institutions et des réseaux complexes de relations. Si le psychanalysme est devenu objet de curiosité pour des sociologues, le rêve n'y a pas gagné un statut nouveau. Faut-il le laisser définitivement de côté ? C'est sur ce plan déjà que la lecture des travaux de Christian Metz m'a depuis longtemps inquiété, au meilleur sens du terme : s'il prend au sérieux le rêve lui-même, et non pas telle ou telle correspondance entre la situation des rêveurs et leur position dans la société, c'est peut-être qu'il y a dans les songes autre chose qu'un contenu facilement attribuable au « contexte ». Je n'ai ni la force ni l'envie de fonder une sociologie du rêve. En revanche, j'aimerais profiter de l'occasion que m'offre ce colloque pour tenter de définir quelles en seraient

les conditions de possibilité et quelles répercussions une telle étude entraîne-
rait dans l'approche sociologique des réalisations audiovisuelles.

Oublions les contenus. Laissons également de côté, pour l'instant, deux
occurrences extrêmes, celle où le rêveur est son propre auditeur et celle beaucoup plus simple qui correspond à la relation thérapique, pour nous arrêter
à l'expérience modale dans laquelle le rêveur choisit d'adresser son compte
rendu à une autre personne. On a là une sociation caractérisée, c'est-à-dire
un rapport qui ne tient ni au hasard (comme cela se produit pour les occu-
pants d'un compartiment) ni à la routine (queue dans un magasin) mais à
une convergence intentionnelle sur un même objet. Davantage, l'objet entre
dans l'une des catégories les mieux remplies et les mieux explorées des circonstances génératrices de sociations, le récit, puisque un nombre considérable de regroupements s'opèrent simplement pour effectuer ou écouter un
compte rendu.

La différence par rapport à une situation banale dans laquelle A rapporte
x à B est parfaitement claire. Une sociation ordinaire implique une forte inter-
raction : l'auditeur a besoin de connaître les données qu'on va lui rapporter, il les attend, il en anticipe certains aspects, il réagit au compte rendu.
Mais surtout, et sur ce plan il faut donner raison à Weber, la rencontre n'est
pas séparable de l'action dans laquelle elle s'insère : le compte rendu inter-
pelle une personne jusqu'alors ignorante de manière à la faire entrer en action
ou bien il constitue une mise au point, prélude à une relance d'initiatives
antérieures. C'est d'ailleurs en ce sens que le récit de rêve dans la cure analytique ne pose pas de problème au sociologue : provoquant l'intervention du
thérapeute, il a sa place dans un processus relationnel de forme tout à fait
banale.

L'auditeur réagira éventuellement au récit de rêve délivré hors de la cure
mais sa prise de position visera le narrateur, non l'objet et elle ne débou-
chera en aucun cas sur une initiative. Disons-le autrement : le récit ne concerne directement que le rêveur dont il est la propriété inaliénable, il ne
devient pas bien commun à la différence d'un compte rendu intéressant le
devenir personnel de chaque auditeur. Si le contenu et la relation nouée autour
du récit échappent au sociologue que peut-il rester à celui-ci ? Le fait même
de la transmission : le rêveur éprouve le besoin de faire part de ce qui lui
est advenu, il transforme des impressions tout intimes en un procès-verbal
intelligible pour d'autres. Pour nous qui sommes habitués à rencontrer partout de tels récits, la chose semble banale. Elle suppose pourtant une série
de choix et de coups de force souvent difficiles. Il est d'abord des milieux
culturels dans lesquels la transmission de traces oniriques est mal reçue, soit
qu'elle semble trop invididuelle, soit qu'elle renvoie à une part obscure, non
contrôlable, éventuellement dangereuse. Dans beaucoup de groupes se décider à exposer son rêve équivaut déjà à prendre une initiative sociale. Quant
au récit même, il suppose de la part du narrateur un gros effort : comment
choisir entre des sensations vagues et concommitantes, comment traduire
linéairement ce qui a été simultané, comment évoquer des formes ou des mou-

vements subjectivement évidents mais formellement indéfinissables ? En posant de telles questions, on en vient à se demander comment le récit de rêve est tout simplement possible. Le fait que non seulement il se transmette mais qu'il soit florissant dans certains groupes suggère qu'il a été l'objet d'un apprentissage quasi spontané, non reconnu par le narrateur, inculqué de manière automatique par le milieu : en ce sens le compte rendu de rêve serait bien un objet sociologique.

Pour en arriver là, à partir des critères proposés par Max Weber, il a fallu opérer un décentrement et renoncer complètement à prendre en compte les motivations. Bien évidemment des raisons personnelles poussent *A* à faire de *B* (personne isolée ou d'un groupe) le confident de ses songes mais ce qui nous importe n'est pas la rencontre particulière de ces deux individus. La question qui se pose est de savoir pourquoi ils se retrouvent autour d'un objet qui ne leur est pas commun ou plutôt de déterminer ce qui leur est malgré tout commun bien que l'objet les sépare. Les termes dont use Weber ne sont pas nécessairement renvoyés au placard : une action, très brève, se produit ; prise dans son aspect le plus général, cette action suppose un échange puisque l'auditeur doit être en état de recevoir l'exposé, c'est-à-dire de le tenir pour licite et d'en posséder les règles. Il reste cependant une difficulté qui semble justifier l'indifférence des sociologues : la rencontre se clôt sur elle-même, elle se répétera indéfiniment sans rien faire avancer. Les récits de rêve n'ont pas de débouché et, sauf à être analysés à l'aide de critères généraux, d'ordre anthropologiques, ils ne procurent à leurs bénéficiaires aucune connaissance nouvelle. On serait tenté de dire que les usages particuliers sont indifférents et que seule entre en ligne de compte le fait de l'usage s'il n'était manifeste que l'usage existe uniquement dans ses réalisations invididuelles. Disons-le autrement : qu'y a-t-il de proprement social dans un récit de rêve ?

Il convient, si l'on veut répondre, de revenir au cas limite du rêveur qui tente de se souvenir pour lui seul. Coleridge notait, dans ses carnets, ce qui lui revenait de certains de ses songes ; il cherchait à restituer, dans leur ordre d'avènement, les sensations ou les impressions qui l'avaient traversé et, s'attachant à en retrouver la mobilité, il se servait des mots en fonction de la puissance évocatrice qu'ils recélaient à ses yeux. On est ici au plus près de la distinction que George Herbert Mead s'est efforcé d'établir entre l'expérience du *Je* et celle du *Moi* chez le sujet social : le *Je* ne se définit que par rapport à lui-même, il s'entend sans nécessairement se parler ; le *Moi* se construit comme l'Individu qu'il veut proposer à autrui, il s'efforce d'être entendu[6]. Précisons au passage que, en ce qui concerne le récit de rêve, la présence physique d'un témoin est indifférente : Coleridge peuplait ses lettres de comptes rendus qui devaient rester énigmatiques pour ses correspondants ; en revanche, s'il s'était *raconté* à lui-même ses songes la transcription qu'il en aurait faite nous serait aujourd'hui parfaitement accessible. Les circonstances sont indifférentes, seul compte le choix opéré entre l'expression sans contraintes ni limites des émotions ressenties par le *Je* et les contraintes que le *Moi* emprunte au groupe. Le compte rendu de rêve devient objet social quand il se plie à une forme socialisée.

Certaines notes de Coleridge sont « transférables » en récits : elles deviennent alors triviales, utiles peut-être aux biographes, décevantes pour les autres lecteurs. Les sciences sociales sont ainsi bien en peine d'intégrer le contenu des exposés de songes. Pris un à un les récits individuels sont tellement spécifiques qu'ils éclairent au mieux des vies séparées et distinctes. Toutefois certaines constantes se manifestent dans des ensembles plus ou moins vastes. Il y a ainsi chez Coleridge une insistance sur l'enfance, la famille, le collège, l'éducation qu'on retrouve chez nombre de ses contemporains. Mais les récits, considérés en grandes séries, prennent vite le ton du stéréotype ; on a classé des milliers de comptes rendus établis dans des pays sous-développés ou dans des milieux peu favorisés de cités industrielles jusqu'à définir trois ou quatre grandes catégories, monde merveilleux, satisfaction d'un besoin, accident, échec qui retraduisent tout simplement des craintes ou des attentes connues d'autre part[7]. La tension n'intervient pas, à ce stade, entre le *Je* et le *Moi*, le premier a été éclipsé par le récit et, derrière le *Moi*, se profile son appartenance sociale, un *Nous* incontestablement présent mais réduit à ses aspirations les plus élémentaires. Le fait social marquant n'est pas le retour d'un *Nous* appauvri mais l'effacement du *Je* et si le compte rendu de rêve peut intéresser la sociologie, c'est à partir de l'opération grâce à laquelle une manifestation psychique totalement idiosyncrasique devient un objet présentable, voire échangeable dans la collectivité. Nous remarquions précédemment que restituer ses souvenirs sous une forme accessible constituait, pour le rêveur, un acte social. Il faut compléter cette première proposition : l'exposé n'est recevable que s'il obéit à un modèle connu des destinataires. Raconter un rêve est, dans les groupes qui s'y prêtent, un acte aussi représentatif que rendre compte d'un événement dont on a été témoin parce que des règles implicites en fixent les modalités et en définissent les conditions de possibilité.

Une sociologie du rêve devrait s'attacher aux formes autorisées et aux contraintes qu'elles entraînent pour le narrateur. Je n'ai pas le temps d'amorcer ici une telle étude mais j'aimerais en marquer, de façon rapide, quelques directions. Il me semble d'abord qu'un premier domaine à considérer serait le statut offert au rêveur dans la mise en œuvre de son propre compte rendu. L'idée m'est venu bien évidemment par comparaison : l'écart me semble énorme entre l'effort introspectif que s'imposent un Coleridge ou l'un de nos contemporains et la figure d'absent que constituaient les Grecs anciens. Évoquer ses songes en public était une activité parfaitement courante en Grèce et, d'Homère à Artémidore, nous disposons d'un littérature considérable. Si l'exposé est éventuellement très long (il tient jusqu'à deux pages), son caractère d'abstraction est frappant : le rêveur sert de terrain ou d'enjeu à une expérience, une intervention, une action qui le traversent sans qu'il paraisse éprouver de sensations personnelles. « J'ai vu[8] ce songe : j'ai vu venir vers moi une femme belle, très gracieuse, habillée en blanc qui m'a appelé par mon nom et m'a dit : ''Dans trois jours tu peux arriver à la Phtie fertile'' »

(*Criton,* XLIII, a). Les actions, les détours sont éliminés, le récit se concentre sur une donnée précise que d'interminables propos développent au besoin sans en altérer l'extrême simplicité. On en vient même à se demander si la « contraction de rêve » n'était pas un exercice courant. Le songe est perçu comme indice (indice en fait ambigu, duquel on tirera toutes les interprétations concevables) ce qui oblige à en saisir le point saillant. Sensoriellement le narrateur s'abstrait pour ne pas ralentir la mise en évidence du signal contenu dans le rêve.

Un autre trait également important serait l'inclusion de propositions de lecture dans le récit. Cette tendance me semble marquée dans les multiples comptes rendus émanant de chrétiens fortement impliqués dans les luttes religieuses au XVIe et au XVIIe siècle. Tous adoptent des formules sobres qui visent aussi à l'essentiel mais qui, à l'inverse de ce que pratiquaient les Grecs, sont garanties contre tout risque d'ambiguïté par une esquisse d'interprétation. Ici encore, faire part de ce qu'on a vu durant la nuit n'a rien d'une indiscrétion (le précédent biblique est très fort) mais le propos du rêveur ne doit pas inciter au doute ou à l'inquiétude. Wesley (je le choisis parce qu'il est un témoin tardif, maintenant, à la fin du XVIIIe siècle, une tradition antérieure mais d'autres comme Laud ou Milton feraient aussi bien l'affaire) rapporte à son entourage ce qui lui est apparu durant son sommeil en mêlant à sa relation les quelques mots nécessaires pour cadrer le message. Inutile de se demander si la conclusion était déjà pressentie pendant le rêve ou si elle n'est intervenue qu'ensuite : au risque de fatiguer, il faut redire que notre seule prise sur le songe est le compte rendu qui nous en est proposé. Les puritains aiment à glisser une solution dans leur récit et si Weber avait pu s'intéresser aux formations oniriques il aurait aimé ce pragmatisme, marque supplémentaire de l'affinité entre éthique protestante et mentalité capitaliste[9]. Au-delà de ce souci de précision ou de cette crainte d'une mauvaise compréhension, il faudrait se pencher sur tous les modes narratifs qui balisent le souvenir de rêve, l'empêchant de bourgeonner, de se ramifier en courants multiples. Pourquoi le modèle imposé par un groupe ne viserait-il pas parfois, à contenir le rêve ?

Un troisième aspect de la mise en forme des songes auquel je m'arrêterai plus longtemps touche à ce que j'appellerai, on devine pourquoi, la mise en scène. Pendant longtemps, bien après qu'ils aient été libérés des restrictions engendrées par le puritanisme, les récits de rêve, même tout à fait détaillés, se développent sans évoquer aucun cadre comme s'il n'y avait pas d'arrière-plan ou comme si celui-ci ne devait pas être pris en compte. Il me semble qu'intervient, dans la littérature onirique, vers le milieu du XIXe siècle un changement relativement rapide avec l'intervention d'une esquisse de topographie qui, par la suite, devient une vraie délectation pour le paysage. Je cite un texte écrit par Ruskin en 1868[10] qui me semble intervenir à la jonction des deux systèmes narratifs, quand le souci du décor commence à s'imposer :

> « *Dreamed of walk with Joan and Connie, in which I took all*
> *the short-cuts over the fields, and sent them round by the road,*
> *and then came back with them jumping up and down banks of*
> *earth, which I saw at last were washed away below by a stream.*
> *Then of showing Joan a beautiful snake, which I told her was*
> *an innocent one ; it had a slender neck and a green ring round*
> *it, and I made her feel its scales. Then she made me feel it, and*
> *it became a fat thing, like a leech, and adhered to my hand,*
> *so that I could hardly put it off - and so I woke.* »

En un demi-siècle le jeu de la profondeur de champ s'affine et se complique. Sans être en mesure de le prouver (des exemples, même concordants, ne prouvent jamais rien), j'attribuerais volontiers cette évolution aux bouleversements que connaît alors le décor de scène. Puis, au début du XXᵉ siècle je crois percevoir deux nouveautés. D'abord le statut du rêveur se complique dans le rêve, il lui arrive d'être à la fois témoin et acteur, de se regarder en train d'agir, voire de passer d'une position à l'autre. Ensuite l'arrière-plan n'est plus fixe, on lui attribue, dans le compte rendu, des mouvements, des déplacements. On devine quelle question j'aimerais poser : le récit de rêve n'a-t-il pas, dans son vocabulaire comme dans ses règles de fonctionnement, adopté le cinéma ? Loin que le cinéma se soit, sur l'un de ses versants, inspiré des songes, n'y a-t-il pas eu contamination réciproque ? Après Freud, des psychanalystes se mettent à parler d'un « écran du rêve » entendu comme une véritable surface blanche sur le fond de laquelle se projetteraient les images. Je suis bien incapable de savoir si cet écran sous-tend réellement tous les songes ou s'il intervient uniquement dans des cas précis de *mania,* ou encore s'il entretient une relation privilégiée avec le sein maternel mais je suis très impressionné de voir que des thérapeutes vont pêcher leurs concepts dans l'attirail cinématographique et je croirais presque retrouver, dans leurs savants articles, l'écho de séances menées avec des patients cinéphiles. Si l'hypothèse était tenable, les sociologues tentés de mettre en parallèle les souvenirs du dormeur et les impressions de l'amateur de films devraient prendre garde au fait que ces deux expériences, effectivement différentes, sont perçues puis rapportées en utilisant des modèles de transcription très proches et perméables les uns aux autres. Le « parler cinéma » est devenu propriété collective, pourquoi aurait-il épargné le champ onirique ?

Marx considérait que l'espèce humaine est *humaine* dans la seule mesure où elle est socialisée ; de l'*Idéologie allemande* aux *Grundrisse* il affine l'idée que les manifestations en apparence les plus personnelles, les plus éloignées de tout effort collectif (c'est-à-dire même un homme qui prie dans l'isolement) sont des aspects de l'activité sociale : l'individu n'est rien d'autre que l'un des représentants de l'espèce. Dans son effort pour dépoussiérer le marxisme, l'École de Francfort seconde manière s'est demandé combien les individus devaient payer au groupe pour s'y faire entendre et son diagnostic, au moins celui d'Habermas, a été qu'ils devaient se résigner à une communication déformée ; contrairement aux intuitions de Marx, l'organisation sociale (qu'on retrouve chez certaines espèces animales) compterait moins que la mise en veilleuse des impulsions propres aux êtres vivants ; le langage socialisé, le langage canalisé et contrôlé du groupe serait l'instrument de cette régulation.

Le domaine du rêve est peut-être l'un de ceux où il serait le moins difficile de reprendre posément, sans interférences polémiques, l'examen de la question. La double problématique de l'individu et du groupe y est en effet totalement engagée. Nos rêves sont avant tout notre affaire personnelle, ils nous appartiennent, nous pouvons nous les réserver. Il est probable que tous les humains connaissent des manifestations psychiques oniriques mais cette demi-certitude ne nous sert à rien : notre accès au rêve, même à notre rêve, ne se fait qu'à travers le compte rendu. La relation onirique est doublement sociale. En premier lieu la société légitime, tolère ou prohibe le récit, elle en définit l'exercice et même certains enjeux : là où le rêve est frappé de suspicion, tenter de s'en souvenir, même en son for intérieur, est dangereux ou subversif ; ailleurs, en Grèce classique ou dans les sociétés post-industrielles c'est un jeu mondain apprécié voire recommandé. En second lieu, la transmission des impressions oniriques est entièrement tributaire des modèles en vigueur dans le groupe de référence. Il est vrai que notre connaissance empirique de ces règles demeure élémentaire, que nous ne savons pas très bien comment nos propres impressions sont « racontées » par/pour la société qui nous entoure mais nous n'avons pas besoin de « données concrètes » pour évaluer, au moins théoriquement, les conditions de possibilité d'un récit onirique socialisé : le compte rendu sera informé par les règles en usage, il sera, au sens qu'Habermas donne à cet adjectif, déformé. Mais le point important est que l'individu, sans y être contraint, en vienne à désirer prendre quelqu'un (le *Moi* en lui ou un étranger) comme confident. Relater ses rêves n'est pas un des actes sociaux inévitables auxquels se réfèrent Marx ou Habermas, il demeure relativement libre même s'il est « conditionné ». Il semblerait qu'on touche là un des enjeux de la socialisation.

Se souvenir - raconter. L'exemple de Coleridge signale un premier cercle de plaisir, celui de la reviviscence, plaisir intime et solitaire. Le récit procède d'un autre désir, d'une volonté de se rattacher au groupe. Raconter son rêve, même à soi, c'est le transformer en objet social potentiellement échangeable. L'individu, dirait sans doute Habermas, inhibe ici sa fantaisie, la sacrifie aux lois du groupe. Peut-être, mais en admettant qu'il cède à la peur, il le fait sans subir de contrainte manifeste, institutionnelle. Marx, tout en insistant sur le caractère social de l'homme, admettait que la société n'est rien que le produit des relations entre hommes et il mettait l'accent sur les rapports économiques à travers l'histoire. Il s'intéressait peu aux autres formes de circulation : le cas du rêve suggère qu'il faudrait chercher ailleurs, dans le domaine à peine définissable de l'imaginaire, d'autres formes d'échange social.

On me dira que j'ai profité d'une invitation pour mettre au clair quelques idées qui ont peu de chance d'intéresser les autres participants de ce colloque. C'est un peu vrai (les colloques sont aussi faits pour cela) et pourtant je n'ai jamais perdu de vue ce qui nous réunit : là se trouve mon autre dette à l'égard de Christian Metz : sa tranquille affirmation de l'intérêt du rêve en soi, du rêve hors récit m'a impressionné. Je l'ai déjà indiqué, nous sommes en des lieux trop éloignés pour que je puisse le suivre mais il m'a contraint à secouer mon relativisme naturel et à admettre que le désir de raconter ses songes est trop largement socialisé pour ne pas être presque général.

---

1. Il le redit encore dans son dernier ouvrage, synthèse de sa recherche destinée au grand public, *Man and his Symbols,* Londres, 1964, p. 18.

2. Trad. fr., Paris, 1967, p. 46 et 436 sqq.

3. Trad. fr., Paris, 1970, p. 70-71 et 88.

4. *Character and Social Structure,* Londres, 1954, p. 114.

5. Je le redis : dans notre aire culturelle. Chez les Amérindiens, le rêve générateur d'action est fréquent.

6. *Mind, Self and Society,* Chicago, 1934, p. 174.

7. Roger Caillois et G.E. von Grunenbaum ed., *Le Rêve et les sociétés humaines,* Paris, 1967, Jean Duvignaud, *La Banque des rêves,* Paris, 1979.

8. Rappelons au passage que le terme est vraiment voir, *ideiv,* le songe est défini comme vision non comme manifestation intrapsychique.

9. Toujours en passant, je note que Thomas Browne écrit *On Dreams* vers 1650, que les *Diaries* de Laud et le *Paradise Regained* de Milton sont peuplés de rêves, que le *Pilgrim's Progress* de John Bunyan est un récit de rêve et s'achève sur une adresse au lecteur : « Reader I have told my dream to thee ; see if you can interpret it to me... do thou the substance of my matter see ».

10. *The Diaries of John Ruskin,* t. I, Londres, 1956, 9 mars 1868.

The pages Christian Metz has written on dream bother sociologists since sociology knows nothing about dreams and deals merely with dream-recordings. If our awarness of dreams originates only in after-sleep talks sociology, unlike semiology or psychoanalysis, has to scrutinize the socially constructed patterns of dream telling. The paper explores some of these models. Dream-recordings are both necessary and inaccurate. By overcoming this ambiguity sociology will get rid of the non-issue of « distorted communication ».

Marc Vernet

Le figural et le figuratif, ou le référent symbolique

A propos de « Métaphore/Métonymie, ou le référent imaginaire »

J'ai choisi l'article qui clôt *Le Signifiant imaginaire* parce que je m'en souvenais mal et parce que je ne savais toujours pas clairement ce qu'était le « référent imaginaire ». Ce que j'avais au départ formulé en disant qu'il me semblait que cet article « Métaphore/Métonymie ou le référent imaginaire » avait été peu utilisé en théorie du cinéma. Cela tient peut-être à sa position : comme « Trucage et cinéma » à la fin des *Essais* est un préambule au *Signifiant imaginaire*, « Métaphore/Métonymie » me semble être une esquisse du travail ultérieur sur le mot d'esprit, en ceci que souvent l'article, qui porte sur des transits, des transferts, est une exploration critique des textes analytiques et un éclaircissement conceptuel (notamment sur la fin et sur les rapports entre le déplacement et la condensation). Il est vrai aussi que l'article appartient pleinement par sa ligne au *Signifiant imaginaire* puisque y sont scrupuleusement articulées linguistique (rhétorique) et psychanalyse à propos de l'objet cinéma. A mon habitude, pour mieux comprendre le texte, j'ai voulu aller voir du côté d'un film (Christian Metz dit qu'il n'aime pas les exemples, et moi j'en ai besoin). Passait l'autre jour à la télévision *The Scarlet Letter* de Victor Sjöström et j'ai décidé que ce serait là mon terrain d'exercice, surtout en raison du début, fortement symbolique, en ce qu'il présente rapidement quelques « moments figuraux » dont j'étais bien en peine de dire à quelle figure de la rhétorique ils pouvaient bien correspondre. Mon propos aujourd'hui n'est pas de classer ces moment figuraux selon les axes qui sont proposés : métaphore/métonymie, syntagme/paradigme, secondarisé/primaire, condensation/déplacement[1]. Cela fut un temps mon objectif mais il s'est trouvé déporté par autre chose : la difficulté de penser les rapports entre figural, discursif et référentiel. Si une grande partie de son texte est pour démontrer avec clarté la différence entre le moment de la figure (sa localisation exacte dans la chaîne filmique, le moment de son apparition à l'image) et le mouvement figural qui la fonde (les opérations comme le déplacement, mais aussi les sauts supra-segmentaux qui l'alimentent en reliant des éléments épars dans le film, par-dessus son déroulement manifeste)[2], j'ai éprouvé de la difficulté à penser les rapports entre le sémantique et le référentiel. Pour

éclairer un peu les choses, rappelons que Christian Metz propose une modification terminologique : au terme de « positionnel » de Jakobson, il préfère « discursif » pour parler de la position et du rapport des termes à l'intérieur d'une phrase ou d'un texte, ici d'un film ; à « sémantique » Metz préfère « référentiel » pour désigner l'ensemble auquel renvoie toute représentation, qu'elle soit linguistique ou langagière, et à la « similarité » Metz propose de substituer la « comparabilité » en ce qu'elle englobe le contraste ou
l'opposition[3]. Ce que Metz dit sur la comparabilité me semble tout à fait
éclairant et mon exemple d'aujourd'hui nous apportera, je crois, une preuve
supplémentaire que la « similarité » doit souvent être comprise en termes
d'opposition, de contraste par comparaison. Ce qui va également m'occuper
ici est la substitution de « référentiel » au « sémantique » (je note au passage que, comme Metz l'indique, cela évite que « positionnel » soit « par
mégarde » applicable au référent), avec un retour sur les rapports entre le
déplacement et la condensation. Je vais donc faire, en partie par nostalgie,
comme si ce colloque qui lui est consacré était son séminaire dans lequel
j'interviendrais pour lui poser, devant les autres, une question.

Dans un premier relevé sauvage, on peut repérer dans le film[4] plusieurs
« moments figuraux » :

— le temple et le carcan-cachot[5],

— la femme et l'oiseau[6],

— la culotte montrée-cachée[7],

— le gros plan des deux A associés dans la dernière image du film sur
la poitrine du révérend mort.

Certains de ces moments figuraux sont évidents, sinon simples (ainsi de
la culotte). D'autres sont plus incertains et obscurs, comme l'ombre du rouet
sur le tablier de la jeune femme quand elle a compris qu'elle était enceinte
(mais il nous faut comprendre qu'elle a compris). Ou encore, mais dans une
moindre mesure, les arbres coupés qui sont d'abord associés au révérend puis
au mari[8].

Je n'aurai pas le temps de parler de tous, et ce n'est pas mon propos :
je m'en tiendrai aux deux premiers moments (le temple et le carcan-cachot,
la femme et l'oiseau). Mais avant d'entrer dans leur étude, quelques mots
du film dans son ensemble : c'est explicitement une protestation contre le
protestantisme et ses effets pervers. Plus globalement, c'est un mélo pour
une classique histoire d'amour contrarié par le milieu dans lequel elle éclôt.
Le pathos naît moins de l'extrémité des passions que de la double contrainte
sous l'effet de la censure sociale : le mélo est le lieu des antinomies. La double
contrainte aboutit ici à une sorte de sublimation où l'évidence de l'amour
ne peut venir que du maintien intraitable du secret qui le couvre. On notera
un petit effet de diégétisation du dispositif dans la mesure où le film « aussi »
est muet et doit signifier sans dire : censure diégétique, censure cinématographique, nécessité du dispositif, tout contribue à préparer le terrain des figures. Encore qu'il faille préciser que l'on se place ici dans l'infernal tourni-

quet de la figure et de la langue, puisque le cinéma littéralise la figure linguistique en la « réalisant » ou en la « réifiant » (j'y reviendrai tout à l'heure
pour une histoire de chapeaux et de « chapeauter ») : cela ne facilitera sans
doute pas mon accès à ce référent imaginaire et problématique que pour l'instant je ne puis comprendre, en termes hjemselevo-metziens, que comme la
forme du contenu.

Commençons par le carton qui ouvre le film. « Boston », « bigotry ».
Boston est emblématique de la fondation des États-Unis et du rigorisme puritain : de ce point de vue, on pourrait dire que c'est une condensation, au
sens où Metz l'entend quand il dit que « le mot le plus anodin, comme *lampe*
est déjà le carrefour de plusieurs "idées" (et pour le linguiste de plusieurs
"sèmes", ou " facteurs sémantiques", ou "traits componentiels"), des idées
dont chacune, si on la déployait, si on la *décondensait* — je souligne —,
exigerait une phrase entière : "La lampe est un objet fabriqué par l'homme",
"La lampe est destinée à l'éclairage", etc. »[9]. Mais c'est aussi un déplacement dans la mesure où il s'agit d'une restriction géographique (Boston pour
l'ensemble des États-Unis) et d'une régression temporelle (hier pour
aujourd'hui), l'une et l'autre se renforçant mutuellement pour d'emblée attribuer à Boston une valeur négative (hier n'a plus cours et le Nord-Est est
trop conservateur par rapport au reste du pays). Première étape d'une auto-
censure qui prend soin de déplacer dans le temps et dans l'espace le propos
critique (chaque fois que l'on parle de censure, il faudrait parler de la censure de la censure : critique de la censure, mais en même temps auto-censure
qui interdit qu'on fasse clairement apparaître l'objectif visé et ses raisons).

Le premier moment figural « visible » consiste dans le rapprochement du
temple et du carcan-cachot où est enfermé l'ivrogne. Je passe sur les cloches
initiales qui, au début du plan, présentaient le temple par une synecdoque
naturalisée par l'usage cinématographique de commencer une scène par un
détail, et par l'obligation du cinéma muet de signifier par un plan de cloches le son diégétique de celles-ci. Temple et cachot sont associés par un panoramique descendant (commencé justement sur et par les cloches) qui accou-
che le cachot du temple sur le mode de ce qui semblerait une relation métonymique de type production-produit. C'est du moins la conclusion que le spectateur peut tirer de ce panoramique qui ouvertement, délibérément (on s'aperçoit alors que la figure est un excellent exercice pour qui voudrait s'intéresser aux problèmes d'énonciation et à la part du spectateur) relie le temple
et le cachot. Mais ce mouvement « métonymique » de déplacement ne fait
que fonder une métaphore de type « le carcan de la religion », métaphore
mise en syntagme[10] puisque les deux éléments comparant et comparé sont
co-présents à l'image (contiguïté discursive), sur la base de ce qui apparaît
comme une contiguïté spatiale (la carcan-cachot se trouve au pied de l'église).
Contiguïté discursive dans le film, contiguïté spatiale dans l'histoire, dans
l'univers diégétique, ce référent des images. Soit. Ce recouvrement d'une contiguïté par l'autre est bien normal dès lors que le rapprochement des deux
motifs se fait dans le cadre d'un plan unique. Je passe ici sur le fait que

cette contiguïté spatiale et référentielle a été voulue, construite pour faciliter le discours, comme en témoigne, s'il fallait encore des preuves, la migration ultérieure du carcan-cachot au beau milieu d'une place, loin du temple : le référent imaginaire est plastique et bon enfant. Exemple encore plus clair dans le film : la rivière fleurie auprès de laquelle joue la petite enfant pendant que ses parents font des projets d'avenir. La profusion des fleurs en papier pour signifier la joie et le printemps ramène le studio aux premières loges : cette nature naturante étale son artifice. C'est parce qu'ici l'espace profilmique participe de la figure, participe déjà du discours.

La religion-cachot, une métaphore mise en syntagme à fondement métonymique ? Peut-être. Et pourtant, on pourrait très bien ne pas comprendre le rapport signifié, et voir successivement le temple et le cachot, et non pas une religion et une intolérance. On pourrait attribuer au hasard, ou au manque de place dans le village le fait que le cachot se trouve juste à côté du temple. Que faut-il pour que la figure soit comprise ? Il faut le carton initial qui fonctionne pour le film comme une clé, avec sa brochette de dièses ou de bémols, pour une portée ou un morceau de musique, notamment avec le terme de bigoterie qui greffe sur l'élément religieux des attributs négatifs, ou plutôt qui instaure un renversement d'attributs. Ce renversement est perceptible dès le plan précédent où un panoramique ascendant nous menait d'un buisson en fleurs à une personne visible derrière les barreaux d'une fenêtre[11]. L'idée d'enfermement est déjà présente dans ce premier plan, mais sous une double forme : la métaphore des fleurs pour le bonheur d'une liberté naturelle (on voudra bien excuser ici le contourné et la lourdeur de l'expression, mais j'essaie de signaler par là que les fleurs sont déjà une condensation de traits comme la jeunesse — le printemps —, la nature, la liberté et l'amour. Mais il faudrait aussi pousser plus loin encore en opposant la création divine — les fleurs — et la création humaine — la sombre maison) et la métaphore de la maison pour l'enfermement domestique. Bel exemple de « comparabilité » par opposition, par contraste (ici le mot n'est pas trop fort) : blancheur éclatante et externe des fleurs — elles sont, comme on dit, « à l'air libre » — opposée à l'obscurité concentrée et interne de la maison. La contiguïté diégétique, construite pour une contiguïté discursive que marque le panoramique, aboutit à deux choses : la mise en syntagme au niveau du discours, mais la mise en paradigme au niveau du... symbolisé. De la même façon, le temple s'oppose au cachot, son élévation à son écrasement, par le biais du panoramique, petit forçage visuel à intention signifiante qui mène notre regard d'un objet à l'autre. Mais il y a aussi, dans ce forçage visuel, dans ce rapprochement, autre chose encore qui ressemble à un petit scandale institutionnel dans son raccourci où le pouvoir religieux se substitue au pouvoir judiciaire. Pour produire cette métaphore du carcan de la religion.

Nous avons ici sauté une étape. On peut dire que le carcan-cachot est métaphorique du temple par comparabilité contrastive et que la figure à laquelle nous avons affaire est très proche de l'antithèse. Mais cette métaphore (le carcan pour la religion) n'est qu'une figure au carré puisqu'il faut que le temple représente métonymiquement la religion et le cachot l'intolérance. Par la co-présence des deux objets, le cachot « envoie » au temple un attribut négatif, contraire d'un autre attribut traditionnel de la religion qu'est l'amour ou la tolérance.

Pour essayer de dire les choses simplement (et bien sûr grossièrement), l'image renvoie simultanément à deux objets qui renvoient eux-mêmes à des entités que le « discours commun » décompose en sèmes, ou traits[12]. Le travail figural à l'image débouche ainsi sur un transfert par renversement d'attributs (c'est ici à mes yeux que l'étude des figures rejoint l'étude des personnages, en tant qu'ils sont des sémèmes qui communiquent entre eux par certains de leurs sèmes, communication qui s'opère par ressemblance, complémentarité ou opposition). Nous revoilà au cœur de notre question dans la relation entre référentiel et sémantique. L'analyse de notre plan me semble en effet indiquer que référentiel (imaginaire) ne peut pas tout à fait se substituer à sémantique, et là-dessus je me sens proche à la fois de Greimas avec sa notion de sémiotique naturelle (quoique « naturelle » ne me semble pas un choix très heureux)[13] et de Ricœur avec l'idée de présémantisation de l'action[14]. Les objets qui sont les référents de l'image sont eux-mêmes composés de traits qui s'organisent entre eux pour l'objet et avec d'autres traits pour d'autres objets (d'où mon autre référence à la forme du contenu). Il me semble que nous avons alors affaire à un double niveau de référence : le monde diégétique auquel renvoie l'image du film, et ce monde diégétique à son tour renvoie à une organisation sémantique[15] que l'on pourrait aussi appeler idéologie si on lui donnait le sens d'une forme commune du contenu. Celle-ci n'est pas une sémiotique naturelle dans ce sens qu'il ne s'agit pas de décomposer un objet naturel en ses traits saillants de forme (extrémité, rondeur pour la tête), mais en différents attributs que lui confère « le milieu » culturel[16], ce discours qui vient informer le monde.

Ce ne sont pas des questions que le texte ignore : Metz fait lui-même référence à plusieurs reprises à Greimas et à la décomposition en sèmes[17] (il est vrai que cela est plus présent dans « Le perçu et le nommé » que dans « Métaphore/Métonymie »), ou encore Metz me semble l'appliquer dans son analyse du plan de *M* où des couteaux entourent le visage du personnage. Il le dit lui-même : le rapprochement des objets ne suffit pas à faire figure, il y faut en plus le rapprochement entre le couteau et l'idée de meurtre, entre l'idée de meurtre et celle de meurtrier pour enfin revenir à l'objet-personnage[18]. La figure ne porte plus alors sur des objets (c'est une opposition qui est peut-être nécessaire pour préciser qu'elle ne porte pas sur la comparabilité des mots de la langue), mais sur la forme sémantique de ces objets en tant qu'ils sont toujours saisis par une valorisation sociale. Il ne s'agit pas non plus, me semble-t-il, d'en revenir à la connotation, en ce qu'à ma connaissance elle est trop nucléaire, repliée sur le terme seul, mais d'embrayer plutôt sur la possible décomposition de l'objet signifié en sèmes ou traits (ce que j'appelle les attributs, proches, me semble-t-il, de ce que Greimas appelle la construction prédicative du référentiel[19]).

Pour en revenir à notre exemple, il me faudrait encore noter deux choses. La première est l'importance du mouvement figural qui prend naissance bien avant l'émergence du plan puisqu'il englobe le carton d'ouverture et le premier plan, et qui est symptomatique de cette prolongation du transit de la signification, de ce transit qu'est la signification, transit dans lequel le *tertium comparationis* se constitue et se dilue dans le texte et où nous retrouvons quelque chose de la métalepse (ceci est particulièrement frappant dans l'épisode de la culotte où l'on est invité à comprendre, à retardement, ce que sa présence dans les buissons pouvait signifier). De plus, le *tertium comparationis* se construit doublement dans le rapprochement (fleurs-maison, temple-carcan) et dans le renversement paradigmatique (la liberté pour l'emprisonnement, la joie pour la tristesse, l'intolérance pour la tolérance).

Le moment figural suivant (dans mon relevé sauvage) est celui qui associe la femme et l'oiseau. La figure n'est ni neuve ni cinématographique. Je ne sais s'il faut, comme m'y invitait Jacques Aumont, y voir le symbole classique de la virginité et de sa possible perte. Ce qui est clair, c'est que l'oiseau (serin ? rossignol ?) est ici jeunesse, joie, tendresse... et enfermement puisqu'il est nécessairement associé à la cage dont il ne cesse de s'échapper. Il déteint alors sur l'ensemble de la scène, par une sorte de mise en abyme où la jeune Hester est, comme un oiseau, enfermée chez elle. A son tour, la maison vaut pour Boston, la société puritaine dont elle est prisonnière (ce que le carcan reviendra dire un peu plus tard). Dans le mouvement qui suit, après que l'oiseau s'est ironiquement et lourdement posé sur le chapeau de la bigote, la jeune femme s'échappe du village. Où nous retrouvons la chaîne « contiguïté, association, similarité et opposition », bref comparabilité. Opposition puisque le mouvement de la jeune femme ne fait sens que sur le fond de son opposition à un mouvement inverse, celui qui conduit les Bostoniens au temple pendant qu'elle s'échappe vers les champs. Elle se dirige vers la nature quand les autres se rendent à la maison de Dieu. *Deus sive natura ?* Création naturelle de Dieu opposée à la création artificielle des hommes, nature/culture. La question commune est donc bien de savoir où se trouve Dieu : dans le temple le dimanche ou dans la nature tous les jours ? La création naturelle est libératrice (elle franchit la barrière), la création humaine enfermante. La barrière marque avec on ne peut plus de « réalisme » la frontière entre les deux symbolisés et c'est d'ailleurs avec une grande précision qu'Hester perd son bonnet en franchissant la barrière, perte qui prépare l'épanchement de sa longue chevelure jusqu'ici dissimulée (contrainte) par le bonnet et associée peu après à cette cascade qui vient opportunément se situer derrière sa tête.

Je rencontre en ce point un autre petit problème théorique. Dans son article, Metz donne au déplacement la priorité sur la condensation[20] en montrant que celui-là est presque toujours au fondement de celle-ci, et même que la condensation « n'est qu'un cas particulier du déplacement ». Mais je m'interroge sur le sens à donner à condensation. Il semble qu'on oscille entre deux acceptions : la superposition, comme dans le rêve, de deux représentations (ce personnage de rêve qui est plusieurs personnages de ma réalité, cet homme qui est un ours ou un rhinocéros[21] : c'est d'ailleurs la source de la physiognomonie qui voit de la tête animale dans le visage humain), et, autre acception, l'agrégation de plusieurs sèmes à l'intérieur d'un mot (c'est son exemple de la lampe qui s'étend à la phrase dès lors qu'on veut en déployer les éléments de sens. Metz dit : quand on veut « décondenser » le terme). C'est en ce point d'interrogation que nous retrouvons le propos du « Perçu et le nommé » sur les correspondances de décodage entre le visuel et le linguistique, les sèmes correspondant à des traits visuels. Mais alors comment s'opère la condensation ? Faut-il la considérer comme la migration d'un sémème à un autre au travers de deux représentations, migration qui ne peut s'opérer que par l'identité de deux sèmes appartenant respectivement à deux ensembles reconnus par ailleurs différents ? L'identité de deux sèmes (ou, comme dans notre premier exemple, l'opposition de deux sèmes sur un même axe sémantique) dans deux sémèmes différents fournirait, comme le trait unaire de Lacan pour l'identification, la passerelle du déplacement, son occasion. Si l'on s'efforce de ne plus penser le déplacement comme une migration de type spatial (du type attention portée sur une autre partie de la représentation comme si dans un tableau on regardait intensément un détail pour ne pas voir l'ensemble, ou regard dévié)[22], mais comme un effet de la ressemblance, alors la condensation serait au fondement du déplacement. Je reprends l'exemple de la chevelure-ruisseau. Si, dès avant Ophélie, des algues dans un courant ressemblent à une chevelure dans le vent, on peut associer la chevelure et le ruisseau par le trait du mouvement coulant (c'est plus compliqué que cela : ondulations, mouvement descendant des racines aux pointes, mais aussi travail de la représentation graphique — je pense aux Carnets de Léonard de Vinci quand il s'essaie à rendre le tourbillonnement de l'eau et où ses traits graphiques finissent par être comme des cheveux), on peut donc par un ou plusieurs traits mettre côte à côte dans un plan un ruisseau et une chevelure féminine. On pourrait alors considérer deux sortes de condensation : une condensation qui porte sur l'ensemble de deux représentations visuelles, et qui serait à la fois spatiale et « référentielle » au sens où Metz l'entend dans son article (et ce serait la condensation telle qu'elle se manifeste), et une condensation qui opère à partir de traits (qu'on les appelle sèmes ou attributs) analytiques, et qui serait à la fois logique et sémantique (et ce serait la condensation telle qu'elle s'opère). Si l'on considère le déplacement sur le mode spatial et référentiel, il est au fondement de la condensation. Mais si on le considère sur la base d'une comparabilité de traits dans deux objets distincts, ce serait alors la condensation qui permettrait le déplacement.

Dans notre moment figural chevelure-ruisseau, là encore la signification et la comparaison sont fonction d'au moins deux autres choses : des transformations de l'objet et un système plus vaste de comparabilité. La chevelure déployée ne prend son sens que de sa proximité avec l'échappée hors de Boston mais surtout de sa propre transformation, de sa propre métamor-

phose par l'opposition avec le bonnet enserrant : ce n'est qu'une fois le bonnet
tombé que se révèle à rebours (autre intervention d'une opération de type
métalepse) la contrainte préalable et citadine. C'est bien pourquoi le bonnet
tombe à la barrière : ils sont une seule et même chose. Pour qui n'aurait
pas compris, tout cela est repris sur le mode volontaire quand elle défait sa
chevelure au moment où elle évoque la possibilité de se libérer du joug social
pour refaire sa vie avec le révérend en rompant les amarres : elle enlève alors
la lettre qui la marque (il faudrait parler, de l'opposition que le film entretient entre l'image — de la vie — et l'écrit — de la contrainte). Le système
s'étend d'ailleurs à l'ensemble du film pour l'opposition entre les personnages en chapeau (métaphore de la langue : coiffer quelqu'un ou quelque chose,
chapeauter, chaperonner, métaphore que le film réalise, réifie en présentant
les objets pour leur signifié symbolique[23]) et les personnages en cheveux :
le révérend apparaît d'abord et souvent tête nue (sa première apparition se
fait sur fond clair contre des hommes en chapeau sur fond noir), ainsi que
le sympathique soupirant. Il faut mettre un peu à part le mari et le discu-
teur impie dont la chevelure hirsute et sauvage signe leur exclusion de la
société. Petit à petit la chevelure s'étend à l'ensemble du vêtement pour opposer la blanche Hester aux gens en noir, quand ce n'est pas carrément en
armure comme dans la scène du jugement public. Mais le mouvement
d'expansion-contamination ne s'arrête pas là puisqu'il faut d'une part opposer le libre mouvement naturel (le jaillissement du ruisseau) et l'enfermement
à l'église (la congrégation), d'autre part la liberté de l'individu et la coerci-
tion sociale. En effet, par-dessus l'opposition ville-campagne, contrainte-
liberté, le film oppose l'individu (même en couple) à la société. D'où cette
différence de cadrage où la société bostonienne (la foule) occupe tout l'écran,
le bourre jusqu'au cadre et à l'étouffement (ou encore l'occupe frontalement,
sans air ni perspective, barrée qu'elle est par un mur humain ou maçon),
alors que nos deux héros amoureux ont autour d'eux, de manière constante,
de l'air, de l'espace (cela est particulièrement sensible lors de la promenade
amoureuse, exceptionnellement accompagnée par une mobilisation de la
caméra en plusieurs travellings). De sorte que la leçon de liberté à coups de
référence au naturel spontané de la jeunesse, tourne au libéralisme et au
mépris de la foule, toujours donnée dans le film comme obtuse, servile et
étouffante. Elle se trouve d'ailleurs évincée dans la dernière image qui est
un gros plan-chiffre du couple (le A brodé d'Hester sur le A gravé du
révérend).

Dans le fond, en relisant « Métaphore/Métonymie », j'ai rêvé d'un texte
écrit par Christian Metz et qui ferait la synthèse entre celui-ci et « Le Perçu
et le nommé » ou qui appliquerait au référent imaginaire la réflexion du perçu
et du nommé. Car dans le fond, je n'ai fait que suivre la pente du texte,
celle qui est peut-être restée un peu inaperçue de l'auteur, tout occupé à son
propos central et qui ne voit pas nécessairement telle ou telle perspective laté-
rale que son travail dégage. C'est une des grandes qualités de Christian Metz
que d'être parfois difficile mais de toujours livrer les outils de son avancée,

de sorte qu'il est « discutable » (au sens où il rend possible la discussion) sur la base de son travail (et non sur la base d'un fantasme de son travail). Metz difficile ? Ce n'est pourtant pas ce qui m'avait frappé dans *Le Signifiant imaginaire* dont le style était en complète rupture avec celui adopté volontairement et sous la forme d'un *private joke* dans *Langage et Cinéma*. J'avais au contraire été frappé de ce qui m'apparaissait comme une certaine facilité de lecture où il m'arrivait de découvrir que telle formule avait plus d'un sens et tel passage plus d'une implication quand une première lecture m'avait donné l'impression d'avoir tout compris. Je n'aurai donc ici rien inventé. Je n'ai fait que m'interroger sur le texte et sur ma propre incompréhension pour rejoindre dans une sorte de doublure du texte un souci ancien de Metz qui serait de lier linguistique, psychanalyse et, disons, étude sociale dans l'analyse et la théorie du cinéma narratif, souci qui n'est pas placé en avant dans « Métaphore/Métonymie », mais que je sens sourdre encore, ne serait-ce qu'à travers l'effort pour comprendre comment l'on comprend les films et l'effort pour expliquer les modalités de la compréhension. Dans cette perspective, il faudrait alors considérer le signifié de l'image un peu comme ces « objets figuratifs » dont parlait Francastel pour la peinture, objets qui ne valent pas spécialement en eux-mêmes, dont la représentation ne vaut pas par le réalisme ou le rendu (et c'est l'exemple des chevaux qui ont tous l'air de bois), mais bien parce que leur représentation permet de condenser en un objet des valeurs diverses.

Je me demande donc si on ne retrouve pas à nouveau, dans l'analyse de la figure, la prégnance du symbolique dans sa structuration comme condition d'accès au référent diégétique. Le référent symbolique serait ce qui travaille le référent iconique (ou, si l'on veut, ce vers quoi tend l'organisation des images) pour former à son tour le référent imaginaire. Alors, le référent imaginaire ne serait pas le référent diégétique (le signifié du signifiant filmique), mais bien plutôt le symbolique comme référent du représenté, en tant qu'il est traversé par des opérations de condensation et de déplacement, bousculé par des circulations d'affects, pétri par des associations d'idées. Et au bout du bout du compte, mon titre n'aurait pas de sens, parce qu'il faudrait entendre que, justement, ce référent symbolique-là, où le primaire impose encore son jeu, n'est autre qu'un référent imaginaire. A condition d'entendre par là que l'imaginaire est ce qui joue, comme un enfant, comme un mot d'esprit, au cœur du symbolique.

---

1. *Le Signifiant imaginaire*, 10/18, U.G.E., Paris 1977, p. 343. La pagination est identique dans la réédition chez Christian Bourgois.

2. *Idem*, p. 241.

3. *Ibidem*, p. 226.

4. Je rappelle brièvement l'histoire, tirée d'un roman de Nathaniel Hawthorne paru en 1850, mais telle qu'elle figure dans le film : Hester Prynne, une jeune couturière — interprétée par Lillian Gish — vit au XVIIᵉ siècle dans le Boston puritain des pre-

miers temps. Elle tombe amoureuse d'un jeune pasteur, Mr Dimmesdale, qui est très vénéré pour sa bonté par la communauté. Au cours d'une promenade champêtre, elle lui déclare son amour et ils s'aiment. Alors qu'il doit partir en mission pour l'Angleterre, il voudrait qu'elle devienne sa femme, mais elle révèle qu'elle est déjà mariée — son mari a depuis longtemps disparu et c'était un mariage blanc. Après son départ, elle s'aperçoit qu'elle est enceinte. Elle est condamnée à porter sur sa poitrine la lettre A pour Adultère, mais elle refuse de révéler qui est le père de l'enfant, une petite fille nommée Pearl. Son mari réapparaît dans la communauté et devient une menace pour leur secret. Après avoir fait des plans pour partir au-delà des mers refaire leur vie, le pasteur qui est à bout de forces dévoile publiquement sa faute et meurt en exhibant la lettre A qu'il a gravée sur la poitrine.

5. Le deuxième plan du film présente à côté du temple une estrade dont le dessus supporte un carcan alors que le dessous est aménagé en cage à barreaux dans laquelle se trouve enfermé un homme accroupi portant un écriteau « Ivrogne ».

6. L'héroïne a chez elle un petit oiseau en cage. Celui-ci s'en échappe par deux fois : la première, il s'échappe dans la nature au moment de l'appel au temple ; la seconde, il est simplement sorti de sa cage et Hester l'y remet en compagnie du révérend.

7. La règle communautaire précise que les femmes doivent laver leur linge « personnel » loin de la vue des hommes. Hester lave donc une culotte loin du bourg. Au moment où elle va l'étendre, elle est surprise par le révérend qui passait par là et qui exige qu'elle lui montre ce qu'elle dissimule derrière son dos. Elle exhibe la culotte dont elle cherchait à lui épargner la vue. La culotte finira accrochée à un buisson pendant qu'Hester et le révérend font dans la campagne une tendre promenade. La caméra reste sur la culotte pendant que les deux personnages sortent du champ.

8. Depuis l'intervention, j'ai pris la peine de lire le roman. Pour ce qui est des moments figuraux, il faut constater que la plupart sont propres au film car ils ne se trouvent pas dans le roman : ainsi de l'épisode de la culotte, de l'ombre du rouet ou des arbres coupés. L'association entre le temple et le carcan-cachot est présente dans le roman dès les premières pages : « Hester Prynne... came to a sort of scaffold, at the western extremity of the market-place. It stood beneath the eaves of Boston's earliest church, and appeared to be a fixture there. In fact, the scaffold constituted a portion of a penal machine... » — p. 82. Je prends pour référence l'édition en Penguin Classics, 1987 —. Quant au rapprochement entre l'héroïne et l'oiseau, il n'est pas dans le roman. Mais, par contre, sa fille Pearl est très souvent comparée à un oiseau, pour la vivacité et le désordre de ses mouvements (p. 243, 265), pour sa sauvagerie (p. 134, 195), par le fait de sembler sur le point de partir (p. 134, 186, 253) ou encore par la comparaison entre les couleurs de son habit et celles d'un plumage (p. 134, 257). Le film transfère donc en partie à la mère ce qui dans l'œuvre littéraire appartient à la fille, en rajoutant le motif de la cage qui n'est présent qu'une fois dans le roman, et de façon très métaphorique : Pearl est décrite p. 134 sur le perron d'une maison comme un oiseau au sortir d'une cage.

9. *Ibid.*, p. 273.

10. *Ibid.*, p. 227 et 265.

11. Le motif du buisson en fleurs et de la fenêtre barrée est présent dès les toutes premières pages du roman où il est précisé que c'est un rosier qui pousse devant la prison — le roman est ici plus explicite que le film —. Le romancier précise même que ce rosier est là pour rappeler au prisonnier qui entre ou qui sort de prison que la Nature le prend en pitié et lui veut du bien.

12. Est-ce qu'un exemple de cela serait « le sabre et le goupillon », ou « le glaive et la balance » pour prendre un titre de film ?

13. Voir les articles « Naturelle (sémiotique...) » et « Sémiotique » dans A.J. Greimas et J. Courtés : *Sémiotique. Dictionnaire raisonné de la théorie du langage*, tome 1, Hachette Université, Paris, 1979.

14. Voir Paul Ricœur, *Temps et récit*, tome 1, Éditions du Seuil, Paris, 1983, p. 87 sq.

15. En fait, on sait que l'univers diégétique n'a été organisé, par la mise en scène, par l'organisation des contiguïtés, que pour produire les relations sémantiques.

16. Voir la citation de Charles Bally à propos de « l'évocation par le milieu », p. 198.

17. *Ibid.*, p. 216-217 notamment.

18. *Ibid.*, p. 239. Voir aussi p. 358 lorsque Metz dit que les liens de ressemblance et de contiguïté « ont toujours été pensés comme s'installant entre des *aspects des référents mobilisés par la figure* — je souligne —, non entre les aspects de leurs signifiants ».

19. Voir l'article « Référentialisation » dans A.J. Greimas, J. Courtés, *Sémiotique. Dictionnaire raisonné de la théorie du langage*, tome 2, Éditions Hachette Université, Paris, 1986, p. 312.

20. Voir notamment *Ibid.* p. 333 et p. 335 où il écrit : « Le déplacement, c'est le sens comme transit (comme fuite devant le sens), la condensation, le sens comme rencontre (comme sens un instant retrouvé). »

21. Voir *Ibid.* p. 327, où il est spécifié : « Je pourrais dire (en français) : M.X. a *quelque chose d'un rhinocéros.* »

22. Metz est lui-même très attentif, à de nombreux endroits du texte à cette façon qu'a la spatialité, abstraite ou métaphorique, d'envahir la réflexion sur les figures de rhétorique par le biais de la notion de contiguïté. Voir *Ibid.* p. 212 et 213 sa reprise des arguments de Genette concernant les rapports entre synecdoque et métonymie.

23. Cela n'est pas valable seulement pour un francophone, mais également pour un anglophone, car par-delà la communauté du terme « chaperon », la langue anglaise passe par le bonnet ou le capuchon — *the hood* — pour reconduire « l'image » du chapeauter — *to hood*.

Rereading the last article of The Imaginary Signifier, « *Metaphor/Metonymy or the Imaginary Referent* », *the author takes the example of a silent film,* The Scarlet Letter *(Victor Seastrom) to delineate what* « *imaginary referent* » *means. Examining some rhetorical figures in the film, the author underlines one of Metz's points : in rhetorics, similarity (comparability in Metz's terms) often means opposition and contrast. But the author shows that when Metz substitutes the term of* « *referent* » *to the Jakobsonian term of* « *semantic level* », *something may disappear in the understanding of rhetorics. In rhetorical figures, a represented object is the basis for the reference to certain values and meanings in society which it embodies on the screen. If the objects are the signified of the image, in turn they are the signifiers of symbolic values or meanings which are necessary to build and to understand the plot and the story. The symbolic traits of the image may depend on the visual aspects of the objects, but more often they are only linked to a social practice and to linguistic figures. This is why the author proposes to modify Metz's model to introduce the notion of symbolic referent, necessary to the building of the imaginary referent.*

Lisa Block de Behar

Approches de l'imagination anaphorique au cinéma

> « *En face de cet objet culturel qu'est le film de fiction, l'impression de réalité, l'impression de rêve et l'impression de rêverie cessent d'être contradictoires et de s'exclure mutuellement, comme elles le font d'ordinaire, pour entrer dans de nouveaux rapports où leur écart habituel, sans s'annuler exactement, admet une configuration inédite qui laisse place à la fois au chevauchement, au balancement alternatif, au recouvrement partiel, au décalage, à la circulation permanente entre les trois : qui autorise, en somme, une sorte de zone centrale et mouvante d'intersection où toutes trois peuvent se "rencontrer" sur un territoire singulier, un territoire confus qui leur est commun et n'abolit pourtant pas leur distinction.* »

Christian Metz,
Le Signifiant imaginaire

> « *en el breve vértigo del entre* »
Octavio Paz, *Arbol adentro*

Si l'on considère les questions qui préoccupent la théorie du cinéma dans l'actualité, il ne semblera peut-être pas trop redondant de tenter une fois encore une approche théorique de l'imagination anaphorique, dans la mesure où les dualités que présente ce recours spécifiquement verbal, coïncident au point où se posent encore la majeure partie des problèmes théoriques relatifs au cinéma en général, et ceux qui touchent, aux échanges disciplinaires entre la théorie du langage et celle du cinéma, en particulier.

On continue à souligner ces dernières années, avec insistance et à partir d'une révision étymologique assez juste, le double sens du mot *théorie*, essayant d'empêcher par ce biais la réduction à la seule *réflexion spécula-tive*, abstraite, avec laquelle on l'associe d'habitude, en sorte que cette révi-sion sémantique est parvenue à récupérer, de nos jours, le sens de *vision spec-taculaire* qu'à l'origine, *theoria* impliquait. Si la théorie, d'elle-même, est en train de renoncer à ses réductions, en sorte que le théoricien n'accepte déjà plus la division de rôles où on ne trouverait qu'« une seule direction de mar-che »[1], il n'est peut-être pas étonnant que la littérature et le cinéma cèdent aussi à une attraction théorique toujours d'actualité. Il y a peu de temps, un roman (M. Puig : *El beso de la mujer arana. Bs. as., 198*), « cinémato-graphique » à plusieurs degrés, prodiguait des notes reportant des citations de Freud, de Marcuse, d'autres théoriciens, avec toute la rigueur qu'il faut au genre recherche académique conventionnelle, mais étrangères au roman (il faut rappeler que dans le film tourné d'après ce roman, cet appareil para-textuel avait disparu).

Pour l'instant, et afin d'accéder à cette *double vision*, je propose de se pencher sur une séquence de *L'intervista*, le film de Fellini, dont la fin a déjà fourni le point de départ à des réflexions théoriques récentes[2]. Cepen-dant ici il ne s'agit pas d'attribuer à Fellini les incertitudes problématiques d'une imagination intellectuelle, mais de reconnaître plutôt les tendances ana-phoriques de cette double vision dans un jeu que les anglophones préfèrent résumer de façon équivoque par *the mind's I*[3], nom et pronom de ce pro-cédé. C'est déjà un lieu commun que de considérer, chez Fellini, le recours insistant à l'univers cinématographique comme un *lieu commun*, les *topoi koinoi* du cinéma comme son lieu commun par excellence. Pour cela il n'est pas nécessaire de souligner que ce film ne se déroule pas à Rome sinon à Cinecittà ; un film qui non seulement commence par cette localisation de réa-lité douteuse, mais encore par le récit du cinéaste racontant son propre rêve, un cinéaste-narrateur-personnage-cinéaste-acteur-spectateur de ses films, mul-tiplié d'ailleurs par d'autres acteurs qui interprètent simultanément diverses époques de sa vie. Il y a quelques temps Borges disait que « les rêves sont une œuvre esthétique, peut-être l'expression esthétique la plus ancienne. Elle prend une forme étrangement dramatique, du fait que nous y sommes le théâ-tre, le spectateur, les acteurs et la fable ». C'est au milieu de cette multipli-cation étrange que Fellini se présente interviewé — ou entrevu — au moment où il est en train d'entamer le tournage d'*Amérique*, à partir du roman de Kafka. Dans son dernier livre, Octavio Paz disait que le véritable thème de la poésie c'est la poésie elle-même ; on pourrait dire de même que le thème, jamais secret, mais quasiment toujours explicite du cinéma de Fellini c'est le cinéma lui-même, poésie et théorie, vision et ré-vision tout à la fois.

Nombreux sont donc les aspects à partir desquels le thème nous intro-duit dans une zone d'intersection où la réalisation cinématographique, l'événement esthétique, ne repousse pas les incidences d'une théorie qui s'approche du cinéma chaque fois un peu moins étrangère. Si, durant une époque de rigueur, la théorie s'est préoccupée de distinguer, d'analyser, de nommer, de faire l'inventaire et de systématiser les éléments constitutifs de son objet, le fait est que, maintenant elle semble être animée d'une force contraire. Je n'écarte pas l'hypothèse que le cinéma comme « fait social total », selon ce qu'en dit Metz, mieux que les grandiloquentes prétentions d'une *Gesamtkunstwerk*, ne soit une des causes de ce retournement « englobant »[4] qui favorise cette vision double sans méconnaître les différences que la *di-vision* définit.

Ainsi, de même que Folie annonce à l'assemblée de toutes les nations son désir de prononcer son propre éloge, ou de même que Don Quichotte, dans la seconde partie du roman, lit et commente les aventures de Don Quichotte, de même encore dans *Foolish Wives* c'est Mrs. Hughes qui lit *Foolish Wives*, de même Fellini *intervient* dans *L'intervista*, il intervient aussi dans le sens militaire du terme : il entre en action[5], parvenant jusqu'aux « frontières du récit », c'est-à-dire, à ces franges si floues qui se dessinent entre la fiction et les faits, une fiction parmi d'autres fictions. On dirait que Fellini est un de ces hommes « *brave enough as to travel to the limits of discourse* »[6] et c'est, précisément, dans ces limites, que se rencontrent les anaphores, tout près des paradoxes parfois. Il y a déjà quelque temps, depuis Apollonius Dyscolus jusqu'à Karl Bühler, et des années 30 à nos jours, que les théoriciens ont bien compris que l'anaphore constitue une entité linguistique à part, une espèce hybride, chevauchant un espace verbal et un autre espace qui ne l'est pas ; prise entre des temps distincts qui avancent à reculons, l'anaphore est placée à la croisée des textes où dire et montrer ne s'opposent déjà plus.

On sait bien que ces derniers temps, l'analyse des procédés de l'énonciation a constitué un thème récurrent des écrits théoriques sur le cinéma. Par conséquent je n'essaierai pas encore de faire une adaptation de recours déictiques, qui serait « fort peu adaptée » — et même inimitable — comme dit Metz aux réalités du film[7]. Cependant, en ce qui regarde l'anaphore — avant même d'envisager la difficile mise en cinéma du procédé — il faut formuler certaines remarques liées à sa nature spécifiquement verbale. Il convient donc de rappeler que la référence double à laquelle fait allusion toute figure et qui constitue sa propriété rhétorique première, présente dans le cas de l'anaphore une dualité d'une autre sorte dans la mesure où elle engage deux domaines différents, deux fonctions qui l'éloignent du phénomène rhétorique courant. De ce point de vue, l'anaphore est une figure que la rhétorique définit comme « la reprise d'un mot ou une suite plus longue, à des fins expressives », mais il ne s'agit pas seulement de cela.

Quand Georges Mounin[9] revient sur l'exemple de Corneille afin d'illustrer la définition rhétorique de l'anaphore, on sait bien que la reprise de « Rome » en tête de chaque vers renforce les sens et les sons :

« *Rome, l'unique objet de mon ressentiment.*
Rome, à qui vient ton bras d'immoler mon amant. »

C'est curieux comme la répétition de « Rome » semble obséder les rhéto-
riciens et aussi les théoriciens : dans l'introduction à *Les figures du discours*,
Genette commence par analyser, dans le même toponyme, la coïncidence —
une syllepse dans ce cas — de ses deux sens, l'un propre, l'autre figuré :
« Rome n'est plus à Rome ». Il y a peu de temps, Jacques Aumont, partageant le désenchantement d'une époque où on ne discerne l'apparition
d'aucune théorie dominante, se lamentait aussi de ce que « Rome tout à coup
n'est plus dans Rome »[9]. C'est peut-être pour cela qu'il ne convient pas
plus longtemps de chercher Rome à Rome mais bien à Cinecittà.

On sait qu'en plus de cette fréquence rhétorique, l'anaphore joue une fonction linguistique importante qui paraît assimilée à celle des pronoms déictiques et personnels, en sorte qu'elle aussi renvoie à une partie du discours
déjà mentionnée. Par le biais de cette fonction discursive proprement prono-
minale, elle *évite la répétition* : elle ne répète pas, elle substitue. En revanche, comme figure rhétorique, l'anaphore *s'apparente à la répétition*[10]. D'un
côté, elle évite la répétition mais, de l'autre, elle l'appelle. Étymologiquement
d'ailleurs, *anaphore* est ce qui reporte en arrière *(anaphérein)*, désignant un
mouvement qui est également valable pour les deux emplois.

Bien que s'appliquant à différentes fonctions verbales (linguistique et rhétorique), en dépit de la contradiction qui les oppose (elle substitue et elle
répète), dans les deux cas, l'anaphore présente de nombreux aspects communs :
sous ses deux espèces l'anaphore renvoie à une mention antérieure (un mot,
une phrase, une idée), elle la signale, que ce soit par indication ou par
emphase, établissant ainsi une relation transphrastique qui renforce les liens
syntactiques et sémantiques du discours, permettant — par différence, par répétition — que le discours se déroule de la manière la plus fluide[11].

Il est toutefois nécessaire de signaler une autre dualité : si, simplifiant la
pensée de Jakobson et les raffinements des élaborations ultérieures[12], on
peut accepter que, en peinture, chaque mouvement artistique tend à faire prévaloir tantôt la métonymie, tantôt la métaphore, la transformation anaphorique, par sa double nature, participe des deux procédés. Du point de vue
rhétorique, l'anaphore vérifie la relation de similarité dans la mesure où toute
répétition est une espèce de similarité ; tandis que du point de vue linguistique, outre le fait qu'elle allège la répétition, elle constitue un des recours
syntactiques les plus efficaces pour assurer la continuité dans la contiguïté
du discours. Dans l'entrecroisement des divers plans que traverse l'anaphore,
il se vérifie encore un autre *shift* : la ressemblance — de nature référentielle
— s'applique à une opération discursive. (Je tiens à cette distinction que faisait Metz dans *Le Signifiant imaginaire*.)

S'agissant d'anaphores, en dépit du fait que je veuille éviter « le danger
permanent de confusion entre les notions discursives (syntagme/paradigme)
et les notions référentielles (métaphore/métonymie) »[13], il n'empêche que les

risques sont toujours là, menaçants. Surtout s'il s'agit du champ cinématographique, dans lequel, selon Metz, « l'on ne trouve pas de niveau codique
qui équivaille exactement à ce qu'est la langue pour les chaînes parlées ou
écrites, la distinction entre le palier linguistique et le palier rhétorique
s'efface [14] ».

On a déjà signalé qu'il s'agissait d'un procédé spécifiquement verbal, c'est-
à-dire que ses fonctions sont inhérentes à la nature de la parole et que, d'autre
part, seule la parole rend possible l'anaphore. Pourtant, tant par son histoire que par ses fonctions, l'anaphore apparaît liée à la deixis qui n'est pas
un phénomène exclusivement verbal bien qu'il participe des *gestions* du discours parce qu'il se vérifie dans une *situation donnée* (je dis « donnée » pour
ne pas opposer « réelle » à « verbal »). Apollonius Dyscolus distinguait les
pronoms déictiques, qui renvoyaient aux objets, des anaphoriques qui, eux,
renvoyaient à des segments du discours. Il est indispensable que quelqu'un
se trouve à l'intérieur d'un *champ monstratif* [15] et c'est à l'intérieur de ces
limites *(hic et nunc)* que le doigt indicateur ou le bras tendu, autre index,
réalise le geste indicateur, spécifiquement humain — ou divin, on insiste sur
la ressemblance ambiguë de celui qui effectue le geste — dans lequel s'inau-
gure le langage, selon le mythe de l'origine déictique du langage — tout autant
que du langage représentatif — alors que, théoriquement, les deux langages
ont été répartis en deux champs distincts. Ce n'est pas la seule fois que l'indication ou monstration et la création se signalent et se confondent par le même
geste. Hic et nunc marquent une situation spatio-temporelle déterminée :
now/here peut ainsi devenir *no/where* dans la mesure où, dans une énonciation cinématographique, on ne va pas au-delà d'indices imposés par une réalité
en images qui « restent néanmoins perçues comme images [16] ». Dans cet univers d'images — de cinéma, de TV, de l'ubiquité de téléphones, où est-ce
ici, quand est-ce *maintenant* ?

Bühler avançait qu'il n'y avait, ni en peinture ni dans la composition d'une
pièce de musique, de signes authentiques qui fussent destinés en forme exclusive et prioritaire à fonctionner comme indicateurs — du regard et de l'oreille
— et qui soient comparables aux démonstratifs anaphoriques [17]. D'autres
auteurs renchérissent en disant que c'est non seulement cette catégorie
d'embrayeurs qui demeure absente mais encore que les anaphores ne con-
courent pas à encadrer l'énonciation non verbale. En effet, l'énonciation cinématographique s'en abstient parce qu'elle ne requiert pas l'« actualisation »
d'un discours qui se trouve déjà actualisé ; il n'est pas nécessaire de situer
un discours dans une situation donnée quand c'est le discours lui-même qui
donne lieu à ladite situation : « nous travaillons sur des systèmes qui sont
des langages sans langue » comme avait dit Metz et beaucoup d'autres répètent après lui. D'un côté, la marque n'apparaît pas parce que l'actualisation
n'a pas lieu ; mais de l'autre, tout objet (re)présenté est un embrayeur en
soi-même : dès qu'il apparaît, il est marqué, c'est pour cela que la marque,
comme telle, disparaît. Metz dit que même si elle ne le dit pas, l'image cinématographique d'un revolver est, en plus de la représentation d'un revolver,

son indication : « Ceci est un revolver[18] » et, elle ne le dit justement pas parce qu'elle le montre. « Un voici d'actualisation vaguement démonstratif », dit Metz dans « L'énonciation impersonnelle » (*Vertigo* n° 1, Paris 1987): « toujours tacite et toujours présent ». Plus que la représentation de la pipe, c'est l'explication déictique par le mot inscrit dans l'image qui stimule l'échange de lettres entre Magritte et Foucault[19], un dossier qui, depuis Wittgenstein[20] jusqu'à Barthes[21], demeure toujours ouvert. De la même manière que, pour Metz, « l'image est toujours actualisée » et pour cette raison fait l'économie de l'usage spécifique des embrayeurs, je dirais que la narration littéraire, n'importe quel discours, se passe en général du premier cadre pragmatique mais parfois il faudrait le rappeler : « Je dis que..., je pense que..., j'imagine que..., je me souviens que..., je dis que je vous aime..., je dis que je parle..., », rendant possible un décalage d'intériorité qui légitimerait au moyen des *verba dicendi* le statut verbal de la fiction et de toute « opération de pensée » (Benveniste) que tout discours suppose.

Dans *L'intervista*, les Japonais font une interview de (ont une entrevue avec) Fellini mais c'est *L'intervista* de Fellini que le film fait voir. « Je ne veux pas faire un portrait de l'artiste » dit-il « mais c'est d'être au milieu de cette atmosphère assourdissante et embrouillée qui donne une justification à mes journées[22] », dit Fellini dans une entrevue sur *L'intervista*. Et il la fait voir cette atmosphère dont il parle dans un entretien, une entrevue sur *L'intervista*. Peu importe que la fiction opère un déplacement. Il faut dire avec Heidegger : « J'emporte toujours l'ici », tel est également le fondement de sa *Warnehmung*[23]. La monstration peut bien se passer de la parole mais, pour montrer quelque chose, il faut bien qu'il y ait quelque chose ici et maintenant.

Que tout film semble renier la voix du metteur en scène, s'agissant d'une entrevue, Fellini ne lésine pas sur cet étrange exercice de ventriloquie : on connaît ses rêves, ses projets, ses souvenirs, ses indications verbales qui *coïncident*, d'ailleurs, avec les gestes, en même temps. Si les indications n'anticipent pas l'action, cela s'explique par le fait qu'ici il n'est plus possible de distinguer la parole de l'action. Il indique, il fait : c'est un dire faire, un faire-voir faire, un dire-faire voir, comme l'anaphore, il fait tout à la fois. Au-delà de la crise d'une pragmatique qui cherche un sujet qui est partout et nulle part[24], au-delà de la rigidité des théories de la non-coïncidence[25], la voix de Fellini relève le pléonasme d'une *Aufhebung* passablement paradoxale, en exagérant même à outrance tout ce qui entre voix et image peut coïncider :

> « *Voix Fellini : Regardez, je voudrais que vous fassiez les mêmes gestes, arrangez votre veste, les mains dans les cheveux, en souriant, regardez la caméra, comme ça.* »

Fellini ne se refuse pas au rôle de « maître de cérémonies » et les indications qui, d'ordinaire, ne s'entendent pas mais sont supposées, ici s'exposent, le montrent : un monstre. Un « divisme » à rebours le met en péril, il se fait voir et « *the re-created self is a threat to the self* », on le sait bien. Indiquant les objets et les actions, Fellini atteint par sa voix un droit paradoxal : la présence-absence d'un signifiant toujours imaginaire. Dans « Remarques pour une phénoménologie du Narratif », Metz se référait à des « Récits sans auteurs, mais non point sans sujet-racontant. » Cependant, « l'impression que quelqu'un parle n'est pas liée à l'existence empirique d'un raconteur précis et connu ou connaissable, mais à la perception immédiate, par le consommateur du récit, de la nature langagière de l'objet qu'il est en train de consommer : parce que ça parle, il faut bien que quelqu'un parle »[26]. Dans le film de Fellini, une telle impression ne se suppose pas, elle passe par l'image. S'il y a des cinéastes qui croient en la réalité et d'autres qui croient en l'image, Fellini est de ceux qui croient en « la réalité de l'image » et pour la légitimer, il diégétise ses attributs. Bien que participant extradiégétiquement, il ne cesse pour autant de participer à la diégèse, et cette participation a valeur d'*intermédiation* imprévisible entre le discours et l'histoire. François Jost disait qu'à la différence de la langue naturelle, « le discours cinématographique ne possède pas l'équivalent des déictiques : les marques de ce métalangage sont mobiles et flottantes (...) marques d'énonciation, elles passent le plus souvent du côté de l'énoncé »[27]. De façon que si le film arrive à montrer ses marques, cela se fait par le biais de la représentation. Le générique ne constitue pas — contrairement à ce qu'on dit — une forme de deixis mais la représentation verbale et visuelle de cette deixis : « Voici un générique » ou : « Ceci est un générique », revolver ou générique c'est la même chose s'il s'agit d'une méta-discursivité. (J'ai repris ici la lecture de l'article de Metz dans *Vertigo* n° 1.)

A l'exception de l'alternance des mots et des dialogues, le cinéma semble se passer de ce qui pourrait correspondre à la pronominalisation de l'image dans la mesure où l'inscription cinématographique des « choses », comme celle des personnes, désigne le nom et le pronom en même temps. Le jeu d'un même acteur tout au long du film renforce la continuité syntagmatique et référentielle que l'anaphore, afin d'éviter les redondances, assure discrètement dans le cas du discours verbal. Quant Metz réhabilitait en un certain sens « The FIDO-fido theory »[28] appliquée à l'image cinématographique ou quand Barthes s'épuisait (c'est son mot) à constater « l'entêtement du référent » comme un « ça a été »[29], l'un et l'autre spéculent sur la possibilité de voir dans l'image filmique autant de « choses » qu'il y en avait dans le spectacle filmé, une réciprocité qui justifie la contiguïté par permanence, une répétition du même référent dans le discours que la prose littéraire ou pas, par sa répugnance à l'égard de la répétition, ne tolère pas facilement. Qu'il suffise de rappeler la parodie littéraire de cette contiguïté comme « défaut d'anaphorisation » dans le roman de Manuel Puig, *Le Baiser de la femme-araignée*, où le narrateur n'arrête pas de répéter : « ...le garçon... le garçon... le garçon... un père... un père... un père... ». Cinéphile fanatique, afin de sauver le « caractère propre » du cinématographique[30], le personnage narrateur du roman (Molina) qui raconte les films à son compagnon de prison

(Valentin), qui les raconte ou qui les invente au demeurant, ne se permet pas un seul pronom pour identifier ses personnages. A chaque fois qu'il les nomme, il les nomme, tout court. Fellini, lui, intervertit les termes de la parodie et, de la même manière que l'image cinématographique assure cette identité, lui la brise en utilisant des personnages différents qui se rendent jusqu'à « la maison » d'Anita enfermés à l'intérieur de la Mercedes. Désarticulée par le recours à différents personnages, c'est une même identité que le temps conserve et disperse en une sorte d'anagramme dramatique qui fait éclater l'identité en transposant figures, lettres et langues. Dans *E la nave va...* il n'est pas sûr que les cendres de la prima donna qu'emporte le temps soient celles d'Edmée ou celles de Médée, le personnage tragique que, dans un autre film, interprétait la Callas, un nom qui pour une oreille espagnole signifie « Taistoi » en français, le parfait homophone de « Tetua », son nom[31], impératif fatal qu'un tel nom.

Dans *L'intervista*, c'est Rubini qui interprète le jeune Fellini ou Marcello, le journaliste de *La Dolce Vita*, arrivant comme jeune journaliste à Cinecittà ; un personnage qui peut donc représenter plusieurs personnages : Rubini, Marcello, Fellini ou *il Duce* parce que « *Anche* lui *era giornalista* » (« Lui aussi était journaliste »), ajoute le fasciste dans la séquence du train, en tirant un parti multiple de l'ambiguïté indicative qu'insinue l'utilisation anaphorique de ce pronom-là. La précarité indicative de l'instrument verbal est bien mise en évidence par le jeu d'une anaphore mise en cinéma où elle perd, faute de l'appui contextuel des paroles ou des mentions écrites, la précision indicative qui est sa justification fonctionnelle.

Mais il ne s'agit pas d'observer, une fois encore, la catégorisation spécifiquement verbale de l'anaphore sinon d'ébaucher les possibilités de son éventuelle pertinence cinématographique. Si par « désignation » on désigne la relation du signe au monde, l'anaphore, de la même manière que la deixis, réconcilie en un seul et même procédé deux pratiques désignatives diverses : une deixis qui, du fait de *croiser des espaces* différents produit un mouvement centrifuge tourné *vers le dehors*, vers *l'extérieur*, vers les aspects variables de la situation énonciative, et une autre deixis qui, par le recours à la répétition, parvient à *croiser des temps* différents, développant ainsi un mouvement *en arrière* mais surtout en *dedans*, *antérieur-intérieur* qui met en jeu la mémoire qui n'est jamais vide. Afin de distinguer l'indication en absence et en différenciant ce procédé de la *demonstratio ad oculos et ad aures*, Bühler le nomme « deixis in fantasma »[32]. La répétition consite en l'insertion d'un fragment d'un film antérieur mais, pour aussi fidèle que soit la copie, le même devient autre et le fait même de la répétition transforme le statut de la fiction ; c'est un document (un film) d'un fait (un film), l'enregistrement d'un événement (cinématographique) qui a déjà eu lieu et qui, pour cela, augmente d'un degré « l'impression de réalité ». Plus que double, diverse, elle impressionne le spectateur qui, en plus de reconnaître l'appropriation de l'objet, de reconnaître l'appropriation du sujet, reconnaît que cette double reconnaissance a déjà eu lieu[33]. Il s'agit là d'une référence commune, connue, complice, une « citation » dirait-on en français, mais l'espagnol en dirait encore plus : une *cita*, une autre heureuse coïncidence idiomatique, la syllepse qui parvient à célébrer dans le même mot plus d'une rencontre : la rencontre avec un film antérieur, un fragment dans la mémoire, et une rencontre avec un film antérieur, un fragment dans la mémoire, et une rencontre sentimentale, un rendez-vous, s'il est amoureux, une allusion affective que l'anglais oublie sans-doute dans *appointment* encore qu'il y récupère l'*indication, pointing out, indication* ; c'est là la première acception de l'*Oxford English Dictionary* et la dénomination, *the action of nominating* en est la huitième.

S'affranchissant des barrières idiomatiques, coïncident dans *L'intervista*, au-delà des mots, la citation, la rencontre sentimentale et l'indication. Marcello ou Mastroianni ou Mandrake, un homme ou M — je pense aussi à la polysémie monogrammatique de K, Karl, Kafka, Kane, King — fait apparaître par magie, la magie du cinéma, du mouvement qui lui donne son nom et sa réalité, un mouvement qui révèle la répétition[34], cette sorte de récapitulation anaphorique qui nous concerne :

> Se retournant vers les autres avec le ton aimable d'un présentateur :
> Mastroianni — *Et maintenant, mes chers amis, avec votre permission je voudrais me produire dans un petit jeu pour honorer notre hôtesse bien-aimée.() — Oh ! baguette de Mandrake, mon ordre est immédiat : fais revenir les beaux temps du passé !*
> Il donne une estocade, et aussitôt s'élève un panache de fumée ; de celui-ci prend corps un drap blanc qui se déplie comme un écran.
> Mastroianni (languide et stylé) susurre : — Music...
> Dans le silence recueilli qui est descendu dans la pièce, on entend les notes envoûtantes de la *Dolce Vita*.

Le geste du magicien indique un drap. C'est le geste qui lui donne lieu, lui donne deux choses : un emplacement et une origine. Déplié, cet écran fait office de ce ce que j'appelle un « cordon »[35], il montre de façon ambivalente, montre et occulte en même temps. La fiction s'éloigne d'un cran, les personnages deviennent ce qu'ils avaient été et leurs ombres changent la fiction en souvenir. Par l'incidence musicale à peine entendue survient la répétition d'une image étrange et connue. De même que les anaphores répètent et ne répètent pas, la musique introduit cette répétition et ce changement, arrangeant plus d'une coïncidence — les accords d'une *Stimmung* assez complexe — tout en unissant elle distingue. L'anaphore déborde les limites de la diégèse d'un film à cheval sur d'autres diégèses, une mise-en-cinéma dans laquelle l'image même si elle ne reste pas sage, ne se perd pas dans l'abîme ; en se dédoublant, elle se confond et s'identifie à la fois, une contradiction qui est à la source de toute identification. Il y a quelques années, considérant les dédoublements de *Huit et demi*, Metz préférait parler d'une double mise en abyme dans la mesure où il ne s'agit pas seulement d'un film sur un cinéaste « mais d'un film sur un cinéaste qui réfléchit lui-même sur son film »[36].

Glissée dans une narration qui ne se déchaîne pas, la citation *croise* des diégèses différentes, se transcontextualisant en une *cita* qui consolide l'univers de la fiction, la magie du cinéma, la magie de Marcello-Mandrake — *homo ex machina* — et diégétise en même temps le geste de l'indication et l'« actualisation » du passé, justifiant narrativement les procédés d'actualisation de la deixis dans le discours, de la même manière que le passé n'est qu'un présent d'un passé. Dans *L'intervista*, l'indication qui serait une sortie vers l'extérieur du discours, éprouve de plus, une sortie de l'*histoire*[37], mais cette fuite imprime contradictoirement un mouvement vers l'intérieur car elle se dirige vers un texte antérieur — quand il est connu — et, en passant de l'autre côté, dans un autre espace, il rencontre Anita : leurs ombres chinoises se retrouvent sur le drap, deux fantômes que l'indication, la rencontre, le rendez-vous nostalgique, la mémoire du cinéma partagée, « par magie » précise le script, convertissent en « ombres cinématographiques ».

Index, bras tendu, canne, baguette, le geste montre et se montre en silence. L'anaphore maintient un rare équilibre, ballotée entre le langage et l'image, entre la répétition et le silence. L'image n'est pas la même bien qu'elle répète la séquence parce qu'elle la répète sans paroles : elle la montre et c'est tout. Monstration et répétition, indication et anaphore : celui-ci et celui-là ; le recours indicatif et anaphorique est le même, mais dans l'image cette coïncidence se vérifie en silence[38].

Sans rien dire, comme si dans le passé le cinéma avait été muet, le rendez-vous a lieu en secret : quasi clandestin, il s'agit assurément d'une *cita* intime où, en dépit de l'ambivalence temporelle de cette anticipation discutable, l'anaphore (ou cataphore) vestimentaire d'Anita, débordante, enveloppée dans des serviettes de bain, rappelle (ou annonce) la sortie du bain rituel : la double conversion païenne-chrétienne où est *vénérée* une déesse qui émerge de l'eau et où est célébré le baptême de Marcello, répétant *la quête* — une recherche, une question — *de l'identité* :

> « — *Mais qui es-tu, toi ? Tu es une déesse, la mère, la mer profonde, la maison, tu es Ève, la première femme apparue sur la Terre ?* »

Semblable à un célèbre *dumb-show* préalable, celui-ci montre aussi le passé en silence : le spectacle devient « *The Real thing* », comme dit le prince, et peut se passer du langage. Dans le cas présent, la citation est l'image même de la répétition et de la différence : *du-dé-jà (mais) vu*, c'est la même séquence et c'en est une autre, mais, comme l'indication, qui est un autre geste, elle peut faire l'économie de la parole et se dérouler en silence. Sous plus d'un aspect la rencontre participe des ambiguïtés de l'anaphore. Malgré les différences, la citation découvre l'émerveillement de la rencontre : un homme et une femme, un homme et une déesse, un baptême et une vénération, un journaliste et une actrice, un film et un autre film, un rappel et un recueil, « un coup de dés » chaque rencontre.

La mémoire demeure *par cœur, by heart*, une passion et un rappel : un vrai *re-cord*. Si le spectateur reconnaît la citation, la réduction de couleur peut jouer aussi comme ponctuation, une sorte de guillemets contradictoires (au lieu de marquer l'isolation du fragment, les ambivalences de la contextualisation lui donne plus d'un sens). Si le spectateur n'a jamais vu la séquence du night-club ni de la fontaine, il ignore le référent cinématographique, oblitère une diégèse et n'aperçoit dans la citation, dans la *cita* qu'une rencontre, le geste indicatif qui ne renvoie pas à *La Dolce Vita* mais à un bal nocturne ou à la Fontaine de Trévi. Le spectateur s'arrête à la contemplation d'une fontaine qui *réserve* le retour à l'origine ou à une jeunesse révolue. Même enregistré, il ne s'agit que d'un retour, un *rappel* qui fait *revenir* ; ce sont des *revenants*, en effet. Le contraste est remarquable : Marcello ramolli, Anita empatée, Fellini « un peu plus vieux, un peu plus lourd, *più pesante* — dans d'autres films je me libérais en m'envolant », mais maintenant il lui pèse de « (se) soulever de la terre », de sa propre histoire et il reste là, intervenant de tous ses moyens : acteur mais sans cesser d'être le metteur en scène, un personnage qui devient spectateur, comme Anita, Marcello, Maurizio, Rubini, les Japonais, et les autres. Comme « Marcel qui *va* écrire »[39], Fellini *va* tourner *Amérique* ou, en train de faire *L'intervista*, il revient à *La Dolce Vita* : aspirant à atteindre une utopie, il fait un saut en arrière comme pour prendre son élan et découvrir ainsi la source de l'origine dans la mémoire du cinéma. Et si montrer la répétition comme original, non comme extravagance mais comme retour au cinéma c'était l'originalité de Fellini : « Retourner » serait-ce tourner de nouveau ?

La Cinecittà que présente Fellini est comme l'aleph de Borgès, le point de l'univers dans lequel, comme dans l'esprit du lecteur ou du spectateur, les temps et les espaces coïncident sans se confondre. À plusieurs reprises *Amérique* semble repoussée, Kafka la laissa inachevée, Fellini sans la commencer. *America*, un monde à faire. Ni temps linéaire, ni espace limité, entre des références faites à des époques révolues, à des continents différents, ce sont plusieurs entrevues : celle des Japonais, celle de Rubini, celle de Fellini, ou celles à peine sous-entendues ou vues à demi.

Quoi qu'il en soit, s'il avait pu prévoir cet univers de Fellini, il n'aurait pas paru si forcené à Platon[40] dans la mesure où, pour ne pas se risquer dans des thèmes inconnus, ce cinéaste ne s'éloigne généralement pas du cinéma. De là le fait que les métalepses de cinéaste, narrateur, acteur, personnage, spectateur, qu'il superpose, ne paraissent pas plus étrangères aux spectateurs qui accèdent à cette forme paradoxale du *réalisme* : accumulant les fictions, il rencontre ainsi la réalité. Comme pour Quichotte pour qui seule la foi littéraire compte, Fellini n'a confiance qu'en la réalité de son propre cinéma. Dans la mesure où il exerce « un métier honnête » il n'a aucune raison de s'en cacher : « tout film est un film de fiction », disait Metz, en sorte que cette fiction répétée est une vérité voyante.

A propos de Mallarmé et de l'expansion de la phrase, Barthes prévoyait que le frère et le guide de l'écrivain serait non le rhétoricien mais le linguiste, celui qui met en évidence non les figures du discours mais les catégories fondamentales de la langue. Il se pourrait bien que l'anaphore au cinéma fit semblant d'être ce guide qui montre le chemin à la lisière duquel ces deux-là se rencontrent[41].

Désignant un mouvement double, l'anaphore établit un rapport frontalier, un *moyen* qui reste au *milieu*, entre discours et histoire, entre indication et représentation, entre signal et signe, entre le geste et la parole, entre silence et répétition, basculant entre dire et montrer, elle croise des espaces et des temps différents, entre un film déjà fait et un autre à faire, un retour en arrière, qui est une forme incertaine de continuer, entre l'imagination métaphorique et métonymique, entre la perception et la mémoire, mi-mot-mi monde, parmi plusieurs *citas*, entre entrevues.

L'autre soir, Christian disait qu'il y a une « vraie fureur » d'articuler tout avec tout. En effet. Entre tant d'oppositions suspendues et sans écarter les relations conflictuelles qui s'établissent entre ladite réalité et ladite fiction, entre une vision et d'autres visions, l'imagination anaphorique donne lieu à un « nouveau réalisme », encore renouvelable, c'est un *entreréalisme* cette fois, où il n'est pas surprenant que le cinéaste désire ou décide de demeurer au milieu, entre *interprètes* — d'un côté l'autre, entre journalistes qui en réalisant une *interview* ou une *intervista* accomplissent leur *intermédiation*, entre deux langues. Dans ce milieu interstitciel la lueur vacille, un intervalle entre les rêves du cinéma, entre le droit ou le tort de les raconter, de les analyser ou de les réaliser.

Tous « assistent ». Le cinéaste et ses collaborateurs se déplacent depuis les marges vers le centre, partageant ce lieu privilégié d'où, comme un spectateur « tout-percevant », il leur est possible de tout voir, ou de l'entrevoir, d'être vu ou entrevu. Il est vrai, comme dit Metz, que le cinéma « englobe » en lui le signifiant d'autres arts : de tableaux, de la musique, de photographies, d'autres films, mais tout ceci reste entrevu : le signifiant imaginaire, il le montre et ne le montre pas. Parmi les média, le cinéma est cette vision double à moitié, un moyen en mouvement où le chercheur — un spectateur comme les autres — cherche à s'approcher de ce milieu de rencontres par la théorie, une vision qui les rapproche de plus en plus.

---

1. F. Casetti : « (...) le théoricien ne se réfugie pas dans l'anonymat du discours scientifique, ne se cache plus derrière l'objectivité de ses propositions ; au contraire (...) Il en résulte que entre observateur et observé, entre théoricien et cinéma, il n'y a plus division de rôles mais une seule direction de marche. » Dans « Pragmatique et théorie du cinéma aujourd'hui », *Hors Cadre* 7, Paris, 1989, p. 104.

2. Michel Chion, *La Toile trouée*, Paris, 1988.

3. D.R. Hofstadter et Daniel C. Dennett, *The Mind's I. Fantasies and Reflections on Self and Soul*, N.Y. 1981. « The False Mirror » c'est un grand œil qui, dès le tableau de Magritte, souligne le calembour du titre dans la couverture.

4. Avec ce terme Metz fait allusion à la relation que le cinéma maintient avec les signifiants d'autres arts. Ch. Metz, *Le Signifiant imaginaire*, Paris, 1984, p. 62.

5. *Intervenir* d'après la définition illustrée ainsi par le Petit Robert : « Demander à un personnage influent d'intervenir. »

6. Margaret Colie, *Paradoxa Epidemica*, Princeton, 1967, p. 23.

7. Ch. Metz. « L'énonciation impersonnelle, ou le site du film. (En marge de travaux récents sur l'énonciation au cinéma) ». In : *Vertigo, Le cinéma au miroir*, n° 1. Paris, 1987, pp. 15-34.

8. Georges Mounin, *Dictionnaire de la Linguistique*, Paris, 1974.

9. Jacques Aumont, in *Hors Cadre 7, Théorie du cinéma et Crise dans la théorie*. « Crise dans la crise », 1989, p. 199-203.

10. Or, quelle énergie et quelle dignité ne donne pas à cette longue phrase le mot Dieu répété quatre fois ! Cette *répétition* est du nombre de celles qu'on appelle Anaphores, ou simplement *Répétitions*. Pierre Fontanier, *Les Figures du discours*. Intr. de Gérard Genette, Paris, 1968, p. 329.

11. Selon Port-Royal un soin d'élégance (la répétition est fastidieuse) est à l'origine de l'anaphore ; les modernes se croient plus scientifiques en parlant d'un souci d'économie.

O. Ducrot et T. Todorov. *Dictionnaire encyclopédique des sciences du langage*. « Relations sémantiques entre phrases : L'anaphore. » Paris, 1972, p. 358.

12. G. Genette, « Métonymie chez Proust », *Figures II*, Paris, 1972.

13. Ch. Metz, *Le Signifiant imaginaire, op. cit.*, p. 224.

14. *Ibidem*, p. 269.

15. K. Bühler, *Teoría del lenguaje*, Madrid, 1950.

16. Ch. Metz, « A propos de l'impression de réalité au Cinéma », *Essais sur la signification au cinéma*, Paris, 1968, 23.

17. K. Bühler, *op. cit.*, p. 197.

18. Ch. Metz, *Essais sur la signification au cinéma*. « Langue ou langage ? », Paris, 1968, p. 72. « Un gros plan de revolver ne signifie par ''revolver'' (unité lexicale purement virtuelle) — mais signifie au moins, et sans parler des connotations, ''Voici un revolver !'' ».

19. Michel Foucault, *Ceci n'est pas une pipe*, Montpellier, 1973.

20. Wittgenstein, Was gezeigt werden kann, kann nicht gesagt werden. *Tractatus Logiscus-Philosophicus*, 4.1212.

21. R. Barthes, *La Chambre claire*, Paris, 1980, p. 156 : (Mélisande ne cache pas, mais elle ne parle pas. Telle est la photo : elle ne sait *dire* ce qu'elle donne à voir.)

22. « Federico Fellini : entretien avec Alain Finkielkraut. » In : *Fellini : Intervista*. Paris, 1987, p. 227.

23. Le mot, en allemand, signifie « perception » mais *Wahr* (vérité) en est l'origine.

24. « La crise de la pragmatique en France résulte par contre de cette quête pour le sujet dans le langage qui est partout et nulle part. » Brigitte Nerlich, « La pragmatique en France et la théorie du cinéma. » *Hors Cadre*, 7, *op. cit.*, p. 11-120.

25. « Tout ce que l'image montre, la parole ne doit pas le dire, le son ne doit pas le suggérer. » Ch. Metz rejette le dogmatisme de cette a-synchronie *obligatoire*. Ch. Metz. *Essais sur la signification au cinéma*, t. II. « Problèmes actuels de théorie du cinéma », (1966), Paris, 1972, p. 48.

26. Ch. Metz, in : *Essais I, op. cit.*, p. 25-35.

27. François Jost, « Discours cinématographique, Narration : Deux façons d'envisager le problème de l'énonciation ». In : *Théorie du film*, Paris, 1980, p. 121-131.

28. Ch. Metz, *Essais...* « Langue ou langage », *op. cit.*, p. 68.

29. R. Barthes, *op. cit.*, p. 165.

30. D'après Metz, le cinématographique n'est pas tout ce qui apparaît dans les films, mais ce qui n'est susceptible d'apparaître qu'au cinéma et qui constitue, de façon spécifique, le langage cinématographique.

31. La supposition, la transposition, se légitiment en partie par la présentation que fait Orlando, le journaliste de *E la nave va...* du capitaine du navire : il le désigne comme « Leonardo di Robertis » et, d'après l'objection de celui-ci, se corrige : « Roberto di Leonardis ».

32. K. Bühler : « ... quand un narrateur offre à l'auditeur le royaume de l'absence en souvenir ou le royaume de la fantaisie constructive, et qu'il les lui offre avec les mêmes démonstratifs pour qu'il voit et entende ce que, là-bas, il y a à voir et à entendre... Non pas avec les yeux et les oreilles de chair, sinon avec ceux que l'on appelle d'habitude "intérieurs" ou "spirituel..." » *op. cit.*, p. 200.

33. Metz considérait que l'efficactié de l'irréalisme au cinéma tenait « à ce que l'irréel y apparaît comme réalisé et s'offre au regard sous les apparences du surgissement événementiel, non de la plausible illustration de quelque processus extraordinaire qui serait purement *conçu* ». Je prends en un sens étendu la notion que Metz présente du cinéma, parce que le film, au même titre qu'un quelconque objet connu, conforte cette première réalisation dans la réalité de ce qui « s'est réellement passé ». Dans « L'impression de réalité », *op. cit.*, p. 15. Mais plus récemment, Pierre Bayard disait que « bien que je sache pertinemment que tel personnage cinématographique n'existe pas, *(encore que...)* je serai inévitablement amené, pour en parler, à recourir aux mêmes formulations que celles que je réserve aux êtres vivants, (...) il n'y a pas une langue capable de sérier référents imaginaires et référents réels ». *Hors Cadre 7, op. cit.*, p. 21. Joan Copjec pour sa part, ajoute que « la théorie du cinéma a une nouvelle conception de "l'impression de réalité" caractéristique du cinéma. N'étant plus conçue comme dépendante d'une relation de vraisemblance entre l'image et le référent réel, cette impression fut attribuée dès lors à une relation d'adéquation entre l'image et le spectateur ».

34. Ockham (*Okham's razor*) définissait le mouvement comme la réapparition d'une même chose en des lieux différents.

35. L. Block de Behar, *Una retórica del silencio*, Mexico, 1984, p. 85. Je reprends les termes d'une communication que j'ai présentée lors du Colloque « Sémiotique du Spectacle » (Bruxelles, avril 1981). Les *cordons* sont les procédés d'intermédiation qui limitent et distinguent les conditions dialectiques d'autonomie et de dépendance réciproque qui s'établissent entre l'*univers artistique* — en tant qu'*artificiel* et surtout *virtuel* — et l'*univers de spectative* — du *spectateur* — de son *expectative* —, la communication historique dans laquelle cette communication est produite. Dans ce cas « cordon » désigne le fait d'unir et de séparer en même temps parce qu'il nomme un objet qui sert à unir deux choses différentes (encore qu'il désigne aussi l'union et la dépendance plus intime entre deux êtres : être-naître) mais qui, d'un autre côté, assure la marque de la séparation, l'excision nette, sévère-sanitaire ou policière — nécessaire ou arbitraire. Il définit la production de la fiction et provoque sa réception dans la réalité.

36. Ch. Metz, « La construction "en abyme" dans *Huit et demi*, de Fellini ». *Essais sur la signification au cinéma, op. cit.*, p. 224.

37. Autant dans le sens où elle s'oppose au *discours* (Benveniste) que dans celui où elle tente de se soustraire au cours de temps.

38. Dans un article récent, Jeffrey Kittay disait : « It is logical to see anaphora as a kind of resolution into non-deictic language. (...) At least for anaphora one would think one has achieved the required ''stillness'', the surrounding text is fixed, ''eternally'' surrounding the anaphor. But all texts are not still. The last word has certainly not been said on this distinction. We are functionning here in an area of many shades ; in fact, the referent of anaphora is shadowy. » In : *Semiotica* 72 3/4 (1988), 205-234.

39. « Les deux discours, celui du narrateur et celui de Marcel Proust, sont homologues, mais non point analogues. Le narrateur VA écrire, et ce futur le maintien dans un ordre de l'existence, non de la parole ; il est aux prises avec une psychologie, non avec une technique. Marcel Proust, au contraire, écrit ; il lutte avec les catégories du langage, non avec celles du comportement. » Roland Barthes : « Proust et les noms. » In : *Les Critiques de notre temps et Proust*, Paris, 1971.

40. Platon, Libro X, *La Republica*. « Maintenant nous ne demanderons pas de compter à Homère ni à tout autre poète de mille choses dont ils ont parlé ; nous ne demanderons pas si tel d'entre eux a été un habile médecin, et non un simple imitateur du langage des médecins, quels malades un poète ancien ou moderne passe pour avoir guéri, comme l'a fait Asclépios, ou quels disciples savants en médecine il a laissés après lui, comme celui-ci a laissé ses descendants. Ne les interrogeons pas non plus sur les autres arts : faisons-leur en grâce. » Trad. E. Chambry. Ed. Belles-Lettres. Paris, 1934, p. 89-90.

41. R. Barthes, *Le Degré zéro de l'écriture*. « Flaubert et la phrase », Paris, 1972.

Using the writings of Borges as a model, the author studies the role of the anaphor (to repeat a word or part of a sentence for an expressive purpose) in Fellini's Intervista, *where the director plays the role of the spectator of his own films. The anaphor, between showing (like a deictic, but without the frame of the* hic et nunc*) and telling, makes possible the splitting, into two or several parts, of every level, or element, of the fiction. On person becomes several characters and one characters can represent several persons through the plays on language. Besides, the anaphor allows crossings of space and time, up to the point where it is impossible to clearly distinguish between what is a project, a day dream, a dream, a fiction or a souvenir. If some directors believe in reality and others in the image, Fellini believes in the reality of images.*

Bertrand Augst

L'huître-événement : fantasme inconscient et cinéma[1]

On nous dit depuis un certain temps déjà que la théorie du cinéma est dépassée, que la rage spéculative de la critique continentale n'a fait qu'introduire confusion, erreur et spéculation inutiles sur un objet qui après tout est sans mystère : le cinéma. Absence de rigueur dans l'analyse, ignorance de l'histoire, méthodologie vacillante, extrapolation injustifiée d'une discipline à une autre, bref vingt-cinq ans de recherche qui n'ont donné que des résultats catastrophiques, tant la nouvelle théorie du cinéma a semé le trouble dans l'appareil de la critique cinématographique, et tout particulièrement la vieille garde de la critique américaine.

Derrière tout cela, il y a bien entendu un grand coupable : Christian Metz. L'histoire de la réception de ses travaux aux États-Unis depuis les querelles épiques et puériles autour de la Grande Syntagmatique et des premiers textes du *Signifiant imaginaire* reste à faire pour ceux qui pourraient y trouver un intérêt quelconque, l'histoire d'un malentendu qui frise souvent la mauvaise foi.

On aurait pu penser que ces vieilles querelles étaient passées de mode. Pas du tout, un ouvrage récent de Noël Carroll, dont le titre *Mystifying Movies* est tout un programme, relance de plus belle une polémique contre les travaux de Jean-Louis Baudry et de Christian Metz, cette fois au nom d'une nouvelle et véritable théorie « scientifique » du cinéma. Noël Carroll s'en prend explicitement au « Signifiant imaginaire » et au « Film de fiction *et son spectateur* » pour dénoncer l'analyse simpliste, sinon fausse, de concepts comme ceux de voyeurisme, de fétichisme, et la discussion sur le rêve présentés dans ces deux essais. On ne sera pas très surpris d'apprendre qu'il conclut de son analyse détaillée de ces deux textes que la tentative de Baudry et Metz d'établir une corrélation théorique entre le film et des phénomènes psychiques tels que le rêve se solde par un échec total, et cela pour deux raisons : d'une part l'imprudence de construire une théorie du film à partir d'un raisonnement analogique, et d'autre part l'imprudence de « psychanalyser » le dispositif cinématographique[2]. L'affolement de Noël Carroll est provoqué par l'influence considérable, mais pernicieuse, sur un grand nombre de jeunes critiques américains, et en particulier les groupes féministes. Avec Baudry et Metz, il y a aussi les auteurs à la mode depuis la deuxième sémiologie des années 70, Althusser, Lacan, Barthes et avec lui l'influence des littéraires sur le cinéma. C'est la lecture de cette présentation des textes de Ch. Metz qui m'a incité à y revenir et en particulier au texte « Le Film de fiction et son spectateur », un texte qui m'a toujours paru être un petit chef-d'œuvre de concision autant que de prudence et d'une grande valeur péda-gogique, un texte un peu négligé aussi, un profit du « Signifiant imaginaire » paru en même temps.

Publié dans le numéro de *Communications* consacré aux rapports entre cinéma et psychanalyse[3], ce texte décrit avec précision et selon une logique infaillible l'effet produit par un film de fiction sur un spectateur qui n'est ni critique, ni cinéaste, ni sémiologue, un spectateur ordinaire en somme. Encore faut-il ajouter, car c'est important, qu'il s'agit d'un film et d'un spec-tateur occidentaux.

Le sujet très vaste est centré sur un problème précis : comment arriver à déterminer ce qui caractérise la spécificité de l'effet filmique. Un peu dans le même esprit que les études plus sémiologiques publiées dix ans plus tôt, Christian Metz reprend la comparaison entre le cinéma et le rêve, comparai-son qui remonte très loin dans l'histoire de la critique cinématographique, afin de jeter les bases d'une étude plus systématique des rapports entre le spectateur et le film de fiction.

De nouveau, comme l'avait dit Roland Barthes à propos des premiers *Essais sur la signification au cinéma*, il veut aller jusqu'au bout de la méta-phore : le film de fiction ressemble au rêve, mais ce n'est pas un rêve.

La comparaison entre le rêve, la rêverie, la perception réelle et l'état fil-mique aboutit à la conclusion que la fiction « détient l'étrange pouvoir de réconcilier pour un moment trois régimes de conscience très différents, car les caractères mêmes qui la définissent ont pour effet de la ficher, de la plan-ter comme un coin au plus étroit et au plus central de leurs interstices : la diégèse a quelque chose du réel puisqu'elle l'imite, quelque chose de la rêve-rie et du rêve puisqu'ils imitent le réel »[4]. Il n'en reste pas moins que des différences insurmontables subsistent puisque le spectateur est éveillé et le rêveur endormi.

Le film peut bien arriver à simuler des conditions très proches du som-meil, il n'en reste pas moins que la différence entre le sommeil et la veille introduit un clivage profond au sein de l'appareil énonciatif constitué par la machine cinéma. Ce que le film donne à voir au spectateur, c'est tou-jours quelque chose qui a été fait par un autre que lui-même, une altérité radicale. Cependant, pour pouvoir jouir du plaisir qu'ils lui apportent, il faut bien qu'il oublie que ces histoires qui se déploient sous ses yeux ne sont pas ses histoires, que ces fantasmes ne sont pas les siens.

Il est frappant qu'en fin de compte ce soit la fiction qui permette de récon-cilier différents régimes de conscience où le sujet peut retrouver des traces d'un autre sujet qui est à la fois lui-même et un autre. Le cinéma a ainsi l'avantage de surprendre le spectateur en le confrontant avec des images qu'il n'a pas suscitées, des images qui, du fait qu'elles sont inscrites, matériali-sées, sont d'autant plus fascinantes et leurrantes mais qui, par ailleurs, sont désavantagées parce qu'elles sont étrangères, indifférentes, autres. Il est difficile de satisfaire l'attente du désir du spectateur parce que ce que le film lui offre n'est pas déterminé par un mécanisme endogène. Dans ce double, qui en un sens parodie les rapports entre l'analyste et l'analysant, se retrouve quelque chose qui évoque les rapports du sujet à ses rêves et ses fantasmes sans que celui-ci puisse vraiment le savoir. Ce qu'il sait, ce qu'il éprouve, c'est que l'affect provoqué par la mise en scène de ces fantasmes qui pourraient être les siens, c'est en fin de compte la pierre de touche, la vraie garantie de la réalité, et comme l'a dit Pierre Scheffer, la seule réalité dont on peut parler.

Christian Metz déclare à plusieurs reprises que le fantasme, et en particulier le fantasme inconscient, « s'enracine » d'une manière plus directe, plus profonde dans l'inconscient. Sans prétendre apporter une solution au problème du rapport entre le fantasme et la fiction, je voudrais néanmoins voir si des travaux récents sur le fantasme sont susceptibles d'éclairer la manière dont la fiction s'insère au point le plus central des interstices qui réconcilient les régimes de conscience décrits dans « Le Film de fiction et son spectateur ». Au risque de simplifier excessivement, je reprends rapidement les grandes lignes de cette étude dans laquelle Christian Metz examine en détail les différences et les similarités entre les régimes de conscience qui caractérisent l'état onirique et l'état filmique. L'illusion vraie ne peut se produire que si le sujet endormi rêve, alors que l'impression de réalité est le fait d'un spectateur qui ne dort pas. Le sommeil et la veille ne sont donc pas des états limites entre lesquels s'étagent des états intermédiaires définis par le degré de vigilance qui résulte de la qualité du sommeil de rêveur ou du type de participation affective du spectateur de cinéma. C'est le sommeil, ou son absence, qui ajuste la distance entre l'impression de réalité et l'illusion vraie. L'écart qui les sépare ne diminue que lorsque le rêveur commence à s'éveiller ou le spectateur à s'endormir, c'est-à-dire au moment où s'amorce une petite régression narcissique induite par le film de fiction, et qui varie selon les modalités de la perception filmique, la capacité du spectateur à participer dans la fiction qui lui est offerte, la qualité du film et des opérations du dispositif cinématographique. Metz arrive à cette formulation : « le degré de l'illusion de réalité est inversement proportionnel à celui de la vigilance ». Et il ajoute : « le film romanesque, moulinet d'images et de sons qui suralimente nos zones d'ombre et d'irresponsabilité, est une machine à moudre l'affectivité et à inhiber l'action » (p. 130).

A la différence du rêve, le film ne satisfait pas le spectateur automatiquement, soit parce que ce qu'il offre au Ça est trop pauvre, soit parce que ce qu'il lui offre provoque une réaction trop forte de sa part, i.e. une réaction de défense. « Pour qu'un sujet "aime" un film, il faut en somme que le détail de la diégèse flatte suffisamment ses fantasmes conscients et inconscients pour lui permettre un certain assouvissement pulsionnel », lequel doit bien entendu être maintenu dans certaines limites. Le film a plus de difficulté à satisfaire le désir du spectateur parce qu'il est fait de perceptions vraies, d'images et de sons que le spectateur ne peut modifier. Le rêve, au contraire, répond sans faillir au désir du rêveur.

« En tant qu'accomplissement hallucinatoire du désir », le film est moins sûr que le rêve parce que celui-ci ne peut s'accomplir pleinement que grâce à la protection que lui procure le sommeil. C'est la nature matérielle de la perception filmique qui empêche le spectateur d'approcher l'hallucination vraie parce qu'en fin de compte, elle est une perception réelle. Le film de fiction est moins sûr aussi parce que le sujet ne peut altérer ses perceptions qui sont de vraies perceptions. Par contre, le rêve, tel « un film qui aurait été tourné de bout en bout par le sujet même du désir » (p. 137), selon la formule de Metz, où il est à la fois auteur et spectateur, répond exactement à son désir. C'est donc de nouveau autour de la perception vraie, du rêve et de la veille, que l'on revient au problème de l'impression de réalité et de sa différence par rapport à l'hallucination vraie.

« Comment le spectateur opère-t-il le saut mental qui seul peut le mener de la donnée perceptive, formée par des impressions mouvantes visuelles et sonores, à la constitution d'un univers fictionnel, d'un signifiant objective-ment réel mais nié à un signifié imaginaire mais psychologiquement réel ? » (p. 141). Metz entreprend de répondre à cette question à partir, d'une part, d'une analyse des différentes formes d'inhibitions motrices qui rapprochent l'état filmique et le rêve et, d'autre part, d'une comparaison entre les diffé-rents degrés de régrédience et de progrédience qui affectent la perception dans les différentes visées de conscience. L'énergie psychique qui est épargnée dans l'état filmique suit la voie régrédiente pour « surinvestir la perception de l'inté-rieur tout en alimentant la perception de l'extérieur ce qui empêche la régré-dience complète (comme elle l'est dans le rêve) au profit d'une sorte de semi-régrédience ». Metz avance donc cette idée intéressante que c'est « un dou-ble renforcement » qui rend possible l'impression de réalité, « qui donne au spectateur la capacité de croire à la réalité imaginaire qui lui est présentée ». Cette capacité de fiction, c'est avant tout « l'existence historiquement cons-tituée... d'un régime de fonctionnement psychique socialement réglé, que l'on nomme à juste titre la fiction » (p. 144). C'est, en fait, cette capacité de fic-tion qui rend possible l'existence du film de diégèse puisqu'il dérive de la tradition aristotélicienne qui a formé le spectateur. C'est donc un régime spé-cial de perception qui rend possible ce transit du signifiant réel au signifié imaginaire. Cette fois, cette semi-régrédience rapproche l'impression de réa-lité de l'hallucination vraie, l'état filmique de l'état onirique.

Poursuivant sa comparaison entre le rêve et le film de fiction, Metz con-sidère ensuite le contenu du texte filmique et du texte du rêve. Le film est plus logique, plus construit, moins absurde que le rêve. La moindre séquence d'un rêve nous frappe souvent comme directement incompréhensible. Aussi la force principale qui détermine le contenu conscient d'un rêve n'est pas le processus secondaire. C'est bien pourquoi la logique d'un rêve est radica-lement différente de celle du film et que les transformations non motivées qui y apparaissent sont immédiatement acceptées par le sujet. Le principe du plaisir régit le processus primaire alors que le processus secondaire est régi par le principe de réalité. Par contre selon Metz, le film est un « monstre théorique » parce que c'est le processus secondaire qui le domine. Par ailleurs, le film se rapproche aussi du flux onirique parce qu'il est proche de l'image. L'inconscient se figure en images et l'image est par nature plus proche de l'inconscient. Le film de fiction et le rêve se constituent tous deux en histoire, mais alors que l'histoire du film est toujours plus claire et plus ou moins compréhensible, celle du rêve est pure. Ces histoires sont, elles aussi, composées d'images qui organisent le temps, l'espace, les personnages et les objets en un tout cohérent. Metz insiste sur le fait surprenant qu'un certain nombre d'opérations primaires apparaissent dans la structure secondarisée du récit filmique[5]. Pourtant, le spectateur n'est pas surpris par l'apparition momentanée de ces traces d'opérations primaires. La présence du processus primaire qui perce le tissu du récit est intéressant parce qu'il révèle qu'il y a une accommodation entre les deux processus qui se combinent en lui. De nouveau, c'est ce qu'il nomme le régime de vigilance qui fait que le spectateur tolère plus facilement les traces du processus primaire dans les interstices du film parce qu'il est lui-même un peu moins éveillé au cinéma. Étant elle aussi une activité de la veille, la rêverie se distingue du rêve, nouvelle différence entre l'état filmique et l'état onirique. Cette fois, le « petit roman » qu'ils racontent est identique. Le film appartient à l'instance psychique du conscient et du préconscient parce qu'il est créé par des êtres éveillés. Le fantasme est plus lié à l'inconscient parce qu'il est plus proche des forces pulsionnelles, mais il diffère du rêve par sa logique interne qui correspond plus au processus secondaire et appartient au préconscient puisque les rapports du temps et de l'espace des histoires qu'il présente sont relativement cohérents et logiques (p. 161). Metz insiste sur le caractère hybride du fantasme, proche de l'inconscient par son contenu et proche du préconscient par son organisation formelle, nouvelle différence avec le rêve et les autres formations de l'inconscient. Dans les deux cas, la régrédience s'affaiblit avant d'avoir atteint « l'instance perceptive ». Les images ne sont plus perçues comme des perceptions, pas plus que ne le sont les perceptions dans la rêverie ; et les images mentales ne sont pas perçues comme réelles. En fait, comme le remarque Metz, le sujet a souvent du mal à les distinguer de la diégèse. C'est donc le fait que, pas plus dans la rêverie que dans l'état filmique, les perceptions ne sont perçues comme vraies qui met en évidence leur ressemblance et le fait qu'elles appartiennent bien à l'état de veille. Mais de nouveau, il faut tenir compte d'une nuance importante : elles appartiennent à la veille mais non à ses manifestations les plus caractéristiques. Tous deux sont plus proches de l'état onirique.

Dans les deux cas, « le sujet réduit ses investissements d'objets et se replie sur lui-même sur une base plus narcissique comme le font le rêve et le sommeil ». L'abaissement sensible de la vigilance dans l'état filmique et la rêverie permet au processus primaire de percer çà et là. Le film est donc plus proche de la rêverie et du fantasme conscient par le degré de secondarisation et le degré de vigilance, mais il s'en sépare par la matérialisation des images et des sons. La rêverie restant purement mentale, elle s'oppose avec le rêve à l'état filmique. Cette confrontation entre le degré de réalité des images mentales de la rêverie et du rêve introduit une différence importante dans le rapport du sujet aux représentations qui lui sont présentées. Il est moins disposé à croire aux images qu'il perçoit parce qu'elles ne sont pas les siennes, même si elles sont en cela plus objectives. Les images du rêve se prêtent au contraire à l'illusion véritable. Du même coup, étranger, le film est senti comme moins vrai ; le pouvoir d'illusion des images imposées de l'extérieur au spectateur est, lui, réduit. La représentation filmique est donc défavorisée par rapport à la rêverie et le sujet, moins satisfait des films qu'il voit que de ses rêveries. Et pourtant, il ne croit pas plus à ses fantasmes qu'à la fiction : « le bénéfice affectif du film n'est donc pas inférieur à celui de la rêverie. Il s'agit d'une pseudo-croyance, d'une simulation consentie... ».

Il peut arriver que la matérialisation des images tourne à l'avantage du film parce que l'impression de réalité qu'elle produit lui donne « un plus grand pouvoir d'incarnation » que celui des images mentales. Il arrive, par hasard il est vrai, dit Metz, ce qui semble inévitable, que ces images s'accordent brièvement au fantasme, lui donnant ainsi une consistance matérielle. Le film prend alors sa revanche par la force accrue que ses images donnent à notre désir qui paraît se réaliser devant nos yeux. Il peut même arriver, en ce qui concerne les fantasmes inconscients, que le film produise un pouvoir de sidération extraordinaire parce qu'il éveille, retrouve, représente des événements fictionnels qui cherchent à lever les fantasmes, opération d'autant plus aisée que ces fantasmes sont inconscients et donc échappent à la vigilance du sujet. Ces représentations échappent aussi à la censure qu'il impose à ses fantasmes parce qu'elles lui sont extérieures. Il est donc moins protégé, plus à la merci des intrusions des représentations filmiques parce qu'il sait qu'elles ne sont pas les siennes.

Le concept de fantasme a toujours occupé une place centrale dans la pensée psychanalytique, et tout particulièrement depuis la publication de l'article de Laplanche et Pontalis, « Fantasme originaire, fantasme des origines, origines du fantasme », il y a près de trente ans. La controverse autour de ce concept n'est pas nouvelle puisqu'elle remonte aux premiers textes de Freud sur la sexualité infantile[6]. Plus récemment, les ouvrages de Serge Viderman l'ont encore intensifiée en remettant en question la valeur du concept d'événement fondateur. C'est vraisemblablement la publication de ces ouvrages qui a incité Maurice Dayan à relever le défi des thèses avancées par Viderman.

Dans un essai intitulé « Le Fantasme et l'événement »[7], à la fois dense et subtil, Dayan réexamine le problème théorique posé par la relation entre ces deux concepts afin de clarifier d'une part leur signification dans la pensée freudienne et d'autre part pour réfuter les thèses de Viderman qu'il caractérise comme étant souvent hâtives et réductrices. C'est cependant de Viderman qu'il s'inspire pour avancer à son tour l'esquisse d'une théorie de ces concepts qui me paraît présenter un certain intérêt dans la perspective ouverte par Metz sur les rapports entre l'état filmique et le fantasme, dans la quatrième partie de son essai sur le film de fiction et son spectateur.

Metz insiste sur le fait que le fantasme a un rapport direct avec l'inconscient. Dans quelle mesure peut-on considérer que le concept d'événement tel que le redéfinit Dayan est susceptible d'éclairer les rapports du fantasme et de l'état filmique ? Déplorant à la fois l'imprécision et l'abus de l'emploi du concept de fantasme dans la pensée et la pratique psychanalytiques, Dayan démontre qu'il ne s'agit pas simplement de négligence ou d'oubli, mais bel et bien d'une démarche réductrice et abusivement simplificatrice du concept de fantasme et des textes freudiens sur lesquels il est basé. En fait, en dépit de l'absence complète du terme *événement* dans le vocabulaire psychanalytique, ce concept a toujours été une part intrinsèque de la théorie puisqu'elle « pose la forme du fantasme, c'est-à-dire une mise en scène représentant à travers les actions où le sujet est impliqué, les conditions de l'accomplissement d'un désir qui est toujours un désir inconscient », et que d'autre part « elle se réfère à des contenus, séquences d'actions qui importent à un être désirant, qui ne sont autres que des événements imaginaires ». Par conséquent, pour Dayan, tout fantasme a un « thème événementiel » qui peut être explicité sous une forme canonique : « au sujet, représenté par tel personnage ou par tel élément dans la scène X, advient quelque chose qui a trait à l'assouvissement de son désir, sous-jacent à cette même scène. Le fantasme, même s'il apparaît statique sous sa forme consciente, décrit un événement ». Le fantasme de fustigation chez la fille en est un exemple[8]. La construction des phases par l'analyste montre que le sujet met en scène son propre moi. Ce sur quoi Dayan veut insister, c'est que le schème séquentiel caractérise le fantasme aussi bien que l'événement et que l'événement est le contenu de la mise en scène accomplie par le fantasme. L'événement imaginaire qui contient le désir inconscient et les événements qui ont pu avoir lieu dans la vie infantile du sujet sont en conflit. Mais cette opposition entre la réalité psychique du fantasme et la réalité matérielle de moments de la vie passée ne doit pas être envisagée comme une alternative. C'est d'ailleurs sur ce point précis que Dayan se démarque d'une lecture trop littérale des textes freudiens. Reprenant en détail la lettre de Fliess et le cas de « l'homme aux loups »[9], Dayan affirme avec Laplanche et Pontalis que la découverte de la sexualité infantile a laissé en place dans l'esprit de Freud, « ce schème sous-jacent à la théorie de la séduction, de l'efficace après-coup, d'un premier événement incompris du sujet puis repris dans un second temps à la faveur d'un processus interne ». Freud ne renonce pas au réel. Comme l'écrit Neyraut, cité par Dayan, « si Freud ne veut pas être dupe de la réalité telle qu'elle est avancée par ses patients, il ne renonce pas pour autant au réel, il le déplace d'un cran, car les soins de la mère prodigués au petit enfant constituent bien une réalité. Il s'ensuit une excitation qui constituera *le modèle* des fantaisies sexuelles ultérieures. En réalité, le patient ne ment pas, mais déplace lui aussi d'un cran en avant la réalité de son souvenir, et attribue la séduction à une personne étrangère »[10]. Dayan rejette donc la perspective positiviste qui fait de

l'idée d'événement une « facticité pure » sans rapport avec la réalité psychique à laquelle il advient, et qui est extérieure au sujet qu'il est censé affec-
ter et dont l'action est intelligible. Il rejette aussi l'idée que le fantasme est
une formation « strictement endogène » sans aucun rapport avec « la réalité
présente à la *libido* et qui par conséquent abolit la relation originaire de l'imaginaire au perçu ». Fantasme et événement doivent donc être envisagés comme
complémentaires l'un de l'autre dans un processus qui met en scène le désir.
On ne peut opposer l'objectif au subjectif, l'intérieur à l'extérieur, le fictif
à l'évidence sans déformer la pensée freudienne. Or, selon Dayan, une certaine pratique analytique a eu tendance à évacuer l'événement pour insister
sur la « reconstruction du fantasme inconscient infantile et son objectivation
sous forme verbale »[11]. Dayan remarque d'ailleurs en passant que cette
régression de l'événement au profit de la recherche des structures affecte toutes
les sciences sociales[12]. Avant d'envisager les conséquences d'un certain
« retour de l'événement » chez certains historiens contemporains, il entreprend
une critique serrée des ouvrage de celui qui, à ses yeux, représente la tendance la plus extrême de cette exclusion de la réalité dans la théorie du fantasme, Serge Viderman[13].

« Il est vain et contradictoire de vouloir retracer la chronologie des événements, de les reconstruire dans une réalité historique, en mettant ses pas
dans les pas du passé. Les lignes de force qui traversent le champ analytique
sont toutes des lignes brisées ; à vouloir les redresser pour les faire coïncider
avec la ligne idéale de l'histoire du sujet, on s'enferme dans une contradiction où s'égare la raison psychanalytique. » Pour Viderman, il est donc vain
de chercher à retrouver le « roc de l'événement », clé de voûte de l'entreprise théorique et thérapeutique freudienne. Mais pour Dayan, l'erreur n'est
pas chez Freud mais bien dans la façon dont Viderman envisage le transfert.
Mais c'est surtout à partir de son interprétation du concept freudien de reconstruction que Dayan développe sa critique des positions de Viderman. Selon
ce dernier, « Freud construit le sens de la scène alors qu'il est convaincu de
reconstruire un enchaînement exact des événements »[14]. Non seulement il se
méprend sur le sens des propos que Freud n'a jamais exprimés, mais il se
méprend aussi sur le sens du terme *construction* : « une construction ne comporte pas nécessairement la visée d'un enchaînement d'événements exactement
déterminables ; et son objet peut fort bien être de représenter une réalité du
passé non pas telle qu'elle fut, mais telle qu'elle a pu agir sur les disposi-
tions libidinales de l'enfant — une réalité du passé incluant aussi bien les
effets de l'activité fantasmatique sur la mise en forme des événements que
ces événements eux-mêmes » (p. 28). Textes à l'appui, Dayan réfute tout
autant l'impression de réalisme crédule que « le *fantasmatique* qui ignore aussi
bien les activités réelles que les perceptions de réalités investies susceptibles
de se prêter à une sexualisation rétrospective » (p. 29). Ce que Viderman propose, c'est l'abandon du postulat réaliste « inhérent à la théorie traumatique
et le dépassement définitif du fantasme originaire » (p. 33). Et de nouveau,

c'est à partir d'une lecture détaillée des textes freudiens que Dayan réfute cet argument.

Tout en maintenant son désaccord théorique avec Viderman, Dayan s'inspire néanmoins de son exemple pour élargir le débat sur le statut de l'événement en psychanalyse ; il reconnaît d'ailleurs le grand mérite d'avoir osé désacraliser le texte freudien et d'avoir mis en lumière « l'extrême précarité dialectique » des concepts de fantasme et d'événement. Selon lui, il faut rejeter l'idée que ces catégories fonctionnent de façon alternante dans le discours aussi bien que dans l'interprétation alors qu'elles doivent être considérées comme interdépendantes dans le champ de l'inconscient. C'est donc parce que la psychanalyse remet en question la possibilité de retrouver les événements oubliés de la vie infantile qu'il veut comparer cette démarche avec d'autres formes de relations à l'événementiel. Son choix de l'histoire n'est peut-être pas aussi fortuit qu'il paraît, et fut vraisemblablement inspiré par une série de travaux consacrés il y a quelques années « au retour de l'événement »[15]. Reconnaissant d'avance la valeur restreinte d'une comparaison entre l'événement individuel et l'événement historique, Dayan insiste sur le fait que ni l'un ni l'autre ne se reconnaissent dans les modifications dramatiques qui sont provoquées par l'irruption de l'accident. Pour qu'il y ait événement historique, il faut qu'il y ait une « liaison temporelle entre les rapports sociaux qui précèdent l'événement et ceux qu'on découvre après, parfois beaucoup plus tard ». L'argument Dayan peut paraître à première vue paradoxal puisque la notion moderne d'événement ne coïncide plus avec celle de l'histoire traditionnelle ; la prédominance de l'histoire de longue durée (F. Braudel) a remplacé « la chronique faussement concrète et positive des événements ponctuels qui se chassent les uns les autres, et sans désemparer, sur une piste monodrome ; cette conception ancienne de l'histoire ignorait les régularités économiques, ethniques, institutionnelles... et surtout la discontinuité arythmique des événements féconds, des événements ''producteurs de structures'' », selon l'expression de J. Julliard. Et c'est justement sur les textes de Pierre Nora, Edgar Morin, Paul Veyne et d'autres que Dayan s'appuie pour forger le concept d'événement-instaurateur.

Selon Pierre Nora, c'est l'influence des mass média, et plus récemment de la télévision qui a contribué le plus dramatiquement à la transformation de l'événement traditionnel, et en particulier, l'utilisation de plus en plus fréquente de la transmission en direct, instituant ainsi une sorte de voyeurisme quasi universel où l'événement est perçu en train de se faire. De plus en plus, l'événement actuel se libère de sa charge d'information au profit de valeurs affectives telles que celles qui sont généralement associées au fait divers.

L'événement de la vie individuelle et l'événement historique ont donc en commun la contingence et l'extériorité totale puisque l'accident surgit, inexpliqué et inexplicable, singulier dans sa spécularité. Ni l'un ni l'autre ne se reconnaissent dans la figure de l'accident. Ce n'est que bien plus tard que l'histoire découvre la liaison temporelle entre les événements sociaux qui ont précédé et ceux qui ont suivi l'événement. L'événement qui affecte la vie indi-

viduelle de l'enfant demande lui aussi à être placé dans une perspective temporelle, la vie a précédé le refoulement comme celle qui se réalise dans le
devenir.

C'est alors que Dayan renverse son argument refusant de réduire la notion
d'événement à celle d'accident in-sensé, tel que celui qui caractérise la « publicité spectaculaire » de ce que Pierre Nora appelle « l'événement-monstre ».
Un accident n'est pas plus constitutif de la vie individuelle qu'il ne l'est de
la vie sociale. Il est marqué d'une manière « indifférente ». L'événement, au
contraire, ne vient jamais de l'extérieur, pas plus qu'il ne vient d'un changement imprévisible de dedans. Dans les deux cas, on n'en peut déterminer les
conséquences, ou ce qui a contribué à son apparition, qu'après-coup. Ce qui
est visé dans ce refus de l'accident qui fait irruption dans une histoire où rien
ne l'attend, c'est l'idée de structure « qui entretient de l'intérieur sa loi de
fonctionnement, où rien, par conséquent, ne peut se passer ni jamais adve-
nir » (p. 55). Dayan rejette donc le clinquant de l'événement-monstre en faveur
de l'événement-instaurateur de structures qui, événement-huître, s'insinue silencieusement dans la vie infantile, mais souvent beaucoup plus tard. Ces événements producteurs de structures prennent le sujet à revers et, bien que dépourvus de valeur informative, provoquent un ébranlement de son psychisme. Ce
qu'ébranle l'événement, c'est le Ça. Tout en rejetant la publicité spectaculaire de l'événement-monstre, Dayan retient néanmoins les résonances affectives profondes puisque c'est pratiquement ce qui ébranle le psychisme du sujet.
Pour Dayan, le fantasme se réfère à l'extériorité de l'objet du désir et à la
possibilité qu'il a d'exercer une action réelle « sur ou par cet objet ». Il décrit
un objet qui est absent du réel perçu mais qui « emprunte au souvenir indé-
clinable la représentation d'un champ extérieur de phénomènes et d'objets
investissables ». Par contre, la perception de l'événement réel, elle, n'est pas
investie de sens. Fantasme et événement ne doivent pas être conçus indépendamment l'un de l'autre. Le fantasme ne se produit ni avant ni après l'événement, « mais dans l'enchaînement même des perceptions où se fait l'événement qui intéresse la pulsion » (p. 56). Nous sommes donc à la fois très proches et très loin de Freud et de Viderman, repères limites entre lesquels s'est
déployée la pensée psychanalytique sur la question du fantasme.

Rapprocher la notion d'événement, tel que l'envisagent Nora et Dayan,
de la fiction romanesque au cinéma peut sembler contradictoire sinon absurde
puisque, par définition, l'événement ne peut pas, ne doit pas, surgir au milieu
de la fiction filmique, du moins conçue dans les conditions normales de représentation. En fait, la fiction protège le spectateur de l'accident. Il sait d'avance
que ce qu'il va voir a été soigneusement composé pour lui éviter toute surprise excessivement forte. Or, comme l'a montré Christian Metz, c'est la matérialisation des images et des sons qui différencie le cinéma des autres formes
d'expression. Le film de fiction réconcilie l'impression de réalité, le rêve et
la rêverie, rendant ainsi possible de nouveaux rapports entre eux. Mais il
insiste bien : « cette rencontre n'est possible qu'autour d'un pseudo-réel (d'une
diégèse) : d'un *lieu* comportant des actions, des objets, des personnes, un

temps et un espace... mais qui s'offre comme une vaste simulation, comme un réel non-réel ; d'un milieu qui, du réel, aurait toutes les structures mais auquel ferait seulement défaut... cet exposant spécifique qu'est l'être-réel » (p. 174). L'accident appartient bien à cet être-réel et donc ne peut réconcilier le rêve, la rêverie et la perception réelle. Cela dépend uniquement de l'effet-fiction. Le spectateur est donc relativement à l'abri de l'accident puisque tout est fixé d'avance tant et si bien qu'il peut souvent deviner à l'avance l'issue du récit. L'industrie hollywoodienne a d'ailleurs compris très tôt l'importance des films qui finissent bien.

Pourtant, ce que le spectateur veut voir, c'est bien l'accident, la catastrophe, l'événement incroyable, en somme, une sorte d'événement-monstre ; mais il veut le voir dans des conditions optimales de réception, pas trop près, sur un écran, en train de se faire. Il fait que cet accident soit un « bon » accident, une « bonne » catastrophe. Et c'est bien ce qu'il attend d'un film bien fait. On ne peut donc pas dire que la fiction romanesque peut se substituer à l'événement individuel ni à l'événement historique car elle perturberait trop le plaisir du spectateur en ramenant à la surface de son spychisme des souvenirs oubliés, des fantasmes refoulés, des désirs sublimés. Paradoxalement, c'est en fait seulement en essayant de se substituer à cet accident, de le maîtriser en l'assimilant dans les contraintes du dispositif cinématographique que la fiction parvient à créer ce pseudo-réel sans lequel elle ne peut séduire le spectateur. Pour arriver au degré de réalité nécessaire pour créer ce « réel non-réel » dont parle Metz, la fiction doit emprunter l'apparence de l'événement tel que le définit Pierre Nora.

Cet événement moderne, délaissant sa signification intellectuelle au profit d'une charge affective qu'il extrait de sa théâtralité, ce nouveau type d'événement tel qu'il naît de la diffusion télévisée, est un événement très proche du fait divers. Il recherche le spectaculaire, le sens du vécu, de l'immédiat en train de se faire, mais c'est en même temps pour réduire la force réelle de l'événement, pour s'en protéger. Spectaculaire, voyeuristique, le film de fiction ne tend à l'être que trop et c'est dans un sens inverse qu'il cherche à se donner une garantie supplémentaire de croyance en assimilant autant d'indices que possible qui appartiennent en propre à l'événement pur afin d'en faire bénéficier la fiction. Du coup, elle peut, fortifiée de ce surplus de réel, serrer d'un cran l'impression de réalité afin d'offrir au spectateur une meilleure garantie quant à l'authenticité de la simulation qu'elle offre. Tout comme le fait divers et l'événement, elle exploite les virtualités affectives de la représentation que ce pseudo-événement éveille chez le spectateur. Quelque part, il semble bien que le film de fiction et l'événement se croisent et se confondent.

Le film de fiction n'est pas diffusé en direct, du moins pas encore, mais il compense cette rigidité, cette cohérence inscrite dans la matérialité des images par un surplus de spectacularité qu'il peut exploiter sans hésitation parce qu'il n'est pas diffusé direct. En un sens, la fiction est construite avec les restes d'un événement réel dégradé, miniaturisé, mis en scène. D'ailleurs l'histoire du cinéma est faite de films qui se sont parés des dépouilles des grands et petits événements de l'histoire, d'accidents, de faits divers absurdes et mélodramatiques.

De plus en plus, le désir de sur-événementialité est tel que l'encre des journaux à sensation est à peine sèche que déjà le film est en cours de production racontant avec force embellissements l'histoire plus ou moins fabriquée de la vie des personnes célèbres, crimes sordides, désastres, accidents, tout un fatras tiré des faits divers. Dans ce cas, c'est la sur-événementialité qui profite à la fiction en lui donnant une garantie supplémentaire d'authenticité pour renforcer l'effet fiction dans l'espoir invraisemblable d'atteindre à l'illusion vraie et de recréer, plus spectaculaire que jamais, l'événement que le public n'a pas vu voir : forme de voyeurisme à retardement.

Sans pouvoir être véritablement confondus, l'événement moderne, la fiction romanesque et surtout toute une production télévisuelle, entretiennent des rapports ambigus, l'un n'hésitant pas à emprunter à l'autre le surplus de réalité ou de spectacularité dont il a besoin pour s'assurer du désir du spectateur. Est-ce donc au moment où le spectateur hésite quant à la réalité de ce « réel-non-réel » que lui offre la fiction filmique que l'événement, *un* événement, se glisse silencieusement dans son histoire ? Tout comme le sujet individuel de Dayan, il est à la merci d'un événement qui est déjà là et pas encore arrivé, ni extérieur ni intérieur.

Ne pourrait-on même penser que c'est à la faveur de la protection que lui donne le pseudo-réel de l'événement fictif qu'il peut s'insérer plus profondément dans les racines de l'inconscient du spectateur ?

On se souvient que pour Dayan, à la différence de l'accident, l'événement est un moment constitutif de la vie du sujet parce qu'il est soumis au temps. « Expression des contradictions qui travaillent l'être vivant ou le corps social... l'événement n'est jamais venu du dehors pas plus qu'il n'est une péripétie du dedans. » C'est une modification dont on ne peut reconnaître qu'après-coup la probabilité tout autant que « la fonction résolutoire qui lui était par avance dévolue » (p. 57). Les événements-instaurateurs que Dayan oppose à l'événement ponctuel de l'histoire événementielle d'autrefois n'ont pas de valeur informative, mais ils provoquent, par défaut d'information, un ébranlement qui intéresse au premier abord la pulsion. L'événement éveille le Ça en surprenant le sujet. C'est le Ça qui répond de la valeur de ce qui arrive au Je. « C'est en d'autres termes la médiation de l'événement indûment valorisé qui dote d'une réalité psychique l'écart fondamental et irréductible entre une vie pulsionnelle en quête d'objets et un être agissant et parlant, porteur de représentations dont il ignore les origines » (p. 56). C'est donc lorsque la fiction s'introduit dans l'inconscient du sujet/spectateur par l'intermédiaire d'un pseudo-événement qu'elle ébranle le Ça.

Aussi schématique qu'il puisse paraître, ce rapprochement entre la notion d'événement et le pseudo-événement fictionnel suggère que l'effet filmique et le fantasme sont moins éloignés l'un de l'autre qu'il n'y paraît au premier abord. On peut même voir là un autre type de relation à l'événementiel.

Pour conclure, je voudrais noter que l'évolution des médias depuis « le retour de l'événement » relevé par les historiens contemporains, il y a quinze ans, n'infirme aucunement la transformation de cette notion. De plus en plus, omniprésent et oppressif, il surenchérit sur le spectaculaire. Dans sa conclusion, Christian Metz envisageait la possibilité qu'un jour, les films non narratifs deviennent « plus nombreux et plus élaborés », ce qui inévitablement affecterait « la singulière mixité de ces trois miroirs que sont la réalité, le rêve et la rêverie par lesquels se définit l'état filmique ». Ne serait-ce pas en fait l'inverse qui est en train de se produire ? Loin de déplacer la fiction, les films non narratifs (au sens le plus large du terme) ne sont-ils pas assimilés par elle, nous donnant l'effet d'une fictionnalisation galopante produite par le brassage de plus en plus soutenu d'accidents et d'une infinité de faits divers. Cette accumulation a pour effet de déplacer la fiction, de la contaminer au feu de la réalité de l'événement. De plus en plus, les films de fiction sont remplacés par des événements spectaculaires où justement l'événement prend la parure de la fiction. Bombardé par les médias dépourvus de contenu, le spectateur ne sait plus très bien comment différencier la réalité de cette fausse fiction.

---

1. Ce titre a été inspiré par l'expression de J. Julliard « L'huître-structure », in : Jacques Le Goff et Pierre Nora, *Faire l'Histoire*, Gallimard, 1974, II, p. 239-240.

2. Noël Carroll, *Mystifying Movies. Fads and Fallacies in Contemporary Film Theory,* New York, Columbia University, 1988.

3. *Communications*, n° 23, « Psychanalyse et cinéma », Le Seuil, Paris, 1975, p. 108-135 ; repris dans *Le Signifiant imaginaire*, U.G.E., Paris, 1977, p. 121-175. C'est à cette édition que se réfère la pagination dans le texte.

4. Christian Metz, *Le Film de fiction et son spectateur*, p. 174. La pagination des références à ce texte est incorporée dans le texte.

5. « Pourtant il faut dire dès maintenant que certaines figures les plus spécifiques, en même temps que les plus usuelles, de l'expression cinématographique portent en elles, dès leur définition "technique" et littérale, quelque chose qui n'est pas sans rapport avec la condensation ou le déplacement » (note p. 154). Metz cite la surimpression, le fondu enchaîné, auxquels on pourrait ajouter toute la gamme des raccords.

6. Parmi les textes utilisés : *Études sur l'hystérie, L'Histoire du mouvement psychanalytique* (1914), *La Naissance de la psychanalyse, Trois Essais sur la théorie de la sexualité* (1905), la Lettre à Fliess du 21 septembre 1987.

7. Maurice Dayan, « Le Fantasme et l'événement », *Psychanalyse à l'Université*, n° 13, décembre 1978, p. 5-58.

8. Dayan cite comme exemple d'une « thématique événementielle complexe » « Un Enfant est battu » publié en France dans *Névrose, psychose et perversion*, P.U.F., Paris, 1973, p. 225.

9. Pour une discussion de « L'Homme aux loups », « L'Homme aux rats » et « Dora », voir Dayan, *op. cit.*, p. 28-30.

10. Cité par Dayan, *op. cit.*, p. 16 : *Le Transfert*, P.U.F., Paris, 1974, p. 186.

11. Bérès, cité par Dayan, p. 20.

12. Dayan remarque que cette régression affecte « behavioral and social sciences » en particulier et tous les discours qui traitent « des comportements humains, des rapports sociaux et des institutions : l'économie, la linguistique, l'ethnologie et, *last but not least*, l'histoire elle-même... que la passion scientifique a tournée, entre les deux guerres mondiales, vers la recherche de "structures" ». Il ajoute d'ailleurs qu'il ne pense pas qu'il y ait des structures en histoire. *Op. cit.*, p. 21.

13. Les textes de Viderman cités sont : une discussion publiée dans *La Revue française de Psychanalyse*, n° 2-3, mars/juin 1974 ; *La Construction de l'espace analytique*, Denoël, Paris 1970, et *Le Céleste et le sublunaire*, P.U.F., Paris, 1977.

14. Viderman, *Le Céleste et le sublunaire*, p. 272, cité par Dayan, *op. cit.*, p. 27.

15. Jacques Le Goff et Pierre Nora (éd.), *Faire de l'histoire*, Gallimard, Paris 1974. Voir en particulier Pierre Nora, « Le retour de l'événement », I, p. 210-228. Voir aussi *Communications*, n° 18, « L'Événement » Le Seuil, 1972, en particulier le texte d'Edgar Morin, « Le retour de l'événement ».

Reconsidering Metz's article « The Fiction Film and its Spectator », the author traces in a first part the differences between film, dream and fantasy. On the basis of such historians as Jacques Le Goff and Pierre Nora and of such psychoanalysts as Viderman and Maurice Dayan, these distinctions serve in a second part to discuss the differences between the event, the accident (monster-event) and the pseudo-real of fiction. Examining the influence of live television on the perception of real events, the author shows that now more and more narrative cinema borrows its spectacularity from the modern event. The proximity of the modern event and of the pseudo-real seems to increase the risk, for the spectator, to let the event silently penetrate into his unconscious where it will serve as the basis of a structure (constituting event).

Éric de Kuyper

La régression filmique

I.

Au départ : une question qui me chiffonne. En 1975 Laura Mulvey publie un court texte qui, depuis, fascine, hante et parfois aussi semble avoir bloqué la théorie anglo-saxonne. Il s'agit de « *Visual Pleasure and Narrative Cinema* »[1] dans lequel Mulvey attire l'attention sur un phénomène assez curieux se produisant dans le cinéma classique hollywoodien : le fait que le flot narratif — on le sait se présentant « comme sans coutures » — est parfois interrompu assez brutalement et assez longuement pour faire place à des moments de contemplation, en général une contemplation accompagnée d'un érotisme diffus. Dans les termes de Laura Mulvey : « freezing (of) the flow of action in moments of erotic contemplation ». Les exemples qu'elle prend pour illustrer son discours sont assez parlants : Marlène Dietrich dans les films de Josef von Sternberg.

A part le fait remarqué, L. Mulvey touche ici, sans trop y prêter attention, à la problématique de la star, et qui, selon cette perspective, fonctionnerait sur un double axe : celui du narratif et un autre qu'on pourrait appeler para-narratif[2].

Le sujet de Mulvey est à tendance plus idéologiquement féministe : cette figure de l'image féminine marquée démasquerait un patriarchisme implicite du système hollywoodien classique. Soit. Ce qui me fascine dans cette question est l'autre versant du problème : mais qu'est-ce qui se passe avec la star masculine ? (car « la » star ne s'écrit pas seulement au féminin). Qu'en est-il de l'image de l'homme dans le cinéma classique hollywoodien ? Qu'en est-il de *la construction de l'image du corps masculin*, ou mieux encore : *de la construction des corps masculins en images ?* Et quand il s'agit de cette question, de la question d'images du corps, aussi bien masculins que féminins d'ailleurs, je crois que le cinéma est un champ privilégié, parce qu'un fantasme fondamental peut y jouer — et y jouer sans risque — : celui ayant trait à l'*identification* et surtout à l'*identité*.

II.

L'identification a de tout temps (!) été un beau sujet pour la réflexion sur le film et le cinématographe. Comme si l'identité du spectateur semblait un fait acquis, indiscutable... Depuis que l'on parle plutôt de sujet, les choses sont devenues moins évidentes. Bien que Laura Mulvey et tout un pan du courant féministe, qui pourtant veulent se situer dans le courant structuraliste ou néo-structuraliste (ou post-...), glissent vers une interprétation du « sujet » spectateur qu'ils marquent sans vergogne de « masculin » (ou selon le cas « féminin »). Discours tendancieux car il utilise des données d'un champ annexe (sociologique) sans les évaluer ou réadapter au propre champ discursif. On parle alors de *woman as bearer of the look* ou encore de *male gaze*[3].

Il s'agit, pour nous, de poser le problème autrement : en gardant au sujet spectateur son statut spécifique de « sujet », tout en tentant de voir d'un peu plus près ce qu'il en est de ce sujet quand il s'agit d'images sexuées, d'images de corps sexués, masculins ou féminins.

Il faut donc en revenir à l'identification, et plus précisément à ce qui est en jeu par l'identification : *une identité*, résultat, construction d'une activité identificatoire.

III.

L'Identité n'est possible que couplée à la notion d'*altérité* ; ce jeu comparatif entre deux pôles n'a lieu que grâce à un mécanisme, celui qu'on appelle identification.

Or, l'identification, selon Laplanche[4], est un « terme séparateur » : c'est la disjonction préalable qui rend la jonction possible. C'est un jeu de positionnement où entre en compte là/ici ; l'autre/moi ; mais aussi moi/l'autre ; ici/là. Et les oppositions en combinaison. Laplanche résume bien les aspects de l'identification en distinguant :

« 1) c'est ce à quoi (à qui ?) *l'identification* se fait ; un rapport de *terme à terme* ;

2) le *processus* lui-même ; la prise de possession d'une position dans un rapport de termes ;

3) le *résultat*, les *effets* qui découlent de ce jeu[4]. »

Cependant on sait que tout cela n'est pas aussi simple ni aussi bénin ; la phase œdipienne, pour s'en tenir (!) à la structure élémentaire, suppose un travail complexe et ardu, déjà indiqué par Freud en corrigeant son Œdipe en « positif » et « négatif ». On peut formuler ce « travail » en des termes moins courants que ceux employés dans le champ freudien : dans le complexe d'Œdipe, il y a continuellement confrontation de « devoir » et de « ne pas devoir » ; de « pouvoir » et de « ne pas pouvoir ». Tout tournant autour d'une série de « devoir » couplée à des « ne pas pouvoir » — et tout cela, bien sûr, sur la base d'un vouloir (vouloir être un moi par rapport à l'autre, mais pas n'importe quel autre, et pas n'importe quel moi).

Le résultat de ces combinaisons est une combine, un compromis. Car les données sont limitées : ne pas pouvoir (avoir-être) la mère ; devoir être le père, mais ne pas pouvoir l'être vraiment... Le tout se déroulant sur un *axe temporel* : maintenant, plus tard, où se réintroduit une problématique ancienne, celle de la différence entre les générations, celle de la différence entre l'enfant et l'adulte.

Le complexe d'Œdipe, vu sous cet angle de combinatoire forcée et limitée, donnera lieu — doit-on s'en étonner ? — à un jeu de frustrations successives, qui aboutira au compromis, c'est-à-dire à une résignation temporaire et, en fait, jamais vraiment assumée, acceptée. L'acception plus ou moins consentie non sans intervention d'une force extérieure chargée d'« en finir avec ce jeu de positionnement ». Restera une frustration, soit teintée d'angoisse (au masculin), soit teintée d'envie (au féminin).

Ce qui a été entrepris, avec comme enjeu l'identité, se termine un peu... « en eau de boudin », en « queue de poisson ». Ce qu'on y a gagné, ce sont en fait des promesses pour le futur (plus tard !), et des réponses à des questions non posées. Et, enfin, une identité sexuelle, basée sur la *différence*. On y aura appris la différence, on y aura désappris la *diversification*. Ou encore : on aura appris ce que c'est que la force du discontinu[5].

IV.

L'appareil cinématographique permet de rejouer — sans la contrainte — ce jeu. Non plus dans la frustration, mais tout au contraire dans le plaisir. Il permet la jouissance du régressif : le fait de pouvoir à nouveau, mais maintenant dans le *no man's land* du cinéma, jouer le jeu de l'Œdipe. De sauter toutes les cases, les sauter en même temps, en contredisant les positions, et même en revenant en arrière, dans le pré-Œudipe !

Ce plaisir régressif est de nature transgressive : les frontières, les limites sont déjouées, et qui plus est, tout cela peut se faire sans conséquence aucune, car ce jeu fictionnel est *légitime*. En fin de compte on y retrouvera bien son « moi », c'est-à-dire, « en sortant du cinéma ». Entre-temps tout est permis.

Bien sûr, le film en fin de compte récupérera et canalisera (et c'est là qu'on ne peut qu'être d'accord avec les vues de Laura Mulvey) mais entre-temps — le temps du film — il brouille, redistribue les forces et les positions, il joue avec le masculin et le féminin.

V.

Il faut donc voir l'identification, non comme un fait statique — ou relativement statique — de terme à terme, mais comme une dynamique inouïe, qui fait passer continuellement le « sujet » d'un au-delà à un en deçà, et vice-versa, transition continuelle entre le pré-œdipien et l'œdipien, une articulation de ce complexe se faisant et se défaisant.

Évidemment, en fin de course, le symbolique recanalise — légitimisation de cette chaotisation où non seulement le masculin et le féminin sont mis en cause, mais encore les composantes d'âge et de génération, et même de vivant/non-vivant. Être tout, être tout à la fois ou presque, et presque rien, et sans conséquence aucune... car on retombera bien sur ses pieds, en sortant du cinéma, c'est bien ce que le cinéma nous garantit.

Tout ceci n'est certes pas neuf. « Le dispositif cinématographique (...) déterminerait un état régressif artificiel. (...) Retour vers une forme de relation à la réalité qu'on pourrait définir comme enveloppante, dans laquelle les limites du corps propre et l'extérieur ne seraient pas strictement précisées[6] ». Cependant peut-être a-t-on eu un peu trop tendance à accentuer le rôle du secondaire, du symbolique dans tout cela, qui, bien entendu, est d'une force considérable, ce que Christian Metz a si éloquemment mis à jour dans le *Signifiant imaginaire*[7]. Ce qui m'intéresse ici c'est la dynamique, la force tout aussi grande de la mobilité du processus identificatoire.

Ce qui permet peut-être de poser la question du narratif et du visuel dans une autre perspective. N'est-ce pas là justement que se joue l'opposition entre le symbolique et l'imaginaire, entre le secondaire et le primaire aussi ? Et là nous sommes à nouveau dans le champ qu'a découvert L. Mulvey, une quasi-incongruité qui se fait jour (même ?) dans le cinéma classique hollywoodien ? (Ce n'est pas par hasard non plus que cette friction entre narratif et visuel occupe les théoriciens actuels, qui l'abordent sous un autre jour que le mien...) En effet, le narratif qui structure le film permet de faire jouer le « roman familial » et de l'exploiter à fond. Il mène tout droit par des détours judicieux et habiles vers une remise en ordre — ou tout au moins en place de l'Œdipe.

Par contre et en même temps, au moyen de la perception visuelle (fondée, comme on sait sur le désaveu, produisant dans ce contexte cinématographique des effets fictionnels de type narratif) le film permet de faire (re-) jouer l'identification primaire, permet de faire des retours en arrière dans le pré-œdipien (et nous place donc dans le champ labouré par Mélanie Klein).

C'est là que le corps-à-corps avec l'image du corps a lieu — actif et passif, euphorique et dysphorique. Nous sommes dans un en deçà.

C'est ici que les remarques de Laura Mulvey quant aux interruptions du flot narratif par des « images» comme sauvées de ce flot sont judicieuses mais insuffisantes — et aussi mal interprétées quant à leurs conséquences idéologiques (image de la femme fétichisée, rééquilibrage patriarchial, etc.).

Ceci dit, les moments dont parle Mulvey ne sont qu'une instance privilégiée d'un code de « glamour » hollywoodien. Il y en a bien d'autres, non seulement pour la star féminine, mais aussi pour la star masculine et, en somme, pour toute image du corps (hollywoodien). On a suffisamment accentué, surtout dans les théories classiques, l'aspect fondamentalement anthropomorphe du cinéma (de Balazs à Morin) et c'est sans aucun doute non le moindre des intérêts de ces théories. A contre-courant du narratif, le courant de l'image du corps homogène ou fragmenté est continu dans tout le film. Par le biais de l'image, un sujet-corps s'identifie à du corporel. L'évaluation de ce dispositif particulier qui reduplique presque terme à terme ce qui se passe dans les processus de l'œdipien et du pré-œdipien, presque terme à terme, pourrait alors être envisagé comme un « terrain de jeu » enfantin à l'usage des adultes. Comme si le film, à chaque coup, permettait au sujet de refaire non pas son « parcours » (par là le cinéma diffère du divan ; du moins en partie ; par là encore le cinéma n'est pas thérapeutique de cette façon-là ; par là encore le cinéma est bien, comme Freud le dit à propos de la fiction littéraire, un « art ») mais de se replacer dans un chaos (« remettre du chaos dans l'ordre est le sujet de l'art » disait Adorno) et, à partir de là, de faire jouer les positions multiples, de rejouer, de régresser, de remettre en jeu l'identité, de jouir de l'identification comme d'un processus à visée « polymorphe ».

A cette différence près, encore une fois, que le labyrinthe ne se refermera pas en souricière (œdipienne). Il ne faudra pas chosir ; l'issue ne sera pas sanctionnée par un choix en fait impossible mais inévitable, par le compromis frustrant.

Le récit est là comme garde-fou et alibi. Entre-temps, entre les lignes du récit, grâce aux images, « tout est possible » (enfin, tout ?).

VI.

Dispositif en fait très judicieux, et qui répond bien à une certaine idéologie puritaine, du type « du moment que la face est sauve ! » Hasard (?) historique qui fait que cette morale a trouvé une des plus brillantes concrétisations dans la rencontre entre le cinéma et Hollywood ! Avec comme obsession primaire et l'enjeu principal dans cet exercice d'identité, l'identité sexuée, la différenciation sexuelle se concrétisant le mieux au niveau de la perception visuelle du et des corps.

Qui, en effet, pouvait mieux donner corps à cette obsession que le cinéma hollywoodien ?

---

1. L. Mulvey, « Visual Pleasure and Narrative Cinema », *Screen,* vol. 16 n° 3, 1975. Repris dans *Movies and Methods*, volume II, Bill Nichols ed., University of California Press, 1985, p. 303-315 ; et dans *Feminism and Film Theory*, Constance Penley ed., Routledge B.F.I. Publishing, 1988, p. 57-68.

2. La star est d'autre part déjà construite sur un autre axe : avec la présence dans le film à une extrémité, et son existence para-filmique en tant qu'image photographi-

que. On commence à se rendre compte de l'importance de ce cadre référentiel photographique (voir par exemple les photos « glamour » de la collection John Kobal).
3. Les termes de Mulvey, fréquemment utilisés depuis lors.
4. Je me réfère, pour tout le contexte psychanalytique de cet article, aux travaux de J. Laplanche, et plus précisément à : J. Laplanche, *Problématique*, vol I à IV, P.U.F., Paris, 1980. Pour les problèmes de l'identification, voir surtout le vol. I.
5. Et, pourrait-on dire : on y aura appris ce qu'est le structuralisme ! Une spéculation à ce sujet : est-ce peut-être pour cette raison qu'on a pu constater et qu'on peut encore constater un rejet presque viscéral de la pensée structuraliste ? Comme si le compromis structurant de l'Œdipe ne pouvait, ne voulait pas être assimilé. C'est Roland Barthes qui, à mon sens, a le mieux et le plus diversement traité continuellement de ce « non pouvoir, non vouloir accepter » et de « devoir accepter quand même ». Barthes, doit-on le rappeler, avec son souci continuel de la diversification, du neutre, etc., ce que Laplache nomme « les ratés de la structuration », *op. cit*, vol. II, p. 326.
C'est Laplanche d'ailleurs qui a mis en valeur la force des notions freudiennes de *Unterschied* et *Verschiedenheit* (*op. cit*, vol. II, p. 47 voir également : A. Bourguignon *et al.*, *Traduire Freud*, P.U.F., Paris, 1989, p. 98).
6. J.L. Baudry, « Le Dispositif », in : *Communications,* n° 23, 1975, p. 69.
7. C. Metz, Le *Signifiant imaginaire*, U.G.E., Paris, 1977, p. 70.

Laura Mulvey, speaking of Marlene Dietrich in Josef von Sternberg's films, made a remark on « freezing (off) the flow of action in moments of erotic contemplation ». In turn, Eric de Kuyper studies the psychoanalytic impact of such moments for the male spectator when male bodies are subject to this « freezing ». What part do these images, these visual moments, play in the spectator's identification ? The apparatus and the shelter provided by the narrative allow the spectator to recover and enjoy the regressive and pre-œdipian state.

Michel Marie et Marc Vernet

Entretien avec Christian Metz

I. SÉMIOLOGIE ET THÉORIE DU CINÉMA

1. Sur le colloque

*Michel Marie : Le Colloque « Christian Metz et la théorie du cinéma »
est terminé. Je voudrais savoir quelle impression tu en retires.*

Christian Metz : J'ai aimé l'atmosphère de cette rencontre, et je considère que tu y es pour beaucoup : l'animateur d'un colloque, qui s'en est
occupé pendant toute une année avant même qu'il commence, a une grande
influence sur le style des échanges, ne serait-ce que par le ton qu'il adopte
pour dire les choses les plus simples, comme l'heure des repas. En l'espèce,
un ton à la fois sérieux et « cool », de l'humour, un calme imperturbable
et drôlatique, bref le bon mélange. Et puis, des sessions relativement courtes, laissant du temps pour les conversations, pour la détente. Tout cela s'est
traduit, dans les séances elles-mêmes, par une certaine spontanéité des interventions et des discussions, par l'absence de ce théâtre gourmé et phraseur
qui guette en permanence les réunions, même intéressantes. — Je suis persuadé aussi que l'ouverture de Raymond Bellour, par sa générosité intellectuelle, son agilité et son refus de tout lieu commun, a beaucoup aidé à mettre la rencontre, d'emblée, sur de bons rails.

*M.M. : Cela tient aussi au lieu, au cadre. Les participants ont pu être
présents quelques jours de suite et étaient loin de Paris. Et puis, nous avons
eu la chance d'éviter les professionnels de l'intervention en colloque, ceux
qui interviennent pour intervenir.*

C.M. : De fait, j'ai remarqué que tous les « orateurs » ont parlé de ce
qu'ils faisaient vraiment, de ce qui leur tenait à cœur ; et aussi qu'ils avaient
tous travaillé leur « papier », soit à l'avance, soit (pour ceux qui rempla-
çaient gentiment les absents de dernière heure), sur place, au château, en prenant sur leur sommeil. Bref, nous avons échappé aux discours de parade.
Et puis, le niveau était élevé, et il l'est resté d'un bout à l'autre : il faut

le noter, car, en général, la multiplicité des communications donne lieu, par le jeu des probabilités, à des inégalités qu'elle facilite en les noyant. Je profite de cet entretien pour remercier tous les participants d'avoir maintenu constamment cette qualité. L'organisation (de nouveau) y a notablement contribué : en consacrant à chaque communication une séance entière ou au minimum la moitié, elle a rendu possible une écoute réelle, que j'ai remarquée avec plaisir et surprise, et qui « obligeait » chacun à être au mieux de lui-même.

En un sens, bien sûr, je ne pouvais qu'être satisfait de ce colloque, puisqu'il tournait autour de mes travaux. Mais cet aspect personnel, narcissique, avait un contre-effet possible : il me rendait plus sensible parce que plus concerné, il me faisait désirer une rencontre « parfaite », de sorte que j'aurais aussi bien pu être déçu.

M.M. : Penses-tu qu'il y ait eu de véritables débats, des échanges entre chercheurs venant d'horizons différents ?

C.M. : Entièrement différents, non, car le propos et le titre même du colloque indiquaient déjà une orientation déterminée, et non un tour d'horizon à 360 degrés. L'empirisme, par exemple, ou le positivisme n'étaient évidemment pas représentés, ni la critique de salons, etc. Mais des points de vue divers, oui, et parfois passablement éloignés du mien malgré d'incontestables points de rencontre ; je pense par exemple à ce qu'ont dit Marie-Claire Ropars, Asanuma Keiji et d'autres.

M.M. : Est-ce que le contrat posé par le titre, la confrontation entre tes travaux et la théorie du cinéma, te semble avoir été respecté dans sa diversité ?

C.M. : Je ne dirai pas : *toute* la théorie du cinéma, car elle représente aujourd'hui une très grosse machine, mais une partie notable, oui. Il faut malheureusement tenir compte, comme dans toutes les rencontres internationales, d'empêchements pratiques qui nous ont privés de chercheurs sur lesquels nous comptions, Mary Ann Doane, Kaja Silverman, Edward Branigan, Stephen Heath, Iouri Tsiviane, Szilágyi Gábor, Dana Polan, Eliseo Veron.

2. Sémiologie et autres disciplines

M.M. : La théorie du cinéma connaît depuis vingt ans une expansion assez remarquable, mais très inégale selon les domaines. La sémiologie, la sémiopragmatique, la narratologie se sont considérablement développées, mais c'est beaucoup moins le cas pour l'approche historique ou sociologique, pour ce que j'appelle globalement les sciences humaines, au sens de disciplines non littéraires, non linguistiques, et de type un peu plus « dur », ou un peu moins mou, que le discours habituel sur la littérature. Ces approches ne semblent pas encore avoir pris le cinéma comme objet d'étude, l'avoir pris réellement en compte, en particulier sur le plan institutionnel. Comment expliques-tu cet inégal développement ? C'est aussi une question qui, en gros, pose le problème du rapport entre la sémiologie, les théories du cinéma et leur interdisciplinarité.

C.M. : D'abord, sur le fait lui-même, je serais moins absolu que toi. Ainsi, dans le domaine de l'histoire, il y a les recherches de Ferro, de Sorlin, de Janet Staiger, de Douglas Gomery, etc. — Quant aux causes, je n'ai pas d'explication, et personne n'en a. Tout ce qu'on présente ici ou là comme une cause est en réalité une *circonstance*, qui éclaire mais n'explique pas. — Pour commencer, c'est aux historiens et aux sociologues qu'il faudrait poser ta question. Je dirai simplement, me bornant à ce que je connais, qu'en France, vers 1963, il y a eu une circonstance favorisante pour la sémiologie, sans équivalent pour d'autres approches, la présence autour de Barthes (et d'une autre façon de Greimas) de plusieurs jeunes chercheurs, dans un paysage qui comportait au même moment Lévi-Strauss et Benveniste. — De toute façon, pour que se crée une véritable histoire du cinéma, il faut que quelqu'un commence. C'est comme ça que ça a marché pour la sémiologie, et que ça marche pour tout. Ce n'est peut-être que la cause immédiate, car il faudrait comprendre pourquoi ce quelqu'un a commencé telle chose à tel moment. Mais il n'empêche que c'est la cause efficiente.

M.M. : *Oui, mais simultanément, c'est la formidable expansion de la nouvelle histoire. Or, celle-ci n'a pratiquement rien produit sur le cinéma...*

C.M. : Et Marc Ferro ? Son travail n'est-il pas un produit typique de la nouvelle histoire ? Il a été longtemps secrétaire de la *Revue des Annales...*

M.M. : *Oui, mais son travail sur le cinéma est resté très périphérique, alors que ses livres portant sur des sujets strictement historiques, comme son récent livre sur Philippe Pétain, sont d'une tout autre envergure.*

C.M. : Je ne dirais pas « périphérique », mais pour le reste je constate un fait qui confirme tes remarques, c'est que, chez nous, à l'École des Hautes Études, parmi les historiens dits des *Annales*, il y a moins de vingtiémistes que de spécialistes des périodes passées.

M.M. : *Comment se fait-il que ce soient les U.F.R. de littérature, au sens très général de cette étiquette, qui aient été les plus ouvertes aux enseignements de cinéma, et non pas les départements d'histoire ? Je proposerai un début de réponse. Je crois que les « Lettres modernes » représentent une discipline aux contours vagues, à la méthodologie assez libre, un champ disciplinaire très différent selon les universités, surtout si on le compare à la linguistique ou à l'histoire. Il y avait donc une certaine perméabilité, une ouverture.*

C.M. : Pour ce qui est des institutions, oui. Il est vrai que ce qu'il y a d'informe dans la notion de « Lettres Modernes » — un peu comme la classe de Français au collège, ou les Départements d'Anglais aux États-Unis, ou la « Littérature comparée » un peu partout —, que cette consistance caoutchouteuse présente des avantages, et qu'elle permet aux innovations de faire l'économie des traditionnelles résistances, lesquelles supposent un noyau dur, même stupide. Mais cela n'explique pas l'inégalité de développement *des recherches*, au bénéfice (manifestement provisoire) de la galaxie sémiologique, psychanalytique, etc., du moins depuis un quart de siècle environ, ce qui est beaucoup pour une prédominance d'idées et très peu pour l'histoire du monde...

M.M. : J'ai un élément complémentaire à proposer : je crois que pour l'institution historique, ses professeurs, ses équipes de recherche, le cinéma est encore un objet futile, frivole ; il relève du domaine de la fiction et ne représente pas une matière très sérieuse. Ce sentiment reste très fort : les historiens étudieront les poubelles, les détritus, parce qu'on y apprend beaucoup sur la consommation et le mode de vie, mais le cinéma, moins noble que les détritus, ne semble pas beaucoup renseigner sur la société, ou tout au moins beaucoup moins. Les historiens semblent estimer que son importance médiatique et l'ensemble des discours auxquels il donne lieu sont disproportionnés au vu de sa place réelle dans le circuit économique, dans l'évolution des sociétés contemporaines. Il ne serait qu'un vaste simulacre à démystifier.

Un autre aspect, qui joue un rôle hélas décisif en France, est celui de l'inaccessibilité des archives tant filmiques qu'écrites. Les étudiants que leur directeur de recherche aiguille vers les archives trouvent souvent porte close, même pour les sources écrites. Aux États-Unis, la plupart des grandes firmes de production ont déposé leurs archives dans les départements universitaires. Cette attitude est inconcevable en France, car les firmes de production sont toujours dominées par la psychologie du secret, de la protection de leurs sources, quand elles n'ont pas elles-mêmes détruit des pans entiers des traces de leur passé. C'est le cas de Pathé, par exemple, qu'il est très difficile d'étudier pour la période de ses vingt premières années d'existence, alors que la firme exerçait un rôle dominant dans l'économie mondiale.

C.M. : C'est malheureusement vrai. Mais ce recel d'archives aurait pu freiner tout autant nos gaillards des Lettres Modernes...

M.M. : Non, pas tout à fait, car les littéraires peuvent travailler longuement sur un film unique, alors que l'historien a besoin de séries *entières*.

Marc Vernet : Il est vrai que par rapport à d'autres pays (États-Unis, Angleterre, Belgique), la France se distingue par l'escamotage des archives. Cela dit, il y a tout de même quelques signes encourageants, comme à l'Arsenal l'ouverture offerte par Emmanuelle Toulet, aux Archives du Film par Frantz Schmitt (qui vient malheureusement d'être évincé), ou au C.N.C. par le Conseiller d'État, Théry, qui ouvre pour la première fois les dossiers de la Commission de Contrôle. Mais tout cela ne relève pas d'une politique générale : ce sont des initiatives individuelles, et quand la personne est mutée, tout est à refaire.

M.M. : Le paradoxe veut que ce soient des universitaires comme toi, Marc Vernet, mais c'est aussi mon cas, c'est-à-dire des chercheurs avec une formation plutôt littéraire, qui soient amenés à encourager et mettre en route des équipes de recherches historiques, alors que peu d'historiens de métier l'ont fait avant nous, à quelques rares exceptions près (dont Marc Ferro et nos amis de l'Association Française de Recherche en Histoire du Cinéma, où les chercheurs non universitaires sont de loin les plus nombreux). Il y a encore aujourd'hui en France, de la part des historiens de la période contemporaine, un véritable ostracisme envers les études cinématographiques qui exlique le rôle joué malgré eux par des littéraires dans l'impulsion des recherches historiques sur le cinéma.

C.M. : J'aurais une remarque à ajouter, un peu obliquement par rapport aux vôtres. — Le scientisme ambiant nous ferait presque croire que la préparation idéale du chercheur en cinéma passe par l'École Centrale ou la maîtrise de mathématiques. On oublie volontiers qu'il y a quelque chose de commun, au-delà même du mot, entre les humanités et les sciences humaines : comment ne pas voir que la grammaire des langues étrangères, la rhétorique butinée sur des exemples, l'explication de texte comme sensibilisation au signifiant et aux faits de construction, la narratologie constamment mise en pratique dans l'étude des romans, l'histoire de l'art et le commentaire des grands tableaux, que tout cela, et bien d'autres choses, préfigurent directement les diverses sortes d'analyses « scientifiques » modernes, parmi lesquelles l'entreprise sémiologique ? Cette dernière veut des bases théoriques plus solides et surtout plus explicites, mais *elle parle des mêmes choses*. — Bien sûr, tout travail de recherche, comme le rappelait, à Cerisy, Jacques Aumont, en me répondant, mérite le nom de scientifique dans la mesure où il n'est ni un roman, ni un poème, etc. : si on l'entend ainsi, il n'y a rien à redire. Mais je préfère parler de « recherche », sans adjectif, car ce mirage de science, dans notre champ, est source de trop d'illusions pour certains, et de trop d'impostures chez d'autres.

3. L'écriture — La « crise de la théorie »

M.V. : On dit souvent que la théorie, notamment en Europe, est en perte de vitesse, et que les grands corps théoriques ont disparu dans l'obsolète. Pour ma part, je pense que c'est faux. Simplement, la théorie se développe

sur de nouveaux axes, et peut-être surtout sous de nouvelles formes, de nou-
velles écritures. Tu as toi-même connu au moins trois régimes d'écriture dif-
férents : celui des « Essais », celui de Langage et Cinéma, *que tu as explici-*
tement voulu bétonné, technique de A à Z, enfin celui du Signifiant imaginaire, *avec un style beaucoup plus littéraire, plus fluide, parfois presque trans-*
parent. Quelle est aujourd'hui ta position là-dessus ?

C.M. : D'accord sur mes « trois écritures ». Pour ce qui est de la théorie
en perte de vitesse, je n'y crois pas plus que toi. On se laisse tromper par
le côté spectaculaire des choses (d'autant qu'en l'espèce il est infiniment triste),
la disparition, coup sur coup, de plusieurs grandes figures, Barthes, Lacan,
Foucault, la tragédie Althusser. Bien sûr, cela fait un grand vide. Mais si
on dirige ses regards ailleurs, on s'aperçoit, par exemple dans notre domaine,
qu'il n'y a jamais eu un aussi grand nombre d'ouvrages intéressants et solides. Quand on parle de « la théorie », on a en vue, comme l'indique l'expression, un corps, un ensemble de recherches, et non pas seulement un ou deux
géants (c'est pourquoi ma réponse serait toute différente si tu m'interrogeais
sur les grandes œuvres personnelles). — Il y a un autre élément qui a changé :
la théorie, aujourd'hui, n'est plus à la mode. Mais cela nous renseigne sur
la mode, non sur la théorie.

M.M. : Maintenant, ce qui est à la mode, c'est le thème de la crise de
la théorie... (RIRES)

C.M. : Pour l'écriture, il me semble discerner une évolution assez nette
sur une trentaine d'années. C'est que l'idée des sciences humaines a beau
remonter au XIXᵉ siècle, leur développement effectif, socialement visible, date
surtout de la Libération. Tout cela est finalement assez récent. Dans les
débuts, on admettait implicitement que, puisqu'un texte était scientifique,
il pouvait s'accommoder d'une rédaction un peu rugueuse ou relâchée, ou bien
détourner tous les mots de la langue au profit d'un sens technique, de sorte
qu'il n'en restait plus pour s'exprimer. On se prenait pour un chimiste, on
griffonnait des formules. (Je remarque cependant que les « grands », comme
par hasard, ont une belle écriture : Foucault, Lévi-Strauss, Lacan, Barthes
surtout ; mais ce n'était pas un souci partagé par tous.) Et puis, au fur et
à mesure que les sciences sociales prenaient droit de cité, elles ont été du
même coup soumises au droit commun. Les chercheurs sont redevenus sensibles aux exigences basiques et préjudicielles de l'échange intellectuel : les
textes trop mal écrits, dépourvus du minimum exigible d'art et de tenue, ont
fini par lasser, par donner un sentiment de bâclage ou d'avachissement. Corollaire frappant : les auteurs, dans l'ensemble, écrivent mieux qu'avant, soit
qu'ils aient suivi l'évolution sans le savoir, soit qu'ils aient la volonté consciente de répondre à l'attente. Bien sûr, on n'y a pas gagné des écrivains,
mais davantage de respect pour le lecteur.

M.V. : Dans la fin des années 60 et au début des années 70, il existait à l'École des Hautes Études une unité qui tenait à la co-présence de Barthes, Genette, Bremond, toi-même. Aujourd'hui, cette unité n'apparaît plus, et pourtant il doit bien y avoir des retombées de ce passé ? J'aurais voulu avoir ton sentiment là-dessus.

C.M. : Aux noms que tu viens de citer, il faudrait ajouter, pour l'époque, celui de Ducrot, ceux de Todorov et Kristeva (extérieurs à l'École mais non à notre groupe), et celui de Julien Greimas qui, à nos yeux d'alors, venait dédoubler ou diffracter un peu énigmatiquement la figure barthésienne. Tu as raison de parler d'une unité assez forte : c'est le propre des situations comportant un maître et de jeunes chercheurs qui n'ont pas encore d'autonomie réelle. Ensuite, et très classiquement, ce fut la diaspora, à mesure que chacun choisissait son chemin. Certains ont carrément bifurqué, comme Ducrot et Kristeva, plus tard Bremond puis Todorov. Greimas et Barthes se sont éloignés l'un de l'autre. Puis, Barthes est mort. Mais il reste, me semble-t-il, de cette géographie de 1963, qui a duré quatre ou cinq ans, une parenté partielle entre le travail de Genette et le mien, par exemple autour de la notion de diégèse ou des problèmes narratologiques. D'ailleurs, la démarche de Genette, comme la mienne, a quelque chose d'obsessionnel ; il ratisse calmement, livre après livre, le terrain de la poétique. Je suis, comme lui, peu perméable aux « importances » et aux urgences absurdes (hier « idéologiques », aujourd'hui « épistémologiques ») dont on nous assourdit sans cesse, et qui changent tous les matins.

M.V. : Dans son intervention de Cerisy, Marie-Claire Ropars t'interrogeait sur la relation de la sémiologie à son dehors. Peut-on imaginer que la sémiologie entretienne des rapports avec d'autres disciplines ou mouvements ?

C.M. : Je n'ai pas encore étudié l'intervention de Marie-Claire Ropars sous sa forme écrite. A Cerisy, j'avais été frappé par plusieurs points d'accord. Quoi qu'il en soit, c'est à toi que je vais répondre. D'abord, la sémiologie, qui est « interdisciplinaire » par elle-même, et sans le crier sur les toits, entretient déjà, et couramment, des rapports avec autre chose : critique des idéologies, psychanalyse, féminisme, analyse textuelle, histoire structurale (voir Jens Toft dans ce volume même), sciences de l'éducation, etc. — Quant à des rapports plus profonds, comme les fameuses « articulations » que l'on s'obstine comiquement à rechercher, je n'y crois pas. Il est normal que les sémiologues fassent de la sémiologie, les critiques de la critique, etc. S'ils arrivent à faire *bien* leur propre travail, c'est déjà beaucoup, et ce n'est pas tellement fréquent. — Le dehors de la sémiologie est immense, c'est vrai, comme est immense celui de l'histoire ou de n'importe quoi d'autre, pour la simple raison que les disciplines concernées sont nombreuses, et que le « dehors » de chacune est donc constitué par la somme de toutes les autres.

La compétence réelle, la formation de l'esprit, le savoir-faire mental ne peuvent s'acquérir que dans le cadre des disciplines, puisque celles-ci, comme leur nom l'indique, correspondent justement à des formations et non à des objets. Les entreprises interdisciplinaires peuvent être intéressantes lorsque chacun connaît suffisamment *les deux disciplines* en cause. Sinon, on assiste à des psychodrames méthodologiques ou à des face-à-face métaphysiques comme nous en connaissons tous : les deux approches se regardent dans le blanc des yeux avec intensité, et s'interrogent l'une l'autre sur le lieu d'où elles parlent. L'interdisciplinaire doit être au-dessus des disciplines, et non au-dessous.

M.M. : Ces dix dernières années ont été caractérisées, pendant ton relatif silence, par la parution assez fracassante de deux livres de Gilles Deleuze, très à la mode aujourd'hui auprès de certains chercheurs et parmi de nombreux étudiants. Deleuze a maintes fois réaffirmé ses nombreuses réticences vis-à-vis des approches sémiologiques ou inspirées de la linguistique, mais il se réfère paradoxalement à Peirce. Comment perçois-tu son travail ? Y-a-t-il un dialogue possible, des passerelles entre ton projet actuel et sa démarche ? Deleuze cite beaucoup de films et reprend des grandes classifications consacrées de l'histoire du cinéma, ce que tu fais rarement. Qu'en penses-tu ?

C.M. : D'abord, la référence à Peirce. Ce n'est pas vraiment une référence, car beaucoup de concepts peirciens sont (explicitement) détournés de leur sens, ou même inventés à titre rétroactif (et donnés comme tels : voir « rheume » évinçant « rhème », p. 116 du tome 1). Deleuze aurait pu faire le même travail sans convoquer Peirce, il n'en a pas « besoin » (c'est différent pour Bergson). Mais il est courant de mettre Peirce en avant quand on veut faire pièce à Saussure ; Peter Wollen le faisait déjà dans son premier livre, Bettetini l'a fait, Eliseo Veron le fait encore plus.

Pour ce qui est des nombreux films ou « écoles » que commente l'ouvrage, c'est l'un des traits qui font sa richesse et son intérêt. C'est aussi une chose normale, si l'on songe à son propos. Deleuze a clairement expliqué qu'il avait voulu faire une « histoire naturelle » du cinéma. C'est son objectif même qui le menait tout près des films (des grands films consacrés), des écoles, des cinéastes, etc. D'une certaine façon, c'est un vaste ciné-club de légitimation, avec le talent en plus : un retour presque bazinien au cinéma comme totalisation amoureuse. Pour ma part, je « marche » volontiers.

Et puis, contrairement à ce que j'entends dire parfois, je ne ressens nullement ce livre comme une machine de guerre contre la sémiologie. Bien sûr, des tiers s'en sont servis dans ce but, mais c'est autre chose. Bien sûr aussi, Deleuze est opposé à la sémiologie et à la psychanalyse, et il le dit. Mais je ne vois toujours pas où est la machine de guerre. L'ouvrage n'a rien de polémique, ce n'est pas un « coup », il est, à l'évidence, d'une grande sincérité, c'est un livre sympathique où l'auteur dit ce qu'il pense sans trop s'occuper des autres, d'où le côté un peu météorique...

M.M. : Il cite pourtant beaucoup d'articles de revue, et pas toujours les plus intéressants, en faisant une impasse totale, non seulement sur la sémio-logie, mais aussi sur les grands théoriciens du cinéma comme Arnheim, Balazs, bref sur toute théorie du cinéma.

C.M. : Bien sûr, mais il s'agit clairement d'un choix fondamental, et non d'une manœuvre ou d'une marque de légèreté. On voit bien qu'il a décidé de ne convoquer que des textes parlant directement des œuvres. Il ne nous force pas à en user de même. Il ne prend nullement une posture de spécia-liste, bien qu'il ait vu beaucoup de films. Il ne se cache pas d'opérer une sorte de « raid » (un raid, en l'espèce, de grande envergure). — C'est une forme d'esprit qui m'est profondément étrangère (il n'y a pas de passerelle), mais je trouve l'ouvrage très beau, d'une intelligence extrême. Ma « réponse » est une vive estime. Je n'ai jamais compris pourquoi il faudrait que les livres « raccordent », puisque les personnes, dans la vie courante, ne raccordent jamais, et que ce sont elles qui écrivent les livres.

4. « Pouvoir sémiologique »

M.M. : Tu parlais tout à l'heure de Roland Barthes comme maître : c'est un rôle que tu as toujours nié ou refusé pour toi-même. Or, s'il est vrai que tu jouis de l'exterritorialité propre à l'École des Hautes Études, cela ne t'empêche pas d'apporter un soutien constant à tes anciens étudiants dans leur carrière.

C.M. : C'est la moindre des choses ! Je ne vois pas le rapport qu'il y a entre rendre service et jouer les maîtres. C'est une déformation de notre métier que de voir de subtiles politiques scientifiques là où il n'y a bien sou-vent que des actes de vie courante, comme de donner un coup de main à un ami qui le mérite.

M.M. : Je te poserai alors une question un peu brutale, que se posent aussi d'autres personnes, comme par exemple Guy Hennebelle : y-a-t-il un pouvoir sémiologique au sein de l'institution universitaire ?

C.M. : Il y a bien sûr une certaine influence (modeste) de la sémiologie, comme de tous les mouvements qui ont « pris ». Mais il est comique de s'en offusquer, quand on pense au pouvoir massif et écrasant dont jouissent, dans cette même institution, des disciplines comme l'Anglais, l'Histoire, la Physi-que, etc. L'Université est une grande maison, très vieille, très compliquée, qui ne se laisse pas facilement connaître. Le « pouvoir » n'est pas dans les livres qui marchent, mais dans les commissions, les budgets, les couloirs. — Pour en revenir à la petite percée de la sémiologie, elle a été bénéfique sur l'essentiel, puisqu'elle a contribué, avec d'autres facteurs, à assurer (après beaucoup de tribulations) la position de toute une génération de chercheurs, ceux qui ont aujourd'hui la quarantaine. Elle a également contribué à faire admettre par l'Université — on avait déjà essayé, mais jusque-là sans succès —, les études de cinéma dans leur ensemble, pas seulement celles des sémiologues, de sorte que d'autres en ont aussi profité, ce qui est tant mieux pour eux.

Maintenant, sur le fond, voici : je n'ai jamais voulu fonder une École, ni même diriger personnellement une revue, ce qui m'aurait placé aussitôt en position de chef. Ce n'est pas que je veuille nier la réalité de ma position, l'effet symbolique qui s'attache à mes livres, à ma notoriété hors des frontières, et peut-être surtout à mon antériorité (j'ai commencé le premier, je suis d'ailleurs le plus vieux de la bande). Bien sûr, j'ai une influence, intellectuelle, morale, et dès qu'on écrit, on prend le risque d'en avoir une, petite ou grande. Mais elle ne vous oblige pas à *jouer* les maîtres, à tyranniser le monde, à condamner les travaux des autres, à le prendre de haut, à se draper dans une solennité empaillée.

M.M. : Quels sont alors, selon toi, les chercheurs qui prolongent le plus directement tes travaux ?

C.M. : A Cerisy, dans mon « speech » du dernier jour, j'avais proposé une tripartition, à laquelle j'ai repensé depuis. Je crois que je la maintiens. Il y a les chercheurs extérieurs à la sémiologie (ou aux sémiologies), par exemple Jean-Louis Leutrat ou Jacques Aumont, qui importent beaucoup à mon tempérament pluraliste, car ils montrent que mon entreprise n'a nullement *bouché* le paysage. Il y a aussi les « autres » sémiotiques, les sémiotiques, disons, non metziennes, comme celle de Marie-Claire Ropars, ou de John M. Carroll aux États-Unis. Et il y a enfin ceux qui, plus ou moins partis de mes propositions, ont ouvert des chemins nouveaux. Je ne parle pas d'un quatrième groupe, ceux qui se sont contentés de répéter mes idées en les tortillant dans tous les sens (il y en a eu beaucoup, à une époque) : ce seraient eux, mes « disciples », mais je me reconnais bien davantage dans les troisièmes. Au demeurant, je n'aime pas la notion ni le mot de disciple : ils sont réducteurs pour le disciple, et encombrants pour le « maître ».

II. Les travaux inédits

M.V. : Si tu n'as pas publié de livre depuis Le Signifiant imaginaire *en 1977, tu as en fait travaillé, depuis, sur deux gros objets : le premier, c'est le mot d'esprit, pour un livre qui reste inédit parce qu'inachevé, et d'autre part sur l'énonciation, pour un livre qui est en train de s'achever.*

C.M. : Oui. Mais d'abord, quelques précisions. Sur le mot d'esprit, mon livre, en fait, est « achevé », mais, sous sa forme actuelle, il ne me satisfait pas. Il a été refusé par deux éditeurs, le Seuil et Flammarion, après des discussions contradictoires entre plusieurs lecteurs, et, en le relisant, j'ai fait mien ce jugement à la fois hésitant et finalement négatif, qui ne porte d'ailleurs pas sur le fond mais sur la facture (= longueurs inutiles, disposition maladroite des chapitres, etc.). Je l'ai donc mis dans un coin, avec l'idée de le reprendre dans cette perspective, sans doute dans deux ans, quand je serai à la retraite. — Maintenant, pour mon livre actuel, il est exact que j'en ai déjà écrit les deux tiers environ, mais comme j'ai beaucoup d'autres tâches qui viennent en travers, j'aurai peut-être besoin d'un an ou de dix-huit mois encore.

1. A propos du mot d'esprit

M.V. : Qu'est-ce qui a motivé, après Le Signifiant imaginaire*, ton passage à un travail purement psychanalytique, sur le mot d'esprit ?*

C.M. : A vrai dire, c'est tout autant un travail linguistique (et même phonétique, pour les calembours jouant sur les sons). Un travail qui ne porte pas sur le cinéma, mais seulement sur les plaisanteries écrites ou parlées. Et aussi sur le célèbre ouvrage de Freud relatif au *Witz*, qui m'inspire une vive admiration mêlée de diverses objections.

Malgré les apparences, ce manuscrit se situe dans le prolongement direct du *Signifiant imaginaire*, ou du moins de la seconde moitié, le très long texte sur métaphore et métonymie, dans lequel, déjà, je m'éloignais beaucoup du cinéma.

Chacun des patterns de pensée (« techniques » chez Freud) qui produisent une série d'astuces de même mécanisme, consiste en un « trajet psychique », en un « parcours symbolique », primaire dans son principe et ensuite plus ou moins secondarisé. J'étudie par exemple, à la suite de Freud et en désaccord partiel avec lui, la technique qu'il nomme « déviation » *(Ablenkung)*, déviation de la pensée, bien sûr. Elle donne lieu à une immense famille, très courante, de plaisanteries et d'histoires drôles : un peintre se présente à une fermière et lui demande s'il peut peindre sa vache. Réponse : « Oh non ! Je la préfère comme ça ! ». — A l'aérodrome, une voyageuse s'informe, au guichet, sur la durée du vol Paris-Bombay. L'employé se plonge dans ses horaires en disant « Une minute, Madame ». La cliente répond, satisfaite : « Une minute ? C'est très bien. Merci beaucoup ! ». — Deux amis parlent de choses et d'autres. Le premier : « Tu sais qu'à New York il y a un homme qui a un accident grave toutes les dix secondes ? ». Réaction du compère : « Oh ! Le pauvre type, c'est vraiment pas de veine ! », etc.

Toutes ces astuces tiennent à des *dérapages*, à des déplacements au sens freudien. Dérapages à la fois absurdes, conservant quelque chose du processus primaire (d'où le rire), et vraisemblabilisés, domestiqués pour accéder à l'échange social et devenir capables de passer dans le langage. A cette fin, l'invention plaisante ménage une sorte de plaque tournante, par exemple *peindre* avec le double sens de « représenter sur une toile » et d'« enduire de couleur » (il faut donc pactiser avec les ressources de l'idiome, ou dans d'autres cas du discours). En plus de la plaque tournante, le plaisantin a besoin d'un « jeu » de deux probabilités très inégales, fortement déséquilibrées : dans le contexte, le seul sens acceptable est « représenter sur une toile », au point que l'auditeur ne pense même pas à l'autre (c'est là-dessus qu'on table). En troisième lieu, il faut trouver une phrase qui, tout en restant simple et plausible, ait pour effet de faire surgir, de *ressusciter* celui des deux sens qui avait été implicitement exclu. Ainsi, ces histoires familières, d'aspect facile, reposent sur des opérations abstraites ténues et précises. J'en ai étudié une cinquantaine, dont environ trente déjà isolées par Freud, sur un corpus d'un millier d'exemples. Ce sont dans tous les cas des *itinéraires*, des cheminements typiques de la pensée entre des « plots » mis en place par le mot d'esprit lui-même. Ils sont souvent apparentés à la métaphore, à la métonymie ou à la synedocque dans leur définition large, jakobsonienne puis lacanienne. Par exemple, les doubles sens lexicaux (« Tous les sots sont périlleux ») exhibent à l'état presque pur le travail de la condensation : deux idées différentes se confondent dans une seule et même syllabe entendue.

M.V. : Pourrais-tu donner quelques indications sur ce qui t'oppose à certains aspects du livre de Freud ?

C.M. : Oui, deux choses. Dans le détail, beaucoup de mises au point appelées par les nombreuses contradictions, les erreurs linguistiques, les définitions approximatives, les négligences du texte, etc. (Freud est parfois très désinvolte, très pressé). Et puis, quelque chose de plus central : ce très beau livre a été écrit sur la lancée de la *Traumdeutung* et de la *Vie quotidienne*, quand Freud était encore sous le coup de la découverte majeure, celle de l'inconscient. Aussi ne se montre-t-il pas toujours assez attentif aux décalages dans les degrés de secondarisation (alors que l'idée, à la base, est de lui), et s'exagère-t-il la proximité de la pensée spirituelle avec le travail du rêve. Il ne rend pas assez compte de la terrible contrainte qu'exerce sur le plaisant l'état de veille, de socialisation, et par conséquent l'« état linguistique », où l'on est dépendant d'une machine *non psychologique*. C'est la langue, autant que le drôle, qui fait les astuces. L'inconscient la manipule, mais dans certaines limites. Sans la polysémie de *peindre* dans le lexique du Français, pas de plaisanterie sur la vache de la fermière. Le processus primaire ne fabrique de l'esprit que s'il s'assagit partiellement. Freud ne dit pas le contraire, mais il flotte passablement sur ce point capital.

M.V. : Penses-tu qu'il y ait un réel enrichissement possible de la réflexion psychanalytique par une connaissance et une compréhension meilleures des mécanismes linguistiques ?

C.M. : Non, je ne le crois pas, bien que ce soit une obsession de la psychanalyse française. Il faut faire une exception, d'ailleurs évidente, pour l'étude psychanalytique d'objets qui *sont* linguistiques, comme le mot d'esprit écrit ou parlé, les œuvres littéraires, etc., c'est-à-dire certains des champs d'étude de la psychanalyse appliquée. Mais dans la psychanalyse proprement dite, celle qu'on oublie toujours, la cure, on a affaire à un processus qui est langagier plutôt que linguistique. Pour « comprendre » les paroles que produit l'analysant, il est clair qu'une connaissance théorique de la syntaxe de l'idiome ou de son système phonologique n'est pas ce qui importe. Il s'agit plutôt de sentir, à travers le processus du transfert/contre-transfert, ce qui se joue dans les lapus, les contradictions, les bafouillages, les phrases trop assurées du patient. C'est encore le langage, mais ce n'est plus celui du linguiste (Benveniste l'a fort bien dit, et très tôt). En termes lacaniens, c'est « lalangue », d'un seul mot, et non la langue au sens ordinaire. La première creuse forcément ses galeries tortueuses, ses garennes, dans l'épaisseur de la seconde, mais elles restent profondément différentes, et comme étrangères ; leur constante proximité n'entraîne aucune ressemblance. Et puis, la psychanalyse est tout de même censée guérir, quoi qu'en disent les beaux esprits (parisiens) et, sur ce terrain, elle est durement concurrencée par les progrès foudroyants de la chimie neuro-psychiatrique, qu'il est absurde de décrier. Plutôt que de s'encombrer de linguistique, ou de sacrifier en permanence au Désir des Lettres, la psychanalyse ferait mieux de réfléchir à sa probabilité de survie après l'an 2000, et au rôle nouveau qu'elle peut jouer à côté des pilules, si elle a la sagesse de les accepter.

M.V. : Ton travail sur le mot d'esprit a-t-il quelque chose à voir avec la formule lacanienne selon laquelle l'inconscient est structuré comme un langage ?

C.M. : Oui, beaucoup à voir. Mais à condition d'éviter, sur cette formule, un malentendu trop fréquent. Le « langage » qu'elle invoque, c'est LALANGUE, dont je parlais à l'instant. Lacan refuse toute conception figurative, disons iconique, de l'inconscient. Celui-ci, pour lui, est relationnel, idéographique, son espace est d'un rébus ou d'un graphème, non d'une photographie ou d'une image, d'où la référence à un « langage ». Pour autant, il ne ressemble pas à une langue, avec sa logique diurne et clairement exposée. C'est aux profondeurs de la machine que pense Lacan, celles où puisent à la fois la poésie, l'abracadabra onirique, le lapsus. Et inversement, ceux qui ont considéré la formule comme outrancière et provocatrice ont montré sans le vouloir qu'ils se faisaient de la langue, celle des linguistes et de tout le monde, une conception singulièrement étriquée, entièrement rabattue sur le processus secondaire, puisqu'ils estimaient que l'inconscient en différait de façon si radicale et si évidente. Or, l'étude de la métaphore et de la métonymie, dans mon travail sur le « Référent imaginaire », m'a permis de mesurer l'importance de la *part primaire* qui reste active dans les figures les plus courantes, et dans la constitution même du lexique de base, réputé non figuré mais dont les termes doivent souvent leur sens (leur sens propre) à une ancienne figure qui s'est ensuite « usée », comme disaient joliment les linguistes traditionnels : « usure » qui ressemble fort à la secondarisation progressive de ce qui fut d'abord un jaillissement peu ou prou disruptif. — Donc, pour te répondre, les mots d'esprit résultent tous d'une torsion de LALANGUE sur et avec LA LANGUE, et ce sont les divers tracés possibles de cette petite convulsion, de cette cicatrice souriante, que j'ai essayé d'étudier, après, avec et parfois contre Freud. La formule de Lacan pourrait servir d'exergue à ce travail, même si, dans le mot d'esprit, la motion inconsciente n'agit le plus souvent qu'en son état préconscient. Depuis Lacan, certains psychanalystes présentent volontiers comme de purs produits de l'inconscient des jeux de mots au quatrième degré, visant à la profondeur et manifestement confectionnés à grands coups de culture et de labeur. Mais cette différence concerne le « milieu » psychique, plus ou moins proche de la brume primordiale, et non le dessin spécifique de chacun des parcours typiques, comme par exemple ma « plaque tournante » de tout à l'heure. En tant qu'itinéraire caractéristique, chacun d'eux peut se réaliser à divers paliers de secondarité ; c'est pourquoi, comme on peut le voir, les plaisanteries ne sont pas toutes absurdes au même degré, bien qu'elles aient nécessairement un grain d'absurdité en elles.

2. L'énonciation filmique

M.V. : Pour ce qui est de ton travail actuel sur l'énonciation filmique, je voudrais aussi te demander ce qui a motivé ton passage à un tel objet, dans le cadre de ce qu'on appelle aujourd'hui la narratologie, et qui s'est justement développé pendant que tu t'occupais du mot d'esprit.

Genette a déjà indiqué comment la narratologie était le prolongement de la sémiologie, mais ce qui m'intéresse aujourd'hui serait de mieux comprendre comment ce terme peut désigner un champ de réflexions sur des rapports entre notions prises deux à deux, par couples, des notions que l'on considère parfois comme convenues (souvent lorsqu'on les prend isolément), mais qui, pour la plupart, sont de vrais objets de travail, parce que les choses ne sont pas encore calées. Le premier couple serait « histoire/discours », le second « énonciation/narration », le troisième « conversation/projection », le dernier « deixis/configuration ».

a. *Histoire/Discours*

M.V. : Dans son Nouveau discours du récit, *Genette disait qu'il aurait mieux fait de se casser le poignet le jour où il avait trop rapidement interprété la formule de Benveniste selon laquelle « l'histoire semble se raconter toute seule », en mésestimant l'importance de ce* SEMBLE. *Est-ce une révision semblable que tu opères aujourd'hui ? Considères-tu que la formule de*

Benveniste a été appliquée trop brutalement ? Et si tel est le cas, est-ce que cela n'implique pas également que l'on réfléchisse à nouveau sur la position du spectateur, qui prendrait son plaisir à la fois de l'histoire et du discours, et se montrerait ainsi moins englué dans l'imaginaire, plus adonné à la « croyance dans le spectacle », pour reprendre l'expression que tu emploies dans un entretien à la revue Hors-Cadre *?*

Et, toujours en rapport avec ce binôme « histoire/discours », je suis frappé de ce que la narratologie n'a pas beaucoup travaillé sur la place de l'acteur, l'acteur qu'on a pourtant sous les yeux pendant tout le film.

C.M. : Ta question est multiple. D'abord, la narratologie. Mon étude de l'énonciation recoupe largement cette entreprise, mais s'en écarte à d'autres moments, car je m'occupe aussi des films non narratifs, des films expérimentaux, du journal télévisé ou des émissions historiques, etc. Je reviendrai sur ce point. — Ensuite, ma motivation. Tu as, sans le savoir, répondu à ta propre interrogation : pendant que j'étais ailleurs, plongé dans Freud, beaucoup de travaux intéressants et solides se publiaient sur la narration et sur l'énonciation. Jean-Paul Simon a commencé très tôt, comme ne l'indique pas le titre de son livre sur le film comique. Il y a eu le numéro 38 de *Communications*, en 1983, que tu es bien placé pour connaître, et beaucoup d'autres études. Après avoir fait surface et pris contact avec le paysage, je me suis mis à étudier systématiquement ce que j'avais en retard, ce que j'avais lu trop vite, un peu comme quelqu'un qui va aux nouvelles en revenant d'un voyage lointain. J'ai passé une année entière à faire connaissance avec ces analyses, et elles m'ont intéressé, j'ai eu envie d'entrer dans le débat. Pour le coup, ce n'est pas la logique de mon travail antérieur qui m'a entraîné, c'est le travail des autres.

« Histoire/Discours », maintenant. Il y a d'abord la position de Benveniste lui-même. Il pensait vraiment, j'en suis persuadé, que l'histoire se raconte toute seule (phénoménalement, bien sûr, pas réellement) ; c'est par simple prudence, pour éviter des malentendus oiseux, qu'il a ajouté le verbe « sembler ». Ça ne tranche d'ailleurs pas la question, car on n'est pas forcé de penser comme Benveniste. Pour ma part, dans un texte intitulé « Histoire/Discours — Note sur deux voyeurismes », et publié justement dans un hommage collectif à Benveniste, je vais très loin dans le même sens : « C'est l'histoire qui s'exhibe, c'est l'histoire qui règne » (= derniers mots de cet article). Le contexte indique qu'il faut prendre l'idée en un sens psychanalytique ; juste avant, je parle du film comme d'une « voyance du *Ça* que n'assume aucun *Moi*. » Le texte entier a d'ailleurs un caractère lyrique et fortement « personnel », c'est une prosopopée (au moins en intention) du cinéma de transparence, du cinéma classique américain que j'ai tant aimé, et dont j'exalte, dont je magnifie les caractères sans faire le détail. Néanmoins, je reconnais que cet article, si le lecteur n'y apporte pas un peu de finesse et de sensibilité, ou s'il se dispense de le comparer avec mes autres écrits, peut effectivement prêter à confusion, car il ne renonce pas clairement à se présenter comme un texte de savoir. Quant à ce que j'ai dit ailleurs, c'est, très régulièrement, que l'histoire est aussi un discours, ou bien qu'elle a un discours « derrière » elle, etc.

M.M. : Tu ne crois donc plus du tout à la transparence ?

C.M. : Si, j'y crois, mais comme étant elle-même un type d'énonciation, dans lequel le signifiant travaille activement à effacer ses propres traces (j'y consacre, dans cet esprit, tout un passage du *Signifiant imaginaire*). Dans le même sens, mon article sur les trucages, qui est bien antérieur, reconnaissait chez le spectateur deux plaisirs différents (ici, je rejoins entièrement ce que Marc vient de dire), le plaisir de s'immerger dans la diégèse, et celui d'admirer un beau jouet, de s'extasier devant la machine-cinéma. D'où des réactions auto-contradictoires mais très courantes, comme par exemple cette phrase étrange : « C'est un beau trucage : on ne voit rien ». D'où aussi mon idée de « croyance dans le spectacle », que Marc vient de rappeler.

Aujourd'hui, je pense que l'énonciation est une instance avec laquelle il faut *toujours* compter, mais que parfois elle est seulement « présupposée » (= impliquée par l'existence de l'énoncé), alors qu'ailleurs elle est elle-même « énoncée » (= inscrite dans le texte). Je reprends cette distinction à Francesco Casetti sans rien y changer, elle me paraît excellente. — Toutefois, le terme de « marque » suggère trop un signe localisé, qui serait par exemple en haut à gauche de l'écran, alors que ce qui « marque » l'énonciation est le plus souvent la construction d'ensemble de l'image et du son ; c'est pourquoi je parle (sauf exceptions motivées) de « configurations » plutôt que de marques.

A titre d'exemples, voici quelques-unes de ces configurations énonciatives que je distingue : la voix-in d'adresse, le regard-caméra (les deux vont souvent ensemble, comme Casetti et toi-même, Marc, l'avez remarqué et commenté), l'adresse écrite (par carton), les écrans seconds (portes, fenêtres...), les miroirs, le film dans le film, l'exhibition du dispositif, les nombreuses formes d'images ou de sons subjectifs (image semi-subjective, point d'écoute, notion d'« en deçà » que tu as définie...), la voix-Je de personnage, l'image objective orientée (équivalent des « intrusions de l'auteur » chez les littéraires), etc., etc., sans oublier l'image neutre, qui d'ailleurs n'existe pas, mais qui, comme le zéro en arithmétique, est indispensable pour mettre en perspective les autres régimes d'énonciation. On n'a pas assez remarqué, en effet, qu'ils se définissent tous de façon négative, comme des écarts par rapport à un point de référence qui serait justement la neutralité : considérer comme notable le son-off (ce que tout le monde fait), c'est sous-entendre que le son-in est en quelque façon plus normal ; isoler comme une figure particulière le regard à la caméra, c'est considérer qu'il est moins marquant, pour le personnage, de regarder dans une autre direction.

L'énonciation, en somme, est partout. Simplement, il arrive — et on retrouve alors la « transparence », qu'il est absurde de nier *comme impres-*

sion spectatorielle —, il arrive que cette instance se fasse très discrète, qu'elle tende asymptotiquement vers l'image ou vers le son « neutres », ou du moins neutres pour une époque et un genre donnés.

M.M. : Tu es donc en désaccord radical avec Bordwell, quand il dit que dans les films classiques, il n'y a pas d'énonciation ?

C.M. : Il le dit pour tous les films, pas seulement classiques. — Non, je ne suis pas en désaccord avec lui. Il rejette le concept d'énonciation pour péché mortel de linguisticité, mais il adopte celui de narration qui, lorsque le film est narratif, désigne exactement la même chose (on en reparlera). D'où mon assentiment résolu à beaucoup de propositions et d'analyses de Bordwell. Les « désaccords » de ce genre sont des bulles que l'on gonfle d'air à dessein, pour occuper des positions. Je n'ai jamais aimé ces jeux d'étiquettes, qui masquent les vraies convergences et les vrais écarts.

M.V. : Ce serait donc un désaccord sur les termes ? A t'entendre, ce qui me frappe, c'est que l'énonciation tend à gagner un territoire beaucoup plus large que celui qu'on lui attribuait au départ. Et qu'en fait, dans le passé, le travail sémiologique et narratologique sur l'énonciation devait beaucoup à une sorte de nostalgie de la notion d'auteur. A travers le travail structural, on se disait qu'il restait encore un point d'origine personnel, et on essayait en fait, en étudiant l'énonciation, de retrouver quelque chose de cela, alors que ta position actuelle en fait une instance beaucoup plus diffuse, qu'il faudrait à présent entendre à deux niveaux au moins : ce que Paul Verstraten appelerait énonciation diégétisée et, d'autre part, l'origine de l'énoncé-film.

C.M. : Oui, sauf que la première n'est qu'une des voltes, un des avatars de la seconde : l'origine de l'énoncé est diégétisée par fiction (aux deux sens de ce mot). — Il est vrai que pour moi l'énonciation n'a plus grand chose à voir avec l'auteur, ni même avec une quelconque instance « subjectale », personne réelle ou idéale, personnage, etc. L'énonciation, comme l'indique le suffixe du mot, est une activité, un processus, un *faire*. Je n'ai jamais compris pourquoi les narratologues, après avoir expulsé l'auteur avec une violence inutile (alors qu'il faut le conserver, puisqu'il y a le style), conçoivent leurs instances soi-disant textuelles sur un modèle parfaitement anthropomorphique : auteur impliqué, narrateur, énonciateur, etc. On dirait que l'auteur, sorti par la porte, rentre par la fenêtre. Or, de deux choses l'une : en termes de Réalité, c'est l'auteur et lui seul (le vrai, l'empirique) qui a fabriqué l'œuvre. Et au sein de l'œuvre, c'est-à-dire en termes de Symbolique, on ne trouve que l'énonciation. Si l'œuvre met en scène l'auteur, comme dans *Intervista* de Fellini, c'est encore ce faire qui le fait. L'énonciation est au travail dans chaque parcelle du film, elle n'est rien d'autre que l'*angle* sous lequel l'énoncé est énoncé, le profil qu'il nous présente, l'orientation du texte, sa géographie, sa topographie plutôt. Le film peut se donner — et toujours par

fiction, même dans les documentaires — comme raconté par un de ses personnages, comme raconté par une voie innommée, comme regardant sa diégèse en contre-plongée, comme regardé lui-même par quelqu'un comme contenant un autre film, comme « réellement » adressé au public à travers un
carton à la deuxième personne, etc. L'énnonciation, c'est un paysage de pliu-
res et d'ourlets à travers lequel le film nous dit qu'il est le film. Il ne dit
que cela, mais il a mille façon de le dire.

M.V. : Est-ce que la narratologie n'a pas un peu oublié un élément de
l'institution cinématographique : un film narratif n'est pas seulement fait pour
produire une histoire, mais aussi pour produire « de l'auteur », une image
de l'auteur comme figure de l'artiste à qui on peut faire confiance. Tout
réalisateur de film de fiction cherche à assurer à la fois la progresssion de
l'histoire et celle de sa carrière, en assurant un prochain film.

C.M. : Je suis septique, comme je viens de l'expliquer, sur les instances
crypto-auctoriales, énonciateur ou autres, et plus sceptique encore quand on
les multiplie. Il n'y a rien entre l'auteur et l'acte d'énonciation. Mais il y
a quelque chose *sur le côté*, une instance extra-textuelle et qui pourtant n'est
pas « réelle » (la narratologie confond parfois les deux choses), l'auteur imaginaire, ou plus exactement l'image de l'auteur que se forge le spectateur
à partir de certains traits du texte réfractés par ses fantasmes, ses connaissances extérieures sur le cinéaste, etc. Edward Branigan a raison d'y faire
allusion, et aussi de remarquer qu'un texte, à strictement parler, ne donne
aucune indication sur l'auteur : il se situe dans un autre monde, dans un
autre « frame », et s'il contient (par exemple) des aveux brûlants en première
personne, seul un savoir sur le hors-texte nous permet de décider dans quelle
stratégie ou dans quel élan de sincérité ces aveux prennent place. — De la
même façon, le cinéaste ne peut faire son film qu'en façonnant au fur et
à mesure une image tout aussi arbitraire du spectateur « pour » lequel il travaille. — Quant aux cinéastes que vise ta question, ils sont guidés par le
souci de combiner les indices textuels qu'ils sèment ici et là avec les caractères du spectateur qu'ils ont imaginé, en espérant que les premiers mèneront
le second vers l'auteur imaginaire qu'ils souhaitent incarner... Et il est vrai
que ce cas est fréquent.

*M.V. : Avant de passer à autre chose, il y avait encore dans ma question
un dernier point, concernant la place de l'acteur.*

C.M. : Je dois dire d'abord que personne, à ma connaissance, n'en a parlé
dans la perspective de l'énonciation, sauf justement toi dans la dernière partie de l'article d'*Iris-7* sur le personnage de film. Les théoriciens, parce qu'ils
sont théoriciens, sont habitués à chercher des structures plus ou moins sous-
jacentes. S'ils perçoivent mal l'acteur, c'est parce que celui-ci est trop visible. Il leur est dissimulé par une instance qui a l'avantage d'être invisible,
le personnage, le personnage dont cet acteur est le « représentant » en même

temps que le caché. — Pour l'énonciation, il me semble qu'il y a deux grandes sortes d'acteurs, avec certainement des cas intermédiaires ou mixtes. Si l'acteur est inconnu, il va forcément fonctionner au bénéfice du personnage, puisque le spectateur ne peut pas l'en détacher pour l'associer à d'autres personnages, ou à une vie privée ébruitée par les magazines, bref l'associer à quelque chose d'autre. Donc, il « colle » au personnage actuel, il n'a pas d'autre réalité.

M.M. : Il y a de très belles choses là-dessus dans l'article de Jean-Louis Comolli et François Géré sur La Marseillaise, *opposant Pierre Renoir, qui joue Louis XVI, à l'acteur alors presque inconnu (Edmond Ardisson) qui interprète le jeune Marseillais Jean-Joseph Bomier.*

C.M. : Quand l'acteur est connu (avec le cas-limite de la star), il impose au spectateur une sorte d'interrogation sur les raisons de son choix, raisons parfois évidentes et parfois énigmatiques. Un film avec Danielle Darrieux nous oriente immédiatement dans deux directions : ça va se dérouler dans « le monde », et ça va être « français ». Et puis, autre fait d'énonciation, dont Marc parle d'ailleurs dans son article, l'acteur connu — c'est-à-dire, j'y reviens, *connu par ailleurs* — va importer dans le film l'écho des autres films où il a joué, il va mettre du tremblé, du multiple et du virtuel dans son personnage, il va le faire tanguer, parfois jusqu'au trouble d'identité. Dans *Les Bas-fonds*, par exemple, qui est Louis Jouvet ? Peut-on vraiment croire qu'il est un Baron russe ruiné par la passion du jeu ? N'est-on pas, à l'évidence, en présence d'un cabotin génial superlativement français, ni Baron ni ruiné, et qui s'appelle Jouvet ?

M.V. : C'est ce que Michel a également montré pour Le Mépris. *Il faut en fait que l'acteur, comme l'auteur, ait pour le spectateur un statut imaginaire.*

b. *Énonciation/narration*

M.V. : Pour en revenir au couple « Énonciation/Narration », il y a chez Genette, autant qu'il m'en souvienne, une sorte d'équilibre entre les deux. La narration relèverait du mode, et l'énonciation de la voix. Dans mon travail, je fonctionne un peu selon cette répartition, avec la narration qui est du côté de la conduite du récit (régulation de la délivrance d'information sur la diégèse), et l'énonciation qui renvoie plutôt à un instance extradiégétique, au statut du texte lui-même davantage que de la diégèse. Dans ton travail, il semble que l'énonciation finit par envahir à elle seule tout le terrain, se partageant entre une énonciation diégétisée et une énonciation tout court.

C.M. : Non, je ne pense pas que ce soit comme cela. Pour Genette, la voix et le mode relèvent tous deux de la narration, l'énonciation concernant seulement l'idiome qui sert de « support » au roman. Pour moi, il n'y a pas d'énonciation tout court, ou alors c'est en permanence qu'elle est « tout court ». Mais il est exact qu'elle s'exprime à travers des figures qui peuvent être diégétiques, extradiégétiques, juxta-diégétiques comme la voix-Je, etc. (la liste n'est pas close).

Jacques Aumont a formulé en clair ce qui est un des grands « challenges » de la narratologie : elle étudie la charpente explicitement narrative du texte, mais dans un film narratif, *tout* devient narratif, même le grain de la pellicule ou le timbre des voix. C'est pourquoi il me semble que dans les récits, l'énonciation se fait narration, abolissant provisoirement une dualité plus générale. Je définis en effet l'énonciation comme une activité discursive (c'est le sens littéral : *acte d'énoncer*). Par conséquent, dans un documentaire scientifique, ce qui est à l'œuvre est l'énonciation scientifique, dans un film de combat l'énonciation militante, à la télévision scolaire l'énonciation didactique, et ainsi de suite. Mais pour l'énonciation narrative, dont l'importance anthropologique est exceptionnelle et la diffusion sociale très vaste, il existe un mot spécial dont l'homologue fait défaut partout ailleurs, le mot « narration ». Nous disposons ainsi de deux noms, et nous avons donc tendance à chercher deux choses, en oubliant que pour tous les discours non narratifs, nous ne nous posons même pas la question. Devant un documentaire géographique, nous n'essayons pas de distinguer l'énonciation de je ne sais quelle « géographisation » : c'est parce que cette dernière, justement, n'a pas d'existence sociale. Aussi disons-nous (fort raisonnablement) que l'énonciation est géographique.

On oublie aussi autre chose, c'est que la terminologie a été fixée principalement en référence à des narrations *linguistiques*, en particulier des romans. Là, les codages narratifs se superposent à une première couche de réglages forts, ceux de la langue ; c'est pour eux que l'on parle d'énonciation, puisque le terme est linguistique. Par contrecoup, on peut au besoin réserver « narration » à l'étage au-dessus. Mais le film narratif *n'est assis sur rien*, il ne s'empile pas sur quelque équivalent de langue ; il *est* lui-même, ou plutôt il fabrique tout ce qui, en lui, sera de l'ordre du « langage ». En même temps que l'énonciation se fait narrative, la narration prend en charge toute l'énonciation.

Je pense, en résumé, que l'énonciation se distingue de la narration dans deux cas et deux seulement : dans les discours non narratifs, qui n'en supposent pas moins une instance d'énonciation ; et dans les narrations écrites ou parlées, où il est loisible de considérer comme « énonciatifs », au sein des mécanismes narratifs, ceux qui tiennent plutôt à l'idiome porteur. (Mais le problème réapparaît : leur *emploi* confond inévitablement énonciation et narration, comme on le voit avec les déictiques des romans.)

M.M. : Je repense à ce que disait Marc tout à l'heure, qu'il y avait chez le spectateur le plaisir de l'histoire racontée et le plaisir de la narration comme

instance qui raconte. Pour moi, « énonciation » désigne le dispositif géné-
ral, valable dans n'importe quel type de production de message, et « narra-
tion » la partie spécifique de ce dispositif qui concerne les messages narratifs.

C.M. : Oui, sauf que la narration, quand il y en a une, mobilise le dispositif entier. Il faudrait d'ailleurs préciser : « *dans la mesure* où il y en a
une », car il existe des films partiellement narratifs, et même à tous les degrés.
Mais ça ne change rien à notre débat : dans un moyen d'expression qui ne
comporte pas de langue, la narration, sur la part de terrain qu'elle occupe,
assure la totalité des réglages discursifs. D'ailleurs, quand on pense aux figures
que tout le monde considère comme énonciatives, on s'aperçoit que le plus
souvent elles sont aussi, et inséparablement, narratives : le narrateur diégétique, le narrateur non diégétique, le regard-caméra du personnage, la voix-
off, etc. — Mais il reste vrai qu'« énonciation » est plus général, puisque
le terme (et la notion) conviennent aussi aux multiples registres non narratifs, et par conséquent au dispositif lui-même, avant spécification.

M.M. : Ce qui fait également tromper, ce qu'on oublie, c'est que pour
la narratologie littéraire, il y a homogénéité de la matière de l'expression,
de sorte que le personnage qui raconte parle avec les mêmes mots que le
livre. Au cinéma, pour qu'il y ait dédoublement, il faudrait que le person-
nage filme. S'il parle ou s'il écrit, le fonctionnement textuel n'est plus le
même.

c. *Conversation/projection*

M.V. : Autre couple de la narratologie : « Conversation/Projection ». —
Peut-être, c'est vrai, ne mesure-t-on pas bien l'écart entre la situation de con-
versation décrite par Benveniste et qui fonde sa théorie de l'énonciation, et
celle du spectateur face à un film auquel il ne peut pas répondre et qui n'est
soutenu par personne. Mais d'autre part, est-ce que la façon dont Benve-
niste représentait la conversation était bien juste, et aussi simple qu'il le
disait ? Elle a été critiquée dans deux interventions du colloque, par Marie-
Claire Ropars et par Roger Odin. Celui-ci pense que, dans la conversation,
on n'a à faire qu'à des discours, jamais à la source énonciative. Marie-Claire
Ropars se demande si, en dénonçant le mirage de l'énonciation dans le film
(= la quête d'un personnage auteur), tu ne le reconduis pas hors du film.
Quelle est ta position, aujourd'hui, par rapport à ce qui pourrait être un
boitement entre la situation de conversation et celle d'une projection de film ?

C.M. : Pour la conversation, ce que je crois avant tout, c'est qu'on n'a pas assez pris garde au caractère particulier et « exceptionnel » de cette situation. Particulier par sa nature, par son statut, et non pas, bien sûr, par sa fréquence (c'est précisément ceci qui a caché cela). Avec Benveniste et Jakobson, la théorie de l'énonciation s'est construite tout entière sur des talons-aiguilles, sur une configuration qui n'est pas généralisable. Un grand nombre de situations pragmatiques sont « monodirectionnelles » au sens de Bettetini : lire un livre, écouter la radio, une conférence, un cours magistral, regarder une pièce de théâtre ou, mieux encore, un film ou une émission télévisée, etc. Autant de cas où le discours est plus ou moins préfabriqué (parfois intégralement), plus ou moins immuable (parfois tout à fait), et où les réactions du destinataire n'ont aucun pouvoir de « feed-back » sur les manigances du « destinateur » : en somme, l'exact contraire de la conversation.

Maintenant, me dis-tu, celle-ci pourrait elle-même se révéler plus compliquée que dans les descriptions (déjà point tellement simples) de Benveniste ? Oui, certainement. On n'échange que des discours ? Certainement aussi ; j'ai d'ailleurs dit quelque chose d'approchant dans *Vertigo 1*. Mais quelque compliquée qu'on la suppose (et la psychanalyse en rajouterait à juste titre), cela ne modifie pas le trait qui l'oppose radicalement aux discours à sens unique, cela ne supprime pas le tourniquet du JE et du TU, cela n'empêche pas que le temps des verbes s'évalue par rapport à l'acte de parole. Si mon interlocuteur déclare « J'ai été malade », c'est que cette maladie, selon lui, est antérieure à sa phrase ; de même, « Je reviendrai bientôt » nous informe d'un retour qui sera postérieur à l'acte d'information. Le film, au contraire, du seul fait que personne ne lui répond et qu'il peut être projeté à des moments et en des lieux variables à l'infini, le film a pour premier effet de « décrocher » tous ces termes de leur sens fort, de limiter leur action à un espace-temps fictif et dé-situé. Les déictiques, par exemple, dans les paroles ou les cartons, deviennent des « symboles affadis », pour parler comme Käte Hamburger. Aussi l'énonciation, pour moi, n'a-t-elle rien d'un JE, et le spectateur rien d'un TU. — Les premières études d'énonciation, à la fin des années 70 et au début des années 80, ont cherché du côté des déictiques. C'est d'ailleurs ce qu'avait fait la linguistique, avant que la pragmatique mette en lumière l'omniprésence de l'énonciation, qui déborde largement les *personnes* (énonciateur et énonciataire). Il était normal et nécessaire d'explorer d'abord cette voie, on ne peut pas sauter les étapes. — D'ailleurs, à propos des « premières » recherches, il faut rappeler, je crois, que l'énonciation a donné lieu à deux sortes d'explorations, finalement assez séparées : l'énonciation au sens « technique » (ou pragmatique), qui est le grand sujet des années 80, et l'énonciation au sens psychanalytique (= identification, régimes scopiques, clivages de croyance, regard masculin et femme-image, etc.), qui a occupé en France les années 70 et qui, aujourd'hui, n'est plus étudiée que par les féministes anglo-saxonnes, à qui on doit un travail très important.

M.V. : Tu viens de citer Käte Hamburger. Quel est ton rapport à sa pensée, à son livre ?

C.M. : Un rapport double. D'un côté, je supporte mal ce qu'il y a chez elle de brutal et d'arbitraire. L'affirmation, par exemple, que le cinéma fait partie de la littérature, sous le seul prétexte qu'il est fictionnel, et sans songer qu'il ne l'est même pas toujours. Ou bien la prétention du livre entier à se fonder sur des notions linguistiques, alors qu'on n'en voit l'ombre nulle part. Ainsi, sa définition de l'énoncé, comme acte d'un sujet disant quelque chose sur un objet, est extrêmement vague, et frise même la trivialité, comme le fait éclater l'étude du lyrisme, où l'on voit un « objet » qui est à la fois présent et absent. Elle a le culot d'affirmer, en 1957 et encore dans l'édition de 1968, que les linguistes se sont peu intéressés à l'énonciation, alors que les articles classiques de Benveniste (qu'elle ne connaît pas) ont paru entre 1946 et 1959. — Mais quelle intelligence chez cette sauvage ! Quelle force de pensée, notamment dans la définition de la fiction épique ! Et puis, pour en revenir à notre domaine, je trouve parfaitement juste, sur l'essentiel, la façon dont elle *situe* le cinéma (le film narratif), entre théâtre et roman. Le film est décrit comme un mixte : les personnages accèdent à l'existence fictionnelle par leurs propres paroles, comme au théâtre ; mais ce sont des images, échappant à ce titre aux limitations trop réelles de la scène, capables de montrer tout ce que décrirait un roman, de se passer longuement de tout personnage et de toute parole, de sorte que la fiction prend corps *aussi* en dehors des protagonistes, par une intervention extérieure. J'avais esquissé des idées un peu semblables dans un article espagnol puis dans des conférences en Australie, et je vais maintenant reprendre la question, cette fois avec l'« aide » de Käte Hamburger (et de plusieurs autres), en vue d'un prochain séminaire où seront confrontés les régimes énonciatifs du roman, du théâtre et du poème, considérés du point de vue du film et pour ainsi dire « depuis » son lieu. En somme, un comparatisme orienté.

M.V. : Es-tu d'accord avec cette idée d'une fausse énonciation, et des déictiques déviés de leur usage premier dans le cadre narratif, ou plus exactement fictionnel ?

C.M. : Oui, ce qu'en dit Käte Hamburger est lumineux. Quand elle montre que le prétérit n'exprime pas le passé, mais le présent de la fiction : « Il était triste » signifie que, *à ce moment de l'histoire*, il EST triste. Aussi ce « passé » s'accomode-t-il d'un adverbe au présent : « Ce soir, il était triste. » Je trouve tout cela très fort.

d. *Deixis/configuration*

M.V. : Dernier couple dans la narratologie, ou dans ma typologie sauvage de la narratologie : « Deixis/Configuration. » — Alors que les déictiques ont occupé une bonne partie des travaux de narratologie ou d'« énonciatologie » (?), je note que tu parles maintenant de « déictiques affaiblis », et aussi de « configurations énonciatives », comme si l'on passait d'une étude de taxèmes à une étude d'exposants, de réseaux plus diffus, constructions hétérogènes plutôt qu'unités fixes dans une sorte de lexique.

Dans cette perspective, est-ce que le travail d'Edward Branigan a été pour toi de quelque importance, et d'autre part est-ce que ce passage des déictiques aux configurations n'amène pas à revoir les notions de texte et d'impression de réalité, dans la mesure où le spectateur, qui éprouvera cette impression, opère sur un matériau d'énonciation plus complexe ou plus labile que le serait la vue, l'image, ou le seul champ ?

C.M. : Ce qui rend difficile la conception déictique de l'énonciation, c'est, pour commencer, un fait qui a été souvent relevé mais dont on n'a pas assez mesuré la portée. A l'émission, il n'y a personne, il n'y a pas de personne, il y a seulement un texte ; l'énonciateur n'existe pas, c'est une figure que l'on construit à partir du texte. A la réception, au contraire, il y a forcément une personne, un spectateur virtuel (comme dit fort bien Genette pour le lecteur), spectateur qui va devenir réel à travers (au moins) une autre personne, l'analyste, ou en tout cas celui qui a vu le film, puisque sans lui c'est l'instance même de réception qui disparaît.

S'il faut quelqu'un au pôle de réception, c'est parce qu'il n'y a pas de texte là, et si le pôle d'émission se passe d'une présence humaine symétrique, c'est parce que le texte y supplée. On ne va pas voir le cinéaste, on va voir le film ; mais ce *on*, qui va le voir, n'est pas un autre film, c'est forcément quelqu'un. Les couples de termes symétriques, comme « narrateur/narrataire » et tous les autres, se réfèrent en réalité à la conversation (encore !), et sont des plus trompeurs pour le film ou pour le livre, car ils masquent cette dissymétrie foncière et inaugurale : l'artiste envoie son œuvre à sa place, tandis que le spectateur, qui n'a rien à envoyer, se déplace lui-même. *Il n'y a pas d'échange.* D'un côté, un objet qui absente la personne ; de l'autre, une personne démunie d'objet et qui se présente.

J'ajouterai une chose. Il ne faut pas céder, je crois, à une confusion larvée, qui menace en permanence, entre la pragmatique textuelle et la pragmatique expérimentale (psycho-sociologique). La première ne fournit aucune indication sur les divers publics empiriques. Si c'est eux que l'on veut connaître, il faut aller les voir, et donc sortir du texte (on sort également de la sémiologie, qui ne peut pas tout faire à elle seule). Il est dangereux, même si c'est pour partie une question de mots (voir Francesco Casetti), de parler de l'instance énonciataire comme d'une « interface » entre le film et le monde. Les analyses textuelles nous diront par exemple que, dans la séquence 17, le film « positionne » son spectateur à tel ou tel endroit : c'est vrai dans l'ordre du symbolique (= du film). Mais le spectateur qui est dans la salle peut se positionner là où il lui plaît, c'est lui qui décide, et le film ignore tout de ce choix.

En situation de soliloque, l'énonciation, dissociée de l'interaction, ne peut se marquer que par voie *métadiscursive*, c'est-à-dire en repliant l'énoncé sur lui-même pour lui faire dire qu'il est un discours. Il me semble que le registre métadiscursif comporte deux grandes variantes, la réflexion et le commentaire. Réflexion : le film se mime lui-même : écrans dans l'écran, film dans le film, exhibition du dispositif, etc. Commentaire : le film parle de lui-même, comme dans certaines voix-off « institutrices » de l'image, pour reprendre l'expression de Marc, ou bien dans les cartons non dialogiques, les mouvements de caméra explicatifs, etc. Tu as raison de remarquer que la notion de texte se trouve déplacée, ou retravaillée, du moins par rapport à ce qu'elle était dans *Langage et cinéma*, où je présentais encore le texte comme une surface assez lisse, même si j'admettais que l'analyse pouvait la strier selon plusieurs tracés. Mais à présent, c'est le texte lui-même qui me paraît, en permanence, remué, plissé, tiraillé par sa propre production.

Il est bien vrai — je reviens à ta question, qui de nouveau était ramifiée —, il est vrai que l'énonciation, pour moi, cesse d'être « accrochée » à des zones textuelles privilégiées et relativement restreintes (d'où mon hésitation devant le terme de « marque »), pour diffuser sur le réseau discursif tout entier. Dans le fond, *l'énonciation, c'est le texte*, mais le texte considéré comme production, non comme produit. Ou encore, considéré dans tout ce qui, en lui, nous dit qu'il est un texte. Cette idée apparaît chez Marie-Claire Ropars, chez Pierre Sorlin, chez François Jost, peut-être chez d'autres que j'oublie sur le moment. Chez moi, elle est devenue l'épine dorsale de toute la réflexion.

Ta question sur Branigan, à présent. Oui, je m'intéresse à son travail, et nos « thèses » se recoupent sur plusieurs points, notamment l'idée de la narration comme activité sans acteur, ou comme ayant statut de métalangage par rapport à la chose narrée. Ce n'est pas par hasard que je l'ai déjà cité tout à l'heure.

Sur l'impression de réalité, enfin, je ne peux pas te répondre, car, bien que ce soit un de mes thèmes favoris, je ne sais pas encore s'il se trouve affecté par mes nouvelles idées sur l'énonciation.

Pour Roland Barthes

C.M. : Pour des raisons d'amitié, de fidélité à moi-même, je voudrais, comme à Cerisy, terminer par une pensée à Roland Barthes, qui a été mon seul vrai maître. Cette déclaration surprendra peut-être, car je n'ai (hélas) pas grand-chose de lui. Ce sont les linguistes, les théoriciens du film, ou bien Freud, plus tard, qui m'ont influencé de façon visible. Mais avoir eu un maître, c'est autre chose, cela suppose une proximité dans l'exercice quotidien du métier, la contagion presque physique, très étalée dans le temps, d'un certain nombre d'attitudes pratiques, de façons de faire, quelque chose qu'aucun livre ne peut apporter. — Roger Odin, dans son intervention, a remarqué avec beaucoup de finesse que, très soucieux de théorie, je n'étais pas attaché aux théories, que j'en changeais selon les besoins, sans même avoir l'idée qu'elles puissent être concurrentes : voilà un trait, parmi d'autres, qui me vient en droite ligne de Roland Barthes, avec son incidence sur les conduites, sur la façon de « diriger », comme on dit, les travaux des autres.

Cette philosophie pratique, qu'il m'a transmise plutôt qu'enseignée, est une sorte d'éthique ; c'est la volonté d'aménager, dans le mouvement même de la recherche, un espace amical et respirable. Chose rare, car les intellectuels ne sont pas plus intelligents que les autres, et dans l'ensemble plus crispés. Chez Roland Barthes, cette respiration, cette déflation tenaient à l'alliage, assez unique, d'une gentillesse que tous ont remarquée, d'une grande attention portée aux personnes, et d'une totale liberté d'esprit par rapport aux idées toutes faites, souvent décalquées des sciences physiques, qui guindent la corporation, comme Méthodologie, Résultat ou Coordination des Recherches. C'était, à cet égard, un incroyant tranquille ; il savait ce qu'il y a de malentendus, de gauchissements, de bluff dans la commodité expéditive des grands clivages, « Post-modernité », « Structuralisme » et leurs pareils, ou bien dans la guérilla des projets qui voudraient s'évincer l'un l'autre alors que si souvent, chez nous, ils ne répondent pas aux mêmes questions et sont en réalité sans rapports. Il y voyait des langages différents, plus ou moins aptes en chaque cas à *parler* tel ou tel objet. Il n'y avait rien de décourageant dans son scepticisme, où s'exprimait plutôt la croyance calme et confiante qu'on pouvait travailler autrement.

Ce que je lui dois, c'est cette conception déniaisée du métier, dont il m'a mis l'exemple sous les yeux. Je m'en suis constamment inspiré, ou du moins, j'ai constamment essayé. Je ne suis pas le chef d'école ou le « Pape de l'audiovisuel » (!) qu'une bêtise stéréotypée, sans m'avoir lu et sans connaître mon action, voudrait parfois faire de moi. Au contraire, je suis très en méfiance devant les formes impérialistes de la sémiologie, devant les formalisations plus compliquées que l'objet qu'elles « expliquent », et la sémiologie, pour moi, doit rester une approche parmi d'autres, bien adaptée à certaines tâches, mais pas à toutes. Et puis, le souci des personnes, de l'aide à leur apporter dans le métier (il y a des petites détresses, parfois des grandes), le respect minutieux qui est dû à leur pensée et à son expression quand on les cite, l'amicalité, en un mot, sur fond d'agnosticisme constructif et d'avancées réelles (c'est-à-dire petites), tout cela me paraît plus profitable pour la recherche que n'importe quelle raideur épistémologique ou prosélytique, y compris celle de la sémiologie : voilà ce que Roland Barthes m'a « appris », sans jamais me le dire. Et aujourd'hui, c'est moi qui avais à cœur, pour le lui rendre, de le dire à d'autres, à tous ceux qui voudront (pour reprendre une tournure qu'il aimait) me comprendre au-delà de mes mots.

(Propos recueillis le 23 septembre 1989)

In this interview, Metz speaks of the relation between semiology and other fields of research (history, sociology, literature...), and of his relation to the book Deleuze wrote on cinema.

He also gives an account of some major points of his yet unpublished research on jokes, for which he has adopted a mainly linguistic and psychoanalytic approach, and on enunciation where the attention is shifted from deictics to more complex configurations. He also discusses such pairs of notions as story/discourse, enunciation/narration, conversation/screening and redifines what the transparency regime in classical cinema is for the spectator.

In the last part, he renders homage to Roland Barthes, the only master he considers he ever had.

Christian Metz

Principaux travaux

(État août 1989)

(Ont été écartés les articulets, notules, interventions brèves, etc., et bien sûr toutes les prestations orales n'ayant pas eu de suite par écrit).
Subdivisions : 1. Travaux de traduction. 2. Articles et assimilés. 3. Directions de numéros de revues. 4. Préfaces. 5. Livres, plaquettes et assimilés.

I. Travaux de traduction

De 1960 à 1963, traductions d'études anglaises et allemandes d'histoire et de théorie de la musique de jazz, pour le compte des *Cahiers du Jazz,* Paris. Traduction-adaptation française de : Joachim Ernst BERENDT, *Das neue Jazzbuch,* sous le titre *Le Jazz des origines à nos jours* (Préface de Lucien MALSON), Paris, Payot, 1963, avec établissement d'un glossaire des termes techniques.

II. Articles et assimilés

(Traductions étrangères des articles : celles qui ont été publiées dans des périodiques ou des volumes collectifs sont indiquées sous le titre de l'article ; pour celles qui ont pris la forme de plaquettes, ou ont été englobées dans l'édition étrangère d'un recueil de l'auteur, on s'est contenté de la mention AUTRES TRADUCTIONS, suivie du renvoi au livre correspondant.)

1964

1. « Le cinéma : langue ou langage ? », p. 52-90 dans *Communications,* Paris, EHESS et Seuil, numéro 4, « Recherches sémiologiques », dirigé par Roland BARTHES, novembre 1964.
• Extrait re-publié dans *Points de vue sur le langage,* anthologie éditée par André JACOB, Paris, Klincksieck, 1969, p. 256-258.
• Espagnol : « El cine : lengua o lenguaje ? », p. 141-186 dans *La semiología,* collectif, Buenos Aires, 1970, Tiempo Contemporáneo.
• Yougoslave (serbo-croate) : « Film : govor ili jezik », *Filmske Sveske,* Belgrade, 2-III, 1970-71, p. 129-185.
• Extrait à paraître en danois dans l'anthologie de théorie du film établie par Jens THOMSEN et Steen SALOMONSEN, 1990.

• AUTRES TRADUCTIONS : cf. « Livres », 1.

2. (En collaboration) : Établissement de la « Bibliographie critique » des textes fondamentaux de linguistique et de sémiologie, p. 136-144 de *Communications-4,* 1964.

1965

3. « Une étape dans la réflexion sur le cinéma » (A propos du tome I de l'*Esthétique et psychologie du cinéma,* de Jean Mitry), *Critique,* Paris, 214, mars 1965, p. 227-248.

• TRADUCTIONS : cf. « Livres », 3 et 7.

3 bis. Compte rendu du même ouvrage dans *Communications,* Paris, EHESS et Seuil, numéro 5, 1965, p. 142-145.

4. « Le cinéma, monde et récit » (A propos de *Logique du cinéma,* d'Albert Laffay), *Critique,* 216, mai 1965, p. 485-486.

4 bis. Compte rendu du même ouvrage dans *Communications,* Paris, EHESS et Seuil, numéro 5, 1965, p. 141-142.

5. « A propos de l'impression de réalité au cinéma », *Cahiers du Cinéma,* 166-167, mai-juin 1965, p. 75-82.

• Italien : « A proposito dell'impressione di realtà al cinema », *Filmcritica,* Rome, 163, janvier 1966, p. 22-31.

• Yougoslave (serbo-croate) : « O utisku stvarnosti », *Filmske Sveske,* Belgrade, I-10, décembre 1968, p. 649-659.

• AUTRES TRADUCTIONS : cf. « Livres », 1 et 10.

1966

6. « La construction "en abyme" dans *Huit et demi* de Fellini », *Revue d'Esthétique,* Paris, XIX-1, janvier-mars 1966, p. 96-101.

• Trad. chinoise d'un extrait dans la *Revue du Cinéma,* Taïwan, Cinémathèque de Taïpeh, 1989-1, numéro 37, p. 29-32.

• AUTRES TRADUCTIONS : cf. « Livres », 1.

7. « Les sémiotiques, ou sémies (A propos de travaux de Louis Hjelmslev et d'André Martinet) », *Communications,* Paris, EHESS et Seuil, 7, 1966, p. 146-157. — (Étude de linguistique et de sémiologie générale).

• Portugais : « As semióticas ou sêmias », p. 32-47 dans *Cinema, Estudios de Semiótica,* collectif, Petrópolis (Brésil), éd. Vozes, 1973.

8. (Première parution en italien) : « Considerazioni sugli elementi semiologici del film », p. 46-66 dans *Nuovi Argomenti,* nouvelle série, numéro 2, avril-juin 1966, Actes de la Table Ronde du Festival de Pesaro, 1966.

• Autre édition italienne, sous le titre « La grande sintagmatica del film narrativo », p. 205-225 de *L'analisi del raconto,* collectif, Milan, Bompiani, 1969.

• Version française de la deuxième moitié, sous le titre « La grande syntagmatique du film narratif », dans *Communications,* Paris, EHESS et Seuil, numéro 8, dirigé par Roland Barthes, « L'analyse structurale du récit », 1966, p. 120-124. — A glissé p. 126-130 dans la nouvelle édition de ce numéro, Seuil, Collection « Points », 1981.

• Édition française d'un extrait dans *Le Langage,* choix de textes établi par J.P. BRIGHELLI, Paris, Belin, 1986-87, p. 109-111 du tome I.

• Allemand : « Welche Sprache spricht der Film ? », dans *Film 1966,* Hanovre, 1966, Cahier spécial annuel de la revue *Film,* p. 52-56.

• Hongrois : « Az elbeszélö film mondattana », p. 225-232 dans *Strukturalizmus-I,* collectif, dirigé par E. HANKISS, Budapest, 1971, Szépirodalmi K., Europa.

• Tchèque : « Uvahy o semantických prvcích ve filmu », p. 20-29 dans *Film a Doba,* Prague, 1967, numéro 1.

• Grec : dans *Sugchronos Kinèmatográphos,* Athènes, juillet 1972, 21, p. 28-37.

• Yougoslave (serbo-croate) : « O semiološkim elementima filma », *Filmske Sveske,* Belgrade, I-10, décembre 1968, p. 660-674.

• Espagnol : « Los elementos semiológicos del film » (traduction de la version longue), p. 113-135 dans *Ideología y lenguaje cinematográfico,* collectif, Madrid, 1969, éd. Alberto Corazón.

• Espagnol : « La gran sintagmática del film narrativo » (traduction de la version courte), p. 147-153 dans *Análisis estructural del relato,* collectif, Buenos Aires, Tiempo Contemporaneo, 1970. — Repris par les éditions Buenos Aires de Barcelone, en 1982, sans changement de titre ni de pagination.

9. « Quelques points de sémiologie du cinéma », *La Linguistique,* Paris, P.U.F., 1966-2, p. 53-69.

• Reprint français dans un volume collectif allemand : *Strukturelle Text-Analyse,* Walter KOCH (éd.), Olms Verlag, Hildesheim (R.F.A.), 1972, p. 252-268.

• Anglais : « Some Points in the Semiotics of the Cinema », p. 95-105 dans *Cinema,* Los Angeles, VII-2, numéro 31, printemps 1972.

• Espagnol : « Algunos aspectos de semiología del cine », p. 125-146 dans *Estructuralismo y estética,* collectif, Buenos Aires, 1969, Nueva Vision.

• Chinois : pages 3 à 20 dans l'*Anthologie de théorie sémiotique-structurale du film,* procurée par LI You-Zheng, Ed. San-Lian-Shu-Dian (Joint Publishing Company), Pékin, daté 1986, paru 1988.

• Yougoslave (serbo-croate) : « Neke bitne tačke filmske semiologije », *Filmske Sveske,* Belgrade, 2-III, 1970-71, Spécial « Sémiologie du film », p. 186-201.

• AUTRES TRADUCTIONS : cf. « Livres », 1.

10. « Remarques pour une phénoménologie du Narratif », *Revue d'Esthétique,* Paris, XIX/3-4, « Les catégories esthétiques », juillet-décembre 1966, p. 333-343. — (Étude de sémiologie générale).

• TRADUCTIONS : cf. « Livres », 1 et 8.

11. « Le cinéma moderne et la narrativité », *Cahiers du Cinéma,* Paris, 185, spécial « Film et roman : problèmes du récit », décembre 1966, p. 43-68.

• Japonais : p. 35-63 de la revue *Film,* Tokyo, 1969/3.

• AUTRES TRADUCTIONS : cf. « Livres », 1.

12. En collab. avec Jean DUBOIS et Oswald DUCROT, sous la direction de A.J. GREIMAS : contribution au chapitre « Linguistique » de : *Les Sciences de l'homme en France,* Mouton, La Haye et Paris, 1966, rapport de synthèse de l'UNESCO, coordination générale par Jean VIET, Publications du Conseil International des Sciences Sociales, numéro 7.

1967

13. « Un problème de sémiologie du cinéma » (= la syntagmatique), *Image et Son,* Paris, Ligue Française de l'Enseignement et de l'Éducation Permanente, janvier 1967, 201, p. 68-79.

14. En collab. avec Michèle LACOSTE : « Étude syntagmatique du film *Adieu Philippine* de Jacques Rozier », *Image et Son,* même livraison que ci-dessus, p. 95-98.
 • Yougoslave (serbo-croate) : « Sintagmatička studija jednog filma », *Filmske Sveske,* II-5, mai 1969, p. 324-328.
 • AUTRES TRADUCTIONS : cf. « Livres », 1.

15. « Problèmes actuels de théorie du cinéma (A propos de l'*Esthétique et psychologie du cinéma* de Jean Mitry, tome II) », *Revue d'Esthétique,* Paris, XX/2-3, avril-septembre 1967, numéro spécial sur le cinéma, p. 180-221.
 • Anglais : « Current Problems of Film Theory », p. 40-87 dans *Screen,* Londres, 14/1-2, printemps-été 1973, spécial « Cinema Semiotics and the Work of Christian Metz », dirigé par Paul WILLEMEN et Stephen HEATH.
 • Partiellement repris dans le « reader » de Bill NICHOLS, *Movies and Methods,* Berkeley, University of California Press, 1976, p. 568-578.
 • AUTRES TRADUCTIONS : cf. « Livres », 3 et 7.

16. (Première parution en italien) : « Problemi di denotazione nel film di finzione. Contributo a una semiologia del cinema », *Cinema e Film,* Rome, 2, printemps 1967, p. 171-178.
 • Français : « Problèmes de dénotation dans le film de fiction. Contribution à une sémiologie du cinéma », p. 403-413 dans *Sign, Language, Culture,* Mouton, 1970, Actes des deux premiers Colloques internationaux de sémiotique (Pologne, 1965 et 1966).
 • Polonais : « Zagadnienia oznaczania w filmach fabularnych », *Kultura i Spoleczénstwo,* XI-1, 1967, p. 141-150.

17. « Remarque sur le mot et le chiffre (A propos des conceptions sémiologiques de Luis J. Prieto) », *La Linguistique,* Paris, P.U.F., 1967-2, p. 41-56. — (Étude de linguistique et de sémiologie générale).

1968

18. (Première parution en italien) : « Il dire e il detto nel cinema : verso il declino di un verosimile ? », p. 113-134 dans *Linguaggio e ideologia nel film,* collectif (Table Ronde du Festival de Pesaro 1967), Novara, 1968, Fratelli Cafieri Editori.
 • Français : « Le dire et le dit au cinéma : vers le déclin d'un Vraisemblable ? », *Communications,* Paris, EHESS et Seuil, 1968, numéro 11, « Le Vraisemblable », dirigé par Roland BARTHES, p. 22-33.
 • Repris pour former une partie du texte intitulé « Problèmes d'information et de formation dans le domaine visuel », p. 129-159 de *Formation et Information,* collectif, Paris, 1973, Éd. Saint-Paul.
 • Néerlandais : dans *Streven,* Anvers, février 1968, p. 458-469.
 • Hongrois : version résumée et adaptée par SZILÁGYI Gábor : « A valószínüség és a konvenció », *Filmkultura,* Budapest, 1970-5, p. 73-75.

• Yougoslave (serbo-croate) : « Kazivanje i iskazano u filmu », *Filmske Sveske,* I-10, décembre 1968, p. 675-688.

• Espagnol : « El decir y lo dicho :   hacia la decadencia de un cierto verosimil ? », p. 17-30 dans *Lo Verosimil,* collectif, Buenos Aires, Tiempo Contemporaneo, 1970. — Autre version espagnole, sous le titre « El decir y lo dicho en el cine », p. 91-111 dans *Ideología y lenguaje cinematográfico,* collectif, Madrid, 1969, Éditions Alberto Corazón. — Également, p. 41-60 dans *Problemas del nuevo cine,* collectif, Madrid, 1971, Alianza Editorial.

• AUTRES TRADUCTIONS : cf. « Livres », 1.

19. Article « Sème » du *Grand Larousse Encyclopédique — Supplément,* édition de 1968, p. 782. — (Article de linguistique).

20. Article « Langage gestuel » (sous « Langage ») du *Grand Larousse Encyclopédique — Supplément,* édition de 1968, p. 536-37.

21. « Propositions méthodologiques pour l'analyse du film », *Informations sur les sciences sociales* (UNESCO), VII-4, août 1968, p. 107-119.

• Repris p. 502-515 dans *Essais de sémiotique/Essays in Semiotics,* Mouton, 1971, collectif, dirigé par Josette REY-DEBOVE, Dona J. UMIKER et Julia KRISTEVA.

• Anglais : « Methodological Propositions for the Analysis of Film », p. 89-101 dans *Screen,* Londres, 14/1-2, printemps-été 1973, numéro spécial « Cinema Semiotics and the Work of Christian Metz », dirigé par Paul WILLEMEN et Stephen HEATH.

• Grec : dans *Sugchronos Kinèmatográphos,* Athènes, numéro 17-18, 1972.

• Espagnol : « Proposiciones metodológicas para el análisis del film », *Nuestro Tiempo,* revue de l'Université de Navarre, Pampelune, 190, avril 1970, p. 7-24.

• AUTRES TRADUCTIONS : cf. « Livres », 3 et 7.

22. « Problèmes de dénotation dans le film de fiction ». — Parution originale hors-périodique, p. 111-146 dans *Essais sur la signification au cinéma — I,* Klincksieck, 1968. (Refonte augmentée des articles 8, 13 et 16.)

• Repris sous le titre « Problèmes de la bande-images dans le film de fiction », p. 83-142 dans *La Communication audiovisuelle,* collectif, Paris, 1969, Éditions Saint-Paul.

• Allemand (avec quelques coupures) : « Probleme der Denotation im Spielfilm », p. 205-230 dans *Zeichensystem Film, Versuch zu einer Semiotik,* collectif, dirigé par Friedrich KNILLI, numéro 27 de *Sprache im technischen Zeitalter,* Technische Universität Berlin, 1968, juillet-septembre.

• Allemand (version complète) : même titre, p. 324-373 dans *Texte zur Theorie des Films,* collectif, dirigé par F.J. ALBERSMEIER, Stuttgart, 1979, Reklam.

• Hongrois (avec quelques coupures) . « A denotáció problémái », p. 73-99 dans *A mozgókép szemiotikája,* collectif, dirigé par M. HOPPAL et A. SZEKFÜ, Budapest, 1974, Éd. M.R.T.

• Anglais : « Problems of Denotation in the Fiction Film », p. 35-65 dans *Narrative, Apparatus, Ideology. — A Film Theory Reader,* collectif, dirigé par Philip ROSEN, U.S.A., Columbia University Press, 1986.

• AUTRES TRADUCTIONS : cf. « Livres », 1 et 10.

1969

23. « Spécificité des codes et spécificité des langages », *Semiotica,* revue de l'Association Internationale de Sémiotique, I-4, 1969, p. 370-396. — (Étude de sémiologie générale. A servi de base au chapitre X de *Langage et Cinéma,* Larousse, 1971).
• Italien : « Specificità dei codici e specificità dei linguaggi », *Informazione Radio-TV,* Rome, revue de la R.A.I., numéro 8, août 1971, p. 13-35.
• AUTRE TRADUCTION (italienne aussi) : cf. « Livres », 3.

24. « ''Montage'' et discours dans le film (Un problème de sémiologie diachronique du cinéma) », dans *Word,* revue du Cercle linguistique de New York, volume 23, fasc. 1-2-3, daté avril-décembre 1967, paru 1969, p. 388-395. (Ce volume constitue le tome I, « General Linguistics », des *Linguistic Studies Presented to André Martinet on the Occasion of His Sixtieth Birthday*.)
• Hongrois : « A ''montázs'' és a film diakronikus problémája », p. 209-219 dans *Montázs,* collectif, dirigé par HORANYI Özseb, Budapest, 1977, Éditions A Tömegcommunikációs Kutatóközpont Kiadása.
• AUTRES TRADUCTIONS : cf. « Livres », 3, 7 et 10.

25. « Bibliographie pour une spécialisation approfondie en sémiologie du cinéma », ronéoté, Paris, EHESS, première version en 1969. — Mis à jour par la suite : en 1976 sous le titre « Choix bibliographique initial pour des recherches en sémiologie du cinéma ». En 1982 sous le titre « Théorie du cinéma : quelques ouvrages pour commencer ».
• Allemand : version de 1969 dans *Filmkritik,* Munich, 184, avril 1972, p. 199-203.
• Italien : version de 1969 dans *Documentazione per la televisione educativa,* Rome, revue de la R.A.I., nouvelle série, numéro 2, février 1972, p. 100-113. — Et dans *Communicazione audiovisiva a fini di apprendimento : ipotesi di ricerca interdisciplinare,* Rome, document de la R.A.I., mai 1972, p. 149-162.

26. « Bibliographie de base en sémiologie », ronéoté, 1969, Centre Régional de Documentation Pédagogique de Bordeaux (« I.C.A.V. », Initiation à la culture audiovisuelle).
• Version imprimée dans *Messages,* Institut Pédagogique National et C.R.D.P. de Bordeaux, numéro 1, 1970, p. 71-72.

27. « Image et polysémie », *Media,* Institut Pédagogique National, I-3, avril 1969, p. 17-20. (Publié sans titre, dans une transcription de Guy BARBEY, à l'intérieur d'un ensemble intitulé « Cœur et âme de l'image », p. 16-20.)

28. Participation à une interview collectif (Étienne Souriau, Mikel Dufrenne, Pierre Francastel, Michel Butor, Hugo Schöffer, Lucien Goldmann, Roger Garaudy, André Gisselbrecht) pour la revue roumaine *România literara,* Bucarest, II-35, août 1969. Titre : « Estetica si arta ». Intervieweur-coordinateur : Ion PASCADI.

1970

29. « Image, enseignement, culture », *Messages,* Institut Pédagogique National et Centre Régional de Documentation Pédagogique de Bordeaux, numéro 1, 1970, p. 3-7.
• Repris sous le titre « Images et pédagogie » dans *Communications,* Paris, EHESS

et Seuil, 1970, numéro 15, spécial « L'analyse des images », dirigé par Christian METZ, p. 162-168.
 • Repris pour former une partie du texte intitulé « Problèmes d'information et de formation dans le domaine visuel », p. 129-159 dans *Formation et information,* collectif, Paris, 1973, Éditions Saint-Paul.
 • Hongrois : « Oktatás és képi kultúra », *Fotómüvèszet,* Budapest, 3, 1971, p. 21-25.
 • AUTRES TRADUCTIONS : cf. « Livres », 3.

30. « Au-delà de l'analogie, l'image », *Communications,* Paris, EHESS et Seuil, 1970, numéro 15, « L'analyse des images », dirigé par Christian METZ, p. 1-10.
 • Hongrois : « A kép, túl az analógián », *Filmkultura,* Budapest, 1971/1, p. 76-81.
 • Grec : dans *Film,* Athènes, 1975/5, p. 88-96.
 • Yougoslave (serbo-croate) : « Slika, s onu stranu analogije », *Filmske Sveske,* Belgrade, IV-2, avril-juin 1972, p. 127-138.
 • Portugais : « Além da analogia, a Imagem », p. 7-18 dans *A Anâlise das imagens,* collectif, Petrópolis (Brésil), 1973, Éd. Vozes.
 • Italien : « Oltre l'analogia, l'immagine », *Letteratura e Cinema,* collectif, dirigé par Gian Piero BRUNETTA, Bologne, 1976, Zanichelli, p. 144-149.
 • AUTRES TRADUCTIONS : cf. « Livres », 3.

31. (En collab. avec Michèle LACOSTE) : « Orientation bibliographique pour une sémiologie des images », *Communications,* Paris, EHESS et Seuil, numéro 15, 1970, « L'analyse des images », dirigé par Christian METZ, p. 222-232.
 • Portugais : p. 142-151 dans *A Anâlise das imagens,* collectif, Petrópolis (Brésil), 1973, Éd. Vozes.

32. « Sémiologie, linguistique, cinéma », interview à la revue *Cinéthique* (René FOUQUE, Éliane LE GRIVES et Simon LUCIANI), Paris, numéro 6, janvier-février 1970, p. 21-26.

33. « Cinéma et sémiologie. Sur la "spécificité" », interview à la *Nouvelle Critique* (Jean-André FIESCHI), Paris, nouvelle série, numéro 36 (217), septembre 1970, p. 48-53.
 • Grec : dans *Sugchronos Kinèmatográphos,* Athènes, numéro 23, septembre 1972, p. 34-39.
 • Espagnol : « Conversación con Christian Metz sobre la especificidad del cinema », *Revista de Occidente,* Madrid, 101-102, août-septembre 1971.

34. Participation à un débat organisé par l'Institut Gemelli de Milan, 9-10 octobre 1970, publiée dans l'*Annuario 1970* de l'Istituto Agostino Gemelli, p. 335-338 (sans titre).

1971

35. Exposé de soutenance de thèse d'État, 20 janvier 1971, Université de Paris-V. — Non publié comme tel en français.
 • Anglais : « On the Notion of Cinematographic Language », ronéoté, U.S.A., Oberlin (Ohio), *Students Conference on Film Studies,* avril 1972.
 • Repris sans changement dans *Movies and Methods,* collectif, dirigé par Bill NICHOLS, Berkeley, University of California Press, 1976, p. 582-589.

• Chinois : dans l'*Anthologie de théorie sémiotique-structurale du film,* collectif, dirigé par LI You-Zheng, Pékin, Éd. San-Lian-Shu-Dian (Joint Publishing Company), daté 1986, paru 1988, p. 81-92.

36. « Raymond BELLOUR et Christian METZ : Entretien sur la sémiologie du cinéma », *Semiotica,* revue de l'Association internationale de Sémiotique, IV-1, 1971, p. 1-30.

• Repris sous le titre « Entretien avec Christian Metz » dans : Raymond BEL-LOUR, *Le Livre des autres,* Paris, L'Herne, 1971, p. 260-289. — Puis dans *Le Livre des autres — Entretiens,* Paris, 10/18, 1978, p. 239-287.

• Suédois : « Christian Metz och Raymond Bellour : Samtal om filmens semiologi », p. 208-236 dans *Tecken och tydning,* collectif, dirigé par Kurt ASPELIN et Bengt A. LUNDBERG, Stockholm, 1976, Éd. PAN-Nordstedts.

• Anglais : « Raymond Bellour/Christian Metz : Conversation on the Semiotics of the Cinema », ronéoté, U.S.A., Oberlin (Ohio), *Students Conference on Film Studies,* avril 1972.

• AUTRES TRADUCTIONS : « Livres », 3.

37. « Cinéma et idéographie » (pré-publication du chap. X-6 de *Langage et Cinéma,* Larousse, 1971), *Cahiers du Cinéma,* Paris, 228, mars-avril 1971, p. 6-11.

• Italien : « Cinema e ideografia », *Versus,* revue sémiologique, Milan, numéro 2, janvier-avril 1972, p. 17-28.

38. « Réflexions sur la *Sémiologie graphique* de Jacques Bertin », *Annales (Économies, Sociétés, Civilisations),* Paris, EHESS, 1971/3-4 (mai-août), spécial « Histoire et structure », p. 741-767. — (Étude de sémiologie générale.)

39. (En collab. avec Jacques BERTIN) : « Lexique des termes de base de la sémiologie », ronéoté, Congrès annuel de l'Association *Gens d'images,* Porquerolles, juin 1971.

1972

40. « Trucage et Cinéma ». — Parution originale hors-périodique, p. 173-192 dans les *Essais sur la signification au cinéma — II,* Klincksieck, 1972.

• Anglais : « Trucage and the Film », *Critical Inquiry,* Chicago, III-4, été 1977, p. 657-675. — Et p. 151-170 dans *The Language of Images,* collectif, dirigé par W.J. Tom MITCHELL (recueil d'articles retenus par « Critical Inquiry »), University of Chicago Press, Chicago et Londres, tirages en 1974, 75, 77, 80, etc.

• Espagnol (version partielle) : « De los trucos de cine al cine como truco », p. 42-47 dans *Scientia et praxis,* revue de l'« Universidad de Lima », Lima, Pérou, numéro 14, daté août 1979, paru février 1980.

• Grec : dans *Film,* Athènes, 20, août-septembre 1980, p. 129-155.

• AUTRES TRADUCTIONS : cf. « Livres », 3, 8 et 10.

41. « La connotation, de nouveau ». — Parution originale hors-périodique, p. 163-172 dans les *Essais sur la signification au cinéma - II,* Klincksieck, 1972. — (Étude de sémiologie générale.)

• Danois : « Konnotation », *Exil,* Copenhague, VII-1, octobre 1973, numéro spécial « Visuel Semiotik : Film/Arkitektur », dirigé par Nils Lykke KNUDSEN, p. 2-14.

• Italien : « Ancora sulla connotazione », p. 384-390 dans *Filmcritica,* Rome, XXV,

novembre-décembre 1974, numéro 249-250, spécial « Modelli teorici e modelli critici nell'approcio al film », dirigé par Maurizio GRANDE.
- Anglais : « Connotation Reconsidered », *Discourse,* Berkeley, numéro 2, daté été 1980, paru mars 1981, p. 18-31.
- Espagnol : « Otra vez, la connotación », p. 315-330 dans *Contribuciones al análisis semiológico del film,* collectif, dirigé par Jorge URRUTIA, Valence, 1976, Ed. Fernando Torres.
- AUTRES TRADUCTIONS : cf. « Livres », 3 et 10.

42. « Ponctuations et démarcations dans les films de diégèse », *Cahiers du Cinéma,* Paris, 234-235, décembre 1971 et janvier-février 1972, p. 63-78.
- Grec : dans *Film,* Athènes, numéro 25, été 1983, p. 60-92.
- AUTRES TRADUCTIONS : cf. « Livres », 3 et 8.

43. « "Structure du message" ou structure du *texte* ? », p. 19-26 dans *Études sur le fonctionnement de codes spécifiques,* Bordeaux, 1972, Éditions de l'Université et de l'Académie, C.R.D.P. et I.L.T.A.M. — (Étude de sémiologie générale.)

44. (Original en anglais) : « Trying to Introduce a Distinction Between "Cinema" and "Film" », ronéoté, U.S.A., Oberlin (Ohio), *Students Conference on Film Studies,* avril 1972.
- Repris en microfiches, sans changement, dans *1972 Oberlin Film Conference : Selected Essays and Discussions Transcriptions,* collectif, dirigé par John POWERS et Christian KOCH, U.S.A., Bethseda (Maryland), 1978-79, cote ED-106-881 de l'« Educational Resources Information Center ».

45. (Parution en italien) : « Semiologia dell' immagine. Incontro con Christian Metz, a cura di Elisa CALZAVARA », p. 85-99 dans *Documentazione per la televisione educativa,* Rome, revue de la R.A.I., nouvelle série, numéro 2, février 1972. — Même titre et même texte p. 134-148 de *Communicazione televisiva a fini di apprendimento : ipotesi di ricerca interdisciplinare,* Rome, mai 1972, document ronéoté de la R.A.I. établi par Elisa CALZAVARA, Enrico CELLI et Franco TRONCI.

46. Réponse (sans titre) au questionnaire international de Roberto ROSSELLINI et Giorgio TINAZZI sur les rapports entre structuralisme et cinéma, p. 37-38 de *Bianco e Nero,* 1972/3-4 (mars-avril), spécial « Strutturalismo e critica del film ».

47. Interview écrit à *Cinéthique* (Jean-Paul FARGIER et Gérard LEBLANC), Paris, numéro 13, juin 1972, p. 38-39. Titre : « Questions à Christian Metz/Réponses de Christian Metz ».
- Anglais : P. 207-213 dans *Screen,* Londres, 14/1-2, printemps-été 1973, spécial « Cinema Semiotics and the Work of Christian Metz », dirigé par Paul WILLEMEN et Stephen HEATH.

1973

48. « L'étude sémiologique du langage cinématographique : à quelle distance en sommes-nous d'une possibilité réelle de formalisation ? » (Conférence à l'Association pour le traitement automatique des langues, « ATALA »), *Revue d'Esthétique,* Paris, XXVI/2-3-4, avril-décembre 1973, numéro spécial triple « Le cinéma : théorie, lectures », dirigé par Dominique NOGUEZ, p. 129-143. — Réédition globale du volume, 1978.

• Reprint français en Allemagne, dans *Communications,* Internationale Zeitschrift für Kommunikationsforschung, Verlag Hans Richarz, Sankt Augustin (R.F.A.), daté 1976-2, paru début 1978, p. 187-199.

• Espagnol (catalan) : « Semiologia aùdio-visual i lingüística generativa », *Anàlisi,* Publication de l'« Universitat Autonòma de Barcelona », 7-8, mars 1983, numéro spécial « Semiòtica de Communicació de masses », dirigé par Lorenzo VILCHES MANTEROLA et José Manuel PEREZ TORNERO, p. 141-152.

• Espagnol (castillan) : « El estudio semiológico del lenguaje cinematográfico », *Lenguajes,* Buenos Aires, revue de l'Association Argentine de Sémiotique, I-2, numéro consacré au cinéma, dirigé par Oscar TRAVERSA, daté décembre 1974, paru 1975, p. 37-51. — Également : p. 375-396 dans *Contribuciones al análisis semiológico del film,* collectif, dirigé par Jorge URRUTIA, Valence, 1976, Éd. Fernando Torres.

• AUTRE TRADUCTION : cf. « Livres », 3.

48 bis. (Ajouté à la version catalane seulement) : Réponse à une enquête collective intitulée « Sémiologie des communications de masse : les termes de la question », même revue, même numéro, p. 32-33.

1974

49. « Rapport sur l'état actuel de la sémiologie du cinéma dans le monde (début 1974) », ronéoté, Milan, 1974, *Premier Congrès de l'Association Internationale de Sémiotique.* — Publié ensuite p. 147-157 des Actes, *A Semiotic Landscape/Panorama sémiotique,* Mouton, édité par Seymour CHATMAN, Umberto ECO et Jean-Marie KLINKENBERG, 1979.

1975

50. « Le perçu et le nommé », p. 345-377 de *Pour une esthétique sans entrave — Mélanges Mikel Dufrenne,* Paris, 10/18, 1975. — (Étude de linguistique et de sémiologie générale.)

• Anglais : traduction de la partie sur le son, « Aural Objects », *Yale French Studies,* New Haven, Yale University, décembre 1980, numéro 60, spécial sur le son au cinéma, dirigé par Charles F. ALTMAN, p. 24-32. — Même texte, même titre, dans *Film Sound,* 1985, collectif, dirigé par Elisabeth WEIS et John BELTON, Columbia University Press, New York, p. 154-161.

• Anglais : traduction intégrale, « The Perceived and the Named », *Studies in Visual Communication,* Philadelphie, Annenberg School Press, automne 1980, vol. 6, numéro 3, spécial « Sol Worth », p. 56-68.

• Espagnol : « Lo percibido y lo nombrado », *Video-Forum,* Caracas, I-1, novembre 1978, p. 9-36.

51. « Le signifiant imaginaire », *Communications,* Paris, EHESS et Seuil, 1975, numéro 23, « Psychanalyse et Cinéma », dirigé par Raymond BELLOUR, Thierry KUNTZEL et Christian METZ, p. 3-55.

• Anglais : « The Imaginary Signifier », p. 14-76 dans *Screen,* Londres, 16-2, été 1975.

• Autre édition anglaise (avec quelques coupures) : même titre, p. 244-278 dans

Narrative, Apparatus, Ideology — *A Film Theory Reader,* collectif, dirigé par Philip ROSEN, 1986, U.S.A., Columbia University Press.
- Portugais : « O significante imaginario », p. 15-92 dans *Psicanálise e Cinema,* collectif, São Paulo, Ed. Global, copyright de 1980, parution effective en 1982.
- Allemand (avec quelques coupures) : dans *Cinema : Filmwissenschaftliche Theo-rien und Analysen aus Frankreich,* collectif, dirigé par Dominique BLUHER et Frank KESSLER, Ed. Gunter Narr, Tübingen, à paraître en 1990.
- Japonais : traduction d'un fragment sous le titre « L'identification chez le spec-tateur de cinéma », p. 2-23 dans *Iconics,* Tokyo, revue de la « Japan Society of Image Arts and Sciences », vol. 2-2, 1981.
- Danois (avec quelques coupures) : dans le recueil collectif de théorie du cinéma de Jens THOMSEN et Steen SALOMONSEN, Copenhague, à paraître en 1990.
- AUTRES TRADUCTIONS : cf. « Livres », 4, 9 et 12.

52. « Le film de fiction et son spectateur (Étude métapsychologique) », *Commu-nications,* Paris, EHESS et Seuil, 1975, numéro 23, « Psychanalyse et Cinéma », dirigé par Raymond BELLOUR, Thierry KUNTZEL et Christian METZ, p. 108-135.
- Anglais : « The Fiction Film and its Spectator (A Metapsychological Study) », *New Literary History,* U.S.A., Charlottesville, University of Virginia, VIII-1, Spécial « Readers and Spectators : Some Views and Reviews », daté automne 1976, paru jan-vier 1977, p. 75-105. — Repris à l'identique p. 373-414 dans *Apparatus,* collectif, dirigé par Teresa HAK KYUNG CHA, New York, Tanam Press, Copyright de 1981, paru-tion effective en 1980.
- Grec : p. 87-129 dans *Film,* Athènes, numéro 13, octobre 1977, Spécial « Cinéma et Psychanalyse ».
- Japonais : p. 82-113 dans *Epistémé,* Tokyo, 1978/3-4, spécial « Picture Start ».
- Portugais : « O film de ficção e seu espectador », p. 127-175 dans *Psicanálise e Cinema,* collectif, São Paulo, Ed. Global, Copyright de 1980, parution effective : été 1982.
- AUTRES TRADUCTIONS : cf. « Livres », 4 et 10.

53. « Daniel PERCHERON, Marc VERNET : Entretien avec Christian Metz », *Ça-Cinéma,* Paris, II/7-8, 1975, numéro spécial « Christian Metz », dirigé par Marc VER-NET, p. 18-51.
- Néerlandais : « Over mijn werk. Interview met Marc Vernet en Daniel Perche-ron », p. 11-58 dans *Seminar Semiotiek van de film. Over Christian Metz,* collectif, dirigé par Éric DE KUYPER, Nimègue, Ed. S.U.N., 1981.

54. « "Histoire/Discours" : Note sur deux voyeurismes », p. 301-306 dans *Lan-gue, Discours, Société* — *Pour Émile Benveniste,* collectif, dirigé par Julia KRISTEVA, Jean-Claude MILNER et Nicolas RUWET, Ed. du Seuil, 1975.
- Anglais : « History/Discourse : Note on Two Voyeurisms », p. 21-25 dans *Edin-burgh' 76 Magazine,* Edinburgh, septembre 1976, numéro 1, spécial « Psycho-analysis/Cinema/Avant-Garde ».
- Anglais (traduction différente) : « Story/Discourse : Note on Two Kinds of Voyeu-rism », p. 543-549 dans *Movies and Methods* — *II,* « reader » édité par Bill NICHOLS, 1985, Berkeley, University of California Press.
- Néerlandais : « Histoire/Discours (aantekening over twee voyeurismen) », p. 77-84 dans *Seminar Semiotiek van de film. Over Christian Metz,* 1981, collectif, dirigé par Eric DE KUYPER, Nimègue, Ed. S.U.N.
- Chinois : p. 225-233 dans *Anthologie de théorie sémiotique-structurale du film,*

dirigé par Li You-Zheng, datée 1986, parue 1988, Pékin, Ed. San-Lian-Shu-Dian (Joint Publishing Company).

• Italien : sous le titre « Il festino furtivo », p. 3-8 dans *Cinema e Cinema,* Milan-Venise, daté octobre-décembre 1977, paru mai 1978, 4ᵉ année, numéro 13, spécial « Cinema-Psicoanalisi », dirigé par Francesco CASETTI.

• Italien : sous le titre « Storia/Discorso (Nota su due voyeurismes) », p. 281-288 dans *Lingua, Discorso, Società,* collectif, 1979, Parme, Pratiche Editrice.

• AUTRES TRADUCTIONS : cf. « Livres », 4 et 10.

1977

55. « Métaphore/Métonymie, ou le référent imaginaire ». — Parution originale hors-périodique, p. 177-371 dans *Le Signifiant imaginaire (Psychanalyse et Cinéma),* 10/18, 1977. — (Étude de linguistique et de rhétorique générale.)

• Anglais : traduction de trois chapitres dans *Camera Obscura,* A Journal of Feminism and Film Theory, Berkeley, numéro 7, 1981, p. 43-66.

• AUTRES TRADUCTIONS : cf. « Livres », 4.

56. « Les formants dans la langue : lexique et grammaire ». — Parution originale hors-périodique, p. 53-67 dans *Essais sémiotiques,* Klincksieck, 1977. — (Étude de linguistique.)

57. « L'incandescence et le code », *Cahiers du Cinéma,* Paris, 274, mars 1977, p. 5-22. — « Bonnes feuilles » du livre *Le Signifiant imaginaire (Psychanalyse et Cinéma),* 10/18, 1977.

58. Participation à la Table Ronde « Théorie du Cinéma », animée par Gaston HAUSTRATE, avec Michel FANO, Jean-Paul SIMON et Noël SIMSOLO. Publication dans *Cinéma 77,* numéro 221 (mai), p. 49-62.

1978

59. Christian DESCAMPS, avec la collab. de Jean-Paul SIMON : « Psychanalyse et cinéma. Entretien avec Christian Metz », *Quinzaine Littéraire,* Paris, 274, 1ᵉʳ-15 mars 1978, p. 21.

60. Interview avec Lucien MALSON pour *Le Monde,* 4 mars 1978, rubrique « Idées », p. 2. Titre du journal : « Ce qui m'importe avec Lacan, ce sont les directions qu'il a ouvertes... »

61. Avec Marie-Claire ROPARS, Danielle KAISERGRUBER, Sylvie TROSA, Pierre SORLIN et Michel MARIE, participation à la Table Ronde intitulée « Derrière l'écran », publiée dans *Dialectiques,* Paris, 23, printemps 1978, p. 89-99.

62. « Sur l'*Initiation à la graphique* de Serge Bonin », *Annales (Économies, Sociétés, Civilisations),* EHESS, Paris, 1978/4 (juillet-août), p. 743-745. — (Étude de sémiologie générale.)

1979

63. « Christian METZ, Jean-Paul SIMON, Marc VERNET : Conversation sur *Le Signifiant imaginaire* et *Essais sémiotiques* », *Ça-Cinéma,* Paris, 16, « Cinéma et Psychanalyse — II », janvier 1979, p. 5-19.
 • Néerlandais : « Ch. Metz/J.P. Simon/M. Vernet : gesprek over *Le Signifiant Imaginaire* en *Essais sémiotiques* », p. 59-74 de *Seminar Semiotiek van de film. Over Christian Metz,* collectif, dirigé par Eric DE KUYPER, Nimègue, 1981, Ed. S.U.N.

64. (Original en anglais) : « The Cinematic Apparatus as Social Institution », Entretien avec la revue *Discourse,* Berkeley, numéro 1, automne 1979, p. 7-37.
 • AUTRE PARUTION : cf. « Livres », 10.

65. (Parution en espagnol » : « El cine clásico entre el teatro, la novela y el poema », *Video-Forum,* Caracas, 4, novembre 1979, p. 7-17.

1980

66. (Parution en hongrois) : « Gondolatok a filmszemiotika mai helyzatéröl », Entretien avec SZILÁGYI Gábor sur l'état de la sémiologie du cinéma à l'époque, publié dans *Filmkultura,* Budapest, 1980/5 (novembre-décembre), p. 63-67.

1981

67. « Sur un profil d'Étienne Souriau », *Revue d'Esthétique,* Paris, numéro d'hommage à Étienne Souriau peu après sa mort, intitulé « L'art instaurateur », daté 1980/3-4, paru janvier 1981, p. 143-160.
 • Anglais : « A Profile of Etienne Souriau », *On Film,* University of California at Los Angeles, numéro 12, printemps 1984, p. 5-8.
68. (Parution en espagnol) : « Cine y lenguaje », p. 193-224 dans *Imagen y Lenguajes,* collectif, Barcelone, 1981, Editorial Fontanella.

69. Entretien avec HASUMI Shiguéhiko pour la revue *Image-Forum,* Tokyo, automne 1981, numéro spécial « Sémiologie du cinéma/Christian Metz ». (Sur la sémiologie et sur le cinéma japonais.)

1985

70. (Original en anglais) : « Photography and Fetish », *October,* M.I.T., New York, 34, automne 1985, p. 81-90.
 • Autre édition anglaise dans *The Critical Image — Essays on Contemporary Photography,* collectif, dirigé par Carol SQUIERS, Seattle, Bay Press, à paraître en 1990.
 • Français : version plus détaillée, sous le titre « L'image comme objet : Cinéma, Photo, Fétiche », p. 168-175 dans *CinémAction,* Paris, 1989, numéro 50, « Cinéma et psychanalyse », dirigé par Alain DHOTE. — Également dans le tome II de *Pour la Photographie,* dirigé par Ciro BRUNI et Michel COLIN, Sammeron (France), G.E.R.M.S. et Revue d'Esthétique Photographique, 1989 ou début 1990, sous le titre « Photo, fétiche ».

• « Néerlandais : « Fotografie en fetisj », *Versus*, Nimègue, daté 1986/3, paru juillet 1987, p. 89-100.

• Allemand : « Foto, Fetisch », *Kairos* (« Der Kairos der Photographie »), Vienne, revue du Musée d'Art Moderne, mai 1989, 4ᵉ année, numéro 1-2, spécial « Körper, Schrift, Bilder », dirigé par Herta WOLF, p. 4-9.

• Finnois : dans *Kuvista Sanoin* (= « Paroles sur les images »), Helsinki, publication annuelle du Musée finlandais de la Photographie, collectif, dirigé par Martti LINTUNEN, tome IV de la livraison de 1988.

• Hébreu : dans *Kav*, Jérusalem, revue d'art moderne (The Israël Center for the Visual Arts), à paraître en 1990.

• Espagnol : « Fotografía y Fetiche », *Signo y Pensamiento,* Bogotá, revue de l'Universidad Javeriana, 6ᵉ année, numéro 11, 2ᵉ semestre 1987, p. 123-133. — Également dans *Revista de Estética,* Buenos Aires, numéro 7, 1988, p. 32-39. — Sous le titre « Psicoanálisis, fotografía y fetiche », dans *Revista del Colegio de psicólogos* (revue professionnelle de psychanalystes), Rosario, Argentine, I-2, septembre 1987, p. 23-31.

71. (Original en anglais) : « Third Degree Cinema ? », *Wide Angle,* U.S.A., Athens (Ohio), Johns Hopkins University Press, volume 7, numéro 1-2, spécial « Cinema Histories, Cinema Practices — II » (Colloque du « Center for Twentieth Century Studies » de Milwaukee), août 1985, p. 30-32.

72. (Parution en anglais) : « Instant Self-Contradiction », p. 259-266 dans *On Signs,* collectif, dirigé par Marshall BLONSKY, Baltimore (Maryland), Johns Hopkins University Press, 1985. — (Sur les mots d'esprit dans le langage parlé ou écrit.)

1986

73. « Réponses à Hors-Cadre sur le *Signifiant imaginaire* » (interview par écrit), *Hors-Cadre,* Paris, numéro 4, « L'image, l'imaginaire », printemps 1986, p. 61-74.

1987

74. (Parution en néerlandais) : Entretien avec Jan SIMONS, publié sous le titre « Interview met Ch. Metz. Vorbij het spektakel van de semiologie », *Skrien,* Amsterdan, 151, hiver 1986-87, paru janvier 1987, p. 32-35.

75. (Parution en danois) : « Interview med Ch. Metz », par Palle Schantz LAURIDSEN, *Tryllelygten* (= « Lanterne magique »), Copenhague, numéro 2, mai 1987, p. 7-39.

• Finnois : à paraître dans *Lähikuva* (= « gros Plan »), Helsinki, 1990.

76. (Parution en néerlandais) : « Het verleden en heden van de filmtheorie », Entretien avec Paul VERSTRATEN et Frank KESSLER, *Versus,* Nimègue, daté 1986/3, paru juillet 1987, p. 101-114.

77. « L'énonciation impersonnelle, ou le site du film (En marge de travaux récents sur l'énonciation au cinéma) », *Vertigo,* Paris, numéro 1, « Le cinéma au miroir », dirigé par Jacques GERSTENKORN, novembre 1987, p. 13-34.

• Chinois : traduction d'un extrait dans la *Revue du Cinéma,* Taïwan, Cinémathèque de Taïpeh, numéro 37, 1989/1, p. 25-28.

- Japonais : à paraître dans *Kikan Film,* Tokyo, en 1990.
- Danois : « Den upersonlige udsigelse eller filmens placering », *Tryllelygten* (= « Lanterne magique »), Copenhague, numéro 4, octobre 1988, p. 18-53.
- Italien : « L'enunciazione impersonale, o il luogo del film », *Filmcritica,* Rome, XXXIXe année, numéro 383, mars 1988, p. 107-127.
- Néerlandais : « De onpersoonlijke enunciatie of de locatie van de film. In de marge van recente studies naar de enunciatie in de cinema », *Versus,* Nimègue, daté 1988-3, paru août 1989, p. 54-82.

1989

78. (Parution en italien) : « La semiologia del cinema ? — Bisogna continuare ! », Entretien avec Elena DAGRADA, retravaillé avec Guglielmo PESCATORE, *Cinegrafie,* Bologne, I-1, février 1989, p. 11-23.

79. « L'écran second, ou le rectangle au carré (Sur une figure réflexive du film) », *Vertigo,* Paris, numéro 4, « Les écrans de la Révolution », dirigé par Christian-Marc BOSSENO, mai 1989, p. 126-133.

80. « Une éthique de la sémiologie », Entretien avec André GARDIES pour le numéro de *CinémAction* (Paris) dirigé par lui, « 25 ans de sémiologie du cinéma », à paraître en 1990.

81. Entretien avec Michel MARIE et Marc VERNET pour la revue franco-américaine *Iris n° 10 (le présent recueil),* numéro consacré aux Actes de la Décade de Cerisy « Christian Metz et la théorie du cinéma » (juin 1989), IRIS-Éditions Méridiens Klincksieck, mars 1990.

III. Directions de numéros de revues

— Direction du numéro 15 de *Communications,* Paris, EHESS et Seuil, 1970, « L'analyse des images ».
— Avec Raymond BELLOUR et Thierry KUNTZEL, direction du numéro 23 de la même revue, 1975, « Psychanalyse et cinéma ».
— Avec Abraham ZEMZS et Michel RIO, direction du numéro 29 de la même revue, 1978, « Image(s) et culture(s) ».

IV. Préfaces

1. Préface (p. 1-2) de : Guy GAUTHIER, *Initiation à la sémiologie de l'image,* Paris, 1973, numéro hors-série (référence : ADV 11) de la *Revue du Cinéma — Image et Son,* Éditions de la Ligue française de l'Enseignement et de l'Éducation permanente. Édition remaniée en 1979 (Préface : p. 7-8, avec additif p. 9).

2. Préface (p. 7-9) de : *Lectures du film,* Paris, 1976, Albatros, ouvrage collectif (Jean COLLET, Michel MARIE, Daniel PERCHERON, Jean-Paul SIMON, Marc VERNET), coordonné par Daniel Percheron.

3. Préface (p. 7-11) de : Roger ODIN, *Dix années d'analyses textuelles de films (Bibliographie analytique),* Lyon, 1977, Éditions de l'Université de Lyon-II (Centre de Recherches linguistiques et sémiologiques).

4. Préface (p. 9-11) de : Geneviève JACQUINOT, *Image et pédagogie (Analyse sémiologique du film à intention didactique),* Paris, P.U.F., 1977, Collection « L'Éducateur » dirigée par Gaston Mialaret.

5. (Parution en portugais) : Préface (p. 10-21) de : Eliseo VERON, *A produçao de sentido* (= « Production de sens »), São Paulo, 1981, Éditions Cultrix (Université de São Paulo).

6. Préface des éditions française et espagnole de : Francesco CASETTI, *Dentro lo sguardo (Il film e il suo spettatore),* original de 1986 (Milan, Bompiani). — En espagnol : « A través de los Alpes y los Pirineos », p. 7-11 de *El film y su espectador,* Madrid, 1989, Ediciones Cátedra. — En français : « Sur une traversée des Alpes et des Pyrénées » (l'ouvrage est à paraître en 1990 aux Presses Universitaires de Lyon).

V. Livres, plaquettes, et assimilés

— Participation indirecte, en tant que conseiller technique, à deux cahiers didactiques réalisés, sous la direction de René LA BORDERIE, par l'équipe d'« Initiation à la culture audiovisuelle » (I.C.A.V.) de Bordeaux, Centre Régional de Documentation Pédagogique, édités par l'Université, l'Académie et l'O.R.O.L.E.I.S. de Bordeaux : *Le Monde des Images (Série I, Cahier A)* (Classe de Cinquième), 1969 ; et *Le Monde des Images (Série I, Cahier B)* (Classe de Quatrième), 1972.

*
* *

1. *Essais sur la signification au cinéma — I,* Paris, 1968, Klincksieck, Collection d'Esthétique dirigée par Mikel DUFRENNE. — Nouveaux tirages en 1971, 1975, 1978, 1983.

Recueil comprenant, dans l'ordre, les articles 5, 10, 1, 9, 22, une analyse du film *Adieu Philippine* effectuée par Michèle LACOSTE, puis les articles 14, 11, 6 et 18.

• Italien : *Semiologia del Cinema (Saggi sulla significazione nel cinema),* Milan, 1972, Garzanti, collection « Laboratorio » dirigée par Pier Paolo Pasolini et Adriano Aprà.

En poche : 1980. Nouvelle édition : 1989.

• Espagnol : *Ensayos sobre la significación en el cine,* Buenos Aires, 1972, Tiempo Contemporaneo, Collection « Signos » dirigée par Eliseo Verón. — (Ne comporte pas l'article n° 16).

• Allemand : *Semiologie des Films,* Munich, 1972, Fink, version établie par Renate et Walter KOCH.

• Portugais : *A significação no cinema,* São Paulo, 1972, Perspectiva, Université de São Paulo, Collection « Debates ». — (L'analyse d'*Adieu Philippine* est remplacée par une analyse du film brésilien *São Paulo, Sociedade anônima,* effectuée par Jean-Claude BERNARDET.)

• Yougoslave (serbo-croate) : *Ogledi o značenju filma — I,* Belgrade, 1973, Institut du Film, Collection dirigée par Dušan Stojanovic'.

• Anglais : *Film Language, A Semiotics of the Cinema,* New York, 1974, Oxford University Press.

• Turc : *Sinemada Anlam üstüne Denemeler,* Izmir, Ed. Oguz Adanir, 1982. — (Fascicule ronéoté comportant seulement les cinq premiers articles.)

2. *Langage et cinéma,* Paris, Larousse, 1971, Collection « Langue et Langage » dirigée par Jean DUBOIS.
Édition nouvelle, augmentée d'une Postface : Paris, Albatros, 1977.
Nouveau tirage, 1982.
• Allemand : *Sprache und Film,* Francfort, 1973, Athenäum Verlag, Collection « Wissenschaftliche Paperbacks — Literaturwissenschaft ».
• Espagnol : *Lenguaje y cine,* Barcelone, 1973, Planeta, Collection « Ensayos de historia y humanidades » dirigée par José M. Jover Zamora et Antonio Prieto, édition établie par Jorge URRUTIA.
• Anglais : *Language and Cinema,* Mouton, La Haye-Paris, 1974, collection « Approaches to Semiotics » dirigée par Thomas A. Sebeok.
• Yougoslave (serbo-croate) : *Jezik i kinematografski medijum,* Belgrade, 1975, Institut du Film, Collection dirigée par Dušan Stojanovic'.
• Italien : *Linguaggio e cinema,* Milan, Bompiani, 1977, série « Nuova Filmologia » dirigée par Gianfranco Bettetini.
• Nouvelle publication italienne du chapitre I : p. 427-438 dans *Leggere il cinema,* collectif, dirigée par Alberto BARBERA et Roberto TURIGLIATO, Milan, 1978, Mondadori.
• Portugais : *Linguagem e cinema,* São Paulo, 1988, Perspectiva, Université de São Paulo, Collection « Debates ».
• Bulgare : traduction d'une moitié du livre, p. 512-610 dans le tome II (daté 1988, paru janvier 1989) de l'*Anthologie des idées occidentales sur le cinéma,* établie et commentée par Ivailo ZNEPOLSKI, Sofia, Ed. Naouka i Izkoustvo.
• Pour la traduction hongroise, sous le titre *A Film Szemiotikai Elméletéből,* 1978, voir plus loin, ouvrage numéro 8.

3. *Essais sur la signification au cinéma — II,* Paris, Klincksieck, daté 1972, paru janvier 1973, Collection d'Esthétique dirigée par Mikel DUFRENNE.
Nouveaux tirages : 1976, 1981, 1986.
Recueil comprenant, dans l'ordre, les articles 3, 15, 24, 21, 42, 29, 30, 41, 40 et 36.
• Italien : *La significazione nel cinema,* Milan, 1975, Bompiani, Série « Nuova Filmologia » dirigée par Gianfranco Bettetini.
Nouveau tirage : 1980.
Il s'agit en fait d'une adaptation, pratiquée par G. BETTETINI et Alberto FARASSINO. L'ordre des articles est modifié. Le 36 a été écarté. Le 23 et le 48, absents de la version française, ont été ajoutés.
• Yougoslave (serbo-croate) : *Ogledi o Značenju Filma — II,* Belgrade, 1978, Institut du Film, Collection dirigée par Dušan Stojanovic'.
• Japonais : titre signifiant *Problèmes de sémiotique du cinéma,* Tokyo, 1987, Éditions de la Rose des Vents, adaptation par un collectif supervisé par ASANUMA Keiji.

4. *Le Signifiant imaginaire (Psychanalyse et Cinéma),* Paris, 1977, U.G.E. 10/18, Série « Esthétique » dirigée par Mikel DUFRENNE.
Nouvelle édition, augmentée d'une Préface : Christian Bourgois, 1984.
Mi-recueil, mi-inédit, comprenant, dans l'ordre, les textes 51, 54, 52 et 55.
• Espagnol : *Psicoanálisis y cine (El significante imaginario),* Barcelone, 1979, Ed. Gustavo Gili, Collection « Communicación visual ».
• Italien : *Cinema e psicanalisi (Il significante imaginario),* Venise, 1980, Marsilio, Collection « Saggi Cinema », dirigée par Giorgio Tinazzi et Lino Micciché.
• Portugais : *O significante imaginário (Psicánálise e cinema),* Lisbonne, 1980, Livros Horizonte, Collection « Horizonte de cinema ».

• Japonais : Tokyo, 1981, Ed. Hakusuisha. (Ne comprend pas le texte 55.)
• Hongrois : *A Képzeletbeli jelentö,* Budapest, 1981, Institut de Filmologie, édition établie par Józsa Peter et Szilágyi Gábor. (Ne comprend pas le texte 55.)
• Anglais : *Psychoanalysis and Cinema (The Imaginary Signifier),* Londres, 1982, Mac Millan, Collection « Language, Discourse, Society » dirigée par Stephen Heath et Colin Mac Cabe.
En « paperback » : 1986.
• Traduction néerlandaise : voir plus loin, ouvrage numéro 9.
• Traduction grecque : voir plus loin, ouvrage numéro 12.
   5. *Essais sémiotiques,* Paris, 1977, Klincksieck, Collection d'Esthétique dirigée par Mikel Dufrenne.
Recueil comprenant, dans l'ordre, les articles 7, 17, 56, 38, 48, 50 et 53.

Autres ouvrages

   6. *Approche structurale du cinéma,* Université Catholique de Louvain, Centre des Techniques de Diffusion (« CETEDI »), 1969.
   Plaquette regroupant deux conférences, « Les niveaux de codification au cinéma » et « Forme et contenu au cinéma ».
• Hongrois : « A film strukturális megközelítése », p. 101-115 dans *A mozgókép sezmiotikája,* Budapest, 1974, collectif, dirigé par M. Hoppal et A. Szekfü, Ed. M.R.T.

   7. *Propositions méthodologiques pour l'analyse du film* (Ne pas confondre avec l'article 21, portant le même titre), R.F.A., Universitätsverlag Bochum, 1970, édité par Peter Kress.
   Petit livre en français (reprint photographique) comprenant quatre articles : dans l'ordre, les 21, 24, 3 et 15.

   8. (En hongrois) : *Válogatott Tanulmányok* (= « Écrits choisis »), Budapest, 1978, Institut de Filmologie, édité et commenté par Szilágyi Gábor.
   Comprend, dans l'ordre, la traduction du livre *Langage et cinéma,* puis celle des articles 24, 42, 40 et 10.

   9. (En néerlandais) : *De Beeldsignifikant (Psychoanalyse en film),* Nimègue, 1980, Éditions S.U.N., version établie et commentée par Eric De Kuyper.
   Plaquette comprenant uniquement l'article 51.

   10. (En anglais) : *Christian Metz, A Reader,* volume de photocopies établi et commenté par Bertrand Augst, Berkeley, 1981, Université de Californie.
   Existe en plusieurs tirages différents ; le plus complet d'entre eux comprend la traduction anglaise des articles 64, 54, 52, 24, 22, 40, 5, 41, 11, 51 et 50.

   11. (En anglais) : *A Seminar with Christian Metz (Cinema — Semiology, Psychoanalysis, History),* Australie, Melbourne, 1982, La Trobe University, édité et commenté par John Davies, numéro 16 des « Media Center Papers ».
   Fascicule ronéoté reprenant une conférence-débat sur l'état de la sémiologie du cinéma à l'époque.

   12. (En grec) : *To Phantastikó Sèmainón,* Athènes, 1984, Publications de la revue « Film ».
   Plaquette comprenant uniquement l'article 51.

Christian Metz

Dates et activités

— Né le 12 décembre 1931 à 34500 Béziers, Hérault.

— Études secondaires au Lycée Henri IV de Béziers.

En fin d'études, 1947 et 48, participation à l'équipe de jeunes qui animaient le Ciné-Club et le Hot-Club de la ville.

— 1948 à 1951 : Khâgne au Lycée Henri IV de Paris.

Co-direction du Ciné-Club de l'établissement.

— 1951 à 1955 : École Normale Supérieure, rue d'Ulm.

Activités militantes.

Pendant une année, co-direction du Ciné-Club de l'établissement.

— 1952-1953 : Professeur à l'Institut Français de Hambourg.

Interprète allemand-anglais-français au « Nord-West Deutsche Rundfunk » (Radio de l'Allemagne du Nord-Ouest), Hambourg.

— 1953 : Licence d'Allemand.

— 1954 : Diplôme d'Études Supérieures (= Maîtrise) de Grec. Sujet : Isocrate et la politique panhellénique dans la Grèce du Ve et du IVe siècles avant J.-C.

— 1955 : Agrégation de Lettres Classiques.

— 1955 à 1962 : Professeur de Français-Latin-Grec dans l'Enseignement Secondaire (Arras, puis Cannes, puis Jacques Decour à Paris).

— 1955-1956 : Assistant de Georges Sadoul pour des travaux de secrétariat, de vérification de textes, etc. Séparation rapide, sans brouille, devant l'évident échec de cette tentative de collaboration.

— 1960 à 1963 : Traducteur spécialisé d'études anglaises et allemandes d'histoire et de théorie de la musique de jazz (voir Bibliographie, rubrique 1).

— 1962 à 1966 : Attaché de recherches au C.N.R.S., Section Linguistique Française. (Admission au titre d'un projet intitulé « Cinéma et langage ».)

— Depuis octobre 1966 et à titre définitif : membre de l'École Pratique des Hautes Études — VIe Section, devenue, en 1975, École des Hautes Études en Sciences Sociales.

Maître-Assistant en 1966, habilité à diriger des travaux en 1971, Sous-Directeur suppléant en 1973, Directeur d'Études en 1975.

— 1966 à 1969 : Sous la responsabilité de MM. Lévi-Strauss et Greimas, Secrétaire général de la Section sémio-linguistique du Laboratoire d'Anthropologie Sociale (Laboratoire du Collège de France, associé à l'École des Hautes Études).

— 1966 à 1968 : Sous la responsabilité de MM. Benveniste et Greimas : chargé du secrétariat et des démarches pratiques préalables à la fondation de l'Association Internationale de Sémiotique. Participation aux deux rencontres préparatoires de Pologne, à Kazimierz (1966) et à Varsovie (1968).

— 1966 à 1972 : Chargé du cours d'« Introduction à la linguistique générale » de l'École des Hautes Études.

— 1967 à 1971 : Conseiller scientifique du Rectorat de Bordeaux, travaillant auprès du Centre Régional de Documentation Pédagogique de cette ville, sous la responsabilité de son Directeur, M. René La Borderie, pour assister l'expérience-pilote « ICAV » (= Initiation à la culture audio-visuelle).

— 1969 à 1983 : Membre du « CECMAS » (Centre d'Études des Communications de Masse), devenu « CETSAS » (Centre d'Études Transdisciplinaires : Sociologie, Anthropologie, Sémiologie), faisant partie de l'École des Hautes Études. 1978-1981 : Directeur délégué de ce Centre pour le secteur Sémiologie.

— Novembre 1970 : début du premier séminaire officiel sur le cinéma, à l'École des Hautes Études. Sujet : « Cinéma et écriture » (= préforme du Chap. XI de *Langage et Cinéma* ; dans la Bibliographie : Livres, 2).

— 1971 (20 janvier) : soutenance de thèse d'État sur publications, Sorbonne, Université de Paris-V. Directeur de thèse : M. André Martinet, Linguistique Générale, Paris-V. Président du jury : M. Mikel Dufrenne, Esthétique Générale, Paris-X. Examinateurs : MM. Georges Blin (Littérature française moderne, Collège de France) et Roland Barthes, École des Hautes Études (le règlement de l'époque prévoyait quatre jurés). — Exposé de soutenance : voir Bibliographie, Articles, 35.

— Janvier-Février 1972 : En collaboration avec Joseph Courtés et avec le groupe « Mu » de Liège, sous la responsabilité de M. Greimas : mise en route du Centre International de Sémiotique et de Linguistique d'Urbino, Italie (qui était alors prévu pour fonctionner toute l'année). Enseignement et suivi des étudiants durant le premier mois d'existence du centre.

— De la fondation, 1973, jusqu'à 1981 : Professeur au Programme Américain d'étude du cinéma à Paris (Université de Californie et C.I.E.E., Council on International Educational Exchange, New York).

— 1974 : Rapporteur pour le cinéma au Premier Congrès International de Sémiotique, Milan, 1974. — Voir Bibliographie, Articles, 49.

— 1974-75 : Rédaction des Statuts de l'Association Internationale de Sémiotique, pour présentation aux instances de décision, et sur désignation par le Premier Congrès International, Milan, 1974.

— Depuis la fondation en 1983 : membre du Centre de Recherche sur les Arts et les Langages (« C.R.A.L. »), Centre de l'École des Hautes Études, associé au C.N.R.S. — 1985-19888 : membre du Conseil de Laboratoire de ce centre.

LISTE DES COLLABORATEURS

Keiji ASANUMA est Professeur à la Faculté des Lettres de l'Université de Seijo (Tokyo). Auteur de *Paysages d'absence* (1983) et de *Pour le cinéma* (tome 1 paru en 1986, tome 2 à paraître).

Bertrand AUGST est Professeur à l'Université de Berkeley, fondateur du Centre d'Études Critiques à Paris, membre du comité de rédaction de *Camera Obscura*. Auteur de nombreux articles sur la théorie et le cinéma français.

Jacques AUMONT est Professeur à l'Université de Paris-III, co-auteur d'*Esthétique du film* (1983) et de *L'Analyse des films* (1988), auteur de *L'Œil interminable* (1989), vient de terminer *L'Image*, membre du comité de rédaction de *Cinéma Journal*.

Raymond BELLOUR est Directeur de recherches au C.N.R.S., a co-dirigé le n° 48 (Vidéo) de *Communications* (1989), vient de terminer un livre sur Alexandre Dumas, *Mademoiselle Guillotine*.

Janet BERGSTROM est Professeur à U.C.L.A., co-fondatrice et co-directrice de la revue *Camera Obscura*, prépare un ouvrage sur Chantal Akerman et un autre sur la transition de Weimar à Hollywood à travers Lubitsch, Murnau et Lang.

Lisa BLOCK de BEHAR est Professeur à l'Université de Montevideo, présidente de l'Association uruguyenne des études sémiotiques, auteur de *Una Retorica del Silencio, Al Margen de Borges, Jules Laforgue o las mateferas del desplazamento.*

Francesco CASETTI est Professeur à l'Université catholique de Milan ; il co-dirige les Journées de sémiotiques d'Urbino et des recherches pour la R.A.I. Auteur de *Dentro la sguardo* (1986), à paraître en français et en espagnol.

Éric de KUYPER est Directeur-adjoint de la Cinémathèque d'Amsterdam. Auteur d'une fiction, *A la mer*, et réalisateur de longs métrages.

André GAUDREAULT est Professeur à l'Université Laval, auteur de *Du littéraire au filmique* (1988), co-auteur de *Le Récit cinématographique* (1990), président de l'Association Domitor.

Guy GAUTHIER enseigne au Centre d'Études Critiques à Paris, collabore à *la Revue du cinéma*, auteur de *Vingt (plus une) leçons sur l'image et le sens* (1989) et d'un *Tarkovski* (1988).

Geneviève JACQUINOT est Professeur à l'Université de Paris-VIII, a dirigé le n° 33 « Apprendre des médias » de *Communications* (1981), auteur de *L'École face aux écrans* (1987).

François JOST est Maître de Conférences à l'Université de Paris III, auteur de *L'Œil-Caméra* (1987), co-auteur de *Le Récit cinématographique* (1990), scénariste et réalisateur de courts-métrages.

Jean-Louis LEUTRAT est Professeur à l'Université de Paris-III, auteur de *L'Alliance brisée* (1985) et de *Kaléidoscope* (1988), co-auteur de *Nosferatu* (1981) et *Les Cartes de l'Ouest* (1990).

You-Zheng LI est chercheur à l'Académie des Sciences de Pékin (Institut de Philosophie, Section Esthétique), a enseigné en Chine, aux États-Unis et en Allemagne fédérale, auteur de *La Pensée actuelle du cinéma en Occident* (1986) et de *Structure et signification* (à paraître à Pékin).

Michel MARIE est Maître de conférences à l'Université de Paris III, dirige la collection « Cinéma et image » aux Éditions Fernand Nathan, co-auteur d'*Esthétique du film* (1983) et de *L'Analyse des films* (1988), auteur de *M le Maudit* (1989).

Roger ODIN est Professeur à l'Université de Paris III, dirige la collection « Cinéma et audiovisuel » aux Éditions Armand Colin, a dirigé *Cinéma et réalités* (1984), auteur de *Le Cinéma et la production du sens* (1990).

Marie-Claire ROPARS-WUILLEUMIER co-dirige la revue *Hors Cadre*, co-auteur de *Générique des années 30* (1986), auteur de *Le Texte divisé* (1981).

Pierre SORLIN est Professeur à l'Université de Paris-III, co-dirige la revue *Hors Cadre,* co-auteur de *Générique des années 30* (1986), réalisateur de films sur l'histoire.

Jens TOFT a écrit de nombreux articles en anglais, en allemand et en danois depuis 1968 sur une histoire structurale des formes cinématographiques. Auteur de *Langage cinématographique, Sujet et Histoire* (1985).

Marc VERNET est Maître de conférences à l'Université de Paris-III, a co-dirigé le n° 38 « Cinéma, narration et énonciation » de *Communications* (1983), co-auteur d'*Esthétique du film* (1983), auteur de *Figures de l'absence* (1988).

SOMMAIRE/TABLE OF CONTENTS ——————— IRIS n°10

CHRISTIAN METZ ET LA THÉORIE DU CINÉMA

Pages

Michel Marie, Avant-Propos 7

I. ESTHÉTIQUES
Raymond Bellour, « Le Cinéma et... » 15
Keiji Asanuma, « La Qualité esthétique du texte cinématographique » 37
Jacques Aumont, « L'Analogie réenvisagée (divagation) » 49
Guy Gauthier, « Langage et cinéma... et bande dessinée » 67

II. DISCOURS
Roger Odin, « Christian Metz et la linguistique » 81
Marie-Claire Ropars-Wuilleumier, « Christian Metz et le mirage de l'énonciation » 105
André Gaudreault, « Les Aventures d'un concept : la narrativité » 121
François Jost, « La Sémiologie du cinéma et ses modèles » 133

III. SAVOIRS
Francesco Casetti, « Coupures épistémologiques dans la théorie du cinéma après-guerre » 145
Geneviève Jacquinot, « Une Théorie pour une province marginale du cinéma » 159
You-Zheng Li, « Metz's Theory and Classificatory Attitude toward Film Studies » 169
Jens Toft, « Pour une Théorie sémiotique de l'histoire du cinéma » 177
Janet Bergstrom, Camera Obscura and the Feminist Theories » . . 183
Jean-Louis Leutrat, « Sur la terre comme au ciel » 199

IV. IMAGINAIRES
Pierre Sorlin, « L'Imaginaire : une construction sociale ? » 213
Marc Vernet, « Le Figural et le figuratif, ou le référent symbolique » 223
Lise Block de Behar, « Approches de l'imagination anaphorique au cinéma » 235
Bertrand Augst, « L'Huître-événement : fantasme inconscient et cinéma » 251
Éric de Kuyper, « La Régression filmique » 265
Michel Marie et Marc Vernet, « Entretien avec Christian Metz » 271
Bibliographie intégrale de Christian Metz 299
Christian Metz : dates et activités 317

Abonnements/Subscriptions (4 numéros, 2 ans, 4 issues, 2 years)
Les abonnements pour l'Europe sont à souscrire à Paris.
The subscriptions for North America and Australia are to be sent to Iowa City.

Europe

Individuels : France, Étranger (surface) : 260 francs franco de port.
　　　　　　　　Étranger (avion) : 360 francs franco de port.
Institutions : France, Étranger (surface) : 300 francs.
　　　　　　　　Étranger (avion) : 400 francs.
Prix au numéro : 78 F, frais d'expédition (surface 12 F, avion 25 F).
Anciens numéros : (n° 1 à 7) : 58 F et frais d'expédition.
Les abonnements et les achats de numéros sont à régler au nom d'*Iris*.
Pour l'achat de numéros, le règlement doit être joint à la commande.

Rédaction, administration : *Iris*. c/o Marc Vernet, 80-82, rue de l'Égalité. 93260 Les Lilas. France.

North America, Australia
Individual
Two Year　　　　　$ 25
Institution
One Year　　　　　$ 24
Add $ 2 for address outside North America.
Send to the Institute for Cinema and Culture, University of Iowa, 162 Communication Studies Bldg., Iowa City, IA 52242 ; 3219/335-1348.

Librairie des Méridiens Klincksieck — 103, Bd Saint-Michel 75240 Paris. Dépôt légal : Avril 1990

Achevé d'imprimer par Corlet, Imprimeur, S.A.
14110 Condé-sur-Noireau (France)
N° d'Imprimeur : 15826 - Dépôt légal : mars 1990
Imprimé en C.E.E.